Christian Friesl
Ursula Hamachers-Zub
Regina Polak (Hg.)

DIE ÖSTERREICHER INNEN

Wertewandel 1990–2008

GEGRÜNDET
1999

Christian Friesl · Ursula Hamachers-Zuba
Regina Polak (Hg.)

DIE ÖSTERREICHER INNEN

Wertewandel 1990–2008

Czernin Verlag, Wien

Durchgeführt und gedruckt mit Unterstützung des Bundesministeriums
für Wissenschaft und Forschung.

Friesl, Christian; Hamachers-Zuba, Ursula; Polak, Regina (Hg.):
Die Österreicher/-innen – Wertewandel 1990–2008 / Christian Friesl,
Ursula Hamachers-Zuba, Regina Polak
Wien: Czernin Verlag 2009
ISBN: 978-3-7076-0295-1

Satz und Layout: Elisabeth Natz
Druck: Druckerei Theiss, A-9431 St. Stefan
ISBN: 978-3-7076-0295-1

Inhalt

Partnerschaft, Familie und Geschlechterverhältnisse in Österreich 87

Von der „Wiederkehr der Religion“ zur fragilen Pluralität 143

Vorwort

„Die Österreicher/-innen. Wertewandel 1990–2008" ist ein empirisches Lesebuch. Es ist der Bericht über die Ergebnisse der „Europäischen Wertestudie", die zum dritten Mal in Österreich durchgeführt wurde. Über 20 Jahre hinweg, von 1990 bis 2008, können damit Werthaltungen in Österreich und deren Veränderungen dargestellt werden. Arbeit, Beruf, Beziehung, Familie, Religion und Politik sind die zentralen Themen der Untersuchung. Hier wird berichtet, was die Österreicherinnen und Österreicher über diese Wertefelder denken und wie sie sich in und mit ihnen zurechtfinden.

„Die Österreicher/-innen" bleibt aber nicht nur beim nüchternen Berichten. Wir fragen uns: Was sind die Hintergründe und Ursachen der Einstellungen und Veränderungen, welche Querverbindungen und gesellschaftlichen Muster gibt es? Um dies interdisziplinär deuten zu können, hat das Forschungsteam Expert(inn)en aus der Arbeits- und Berufsforschung, der Geschlechterforschung und der Politikwissenschaft zur Mitarbeit eingeladen. Damit soll ein sachkundiger Blick hinter die Ergebnisse möglich werden und die Interpretation an Tiefe gewinnen: Die Österreicher/-innen, darum geht es sozusagen.

Bei der Analyse der umfangreichen Daten und bei den Diskussionen der Autor(inn)en ist immer wieder ein gewisses Unbehagen zu Tage gekommen: Für die Bevölkerung des siebtreichsten Landes der Welt schienen uns die Ergebnisse der Wertestudie relativ negativ konnotiert zu sein. Es ist eine Art Unzufriedenheit auf hohem Niveau, die an vielen Stellen der Daten durchkommt. Trotz hoher materieller Ausstattung, viel Wohlstand und einem soliden Sozialsystem sehen die Österreicher/-innen vieles in Beruf, Familie, Religion und Politik skeptisch. „Die Unzufriedenen" wäre ein anderer möglicher Titel für dieses Buch gewesen. Dieses Unbehagen und die wahrgenommene Unzufriedenheit waren für die Autor(inn)en Gründe, in diesem Buch auch Position zu beziehen und damit an manchen Stellen auch über die distanzierte wissenschaftliche Rolle hinauszugehen. Wohin geht es mit dem Land und wohin soll es gehen?

Diese drei Zielrichtungen des Buchs, Berichten, Deuten, Positionieren sind in sechs Kapitel gefasst:

- Der empirischen Analyse vorangestellt wird ein Versuch, den Begriff der „Werte“ zu umschreiben und zu klären, warum er gerade heute wieder Konjunktur hat. Warum wird der „Ruf“ nach Werten in Politik, Wirtschaft und Gesellschaft immer lauter?
- Das erste Feld der empirischen Analyse ist jenes von Arbeit und Beruf: Wie reagieren die Österreicher/-innen auf die Veränderungen in der Arbeitswelt? Welche Kriterien gibt es für einen zufriedenstellenden Beruf? Und wie steht es um das Verhältnis von Arbeit und Freizeit?
- Im dritten Kapitel geht es um die Lebens- und Beziehungsformen der Österreicherinnen und Österreicher: Wie leben sie Partnerschaften? Wie steht es um die Familie und das Verhältnis zwischen Eltern und Kindern? Wie entwickeln sich die Geschlechterrollen? Und was hat das alles mit der eigenen Lebenszufriedenheit zu tun?
- Das vierte Kapitel befasst sich mit Religion und Religiosität. Es fragt unter anderem danach, wie es um die „Wiederkehr der Religion“ steht, eine These, die in der Wertestudie 2000 aufgestellt wurde. Wie sehen Inhalte und Vorstellungen von Religiosität heute aus? Wie zeigen sich sozioreligiöse Trends in Österreich und deren Intensität? Wer sind jene Menschen, die eine religiöse Praxis aufweisen – und welche Faktoren sind dafür entscheidend?
- Die Einstellung zu Politik, Demokratie und Wirtschaft werden im letzten empirischen Teil analysiert. Dabei geht es sowohl um das Interesse an institutioneller Realpolitik als auch um die Rolle der Demokratie. Dazu kommt die Frage nach den gesellschaftlichen Zielen, die die Österreicher/-innen für Österreich sehen; und schließlich: Wer sind „wir“ eigentlich, wer sind die „Fremden“ und die „Anderen“ und was denken wir von ihnen?
- Der letzte Abschnitt bietet eine Gesamtschau auf die Ergebnisse und eine Skizze von Theoriebausteinen, die wenigstens Teile der Werte-Lage erklären sollen. Als Abschluss werden eine Fülle von Ideen und Perspektiven für die verschiedenen Werte-Felder präsentiert, mögliche Handlungsoptionen für gesellschaftliche Akteure, für Bildung, Politik und Religion, aber auch für die Österreicherinnen und Österreicher selbst.

Mit dieser Publikation ist die Arbeit an der Europäischen Wertestudie noch lange nicht beendet. Der nächste Baustein nach diesem „empirischen Lesebuch“ ist 2010 ein Dossier zu den Österreich-Ergebnissen, das als „Handbuch wertebasierten Handelns“ konzipiert ist. Es wird dabei um eine konkretere Deutung der verschiedenen Themen und um die Frage gehen, auf welche Weise heute Werte gelebt werden können: im persönlichen Umfeld, in Bildung, Wirtschaft und in Politik.

Schließlich ist auch noch der Vergleich mit den vielen anderen Ländern offen, die an der Europäischen Wertestudie teilgenommen haben. Da Österreich eines der ersten Länder war, das die Studie 2008 durchgeführt hat, ist der internationale Vergleich erst ab Ende 2010 zu erwarten.

An dieser Stelle möchten wir jenen Personen und Institutionen danken, die an der Realisierung dieses Projekts mitgewirkt haben: dem Bundesministerium für Wissenschaft und Forschung, das seit zwanzig Jahren ein verlässlicher Partner der Europäischen Wertestudie ist und ihre Finanzierung möglich macht.

Den Kolleg(inn)en am Institut für Praktische Theologie, Justyna Okolowicz, Katharina Renner, Claudia Tschipan, Renate Wieser, Paul M. Zulehner, die als Autor(inn)en und Redakteure/Redakteurinnen an diesem Buch mitgearbeitet haben.

Ein besonderer Dank gilt einer Reihe von Wissenschaftler(inne)n unterschiedlicher Fachrichtungen, die als Autor(inn)en und Expert(inn)en das Forschungsteam unterstützt haben: Gudrun Biffl, Thomas Hofer, Rossalina Latcheva, Erich Lehner, Andreas Steinmayr. Schließlich danken wir dem Czernin Verlag und vor allem Frau Steffen, die diese Publikation auf bewährte Weise professionell und umsichtig betreut hat.

Christian Friesl
Ursula Hamachers-Zuba
Regina Polak

„Werte“ – Versuch einer Klärung

Regina Polak, Christian Friesl, Ursula Hamachers-Zuba

1 Werte sind wieder gefragt

Permanente Innovationsschübe, rasante Veränderungen in den Arbeitswelten, explodierende Wissensgenerierung in Bildung und Wissenschaft, Wirtschafts- und Ökologiekrise, forcierte Migrationsprozesse, Intensivierung kultureller und religiöser Pluralisierung: Weltweit und auch in Österreich und Europa verändern diese Prozesse Gesellschaften und Kulturen. Neuartig hinsichtlich Tempo und globalem Ausmaß haben sie gravierende Auswirkungen auf soziale Ordnungen und individuelle Lebensstile.

Anderes Denken und Handeln ist gefordert: mutig und kreativ den Wandel meistern im Wissen um die Möglichkeit des Scheiterns; Orientierung finden inmitten unüberschaubarer Pluralität; Herausforderungen und Schwierigkeiten durch vernetztes Denken in ihrer Komplexität reflektieren und mit Widersprüchen umgehen; Entscheidungen treffen im Angesicht von Fragilität und Unabsehbarkeit der Handlungskonsequenzen: So lauten die Aufgaben für Individuum und Gesellschaft. Ist Österreich darauf vorbereitet – nicht nur ökonomisch, sondern auch psychologisch, strukturell, politisch, vor allem aber mental?

1.1 Transformationsdruck und Visionslosigkeit

Modernisierung und Globalisierung[1] – von Wirtschaft und Politik, Gesellschaft und Kultur, Bildung und Religion – führen zu massiven Veränderungsprozessen. Die „Transformation“ von Gesellschaft und Kultur beginnt spätestens mit Anfang der 90er-Jahre unübersehbar zu werden. Hatte die Welt bis 1989 noch eine klare politische und ökonomische Ordnung in klare Machtblöcke, beginnen spätestens damals eine Neuordnung der Welt und der Kampf um

[1] Die Sozialwissenschaften formulieren eine unüberschaubare Fülle von Modernisierungs- und Globalisierungstheorien (z. B. Bauman 1996; 2003; Beck 2007; Beck / Giddens / Lash 1999; Inglehart / Welzel 2005; Kößler 1996; Rehbein / Schwengel 2008; Stiglitz 2002).

neue Hegemonien (vgl. Hobsbawm 2007). Die damit verbundene Transformation der Gesellschaften vollzieht sich nicht linear und kontinuierlich. Sie findet in Schüben statt: brüchig, diskontinuierlich, unkontrollierbar.

Kurt Imhof zeichnet in seiner Theorie der Transformation moderner Gesellschaften (vgl. Imhof 2006) gegenläufige Prozesse nach: Entwicklungsdivergenzen und -konvergenzen konterkarieren einander. Auf der einen Seite nehmen seit dem Übergang zur Moderne ökonomische Disparitäten, die Intensität sozialer Konflikte und die ethisch-kulturelle Differenzierung stetig zu. Auf der anderen Seite intensiviert sich die Institutionalisierung von Gesellschaft, Kontrolle, Disziplinierung, Berechenbarkeit von Gesellschaft wachsen. Soziales Handeln steht unter den Vorzeichen von erforderlicher Kreativität und fundamentaler Unsicherheit. Transformation bedeutet ein Zugleich von Entwicklungen, die die Innovativität der Gesellschaften ebenso forcieren wie deren Fragilität. So eröffnet die globale Umformung neue Chancen und Möglichkeiten, führt aber auch zu Konflikten und Krisen. Personen und Gesellschaften geraten unter Druck.

Dieser Druck lässt sich auf zwei wesentliche Faktoren zurückführen: Zum einen ist das Tempo dieser Transformationsprozesse dermaßen rasant, dass Personen und Institutionen sich nicht so rasch verändern können oder wollen, wie es erforderlich wäre. Überforderungsgefühl, Angst und Widerstand sind die Folgen. Zum anderen ist auch die Qualität der Transformation neuartig: Viele traditionelle Deutungs- und Lösungsmodelle greifen nicht mehr. Neue Denk- und Handlungsweisen müssen erst entwickelt werden, um die mit der Transformation verbundenen Krisen zu bewältigen. Alles wird auf den Kopf gestellt, ist neu zu verstehen. Der Kulturhistoriker Jörn Rüsen beschreibt solche Krisen, die Gesellschaften von Grund auf umgestalten, folgendermaßen: „... die fundamentalen Prinzipien der Sinnbildung selbst sind herausgefordert, die für die Kohärenz des historischen Erzählens stehen. Sie müssen in ein kulturelles Niemandsland hinein überschritten oder ganz einfach aufgegeben werden. ... Es bedarf Zeit (manchmal über Generationen), um eine Sprache zu finden, die diese Krise zum Ausdruck bringt." (Rüsen 2001, 153). Das kann tragische Folgen nach sich ziehen und ist gefährlich; birgt aber auch eine große Chance auf Entwicklung und

Erlernen von Neuem. Die große Chance: Das Zusammenwachsen zu einer Weltgesellschaft (vgl. Bornschier 2002).

Verschärft wird der Transformationsdruck durch ein weiteres Problem: die offene Frage nach den globalen gesellschaftlichen Visionen und den damit verbundenen konkreten Zielen. In welcher Welt, in welcher Gesellschaft wollen wir leben? Wohin sollen sich Gesellschaften entwickeln? Und was bedeutet dies für unsere ökonomischen, ökologischen, politischen und sozialen Ziele?

Aus sozioökonomischer Perspektive kann die Zeit nach dem Zweiten Weltkrieg für Europa als Erfolgsgeschichte interpretiert werden. Die Soziale Marktwirtschaft führte in vielen europäischen Ländern des Westens zu einem nie dagewesenen materiellen Wohlstand. Als 1989 der „Eiserne Vorhang" fiel, schien das „Projekt Europa" seine letzte große Hürde überwunden zu haben. Die gemeinsame Währung ab 2001 und eine umfassende Erweiterung der Europäischen Union 2005 bestätigten die Richtigkeit des gemeinsamen Wegs. Weite Teile Europas erlebten eine lange Phase der Sicherheit und des Friedens.

Seit der Jahrtausendwende ist der Zukunftsmotor aber ins Stottern gekommen: Zunächst erschütterten Börsenblasen (Stichwort „Dotcom") und Finanzskandale den Glauben an das unbegrenzte ökonomische Wachstum. Der 11. September 2001 eröffnete gewaltförmig eine Konfliktlinie mit der islamischen Welt, ihm folgten eine Welle von kriegerischen Auseinandersetzungen und neue weltpolitische Problemzonen. Die Welt und auch Europa kommen nicht mehr zur Ruhe: Die Globalisierungskritik wuchs, die Einigung auf eine Europäische Verfassung scheiterte, via Ölpreis und Gaskrisen wurde die Ressourcenknappheit deutlich. Und dann kamen die Finanzmarkt- und die Wirtschaftskrise.

Innerhalb weniger Jahre wurden die Visions- und Ziellosigkeit Europas deutlich. Der Kontinent mit der mittlerweile größten Anzahl an reichen Ländern auf diesem Planeten steht vor einer Reihe drängender Fragen: Wofür steht Europa – und wohin will es? Welche Rolle kann und soll Europa in der Welt spielen? Wie weit reicht die Europäische Union? Wie geht die „Festung Europa" mit den weltweiten Migrationsströmen um, die vor allem um sie kreisen und vor der jährlich Hunderte Flüchtlinge ertrinken? Wohin führt die demografische Entwicklung mit europaweit sinkenden

Geburtenraten? Ist die Soziale Marktwirtschaft am Ende? Wie kann Europa überhaupt noch Wachstum und Beschäftigung sichern?

Transformationsdruck, Visions- und Ziellosigkeit bestimmen unser gesellschaftliches Klima. Das durchaus geschäftige Treiben – Reformen, Maßnahmen, Initiativen in Gesellschaft, Politik, Wirtschaft – erweckt den Eindruck, es habe den größeren Horizont verloren: sein Worumwillen, sein Wohin und Wozu. Auch Österreich, sehr bedacht auf seine bewährte „Ruhe", nimmt allmählich und mit Verspätung zur Kenntnis, dass Ausmaß, Intensität und Qualität des globalen Wandels auch hierzulande Gesellschaft und Kultur, Wirtschaft und Politik, Bildung, Religion und Kirchen nachhaltig verändern. Nach mehreren Jahrzehnten ohne wahrnehmbare gesellschaftliche Brüche erkennt man spätestens mit der Wirtschaftskrise: Es geht nicht weiter wie bisher. Aber wie und wohin verändern wir uns?

1.2 Der „Ruf nach Werten" – eine Lösung?

Eine Möglichkeit, auf gesellschaftliche Krisenphänomene zu reagieren, ist der „Ruf nach Werten". Immer wieder taucht im Umfeld konkreter krisenhafter Ereignisse dieser diffuse, schillernde, vieldeutige Begriff im öffentlichen Diskurs auf: Manager/-innen bereichern sich – man ruft nach Werten in der Wirtschaft. Gewalt in Familie und Schule nehmen zu – man fordert mehr Werte in Erziehung und Bildung. Konflikte zwischen der österreichischen Mehrheitsbevölkerung und muslimischen Mitbürger(inne)n tauchen auf – man appelliert an die „europäischen Werte". Sinn- und Orientierungskrisen bei jungen Menschen – man klagt über „Werteverfall". Solcher Wertediskurs löst widersprüchliche Eindrücke und Unbehagen aus, zumal die gut gemeinten Appelle ja in aller Regel folgenlos bleiben.

Woher kommt das Unbehagen? Zum einen steht außer Zweifel, dass sich die Gesellschaft in einem umfassenden Prozess der Wertetransformation befindet; auch ist dieser begleitet von Orientierungs- und Sinnkrisen. Viele traditionellen Werte haben an Bedeutung verloren, zentrale Werte wie Gemeinwohlorientierung, Gerechtigkeit, Freiheit – unabdingbar für soziale Kohäsion und Frieden – sind brüchig. Ebenso ist klar, dass Art und Ergebnis der Bewältigung der anstehenden Herausforderungen in Gesellschaft und Kultur, Politik und Wirtschaft, Bildung und Religion maßgeblich wert-geleitet sein werden. Werte stellen entscheidende Weichen, wohin die Reise geht. Ohne entsprechende Wert-Vergewisserung und Wert-Klärung bleibt gesellschaftliche Entwicklung ohne Inhalt und Ziel.

Art und Inhalt des öffentlichen Wertediskurses lassen aber auch Zweifel und Fragen aufkommen. Unklar ist nämlich, was denn hier jeweils mit „Werten" gemeint ist. Eine Analyse des öffentlichen Wertediskurses zeigt, dass dieser getragen ist von einer starken Sehnsucht nach Ruhe, Sicherheit und Ordnung. Werte sollen die „Kollateralschäden" der gesellschaftlichen Transformation bekämpfen, lindern und heilen. Aber welche Werte? Gesucht wird ein allgemein verbindlicher, universaler Wertekanon, dem sich alle unterordnen können. Zudem appelliert der öffentliche Wertediskurs primär an die Moralität des Einzelnen. In Bezug auf die inhaltliche Ausrichtung weist er tendenziell restaurativen Charakter auf. Allerdings kann ja von einem Wertemangel gerade nicht die Rede sein: In der ökonomischen und politischen Debatte wird immer wieder an Flexibilität und Mobilität appelliert, auch das sind Werte. Religiöse und weltanschauliche Werte sind plural wie nie, ebenso Lebensstile und -optionen. Das Problem scheint eher in einem Werteüberschuss und einer damit verbundenen Orientierungskrise hinsichtlich der Priorisierung von Werten zu liegen.

Ohne eine kritische Reflexion von Werten wird die unbezweifelbar notwendige öffentliche Wertedebatte aber den Herausforderungen von Transformationsdruck und Visionslosigkeit nicht gerecht. Gefragt ist ja gerade in der derzeitigen Situation die Kunst, „alte und neue Werte" (Rödder 2008) zukunftsförderlich zu verbinden, „alte" Werte in neuem Kontext weiterzuentwickeln, neue Werte zu generieren, um so der Komplexität der Situation zu entsprechen. Übersehen wird, dass Werte nicht nur stabilisieren, sondern auch verunsichernd und kritisch-neuorientierend wirken können und müssen. Statt Moralisierung braucht es die Entwicklung einer ethischen Reflexionskultur im öffentlichen Raum. Statt Unterordnung unter einen Wertekanon ist die Fähigkeit gefragt, sich in der Pluralität der Wertesysteme kritisch bewegen und begründet sowie vernünftig Prioritäten setzen zu können. Der Kairos der Stunde besteht darin, eine neue Kunst einzuüben: individuelle Werte, gemeinwohlorientierte Werte und universale Werte zusammen zu denken, um so handlungsfähig zu sein. Viele Wert-Krisen haben ihre Ursache zudem weniger in der moralischen Inkompetenz Einzelner, als vielmehr in der ausständigen strukturellen Veränderung gesellschaftlicher Institutionen (z. B. Schule, Parteien, Arbeitswelt).

Allem voran fehlt eine gesellschaftliche Verständigung darüber, was denn „gutes Leben für alle" überhaupt ist.

1.3 Warum und wie die Frage nach Werten auftaucht

Werte sind keine abstrakten Ideen, keine theoretischen Vorgaben, die man (als Einzelne/-r) bloß umsetzen muss, um (gesellschaftliche, politische, ökonomische) Probleme zu lösen. So kann auch der Wertediskurs nicht geführt werden, ohne sich zuerst der Situation und des Kontextes zu vergewissern, innerhalb derer sich die Frage nach Werten stellt. So lautet die erste Frage: In welchem Kontext taucht die Frage nach Werten überhaupt auf? Exemplarisch seien für Österreich fünf Bereiche benannt:

Die Ohnmacht der Politik

Sozialwissenschaftliche Studien beobachten seit mindestens zwei Jahrzehnten gravierende Veränderungen politischen Verhaltens und eine Distanzierung der österreichischen Bevölkerung von der institutionalisierten Politik (vgl. Denz u. a. 2001; Plasser u. a. 2000; Plasser / Ulram 2007). Insbesondere bei Jugendlichen und jungen Erwachsenen sind das Desinteresse und der Rückzug aus dem politischen Diskursraum alarmierend. Die Politik- und Politiker/-innenverdrossenheit ist groß, die Zufriedenheit mit der Demokratie gering, demokratische Einstellungen brüchig, politische Partizipation keine Selbstverständlichkeit. Rechtspopulistische Parteien erfreuen sich – vor allem bei den Jungen und quer durch alle Bildungsschichten – wachsenden Zuspruchs, der Wunsch nach dem „starken Mann" oder Expert(inn)en, die politische Entscheidungen fällen sollen, erschreckend hoch (vgl. Friesl / Kromer / Polak 2008). Der Ruf nach Werten taucht hier auf allen Seiten auf: Die etablierten Parteien fragen nach den Themen, mit denen sie die Menschen erreichen. Zivilgesellschaftliche Organisationen engagieren für mehr Solidarität und Gerechtigkeit, können aber den Mangel an politischer Partizipation auch nicht recht beheben. Politisch Unzufriedene dort wie da wünschen sich eine Rückbesinnung auf traditionelle Werte wie Familie, Ordnung, Sicherheit.

Die Angst vor der Pluralität

Der Erfolg rechtspopulistischer Parteien in Österreich in den vergangenen 20 Jahren hängt eng mit einer Politik zusammen, die mit Fremdenfeindlichkeit punkten konnte und kann. Kontinuierliche Desensibilisierung in der Frage, wie Österreich mit Zuwanderern politisch, ökonomisch und gesellschaftlich umgeht, hat die xenophobe Migrationspolitik eines Jörg Haider auch außerhalb des FPÖ/BZÖ-Klientels sozial akzeptabel werden lassen.[2] Im Verein mit Versäumnissen in der Integrationspolitik, der es zu wenig gelungen ist, Exklusions- und Segregationsprozesse von kulturellen und religiösen Minderheiten zu verhindern, tauchen auch hier Wertefragen auf. Die einen rufen nach Integration und meinen Assimilation der Zugewanderten an eine „österreichische Leitkultur" und ihre Werte. Die anderen engagieren sich für eine Integrationspolitik, in der die Differenz der Kulturen zu pflegen und ein qualifizierter Pluralismus zu fördern sind. Wie Menschen mit verschiedenem kulturellen Hintergrund miteinander leben und ihre Verantwortung für das Gemeinwohl übernehmen können, ist eine wert-orientierte Frage. Hierher gehört auch die Herausforderung, wie eine säkulare, mentalitätsmässig katholisch dominierte Gesellschaft lernt, religiöse Pluralität im öffentlichen Raum in Pluralismus[3] zu transformieren. Österreich hat hinsichtlich der Frage reflektierter Pluralität Nachholbedarf – individuell und strukturell.

[2] In Österreich ist es so z. B. ohne Sanktionen möglich, das Urteil des Verfassungsgerichtshofes zum „Ortstafelkonflikt" in Kärnten (Dezember 2001: Aufhebung der 25%-Klausel; zweisprachige Ortstafeln sind ab einem Bevölkerungsanteil von 10% aufzustellen) bis heute nicht umzusetzen.

[3] Pluralität beschreibt den empirisch vorfindbaren Sachverhalt der Vielfalt; Pluralismus bezeichnet ein reflektiertes Verhältnis zu dieser Pluralität, eine Interpretation der Vielfalt. Dabei gibt es verschiedene Konzepte, Pluralität zu interpretieren bzw. Handlungsperspektiven zu eröffnen.

Die Krise der Ökonomie

Auch das siebtreichste Land der Erde erkennt im Angesicht der Wirtschaftskrise, dass ökonomisches Wachstum Grenzen hat. Trotz der Erfolgsgeschichte der österreichischen Wirtschaft im benachbarten Ost-/Mitteleuropa und jahrelangen Wachstumsraten über dem EU-Schnitt profitieren nicht alle. Armut betrifft auch Österreicher/-innen (vgl. ÖGPP 2008; Armutskonferenz 2007), 12–13 % der Bevölkerung gelten als arm oder armutsgefährdet. Gleichzeitig nimmt der Wohlstand zu. Die soziale Schere geht auch hierzulande auf. Wer wenig gebildet ist, in kinderreichen Familien lebt oder Migrationshintergrund hat, kann schnell in prekäre Lebenssituationen geraten. Dazu kommt ein in Österreich nach wie vor unterentwickeltes Bewusstsein, dass der nationale Reichtum entwicklungspolitische Verantwortung nach sich zieht. Parallel zu wirtschaftspolitischen Fragen und der Notwendigkeit der Entwicklung eines sozial und ökologisch nachhaltigen Wirtschaftsstiles werden auch dabei Werte-Fragen virulent. Wie geht eine reiche Gesellschaft angesichts nationaler und internationaler Armut mit ihrem Reichtum um? Welche neuen wirtschaftlichen Ziele braucht es, wenn die Mehrung von materiellen Ressourcen sozial und ökologisch unverträglich ist? Was bedeuten wirtschaftlicher Erfolg aber auch Teilen, Bescheidenheit, Verzicht, Solidarität und Gerechtigkeit nicht nur auf familiärer Ebene, sondern politisch und strukturell?

Die Pluralisierung des Sinnes

Bedeutungsverlust der Kirchen, Optionenvielfalt bei weltanschaulichen und religiösen Sinndeutungen, Konzentration auf die Bewältigung eines von vielen als überfordernd erlebten Alltags – all das hat dazu geführt, dass die Beschäftigung mit Fragen nach größerer, einen Sinnhorizont aufspannender Lebensdeutung fragil und bedeutend zugleich geworden ist. Alles scheint möglich. Die Frage danach, was im Leben wahr und sinnstiftend ist, ist der subjektiven Entscheidung überantwortet. So stehen plurale Sinnkonzepte – humanistische, religiöse, ethische – unvermittelt nebeneinander. Sinn scheint relativ und beliebig, der Einzelne steht vor dem Zwang zur Wahl. Vielen Menschen – zumal jenen, die sich angesichts solcher

Optionenvielfalt überfordert fühlen – wird solche Freiheit zu viel. Sie suchen Halt und Orientierung. Andere wiederum beginnen nach Sinn zu suchen, weil ihnen materieller Wohlstand und beruflicher Erfolg allein zu wenig sind. Solcher Sinn soll freilich erfahrungsnah und lebensrelevant sein. So hat gesellschaftlich eine Such- und Experimentierbewegung nach Sinn begonnen (vgl. Polak 2005). Diese birgt konfliktive Züge in sich, insbesondere dort, wo religiöse oder weltanschauliche Deutungen der Welt mit Wahrheitsanspruch auftauchen. Der Frage nach Werten kommt auch hier Bedeutung zu: Wie wollen wir leben? Wie sollen wir leben? Und was ist das: „gutes Leben"? An den Grenzen der Postmoderne und ihres latenten Relativismus taucht hier die Frage nach der Wahrheit wieder auf – als praktische Frage nach dem Sinn von Leben, Mensch und Welt.

Der Konflikt um die Bildung

Kaum ein politischer Diskurs wird gegenwärtig so heftig und konfliktiv geführt wie der Konflikt rund um Bildung. Bildung gilt als *der* zentrale Faktor, der Menschen ökonomische Perspektive und soziale Zugehörigkeit ermöglichen soll. Da sich solche Teilhabe vor allem an der Zugehörigkeit zum Markt der Erwerbsarbeit entscheidet, verlagert sich der Schwerpunkt von Bildung hin zur Berufsvor- und -ausbildung und zum Erwerb beruflicher Schlüsselkompetenzen. Während die Einen meinen, dass das nicht ausreichend gelänge, stoßen sich andere an der Berufsorientierung überhaupt.

Die Schlüsselfragen, um die sich der Konflikt um die Bildung rankt, lauten: Was ist Bildung? Wem dient Bildung? Wozu dient Bildung? Mit Ludwig Pongratz (vgl. Pongratz 2001) gehören zu einem angemessenen Bildungsverständnis folgende Dimensionen: aufgeklärte Weltkenntnis und reflektierte Urteilskraft; die Fähigkeit, eine eigene, widerständige Lebensfigur zu entwickeln – und diese in den Widersprüchen der Gesellschaft verorten zu können; also auch verantwortet politisch Gesellschaft mitgestalten zu können. Religiöse Bildung spielt dabei eine unverzichtbare Rolle, wenn sie die Grenzerfahrungen des Menschen (Henning Luther) reflektiert. Solch „kritische Bildung" ist heute gefordert, um mit dem Fragmentarischen menschlicher Existenz leben zu lernen.

In diesem Kontext taucht auch die Frage nach Werten auf. Welche Rolle spielen Werte in der Bildung? Jede Bildung impliziert Wertefragen und diese sind explizit zu machen. Wert-Bildung ist nicht nur ein Sonderbereich von Bildung, sondern eine Querschnittsmaterie; sie betrifft auch Berufsbildung. Wert-Bildung meint dann einen reflexen Umgang mit Wertefragen und Wertkonflikten.[4]

Angesichts dieser anstehenden gesellschaftlichen Herausforderungen werden mindestens zwei Kriterien für einen gelungenen Wertediskurs deutlich:

- Die Wertefrage betrifft nicht nur die Einzelnen, sie hat immer auch eine strukturelle Dimension. Werte verdichten sich auch in Institutionen (Schule, Parteien, Unternehmen, zivilgesellschaftliche Organisationen, etc.). Umgekehrt stärken oder blockieren, ermöglichen oder verunmöglichen Strukturen das Leben und Erfahren von Werten. Wertediskurse ohne strukturelle Konsequenzen sind zahnlose Kopfgeburten und bleiben fromme Wünsche mit Tendenz zur Moralisierung.
- Die Wertefrage ist nicht nur eine theoretisch-kognitive Herausforderung, sondern immer auch eine Frage konkreten Handelns. Werte werden gedacht und getan. Im Idealfall geschieht dies anhand philosophischer, ethischer, religiöser Kriterien, die es dafür freilich als nötige Kenntnisse zu erwerben gilt.

Was aber sind denn nun überhaupt Werte?

2 Was sind Werte?

In Umgangs- und Alltagssprache wird der Wertebegriff ebenso häufig wie vielschichtig verwendet. Je nach Kontext bezeichnet er die Bedeutung, die Wichtigkeit oder den Nutzen einer Sache; aber auch Bedürfnisse, Wünsche, Wünschenswertes und Erwünschtes werden mit dem Wertebegriff beschrieben. „Werte“ sind ein Synonym für so divergente Phänomene wie Interessen, Einstellungen, Präferenzen, Motivationen, Orientierungen, Haltungen, Mittel, Ziele und Zwecke. Der Begriff kann Inhalte von Werten ebenso beschreiben wie die Perspektive, unter der diese Inhalte wertvoll sind (vgl. Hillmann

---

[4] Dazu gibt es verschiedene Ansätze in der Pädagogik (z. B. Elsenbast / Schweitzer / Ziener 2008; Giesecke 2005; Hentig 2001; Raths / Harmin / Simon 1976; Rommel 2007).

2001, 22). Hinzu kommen Begriffsverwirrungen dadurch, dass Werte zum einen Resultat menschlicher Bewertungsprozesse ebenso sein können wie Ausdruck ethischer und moralischer Normen, die für alle Menschen absolut gelten oder gelten sollen. Werte haben also einen subjektiven und einen objektiven Aspekt, eine konkret-erfahrungsgebundene und eine rational-universale Dimension.

Alltagssprachlich taucht der Wertebegriff weiters in naturwissenschaftlichen und ökonomischen Bedeutungszusammenhängen auf. Längenangaben, Höhe, Helligkeit, Druck – was immer messbar ist, kann in Werten angegeben werden. In der Ökonomie wiederum begegnet uns der Wertebegriff in seiner relativen Bedeutung, als Wert eines Produkts, einer Dienst- oder Arbeitsleistung oder eines Unternehmens. Dargestellt wird der Wert durch den Preis, also als Ergebnis eines Zuschreibungsprozesses, in dem Wertvolles in Geld umgerechnet wird. Neben solchen materiellen Werten werden in einer zunehmend wissensbasierten Wirtschaft auch immaterielle Werte wie „intellektuelles Kapital", „Humankapital" oder die Reputation eines Unternehmens be-wertet.

So schwingen bei der Verwendung des Wertebegriffes zahlreiche und widersprüchliche Bedeutungen mit, die im Wertediskurs erwünschte und unerwünschte Assoziationen, Konnotationen und auch Interessen wachrufen. Kann man Lebenswerte evaluieren? Moralische Werte messen? Wertbildungsprozesse in Kennzahlen angeben? Soll Wert-Bildung gesellschaftlichen Mehrwert erzeugen?

2.1 Werte in den Sozialwissenschaften

Werte bilden den Kern der Kultur. Sie sind grundlegend und wichtig für die Stabilität und Leistungsfähigkeit einer Gesellschaft. Sie bilden zentrale Inhalte der Sozialisationsinhalte. Durch Internalisierung beziehungsweise Verinnerlichung von Werten entstehen persönliche Wertorientierungen als entscheidende Bestandteile individueller Motivationen. Werte sind damit in herausragender Weise unerlässlich für den Verflechtungszusammenhang von Kultur, Gesellschaft und Persönlichkeit (vgl. Hillmann 2001, 17).

Mit einem solchen – funktional-soziologischen – Werteverständnis kommt ein weiterer Aspekt in die Wertedebatte. Talcott Parsons hat mit dieser, seiner strukturell-funktionalen Wertetheorie Werten und Wertorientierungen einen angemessenen Platz in der Soziologie verschafft. Mit den 70er-Jahren jedenfalls entsteht eine umfassende sozialwissenschaftliche Werte- und Wertewandelforschung durch Milton Rokeach, Ronald Inglehart und Helmut Klages.[5] Sie bringen unterschiedliche Ordnungssysteme in den Begriffsdschungel.

- Rokeach verdanken wir die Unterscheidung von „Terminalwerten" (das sind Grundwerte, die von allen geteilt werden wie ein angenehmes oder aufregendes Leben, eine friedliche Welt, Harmonie, Liebe, Freundschaft, ...) und instrumentellen Werten (das sind Sollvorstellungen und Handlungsanweisungen, wie man die Terminalwerte erreicht, z. B. Ehrgeiz, Gehorsam, Höflichkeit, Verantwortung ...).
- Helmut Klages und Peter Kmieciak formulierten die Theorie vom Wertewandel von den Pflichtwerten (Pflicht, Ordnung, Disziplin, Treue, Fleiß) hin zu den Akzeptanzwerten (Emanzipation, Partizipation, Gleichheit, Genuss, Kreativität, Selbstverwirklichung).
- Mit seinem Werk „The Silent Revolution" (1977) bringt Ronald Inglehart in die Wertedebatte die Unterscheidung von materialistischen (Nationale Ordnung, Sicherheit, Stabilität in der Wirtschaft, Wirtschaftswachstum) und postmaterialistischen Werten (Mitspracherechte in Politik und Arbeitswelt, humane Gesellschaft, freie Meinungsäußerung) ein. Er orientiert sich dabei an der Bedürfnispyramide Alexander Maslows (physiologische Bedürfnisse, Sicherheitsbedürfnisse, Bedürfnisse nach Zugehörigkeit und Liebe, Bedürfnisse nach Anerkennung, Wertschätzung, Prestige, Leistung und Kompetenz, Bedürfnis nach Selbstverwirklichung, vgl. die Darstellung bei Hillmann 2001).

Gegenwärtige Werteforschung zeichnet sich durch ein hohes Maß an Inter- und Multidisziplinarität aus: Soziologie, Politologie, Sozialpsychologie, Kulturanthropologie, Pädagogik befassen sich mit der Wertefrage. Standard und Verbreitungsgrad haben eine kaum noch überschaubare Menge an empirischen Daten hervorgebracht. Dabei zeigt sich (im westeuropäischen Raum) eine weitere Veränderung des Werteraums (vgl. Hillmann 2001). Neben Grundwerte (Menschenwürde, Toleranz, Gerechtigkeit, Freiheit) treten verstärkt

[5] Vgl. Rokeach (1968; 1973; 1979), Inglehart (1989; 1998), Klages (1985; 1992).

prosoziale Werte (Ehrlichkeit, Gemeinsinn, Rücksichtnahme), Anstands- und Höflichkeitswerte, wieder erstarkte bürgerliche Tugenden (Sparsamkeit, Ordnung, Sauberkeit), Arbeits- und Berufswerte (Karriere, Leistung, Teamfähigkeit, Fachkompetenz), materialistische (Lebensstandard, Vermögen, Gewinn, Luxus), hedonistische (Freizeit, Vergnügen, Lebensgenuss) und individualistische Wertorientierungen (Autonomie, Ich-Bezogenheit, Ansehen, individueller Nutzen, Gesundheit).

Um den Wertewandel sachgerecht zu interpretieren, ist die empirische Werteforschung mit den großen philosophischen, ethischen und politischen Theorien der Gegenwart in ein Gespräch zu bringen. Die großen internationalen Wertestudien (ISSP – International Social Survey Programme, World Value Survey, EURO-Barometer, European Values Study) stehen zudem gegenwärtig vor der Aufgabe, ihre Daten im interkulturellen Vergleich zu analysieren und daher vor der Frage, ob und wie angesichts kultureller Diversität „gleiche Daten" miteinander verglichen werden können. Ein weiteres Grundlagenproblem ist die primär funktionale Perspektive auf Werte. Werte erscheinen dann als bewusste und unbewusste Vorstellungen des Gewünschten, die sich als Präferenz bei der Wahl zwischen Handlungsalternativen niederschlagen (als Einstellungen, Sehnsüchte, Wünsche, die das Handeln lenken können). Sie organisieren eine Gesellschaft und spiegeln wider beziehungsweise legitimieren, was ihr wichtig ist (z. B. „Erfolg").

Der Grad der Verbindlichkeit von Werten für alle Mitglieder lässt auf die Integration einer Gesellschaft schließen. Sie steht dabei in der Spannung zwischen drei Feldern: erstens dem, was ethisch und ein Stück weit unverrückbar und für alle Zeiten als „gut" gilt; zweitens dem, was in einer Gesellschaft gerade als Zeitgeist angesagt ist und alle so machen; und drittens dem, was für das Individuum persönlich aufgrund seiner Lebenssituation und seiner individuellen Erfahrungen als erstrebenswert gilt: „Das, was für mich gut ist". Weder der Zeitgeist noch individuelle Werte fallen einfach vom Himmel. Sie haben ihre Ursache in dem, was von einzelnen und einer Gesellschaft (im Unterschied zu früheren Zeiten) erlebt wird und wie es verstanden wird. Werte sind daher eng mit dem verbunden, was Menschen als Lebenswirklichkeiten erfahren, was ihnen widerfährt. Wenn sich Lebenswirklichkeiten ändern, hat das zwangsläufig Auswirkungen auf Werte. Manches wird neu bewertet, gewinnt oder verliert an Bedeutung. Anderes bleibt konstant, aber man muss neue Wege suchen, um das zu erreichen, was gut und erstrebenswert erscheint. Die alten Verhaltensmuster funktionieren nicht mehr, Bewährtes bewährt sich eben nicht mehr. Hinzu kommen historische und biografische Entstehungs- und Begründungszusammenhänge von Werten, die so gut wie gar nicht ausreichend erforscht sind.

Schlussendlich: Eine noch so umfassende und interdisziplinäre sozialwissenschaftliche Erforschung von Werten führt an einer Frage nicht vorbei: Sind die vorfindbaren Werte auch tatsächlich „gut"? Die Sozialwissenschaften beschreiben streng genommen Werte als Einstellungen zu oder Ausdruck von vorfindbaren Werten. Einstellungen sind Meinungen zu dem, was in einer Gesellschaft jeweils als wertvoll erachtet wird. Damit aber wird die Frage nach dem „Guten" überhaupt erst aufgeworfen. So kommen Philosophie, Ethik und Religion ins Spiel, die danach fragen, ob das, was Menschen als Wert erfahren und benennen, auch vernünftigerweise und allgemeingültig als „gut" zu bezeichnen ist.

2.2 Werte in Philosophie und Ethik

So häufig und unhinterfragt der Wertebegriff in der sozialwissenschaftlichen und öffentlichen Debatte verwendet wird, so skeptisch wird er im philosophischen und ethischen Diskurs betrachtet. „Werte" haben in Philosophie und Ethik einen umstrittenen, marginalen Status. Statt von Werten spricht man in diesen Disziplinen von Normen und Tugenden, Sittengesetzen und Maximen, Pflichten und Prinzipien. Diese Skepsis hat (mindestens) zwei Gründe:

- Zum einen fragen Philosophie und Ethik nach „dem Guten", insofern dies einen vernünftigen, allgemeinen, universalen Geltungsanspruch hat. Ethik ist gewissermaßen eine Art „Klärungsinstanz jenseits des einzelnen Falls" (Hentig 2001, 72). Die Frage nach dem Guten ist hier eng verbunden mit anderen philosophischen Fragen: Was ist gutes Leben? Was ist Wahrheit? Was ist der Mensch?
- Zum anderen ist der Wertebegriff in der Philosophie relativ jung. Er taucht mit Nietzsche erst im 19. Jahrhundert auf. Zugleich

damit markiert er die Erschütterung der Fragen nach „dem Wahren“ und „Guten“ in deren universalem Geltungsanspruch.

Moral, Ethos, Sitte, Ethik – Selbstverständnis und Fragen

In der Alltagssprache wird der Wertebegriff oft gleichbedeutend verwendet mit den Begriffen Moral und Ethik. Darum seien hier in Kurzform wesentliche Begriffe unterschieden:

Moralisches Handeln (von lat.: mos: Wille) bezeichnet zunächst den vorfindbaren Lebenswandel, die Gesinnung, den Charakter und die Gesittung des Einzelnen. Im weiteren Sinn meint Moral dann die Gesamtheit der Normen, Sitten und Gebräuche, der Werte und Grundsätze, der Vorschriften und Gesetze, die das zwischenmenschliche Verhalten in einer Gesellschaft regulieren und von ihrem überwiegenden Teil als verbindlich akzeptiert oder zumindest hingenommen werden. Moral dient dabei als Richtschnur, um zwischen gut und böse zu unterscheiden.

Ähnliche Bedeutung hat auch der griechische Begriff des *Ethos*. Dieser bezeichnet den durch Gemeinschaft und Herkunft bestimmten „Ort“ des Wohnens und damit verbunden all das, was im Rahmen dieses Wohnens Brauch und Sitte ist. So beschreibt das Ethos ebenfalls Lebens- und Verhaltensweisen, Handlungsweisen, Einstellungen und Gesinnung von Personen.

Sitte (von lat.: suescere: sich gewöhnen, zu eigen machen, gewohnt sein) beschreibt „das Gewohnte“.

Moral beschreibt also überkommene, gewohnte Vorstellungen von „Gut“ und Böse“. Weil sich diese aber ändern und weil das, was als „Gutes“ gewohnt ist, oftmals als gar nicht gut erfahren wird, bedarf es des vernünftigen Nachdenkens darüber, was „gut“ und „böse“ ist. Moral ist also der vernunftgeleiteten Reflexion bedürftig und fähig.

Solche Reflexion auf das menschliche Verhalten, insofern es unter dem Anspruch von gut und böse steht, ist die *Ethik*. Diese fragt als praktische Philosophie nach den Grundlagen und Prinzipien von Gut und Böse. So entwickelt sich eine wissenschaftlich-systematische Erörterung moralischen Handelns – verschiedene Ethiken entstehen.

Die Ethik geht davon aus, dass menschliches Handeln vernunftgeleitet ist. Sie traut dem Menschen zu, dass dieser mittels der Vernunft zwischen gut und böse unterscheiden kann. Sie rechnet damit, dass der Mensch um den Verpflichtungscharakter des Guten weiß. (vgl. zum Begriffsverständnis ausführlich Anzenbacher 1992, 11–17). Das wesentliche Merkmal ethischer Reflexion ist die Prüfung empirischen Handelns als Frage nach dem Guten entlang vernünftiger Kriterien und nachvollziehbarer Argumentationsstrukturen mit dem Ziel, universalisierbare und allgemeingültige Antworten zu entwickeln. Geschichte und Vielfalt ethischer Konzepte zeigen, dass die Antwort auf die Frage nach dem Guten nicht einfach und ein für alle mal zu „haben" ist, sondern ständiger und immer wieder neuer Reflexion bedarf. Aber „klassische Ethik" vertraut auf die Erkennbarkeit des „Guten" mittels der Vernunft. Sie fragt nach dem Guten aus unterschiedlichen Perspektiven:

- *Woher weiß der Mensch, dass etwas „gut" ist?* Woher weiß er, dass er und wie er „gut" handeln soll? Dabei entstehen Theorien rund um die Frage nach dem freien Willen des Menschen und dessen Grenzen und Möglichkeiten, Theorien zu Gewissen und Verantwortung.
- *Was soll der Mensch tun und warum?* Das Gute ist nicht nur das, was dem subjektiven Gewissen entspricht. Die Ethik fragt auch nach Normen – also sozialen Handlungsregeln, denen man in einzelnen Praxisbereichen folgen soll. Sie bedürfen der sozialen Akzeptanz. Ethik fragt danach, ob und inwiefern solche Normen universalisierbar sind und allgemeinen Geltungsanspruch haben: Dies sind Maximen, allgemeine praktische Grundsätze, die den Charakter von Beurteilungsprinzipien für ganze Lebensbereiche haben. Weiters fragt Ethik nach der Begründung von solchen Normen und Maximen.
- *Was ist das Ziel guten Handelns?* Hier wird nach dem Worumwillen des Handelns gefragt, nach den sogenannten „Gütern". Das Gute ist hier der Handlungszweck. Hieran knüpft sich auch die Frage nach dem „guten Leben": Worin besteht das? Ethik ist so eng verbunden mit philosophischen und religiösen Fragen nach Wahrheit, Sinn, Mensch, Gott.
- *Wie kann der Mensch gut handeln lernen?* Ethik formuliert sogenannte „Tugendlehren". Tugenden sind durch Übung erworbene

Haltungen, die zu gutem Handeln befähigen. Solches Handeln ist dann zugleich vernünftig und geschieht gern, leicht und mit Freude.

- *Wie „funktioniert" die praktische Vernunft überhaupt, sodass der Mensch gut und böse denken und unterscheiden kann?* Aus einem ausschließlich empirischen Verständnis davon, was als gut gilt, lässt sich nicht automatisch ableiten, dass Handeln schon gut „ist". Die Fähigkeit der Vernunft, das Gute denken zu können, ist Bedingung der Möglichkeit dafür, überhaupt über das Gute nachdenken zu können. Hier spricht man von transzendentaler Ethik.

Die Erschütterung der Frage nach dem Guten

Nietzsche erschüttert mit seiner Philosophie die zentralen Fundamente klassisch-ethischen Denkens (vgl. zum Folgenden Ferschl 1997; Joas 1997). Er bringt einen unhinterfragten Glauben an „die Wahrheit" – und damit auch an „das Gute" – ins Wanken. Zugleich wird das Vertrauen in die menschliche Vernunft und ihre Erkenntnisfähigkeit schwer irritiert. Die Rede vom „Tod Gottes" beschreibt diesen Vorgang des Verlustes eines allgemeingültigen, universalen Deutungshorizontes. „Wahrheit" ist nichts, das unveränderbar und ewig gilt, sie erweist sich als zeitgebunden, sie ist geschichtlich. Dies gilt auch für Vernunft, der mit Nietzsche die Fähigkeit abgesprochen wird, eine universale Wahrheit zu erkennen. Wahrheit ist jene Form von Irrtum, die Menschen brauchen, um überleben zu können, so die Pointe von Nietzsches Wahrheitsverständnis.

Diese Perspektive hat Auswirkungen auch auf die Frage nach dem Guten. Vorstellungen und Begründungen über das Gute sind geschichtlich geworden, abhängig von Personen, Kultur, Gesellschaft. Von allgemeingültigen Maximen oder universalisierbaren Normen, erst recht von Ideen des Guten bleiben „nur" mehr Werte übrig. Der Wertebegriff signalisiert so die Wende der ethischen Frage hin zum Subjekt; er fasst die Frage nach dem Guten als geschichtliches Phänomen.

Das Gute – die Werte – erweisen sich als menschliche Konstruktionen. Sie erscheinen nun plötzlich relativ – bezogen auf Umstände und Kontext – und daher auch als beliebig. Das Gute ist nicht mehr etwas, das „an sich" vorliegt, mit Vernunft erkannt und umgesetzt werden kann. Es obliegt dem Menschen, es zu definieren. Nihilismus verurteilt den Menschen zur „ständigen Umwertung aller Werte". Ohne Bezugspunkt muss er nach Nietzsche seine Wahrheiten und Werte selbst schaffen. Jeder Wahrheit, jeder Vorstellung vom Guten haftet von nun an der Verdacht an, bloß menschliche Erfindung, willkürliche Behauptung ohne Sinn und Grund zu sein.

Diese Erschütterung der Frage nach dem Guten prägt bis heute unsere Werte- und Ethikdebatten. Im Wertebegriff wird dies sinnbildlich verdichtet. Man entkommt den Fragen nicht, die damit aufgeworfen werden. Fundamentalismus und Relativismus lassen sich als Reaktionen auf diese Erfahrung erkennen. Man hält der drohenden Sinnlosigkeit Behauptungen von ewiggültiger Wahrheit entgegen; oder man ergibt sich der Relativität und verzichtet auf die Frage nach der Wahrheit. Insbesondere die Religionen sind hier massiv in Frage gestellt und bedürfen neuer Begründungen für die von ihnen als wahr erkannte Wirklichkeitsdeutung. Was bringt der Wertebegriff Nietzsches nun an Erkenntnissen in die Diskussion der Frage nach dem Guten ein?

- Die *Historizität* ethischer Fragen: Werte, Normen, Argumente, Kriterien, Ziele – Begrifflichkeiten und Erkenntnisse der ethischen Debatte sind geworden, daher veränder- und gestaltbar.
- Die *Perspektivität* ethischer Fragen: Wie ethische Diskurse geführt werden, steht in Bezug zum Erkenntnisort, zum Erkenntnisinteresse, ist abhängig von Zeit, Situation, Kontext, Gesellschaft, Kultur.
- Die *Subjektbezogenheit* ethischer Fragen: Der Mensch ist „Schöpfer" von ethischen Vorstellungen zum Guten, er „konstruiert" ethische Konzepte.
- Der *Erfahrungscharakter* ethischer Fragen: Vorstellungen vom Guten sind nicht ausschließlich Ergebnisse der Vernunft; sie entstehen nicht im luftleeren Raum intellektueller Reflexion. Gefühle, Erlebnisse, Interessen (nicht zuletzt Machtinteressen) spielen eine zentrale Rolle, also der lebendige Erfahrungskontext.

Was leistet der Wertebegriff – und welche Fragen wirft er auf?

Der Wertebegriff markiert eine Wende im ethischen Denken, die Wende hin zu Subjekt und Geschichte, auch in ethischen Fragen. Er nimmt wahr und ernst, dass es Menschen sind, die Erfahrungen mit dem Guten machen, dass diese Erfahrungen relational sind – also einen Bezug zu Zeit, Ort, Kultur, Gesellschaft haben. Eine Relationalität von ethischen Fragen muss aber keinesfalls automatisch ethischen Relativismus nach sich ziehen. Bereits die Ethik Thomas von Aquins reflektiert die Notwendigkeit, bei moralischen Urteilsfindungen den Kontext mitzubedenken.

Zugleich erschüttert der Wertebegriff traditionelles Denken über Wahrheit und Vernunft. Er relativiert auch die Vorstellungen über das Gute. Aber: Muss diese Erschütterung automatisch die Konsequenz nach sich ziehen, dass man nicht mehr vernünftig nach dem Guten fragen kann? Dass allgemeingültige, universale Vorstellungen über das Gute damit unwiderruflich unmöglich geworden sind? Philosophie, Ethik, Theologie ringen um diese Fragen und entwickeln neue Erkenntnis- und Begründungszusammenhänge, die Wahrheit und Relationalität verbinden.

Im Wertebegriff verdichten sich diese Fragen und Herausforderungen. Er erinnert daran, dass die Frage nach dem Guten an der Schnittstelle von Vernunft und Erfahrung anzusiedeln ist. Er macht bewusst, dass Vorstellungen vom Guten geschichtlich entstanden sind, dass sie gestaltbar sind. Er verdeutlicht, dass Menschen mit ihrer Erfahrung und Vernunft eine wesentliche, unverzichtbare, mächtige Rolle spielen bei der Formulierung von Antworten und Fragen zum Guten. Im Wertebegriff vermischen sich ethische Prinzipien, subjektive Erfahrungen und Wünsche, gesellschaftliche und kulturelle Normen. Diese gilt es zu unterscheiden und kritisch zu hinterfragen. Werte sind sozusagen „bona mixta“ – „gemischte Vorstellungen vom Guten“. Sie bedürfen der Klärung und Prüfung. Dies macht auch verständlich, dass und warum die öffentliche Wertedebatte mehrdeutig und widersprüchlich ist.

Der Wertebegriff hat Stärken und Schwächen. Er eignet sich aber vielleicht gerade deshalb gut als Ansatzpunkt und Ausgangsort qualifizierter ethischer Auseinandersetzung. Im Wertebegriff verdichten und versammeln sich empirische Erfahrungen und vernünftige ethische Prinzipien. Werte stehen so an der Schnittstelle von Empirie und Ethik. Werte und ihre empirische Beschreibung sowie öffentliche Debatte lassen erkennen, was Menschen wertvoll ist. Sie lassen auch gesellschaftliche Entwicklungen erkennen, die Zukunftsweisendes oder Zukunftsgefährdendes anzeigen. Über den Wertebegriff können öffentlich-gesellschaftlicher Diskurs, Human- und Sozialwissenschaften und ethisch-philosophischer, auch theologischer Diskurs in einen kritischen Dialog über die Frage nach dem Guten einsteigen.

In der öffentlichen Debatte gilt es, sich zwischen den beiden Abgründen der Wertedebatte bewegen zu lernen (vgl. zum Folgenden Jung 2007): zwischen dem Wertesubjektivismus und dem Werteobjektivismus.

- Der Wertesubjektivismus betrachtet Werte als ausschließlich subjektive Erfindungen, die menschlichen Wertsetzungen entspringen. Werte werden hier „gemacht". So versucht man den Pluralismus der Werte zu schützen. Doch dann werden Wertvorstellungen zu willkürlichen Partikularismen. Der Wertesubjektivismus übersieht soziale und historische Prägungen, vor allem aber den Aspekt der Bindung des Selbst in der Werterfahrung: Menschen werden zu Werten hingezogen und Wertvolles wird erfahren, widerfährt.
- Der Werteobjektivismus wiederum übersieht die Wandelbarkeit, die Variabilität und individuelle Kreativität bei der Wertentstehung. Werte werden als objektive, unveränderliche Bestandteile der Welt gesehen, die man erkennen kann. So versucht man, den Werterelativismus abzuwehren.

Beides sind keine guten Wege. Der philosophische Pragmatismus (vgl. George Herbert Mead, John Dewey) versucht hier eine Vermittlung der Positionen. Werte werden zum Einen kreativ geschaffen (subjektiv) – aber als Antwort auf wirkliche, bindende Erfahrungen. Dies geschieht durch Interaktion.

Der Wertediskurs muss zugleich im Horizont der Frage und Suche nach der Wahrheit und dem Universalgültigen stattfinden, will er sich selbst nicht ad absurdum führen und in Beliebigkeit enden. Es bedarf eines verbindlichen Horizonts, der jene Grenzen formuliert, innerhalb derer die Frage nach dem Guten diskutiert wird. Für moderne säkulare Gesellschaften sind dies die Menschenrechte, die

die Grenzen von Pluralismus und Toleranz festlegen. Für Gläubige sind es die Wahrheiten der jeweiligen Offenbarung, die aber ihrerseits in jeweiliger Zeit, Gesellschaft und Kultur auszulegen sind – theoretisch und praktisch. Werte erschließen sich im konkreten Handeln.

2.3 Werte – Ein Begriffsvorschlag

Angesichts dieser komplexen Zusammenhänge erweist sich der Wertebegriff von Hans Joas als gute Ausgangslage, um in eine differenzierte Wertedebatte einzusteigen. Joas verbindet „Kreativität, Pluralität und Variabilität von Werten mit Nicht-Beliebigkeit, Bindungswirkung und Universalismus" (Jung 2007, 10). Für Joas sind Werte mental-psychisch verinnerlichte Erfahrungen der Selbsttranszendenz und Selbstbildung, in deren Rahmen Menschen von Lebenswirklichkeiten, die ihnen widerfahren, so ergriffen werden, dass sie sich diese zu eigen machen (vgl. Joas 2005, 14–15). Selbstbildung meint dabei „die persönliche Anstrengung der Artikulation von Erfahrungen mithilfe der symbolischen Mittel, die die eigene Kultur bereitstellt. Selbsttranszendenz das Angesprochensein, Hingerissenwerden und Ergriffenwerden durch Situationen, die das Selbst übersteigen, wie z. B. Erotik und Sexualität, religiöse Erfahrungen oder moralische Konflikte" (Jung 2007, 12).

Im Rahmen dieses Wertintegrationsprozesses lernen Menschen und Gesellschaft Werte als Vorstellungen darüber zu integrieren, was im Leben „gut" und wünschenswert ist. „Werte sind nicht langfristige Präferenzen oder Präferenzen höherer Ordnung, sondern reflexive Standards zur Wertung unserer Präferenzen, emotional besetzte Vorstellungen über das Wünschenswerte und nicht Wünsche" (Jung 2007, 11).

Dieser Begriff zollt der menschlichen Erfahrung und der Fähigkeit, Werte zu entwickeln, ebenso Respekt wie der philosophischen oder religiösen Erkenntnis, dass der Wirklichkeit Werte zugrunde liegen, die als bindend und universalgültig erfahren werden können. Werte sind also nicht lehrbar, sondern unerzwingbares Resultat der reflexen Verarbeitung persönlicher Erfahrung. Dies setzt vernunftgeleitete Kritik voraus. So ist dieser Wertebegriff offen, über die Erfahrung hinaus die Fragen nach dem, was wahrhaft gut ist, zu stellen. Werterfahrungen eröffnen also überhaupt erst die Möglichkeit zu authentischem ethischen Reflektieren und Handeln und erweitern den diesbezüglichen Denk- und Handlungsraum. Sie ersetzen ihn nicht.

3 Die Europäische Wertestudie

Was kann eine sozialwissenschaftliche Studie wie die Europäische Wertestudie leisten? Begrifflich zugespitzt untersucht sie keine Werte im Sinne moralischer Normen oder Tugenden. Sie untersucht auch nicht, ob die Menschen gut handeln oder wie sie ihre ethischen Konzepte entwickeln. Die Wertestudie untersucht vielmehr Einstellungen zu Werten im Sinn von Lebenserfahrungen, die gesellschaftlich als wertvoll gelten (wie Arbeit, Familie, Politik, Religion). Menschen nehmen zu Werten Stellung, die gesellschaftlich anerkannt sind. Zugleich sind diese Einstellungen auch Ausdruck impliziter Werte, die man interpretieren kann. Die Daten allein sagen also noch nicht alles über die Wertelandschaft aus, sie sind deutungsbedürftig. Zudem bleiben manche Werte unsichtbar, ebenso deren Begründung – oder ob Menschen dann auch tatsächlich so leben.

Menschliches Denken und Handeln ist nicht konsistent: Zwischen Einstellungen, deren ethischer Begründung und konkreter Praxis gibt es immer Spannungen und Widersprüche. Aber Bescheid zu wissen über solche Einstellungen zu Werten und über deren implizite Wertvorstellungen nachzudenken ist notwendig, weil Werte dem Handeln Richtung geben. So ermöglicht die vorliegende Studie nicht nur einen Überblick über Einstellungen zu klassischen gesellschaftlichen Werten, sondern lässt auch Entwicklungstendenzen und Zukunftsszenarien erkennen. Die Wertestudie zeigt, woran sich Gesellschaft in ihrem Handeln orientiert, was sie wünscht, aber auch, was ihr fehlt. So bietet sie mit ihren Ergebnissen eine gute Ausgangslage, um in Wert-Klärungsprozesse einzusteigen, die daraus resultierenden ethischen und politischen Fragen zu stellen und so einen Beitrag zur Wert-Bildung im Land zu leisten.

Globalziel der Europäischen Wertestudie ist es, Einstellungen zu person- und gesellschaftsbezogenen Themenfeldern zu erforschen, wobei der Fokus auf vier Schwerpunkten liegt: Arbeit, Familie und

Beziehungsformen, Politik, Religion. Das Projekt ist eingebunden in ein europaweites Forschungsnetzwerk, die „European Values Study" (EVS). In den Jahren 1981–1983 hat dieser Zusammenschluss – damals noch unter der Bezeichnung „European Values Systems Study Group" und unter der Leitung von Ruud de Moor, Tilburg, und Jan Kerhofs, Leuven – eine internationale Wertestudie begonnen. Das Spektrum hat sich von anfänglich 15 europäischen Ländern[6] auf mittlerweile 44 teilnehmende Staaten der EU und angrenzende Regionen erweitert und wird nun von Prof. Dr. Jaak Billiet, Leuven, und Dr. Loek Halman, Tilburg, koordiniert. Vier Erhebungswellen wurden in den Jahren 1982, 1990, 1999 und 2008 durchgeführt. Seit 1990 ist unter der Leitung von Univ.-Prof. DDr. Paul M. Zulehner und mit Unterstützung des Bundesministeriums für Wissenschaft und Forschung auch ein österreichisches Forschungsteam an der Europäischen Wertestudie beteiligt.

Für die aktuelle Forschung wurden zwischen Juli und Oktober 2008 insgesamt 1500 volljährige Personen aus ganz Österreich per Zufallsstichprobe ausgewählt und von geschulten Interviewerinnen und Interviewern anhand eines standardisierten Fragebogens persönlich über ihre Einstellungen befragt. Die Daten wurden geprüft, bearbeitet und entsprechend der österreichischen Bevölkerungsverteilung gewichtet, sodass sie einen repräsentativen Ausschnitt der österreichischen Wohnbevölkerung ab 18 Jahren darstellen.[7]

Der Grundstock der verwendeten Fragen ist für alle 44 Teilnehmerländer der Europäischen Wertestudie identisch. Zusätzlich wurden einige bewährte Österreich spezifische Fragestellungen ergänzt, unter anderem zu Solidarität und Autoritarismus. Rund Dreiviertel des Fragebogens decken sich mit den Fragen der vorhergehenden Erhebungswellen, sodass nicht nur Aussagen über die aktuel-

[6] Zudem waren in der ersten Erhebung auch die Vereinigten Staaten von Amerika, Kanada, Mexiko, Chile, Argentinien, Südafrika, Kuwait, Libanon, Südkorea, Japan und Australien einbezogen. Diese sind im laufenden Projekt der Europäischen Wertstudie allerdings nicht mehr vertreten, sondern in einem mittlerweile eigenen Projekt, dem World Values Survey.

[7] 217 der 1500 befragten Personen haben Migrationshintergrund – entweder sie selbst oder mindestens ein Elternteil ist nicht in Österreich geboren. Einige Personengruppen sind aufgrund methodischer Einschränkungen und vor allem sprachlicher Barrieren untererfasst. Das betrifft unter anderem auch Muslime.

le Situation, sondern auch ein vergleichender Überblick über die Entwicklung von 1990 bis 2008 möglich sind.

Die Daten wurden vom Projektteam des Instituts für Praktische Theologie der Katholisch-Theologischen Fakultät ausgewertet, ihm gehören an: Christian Friesl, Ursula Hamachers-Zuba, Regina Polak, Katharina Renner, Claudia Tschipan, Renate Wieser, Paul M. Zulehner. Bei der Dateninterpretation und Berichtlegung wurde das Team von Expertinnen und Experten unterschiedlicher Fachrichtungen unterstützt: Prof. Gudrun Biffl, Mag. Andreas Steinmayr (Donau-Universität Krems), Dr. Thomas Hofer (H&P Public Affairs, Wien), Mag. Rossalina Latcheva (Institut für höhere Studien, Wien), Dr. Erich Lehner (Fakultät für Interdisziplinäre Forschung und Fortbildung, Klagenfurt – Graz – Wien).

Um eine „lesefreundliche Version" des Berichts zu schaffen, sind die Fußnoten im folgenden Text aufs Wesentliche beschränkt. Vertiefende Informationen über multivariate statistische Verfahren, Gewichtung und ähnliches finden sich im Internet unter folgender Adresse: www.univie.ac.at/ktf/wertestudie2008.

Die Österreicher/-innen und der Wandel in der Arbeitswelt

Gudrun Biffl, Ursula Hamachers-Zuba, Justyna Okolowicz, Katharina Renner, Andreas Steinmayr

1 Internationalisierung und Individualisierung sind in Österreich angekommen

Die Arbeitswelt hat sich in den vergangenen 20 Jahren tiefgreifend verändert. Sowohl technologische Entwicklungen als auch die Internationalisierung der Wirtschaft haben dazu geführt, dass sich die Logik des Arbeitsmarktes geändert hat. Zusätzlich hat eine andere, wenn auch noch lange nicht gleichberechtigte, Arbeitsteilung zwischen Männern und Frauen als Folge zunehmender Individualisierung auch in Österreich zu einer Neuorganisation von Arbeit geführt (vgl. Biffl 1999, 191). Die Entwicklungen lassen sich in aller Kürze so umreißen: Die voranschreitende Globalisierung hat dazu geführt, dass in der kleinen offenen Volkswirtschaft Österreichs zunehmend die Gesetzmäßigkeiten der internationalisierten Wirtschaft gelten, wobei eine gewisse *Spannung zwischen Regionalisierung und Globalisierung gesehen werden kann.*

Auf der einen Seite gibt es zahlreiche Klein- und Mittelbetriebe, die ihre Nischen vorwiegend in regionalen Märkten, Spezialisierungen oder hohen Qualitätsstandards finden. Diese Unternehmen leben stark von einer qualifizierten und kontinuierlichen Stammbelegschaft, da sie auf die individuellen Fähigkeiten der Mitarbeiter/-innen angewiesen sind und die hohen Kosten häufiger Personalwechsel für sie nicht tragbar wären. Für sie ist es oft eine Herausforderung, die Zufriedenheit und Motivation ihrer Belegschaft sicherzustellen (vgl. BMWA 2008, 31).

Auf der anderen Seite kommt es zu einer Neuorientierung der innerbetrieblichen Arbeitsorganisation – weg von einer an Arbeitsfunktionen ausgerichteten Innenorientierung, hin zu einer am Kunden und damit am Bedarf ausgerichteten Außenorientierung. Um die Zahl der beschäftigten Personen und das Qualifikationsprofil relativ kurzfristig an den jeweils aktuellen Bedarf und die Auftragslage anzupassen, greifen viele Firmen und vor allem Großunternehmen auf eine Kombination aus Stammbelegschaft und flexiblen Arbeitskräften zurück. Beschäftigungsverhältnisse werden im Vergleich zu früher zunehmend ent-standardisiert, und die Verweildauer in einem Unternehmen wird kürzer. Als zusätzliche Maßnahme setzen Betriebe vielfach auf „Outsourcing", die Auslagerung von Betriebsfunktionen und Unternehmensteilen an externe Dienstleister. Damit verschiebt sich auch der Bedarf an Arbeitskräften vom primären und sekundären in den tertiären Sektor (vgl. Greifenstein 2000; Biffl 2002; Lutz 2002). *Der sektorale Strukturwandel geht in Österreich mit einem qualifikatorischen Hand in Hand*: Die Verlagerung standardisierter Produktion hat zu einer verminderten Nachfrage nach Arbeitnehmer(inne)n mit niedrigem Bildungsniveau geführt. Gefragt sind hingegen vor allem technisch-naturwissenschaftliches Fachwissen, Management und Organisationswissen, interkulturelles Verständnis und Fremdsprachenkenntnisse. Multidimensionale Skills und soziale Kompetenz, insbesondere die Fähigkeit in Teams zu arbeiten, sind ergänzend zu Fachqualifikationen gefragt. Die Bereitschaft, sich rasch an neuen Herausforderungen zu orientieren und die Fachkenntnisse laufend anzupassen gewinnt an Bedeutung (vgl. Bock-Schappelwein / Huemer 2005, 4–11).

Volkswirtschaftlich betrachtet gehört *Österreich in diesen Prozessen zu den Gewinnern.* Internationalisierung fördert in Ländern mit hohem Bildungsniveau die Weiterqualifizierung und hebt das Niveau weiter an, da einfache Tätigkeiten in Billiglohnländer ausgelagert werden. Die Tendenz zu höherer Bildung zeigt sich grundsätzlich auch in den Stichproben der Europäischen Wertestudie 1990–2008[8]. Besonders junge Frauen haben im Bildungssektor enorm aufgeholt. Ob sich die Höherqualifizierung von jungen Frauen mittelfristig auch in einer stärkeren Karriereorientierung, höheren Integration in den Arbeitsmarkt und einer Verringerung der Einkommensschere niederschlagen wird, hängt von verschiedenen politischen und gesellschaftlichen Faktoren ab. Insgesamt

---

[8] Die Europäische Wertestudie ist eine Repräsentativerhebung mit einer Stichprobengröße zwischen 1400 und 1500 Personen. Personen mit einem einfachen Bildungsniveau sind dabei tendenziell übererfasst und Personen mit höherer Bildung untererfasst (Statistik Austria Volkszählung 2001). Die grundlegenden Trends spiegeln sich jedoch wider.

besteht in Österreich im internationalen Vergleich (vgl. OECD 2008) aber, wie in den Debatten um Bildungspolitik und österreichisches Schulwesen mehrfach ausgewiesen, sicherlich weiterhin Handlungsbedarf.

Des Weiteren ermöglicht Internationalisierung – zumindest bislang – Kostensenkungen und Effizienzsteigerung und damit höhere Gewinne. Laut Eurostat lag Österreich 2007 gemessen am Kaufkraftstandard in der EU an vierter Stelle hinter Luxemburg, Irland und den Niederlanden (www.epp.eurostat.ec.europa.eu). Und nach einer Studie der Weltbank aus dem Jahr 2005 ist *Österreich das siebtreichste Land der Welt* – gemessen am gesamten Reichtum eines Landes wie den natürlichen Rohstoffen, Wäldern, Fischbeständen, der Nachhaltigkeit der Wirtschaft, dem Umweltschutz und den Fähigkeiten der Bevölkerung (Sozialkapital) sowie dem Bildungssystem und der Regierungsführung (vgl. World Bank 2005).

Die Vorteile der Internationalisierung werden von den Großunternehmen zum Teil an die Belegschaft weitergegeben. In einer Untersuchung der Top-300-Unternehmen wird aus Sicht der Beschäftigten festgehalten, dass die Beschäftigungsbilanz an den österreichischen Standorten häufig positiv ist. Die Internationalisierung hat seit dem Jahr 2000 – bezogen auf die untersuchten Unternehmen – *mehr Arbeitsplätze in Österreich geschaffen* als vernichtet (vgl. Eichmann / Flecker 2008, 2). Auf der Ebene der Beschäftigungsbedingungen sieht die Bilanz allerdings nicht so positiv aus. „Die vielen organisatorischen Veränderungen müssen ‚verdaut' werden, zudem wird durchgehend von mehr Arbeitsdruck sowie sehr häufig von längeren Arbeitszeiten berichtet und profitieren die Beschäftigten beim Einkommen nur in wenigen Fällen beziehungsweise nur eingeschränkt von den teilweise hohen Unternehmensgewinnen" (ebd.).

Eine weitere wesentliche Folge dieser neuen Logik (Außenorientierung statt Innenorientierung) ist, dass die Entlohnung zunehmend auf *einer Arbeitsplatzbewertung* basiert. Die verstärkte Ausrichtung der Entlohnung an der Produktivität bedeutet eine Abkehr des lange in Österreich geltenden gesellschafts- und wirtschaftspolitischen Konsens, dass ein Gehalt ein Familiengehalt sein soll, von dem üblicherweise der Mann eine Frau und zwei Kinder erhalten kann. Vermehrte Auslagerung von Betriebsfunktionen, etwa

Reinigung, entbindet Teile der Belegschaft aus dem sonst branchenüblichen Kollektivlohn und erhöht zudem die Konkurrenz unter den nun ausgelagerten Reinigungs-, IT-, Buchhaltungs- und sonstigen Diensten. Stattdessen erhöht sich die Zahl der sogenannten „working poor", die trotz Erwerbstätigkeit kein Existenz sicherndes Einkommen erlangen. Die Zahl derer, die mit dem eigenen Gehalt zumindest nicht den gewohnten oder gewünschten Lebensstandard sichern können, ist im Zuge der 2008 einsetzenden Wirtschaftskrise nochmals gestiegen. Laut Arbeitsklima-Index der AK Oberösterreich von März 2009 erhalten 43 Prozent der unselbstständig Erwerbstätigen finanzielle Unterstützung von Partner oder Partnerin, der Familie oder von staatlicher Seite. Bis zum Frühjahr 2008 waren es 34 Prozent. Besonders betroffen sind junge Menschen und Frauen. Wobei festzuhalten ist, dass auch Männer verstärkt darauf angewiesen sind (vgl. Arbeiterkammer Oberösterreich 2009).

In Summe sind viele der skizzierten Veränderungen Folgen einer zunehmenden wirtschaftlichen Internationalisierung und gesellschaftlichen Individualisierung und betreffen daher nicht nur Österreich. Vielfach sind die typischen Erscheinungen einer globalisierten und flexiblen Arbeitswelt im Vergleich zu anderen Ländern erst mit zeitlicher Verzögerung oder in geringerer Ausprägung eingetreten, beispielsweise liegt Österreich beim Anteil an atypischen Beschäftigungsverhältnissen[9] oder der Arbeitszeitflexibilisierung im oder teils unter dem europäischen Durchschnitt (vgl. European Foundation 2001; European Foundation 2007; Statistik Austria 2005). Was *für Österreich in gewisser Weise spezifisch* ist,

- dass Flexibilisierung in Österreich von einem sehr hohen Niveau her geschieht, wenn man den hohen Anteil an pragmatisierten Beschäftigungsverhältnissen und „sicheren", teils staatsnahen Betrieben mit komfortablen Beschäftigungsbedingungen und Sozialleistungen betrachtet, der in Österreich lange Zeit selbstverständlich war. Hier hat es gerade in den letzten Jahren im Rahmen staatlicher Sparpakete spürbare Veränderungen gege-

[9] Als atypisches Beschäftigungsverhältnis gilt ein Anstellungsverhältnis, das vom Normalarbeitsverhältnis abweicht. Ein Normalarbeitsverhältnis wird „verstanden als eine unselbstständige, vollzeitige, unbefristete und sozial- und arbeitsrechtlich abgesicherte Beschäftigung" (Fink u. a. 2001, 4).

ben. Die Erwartungshaltung ist aber bei vielen vermutlich noch von den „guten alten Zeiten" geprägt;

- dass Österreich sich nach dem Zweiten Weltkrieg als Sozialstaat etabliert und den Anspruch hat, seinen Bürgerinnen und Bürgern ein recht umfassendes soziales Netz zu bieten. Das Sozialsystem hat sich jedoch noch zu wenig auf die veränderten Rahmenbedingungen eingestellt und basiert auf einem Modell von Arbeitsorganisation und Erwerbsmustern, das heute nicht mehr für alle Bürgerinnen und Bürger zutrifft;
- dass in Österreich, ähnlich wie sonst vielleicht noch in Deutschland, ein bestimmtes Rollenverständnis und damit verbunden bestimmte geschlechtsspezifische Erwerbsmuster dominieren.

Was bedeutet das auf Ebene der Werte? Individuen und Gruppen entwickeln Vorstellungen darüber, was in der konkreten Lebenssituation für sie selbst „gut" und „richtig" ist. Diese Werte sind rückgekoppelt an Ideale und Normen, aber auch sehr eng verbunden mit dem, was Menschen als Lebenswirklichkeit widerfährt. Wenn sich Lebenswirklichkeiten und Rahmenbedingungen ändern, hat das zwangsläufig Auswirkungen auf Werte. Umgekehrt leiten eigene Werte das Handeln und haben somit das Potenzial, die Wirklichkeit zu verändern. Wie sich das Zusammenspiel zwischen veränderten Rahmenbedingungen in der Arbeitswelt und Werthaltungen, zumeist gemessen an Einstellungen zu konkreten Fragen, in den letzten 20 Jahren in Österreich entwickelt hat, wird in diesem Kapitel dargestellt. Es gliedert sich in folgende Themenbereiche:

- Wie beurteilt Österreich die *gesellschaftliche Bedeutung von Arbeit?* Wie ist es um das Arbeitsethos bestellt? Welche Veränderungen zeigen sich in Bereichen nichtbezahlter, ehrenamtlicher Arbeit? Und wer hat bei Arbeitsplatzknappheit eher das *Recht auf einen Arbeitsplatz*?
- Welche *individuelle Bedeutung* hat Erwerbsarbeit für die Österreicherinnen und Österreicher? Welche Erwartungen stellen sie an den Beruf und wie zufrieden sind sie mit ihrer Situation?
- Zeichnet sich ein *neues Verhältnis von Arbeit und Freizeit* ab?
- Abschließend werden die wichtigsten Schlussfolgerungen zusammengefasst und ergänzend unter dem Aspekt der *Integration von Frauen und Männern* in den Arbeitsmarkt betrachtet.

2 Die Bedeutung der Arbeit in der Gesellschaft

2.1 Das Arbeitsethos in Österreich verändert sich

Die Einstellung der Gesellschaft zur Arbeit war in der Geschichte vielen Wandlungen unterzogen. Differenzierte man in der Antike zwischen „guter“ geistiger Arbeit und „schlechter“ handwerklicher Arbeit, meist von Sklav(inn)en ausgeführt, ging auch der mittelalterliche Mensch von der Arbeit „im Schweiße seines Angesichts“ aus. In den folgenden Jahrhunderten entwickelte sich die Arbeit weg von der schieren Notwendigkeit der Lebenserhaltung hin zu einem Selbstzweck. Nicht mehr die Herstellung von Gebrauchswert, sondern von Mehrwert steht im Vordergrund (vgl. Ribolits 1995). Das gegenwärtige System beruht also darauf, dass Menschen ihre Arbeitskraft „zu Markte tragen“, aber auch, dass sie sich über die Arbeit identifizieren. Sie trägt damit nicht nur zur Existenzsicherung bei, sondern auch zur Entfaltung eines Selbstwerts. Gleichzeitig beruht die Wohlfahrt der Gesellschaft in unseren Breiten in hohem Maße auf der Arbeit. Dementsprechend ist es notwendig, dass möglichst viele ihren Beitrag zum Gemeinwesen leisten. Hier haben sich die Schwerpunkte in den letzten Jahren jedoch ein wenig verschoben.

Verpflichtung, Fleiß und Selbstverwirklichung

Das Bewusstsein, dass Arbeit nicht nur die eigene Existenz sichert, sondern auch für die Gemeinschaft wichtig ist, ist in Österreich weit verbreitet. 72 Prozent der Befragten stimmen der Aussage (voll und ganz) zu, dass Arbeit eine Verpflichtung gegenüber der Gesellschaft ist, nur insgesamt ein Zehntel (11 %) lehnt diese Aussage ab. Im Vergleich zum Jahr 1999 sank die Zustimmung jedoch um neun Prozentpunkte. Ähnliche Verschiebungen zeigen sich bei der Frage, ob man Arbeit im Leben zukünftig weniger wichtig nehmen soll. 1990 waren 22 Prozent dieser Meinung, 1999 29 Prozent, 2008 sind 36 Prozent. Fast die Hälfte der Befragten würde es aber weiterhin ablehnen, Arbeit weniger wichtig zu nehmen.

Wenig Veränderung zeigt sich allerdings bei der Frage, ob die Arbeit immer zuerst kommen sollte. Hier waren die Österreicherinnen und Österreicher bereits 1999 etwas skeptischer: 57 Prozent stimmten dieser Frage damals zu (voll und ganz 19 %, einfache Zustimmung 38 %). Im Jahr 2008 sind fast ebenso viele dieser Ansicht (55 %). 23 Prozent sind indifferent und nur ein Fünftel (21 %) lehnt diese Aussage ab.

Ganz allgemein findet die Wertung, dass Arbeit vor Faulheit schützt, große Zustimmung. Nur elf Prozent lehnen diese Aussage sehr oder eher ab, 35 Prozent stimmen ihr stark und 33 Prozent stimmen ihr zu. Hier gibt es wenig Änderung gegenüber früher. In der Generation der über 60-jährigen sind 77 Prozent dieser Meinung (bei den unter 30-jährigen „nur" 56 %). Besonders hoch ist die Zustimmung bei Menschen mit niedrigem Bildungsabschluss (76 % ohne Abschluss gegenüber 48 % mit Hochschulabschluss) und im ländlichen Raum.

„Menschen, die nicht arbeiten, werden faul"	Zustimmung (sehr und eher)	Ablehnung (sehr und eher)
Grundgesamtheit	68	11
Bis 30 Jahre	56	18
Über 60 Jahre	77	11
Ohne abgeschlossene Schulbildung	76	12
Hochschulabschluss	48	32
Ortsgröße unter 2000 EW	73	8
Ortsgröße über 500.000 EW	56	18
„Man kann den meisten vertrauen"	57	21
„Man kann nicht vorsichtig genug sein"	76	9
Arbeit dient der Selbstverwirklichung	74	9
Geld ohne Arbeit ist demütigend	81	6
Arbeit ist Verpflichtung der Gesellschaft gegenüber	79	8

Tabelle 1: Menschen, die nicht arbeiten, werden faul. Angaben in Prozent, Quelle: EVS 2008.

Auffällig ist die starke Koppelung des „erzieherischen" Werts von Arbeit mit dem Verpflichtungsaspekt gegenüber der Gesellschaft und mit dem Kontrollbedürfnis der Menschen. Wer anderen Menschen gegenüber eher misstrauisch gegenübersteht, identifiziert die Abwesenheit von Arbeit mit Faulsein. Solche Personen entziehen sich laut gängigem Vorteil ihrer Verantwortung und jeglicher

Anstrengung. Menschen, die anderen gegenüber einen Vertrauensvorschuss gewähren, sind hingegen offener für andere Denkmöglichkeiten; und eventuell auch offen für andere, alternative Definitionen von Arbeit.

Die weitgehende Gleichsetzung von Arbeit mit Erwerbsarbeit wird auch deutlich bei den nächsten beiden Verknüpfungen: Wer Arbeit als besonders wichtig für die Selbstverwirklichung ansieht und Personen, die es für demütigend halten, ohne Arbeit Geld zu bekommen, sind ebenfalls überdurchschnittlich davon überzeugt, dass Menschen, die nicht arbeiten, faul werden.

Arbeit dient heute auch der Identitätsstiftung, der Selbstdefinition. Der Wert der Arbeit als Verpflichtung der Gesellschaft gegenüber wird weniger wichtig. Der Wert der Selbstentfaltung ersetzt jedoch nicht einfach die ethische Verpflichtung. Deutlich wird dies unter anderem daran, dass die Zustimmung zu der Aussage, man brauche Arbeit um eigene Fähigkeiten zu entwickeln, von 1999 zu 2008 gesunken ist. Bei der letzten Umfrage waren 44 Prozent voll und ganz dieser Meinung (weitere 44 % gaben grundsätzliche Zustimmung). Bei den aktuellen Ergebnissen liegt die volle Zustimmung nur noch bei 38 Prozent (plus weitere 44 % generelle Zustimmung).

Geld ohne Arbeit als Demütigung?

Die Hälfte der Männer und Frauen (50 %, 1990 waren es 48 %) stimmt der Aussage zu, es sei „demütigend, ohne Arbeit Geld zu erhalten“. Unter den Vollzeit Berufstätigen sind interessanter Weise mehr Frauen (56 %) als Männer (50 %) dieser Ansicht. Ein Viertel (25 %) der Befragten hat dazu keine Meinung („weder noch“). Von den Erwerbstätigen stimmen dem 23 Prozent stark und 30 Prozent eher zu, von denen, die nicht erwerbstätig sind, stimmen nur 17 Prozent stark zu (und 30 Prozent eher). Anerkennung und Selbstbestätigung beziehen die Österreicherinnen und Österreicher somit durchaus zu einem beträchtlichen Teil aus selbstverdientem Geld. Sich aushalten zu lassen, ist demgegenüber offenbar nicht sehr attraktiv. Gerade für Frauen ist dieser Aspekt der Unabhängigkeit aufgrund des eigenen Einkommens ein wichtiger, da nicht selbstverständlicher Faktor. Deutlich mehr (Teilzeit) erwerbstätige

Frauen als Männer erhalten zusätzlich finanzielle Unterstützung durch Partner, Familie oder von staatlicher Seite (vgl. Arbeiterkammer Oberösterreich 2009). Weiters interessant: Unterdurchschnittlich wenige Personen (42 %) der unteren Einkommensschichten[10] empfinden Geld ohne Arbeit als demütigend. Es ist daraus abzuleiten, dass ein nicht geringer Teil von ihnen Sozialleistungen empfängt und sich mit dieser Realität arrangiert. Am schwersten fällt es aber der Gruppe derer, die bis zu 5000 Euro verdienen – von ihnen empfinden es 54 Prozent als demütigend, ohne Arbeit Geld zu erhalten. Es wäre für sie offenbar mit einem hohen Identitätsverlust verbunden.

Fazit: Als wichtigste Funktionen von (Erwerbs-)Arbeit gelten in Österreich Selbstverwirklichung und der Verpflichtungscharakter gegenüber der Gesellschaft. Beide verlieren jedoch an Bedeutung. Das könnte als erstes Indiz dafür gedeutet werden, dass die oben genannten Veränderungen auf dem Arbeitsmarkt zu einem Verlust an gesellschaftlicher Integrationsleistung führen und Identität neben der Arbeit zunehmend auch aus anderen Lebensbereichen bezogen wird. Nahezu unverändert wichtig ist (Erwerbs-)Arbeit, um in Österreich als fleißig zu gelten und in Würde für sich selbst sorgen zu können.

2.2 Sinkendes ehrenamtliches Engagement

Erwerbsarbeit kann, wie gesehen, für stabile soziale Integration sorgen (zwar weniger überzeugend als früher). Das hat auch Auswirkungen auf oder zumindest Parallelen in anderen gesellschaftlichen Bereichen. Tendenziell sinkt das ehrenamtliche Engagement in Österreich. Derzeit leisten 44 Prozent der Erwachsenen ab 15 Jahren Freiwilligenarbeit. Die Hälfte der regulär Erwerbstätigen und sich in Ausbildung befindlichen Personen ist ehrenamtlich tätig, aus der Gruppe der Arbeitslosen sind es nur 36 Prozent. Es findet sich auch ein Zusammenhang mit dem Bildungsniveau – je höher die Ausbildung, desto eher wird Freiwilligenarbeit geleistet. Entsprechend dem Urbanisierungsgrad nimmt die Zahl der Ehrenamtlichen ab (Statistik Austria 2006, 15f.). Diese Daten bestätigen die

[10] Verfügbares monatliches Einkommen unter 1000 Euro.

Feststellung einer deutschen Studie: Das Engagement ist nicht bei denen am höchsten, die am meisten Zeit haben, sondern, bei denen, die durch Beruf gut gesellschaftlich integriert sind und auch was für andere tun möchten (vgl. Gensicke / Picot / Geiss 2006). Sinkt die Integration, sinkt möglicherweise auch eine Voraussetzung für ehrenamtliches Engagement.

In den Daten der Europäischen Wertestudie sehen die Details folgendermaßen aus: Im Jahr 2008 geben 41 Prozent der Befragten an, ehrenamtlich einer Organisation anzugehören, 26 Prozent arbeiten auch tatsächlich mit. Die meisten geben an, im Bereich von Freizeitaktivitäten organisiert zu sein (13 %), danach kommen die, die einer religiösen beziehungsweise kirchlichen Organisation angehören (12 %). Dies sind auch die Bereiche, wo die meisten ehrenamtlich mitarbeiten. Bei anderen Organisationen/Vereinen arbeiten zwischen fünf und zehn Prozent der Befragten mit. Am wenigsten Befragte gehören der Friedensbewegung und lokalen Initiativen an (je 2 %). Im Jahresvergleich wird deutlich, dass manche Bereiche zwischen 1990 und 1999 leichte Zuwächse verzeichnen konnten, dass aber ab 1999 die Mitgliedschaft in Vereinen und Organisationen deutlich einbricht. Nur Jugendarbeit, Frauengruppen und soziale Hilfsdienste bleiben auf niedrigem Niveau konstant. Die Zugehörigkeit zu einer religiösen beziehungsweise kirchlichen Organisation hat am meisten abgenommen. Gruppen mit traditionell hohem Komplexitäts- und Identifikationsgrad wie kirchennahe Vereine, Sportvereine, Gewerkschaften oder politische Parteien verlieren die meisten Ehrenamtlichen.

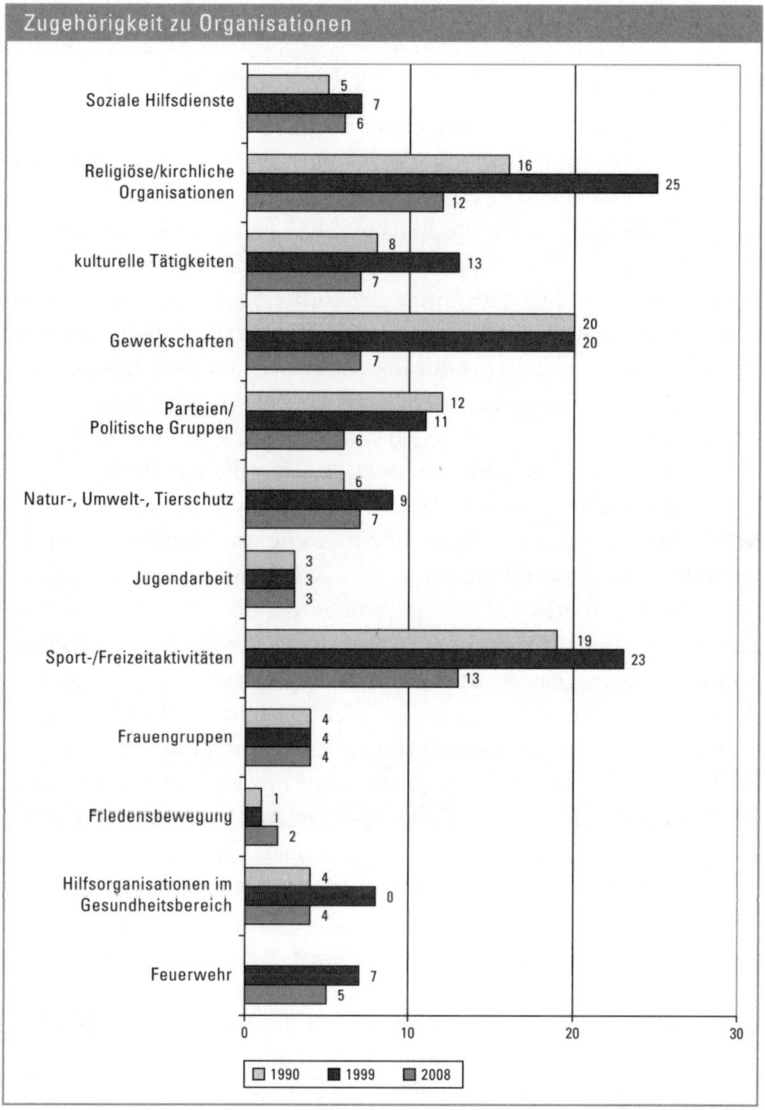

Grafik 1: Zugehörigkeit zu ehrenamtlichen Organisationen (Auszug). Angaben in Prozent, Quelle: EVS 1990–2008.

Ehrenamtlichen Organisationen gehören eher Männer als Frauen an (47 % versus 35 %), eher ältere als jüngere. Bei den Männern sind es 60 Prozent von denen, die weniger als 30 Stunden arbeiten, bei den Frauen nur 39 Prozent. Das ist nicht verwunderlich, sind teilzeitarbeitende Frauen meistens in ihrer „Freizeit“ für Kinder und Haushalt zuständig – ebenso wie Pensionistinnen, die nur zu 37 Prozent ehrenamtlich tätig sind, gegenüber 58 Prozent der Pensionisten. Hier kommt wohl zum Tragen, dass Frauen, auch wenn sie sich nicht mehr um Reproduktion kümmern müssen beziehungsweise nicht mehr im Erwerbsleben stehen, eher in informellen Netzwerken agieren. Männer dagegen sind geneigt, sich auch nach dem Rückzug aus dem Berufsleben noch in öffentlichen Positionen zu engagieren. Dafür sprechen die unterschiedlichen Bereiche, in denen Männer und Frauen tätig sind. Die Bereiche, in denen Personen ehrenamtlich tätig sind, wurden in vier Gruppen[11] zusammengefasst: „Community Works“, also Engagement, das der unmittelbaren Gemeinschaft (Nachbarschaft, Ortsteil) dient, kirchliche Tätigkeiten, politisches Engagement und globales Engagement. Hier zeigt sich deutlich eine Verteilung nach Geschlecht. Mehr als ein Drittel aller Männer ist im Bereich Community ehrenamtlich tätig, aber nur 19 Prozent der Frauen. Dafür sind nur neun Prozent der Männer, aber 15 Prozent der Frauen in global agierenden Organisationen engagiert. Umgekehrt das politische Engagement, hier liegen die Männer mit 16 Prozent vor den Frauen (9 %). Im kirchlichen Bereich sind Männer und Frauen fast gleichauf – Männer sind zu zehn Prozent engagiert und Frauen zu 13 Prozent. Männer engagieren sich also vorzugsweise in Bereichen, wo direkter Erfolg sichtbar ist, oder wo ein direkter Einfluss möglich ist – in der eigenen Gemeinschaft oder in der Landes-/Bundespolitik. Das Engagement von Frauen hingegen richtet sich eher auf Bereiche, wo der/die einzelne nicht viel ausrichten kann, wo eine grenzübergreifende Gemeinschaft da-

---

[11] *Communitiy Work*: Soziale Hilfsdienste, Kultur und Bildung, lokale Initiativen, Jugendarbeit, Sport- und Freizeitverbände, Hilfsorganisationen, Feuerwehr *Kirchlich*: kirchliche Organisationen *Landespolitisch*: Gewerkschaften, Parteien, Berufsverbände *Global*: Entwicklungshilfe, Naturschutz, Frauengruppen, Friedensbewegung.

hintersteht (globale Organisationen, eingeschränkt gilt dies auch für kirchliches Engagement).

Je größer das Interesse an Politik ist, desto eher werden Befragte ehrenamtlich aktiv. Die, die sich sehr für Politik interessieren, gehören zu 63 Prozent einer Organisation an, die ohne politisches Interesse nur zu 26 Prozent, es ist allerdings egal, ob sich die Befragten als rechts oder links definieren. Die Einstellung zu Zuwanderung macht aber schon einen Unterschied – je eher jemand Zuwanderung begrüßt, desto eher engagiert er/sie sich ehrenamtlich. Umgekehrt sind die, die Ausländer/-innen am liebsten verbieten würden herzukommen, nur zu 20 Prozent ehrenamtlich tätig. Ähnlich verhält es sich mit den Zustimmungsraten zu anderen Items in Bezug auf Menschen mit Migrationshintergrund.

Gründe fürs Dabeibleiben

Am meisten Zustimmung findet die Motivation, etwas für andere tun zu wollen – das halten 55 Prozent der Befragten für sehr und eher wichtig, nur neun Prozent finden diesen Aspekt unwichtig. Ähnlich sieht sich ein großer Teil der Befragten (44 %) moralisch verpflichtet, etwas für andere zu tun und wird deshalb aktiv. Die eigene religiöse Überzeugung ist für 50 Prozent der Befragten gar nicht oder nicht sehr wichtig, der Wunsch nach Veränderung bewegt nur bescheidene 30 Prozent – dagegen wollen 44 Prozent nützliche Erfahrungen machen und engagieren sich deshalb ehrenamtlich. Der wichtigste Grund für Engagement ist also Altruismus. Der setzt voraus, dass man selbst positiv in ein soziales Netz integriert ist. Aus der Position heraus ist es wesentlich leichter und erfolgversprechender, etwas für andere zu tun. Die moralische Verantwortung und das Interesse an Neuem liegen gleichauf nur knapp dahinter. Besonders unwichtig, oder vielleicht auch am wenigsten aussichtsreich, erscheint die Möglichkeit, sozial oder politisch verändern zu können, sowie die religiöse Überzeugung.

Je höher der Bildungsabschluss, desto wichtiger werden die einzelnen Motive – die einzige Ausnahme ist hierbei die religiöse Überzeugung, die denen ohne abgeschlossene Ausbildung wichtiger als den anderen Bildungsgruppen ist. Für diese Gruppe stehen außerdem die moralische Verpflichtung und der Einsatz für andere im Vordergrund. Für Akademiker/-innen wiederum sind neue Erfahrungen und auch der Einsatz für andere die wichtigsten Motive. Eher weniger wichtig sind ihnen gesellschaftliche Veränderung (obwohl sie ihnen wichtiger ist als den anderen Bildungsgruppen) und die religiöse Überzeugung.

2.3 Wenn Arbeitplätze knapp werden

Das Stimmungsbild in der Bevölkerung zu der Frage, wer im Fall knapper Arbeitsplätze bevorzugt werden soll und wer das Nachsehen hat, gibt Auskunft darüber, wie der gesellschaftliche Zusammenhalt organisiert ist. Zudem spiegeln die Veränderungen über die letzten 20 Jahre einige soziodemografischen, gesellschaftlichen und wirtschaftlichen Entwicklungen wider.

„Junge vor Alten" verliert an Plausibilität

Eine Gruppe von Personen, die in einer speziellen Hinsicht mit der Flexibilisierung des Arbeitsmarktes konfrontiert ist, sind die älteren Arbeitnehmerinnen und Arbeitnehmer. In den 1980er und frühen 1990er Jahren wurde versucht, die angespannte Lage auf dem Arbeitsmarkt durch Frühpensionierungen zu entschärfen. Unter dem Argument „Alte nehmen den Jungen die Arbeitsplätze und die Zukunft weg", wurde auf „early exit" hingearbeitet und eine frühzeitige Pensionierung mit einem „golden handshake" finanziell abgesichert. Möglichst früh und möglichst gesund in Pension zu gehen, wurde gesellschaftlich anerkanntes Ziel. Ende der 1990er Jahre setzte sich immer mehr das Bewusstsein durch, dass dieses System aufgrund des demografischen Wandels das Pensionssystem langfristig gefährden würde. Im Jahr 2000 kam es schließlich zu einer Reform des Pensionssystems mit dem Ziel, das Pensionsantrittsalter anzuheben. Eine aktive Einbindung älterer Arbeitkräfte und Programme zur Re-Integration werden gefordert (vgl. OECD 2005; Biffl 2007). Derzeit müssen ältere Arbeitskräfte, wenn sie ihren Job verlieren und noch nicht in Pension gehen können, mit einem höchst flexiblen Arbeitsmarkt vorliebnehmen, was meist mit Selbstausbeutung verbunden ist.

Mit dem demografischen Wandel und der entsprechenden politischen Reaktion verbunden, ist auch eine veränderte Einstellung in der Bevölkerung. Während sich im Jahr 1999 noch 30 Prozent für die Bevorzugung Jüngerer bei Arbeitsplatzknappheit aussprachen, waren es 2008 nur mehr 25 Prozent. Noch deutlicher war die Veränderung bei jenen, die dies stark ablehnen: deren Anteil stieg von 33 Prozent auf 57 Prozent. Interessanterweise stimmen Personen über 60 Jahren zu 37 Prozent und damit zu einem viel größeren Teil als jüngere Menschen (22 %) mit der Meinung „Jüngere vor Älteren" überein. Die öffentliche Meinung der 1980er Jahre hat offenbar die persönliche Einstellung und vermutlich auch die eigene Lebensplanung bleibend geprägt. Bei Jüngeren dürfte hingegen vielleicht die Sorge zum Ausdruck kommen, dass sie mit ihrer Erwerbsarbeit eine immer größere Zahl an Pensionistinnen und Pensionisten erhalten müssen. Sie sprechen sich daher gegen die Tendenz aus, Ältere vorzeitig aus dem Arbeitsmarkt zu verdrängen.

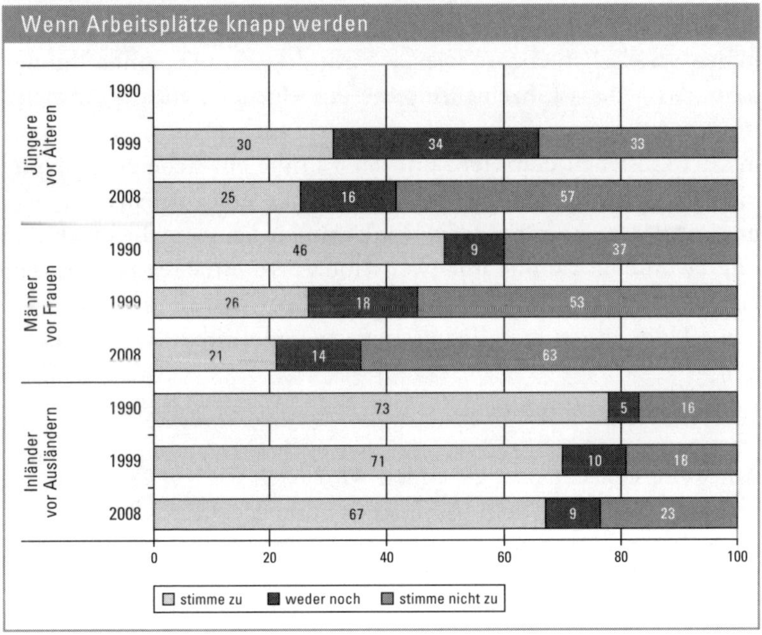

Grafik 2: Wenn Arbeitsplätze knapp sind … Die auf 100 Prozent fehlenden Anteile sind „weiß nicht" und „k. A.", Angaben in Prozent, Quelle: EVS 1990–2008.

Frauen haben gleiches Recht auf Arbeit

Einen besonders ausgeprägten Wertewandel gab es in den letzten beiden Jahrzehnten bei der Rolle von Frauen auf dem Arbeitsmarkt. Während 1990 noch 46 Prozent der befragten Personen der Meinung waren, dass bei Arbeitsplatzknappheit Männer Frauen vorgezogen werden sollten, waren es 1999 nur mehr 26 Prozent und 2008 nur mehr 21 Prozent. Männer (22 %) und Frauen (20 %) denken dabei sehr ähnlich, große Unterschiede gibt es aber auch hier nach Altersgruppen. Personen unter 30 Jahren geben nur zu zwölf Prozent an, dass Männer vorgezogen werden sollten, Personen über 60 Jahren hingegen zu 37 Prozent. Traditionelle Denkmuster sind auch eng mit dem Bildungsniveau verknüpft. Personen mit maximalem Pflichtschulabschluss sind zu rund einem Drittel der Meinung, dass Männer vorgezogen werden sollten, Personen mit Matura hingegen nur zu 13 Prozent und jene mit Hochschulabschluss nur zu acht Prozent. Aus diesem Wertewandel werden die veränderten Lebensrealitäten der Jugend ersichtlich – die Individualisierungsprozesse in der Gesellschaft ebenso wie das Ende des „Familienlohns" führen dazu, dass jede/-r Einzelne für seine/ihre eigene finanzielle Absicherung Sorge tragen muss. Daher müssen auch Frauen zunehmend ins Erwerbsleben eintreten, um der Familie ein sicheres Auskommen zu gewährleisten, da das Einkommen eines Alleinverdieners mit mittlerem und geringem Einkommen kaum mehr ausreicht, um davon eine Familie mit zwei Kindern zu ernähren. Das ist ein Grund dafür, dass sich der Anteil der Alleinverdienerhaushalte seit den 1980er Jahren merklich verringerte (vgl. Biffl 2008b, 790f.).

Inländer/-innen bevorzugt?

Am wenigsten Chancengleichheit wird nach wie vor Personen zugestanden, die aus dem Ausland stammen. Diese Überzeugung wird allerdings weniger entschieden vertreten als noch 1990. Der Anteil an Personen, die angeben, dass Inländer/-innen Ausländer(inne)n vorgezogen werden sollen, ist zwischen 1990 und 2008 von 73 Prozent auf 67 Prozent gefallen. Dies könnte als Hinweis dafür gewertet werden, dass Migrant(inn)en mittlerweile weniger als „Gastabeiter/-innen", die nur zur Arbeit in Österreich sind, gesehen werden, sondern als Menschen, die ihren Lebensmittelpunkt nach Österreich verlagert haben. Naturgemäß ist dieser Zugang unter Personen mit Migrationshintergrund deutlich weiter verbreitet: von den 217 Personen, die selbst oder von denen zumindest ein Elternteil nicht in Österreich geboren wurden, sind nur 34 Prozent der Meinung, dass Inländer/-innen gegenüber Ausländer(inne)n vorgezogen werden sollten. An einer anderen Stelle des Fragebogens – im Kontext von Fragen zur Ausländer(innen)feindlichkeit und Integration – geben im Jahr 2008 allerdings mehr Menschen als 1999 ihre Zustimmung zu dem Satz: „Wenn Arbeitsplätze knapp werden, sollte man die Ausländer/-innen wieder in die Heimat zurückschicken" (Anstieg von 46 % auf 49 %). Von einer durchgängigen Veränderung hin zu mehr Gleichberechtigung von Personen aus dem Ausland ist daher kaum zu sprechen.

3 Die individuelle Bedeutung der Arbeit verändert sich

3.1 Arbeit verliert als Lebensbereich an Bedeutung

In der Wertestudie sollten sechs Lebensbereiche nach ihrer persönlichen Wichtigkeit beurteilt werden, die Arbeit verliert dabei (nach einem leichten Bedeutungszuwachs zwischen 1990 und 1999) in Österreich klar an Bedeutung. 1990 war sie für 62 Prozent sehr wichtig, 1999 für 66 Prozent und 2008 nur noch für 55 Prozent.

Generell messen Erwerbstätige der Arbeit mehr Bedeutung zu als nicht Erwerbstätige (61 % zu 47 %). Bezieht man das Alter mit ein, so zeigt sich der höchste Wert für Arbeit (60 %) in jener Altersgruppe mit der höchsten Beschäftigungsquote: bei den 31–45-jährigen (Beschäftigungsquote von 84 %[12]). Allerdings ist die Beschäftigungsquote kein genereller Gradmesser für die Bedeutung von Arbeit: Die Generation 60+ legt mehr Wert auf Arbeit als die ganz Jungen (51 % zu 47 %), obwohl kaum jemand von ihnen selbst noch im Erwerbsleben steht (Beschäftigungsquote von 3 %). Unter den bis 30-jährigen sind jedoch fast zwei Drittel in Beschäftigung

[12] Beschäftigungsquote – Anzahl der Beschäftigten durch Anzahl der Personen gesamt. Berechnung basierend auf den Daten der europäischen Wertestudie 2008.

(Beschäftigungsquote von 58%). Die Einstellung zur Arbeit hängt also sowohl von eigener Erwerbssituation als auch vom Alter ab.

Was ist nun an Ursachen für den Bedeutungsverlust der Arbeit in den letzten Jahren festzustellen? Der Beruf hat *nach wie vor eine große Bedeutung für Sinnstiftung und Lebenszufriedenheit.* Der Einfluss von Arbeit auf das individuelle Glücksgefühl, ähnlich wie auf die Lebenszufriedenheit, ist beispielsweise höher als der Einfluss des Lebensbereichs Freizeit: Bei denen, die sehr glücklich sind, hat Arbeit einen höheren Wert als im Durchschnitt: 63 Prozent von ihnen ist Arbeit sehr wichtig (Durchschnitt 54%). Das gilt für Männer (69%) stärker als für Frauen (56%). Die Freizeit ist den sehr Glücklichen ebenfalls wichtiger als dem Durchschnitt, allerdings ist die Differenz hier kleiner (48% zu 44%) und es ist kein Unterschied zwischen Frauen und Männer feststellbar.

Durch *geänderte Rahmenbedingungen bietet der Beruf heute aber tendenziell weniger stabile soziale Integration und weniger Identifikationsmöglichkeiten* als früher: Lange Karrierewege sind nicht mehr selbstverständlich, in vielen Firmen wird eine Stammbelegschaft mit kurzfristig einsetz- oder auswechselbarem flexiblen Personal ergänzt, es kommt häufiger zum Wechsel des Arbeitgebers, teils sogar zu mehrfachem Berufswechsel im Lauf einer Erwerbsbiografie. Das erweitert individuelle Entfaltungsspielräume. Es hat aber auch zur Folge, dass Identität weniger über ein bestimmtes Berufsbild definiert werden kann, sondern stärker über (bleibende) individuelle Kompetenzen oder eben außerberufliche Lebensbereiche. Phasen von Vollzeitbeschäftigung, Teilzeitbeschäftigung, Selbstständigkeit, Arbeitslosigkeit, beruflicher Weiterbildung und Umschulung wechseln einander ab. Arbeitskräfte müssen vor diesem Hintergrund eine neue Balance zwischen Arbeit und Privatleben sowie zwischen Sicherheit und Flexibilität finden (vgl. Bock-Schappelwein / Huemer 2005, 12). Weiters sorgt ein Beruf aus Sicht der Österreicherinnen und Österreicher heute nicht automatisch für ein subjektiv angemessenes, teilweise nicht einmal für *ein Existenz sicherndes Einkommen.* Das wäre aber im Jahr 2008 gerade *der zentrale Anspruch an den Beruf, der nicht immer eingelöst wird.*

3.2 Arbeit soll in erster Linie die Existenz sichern

„Der Beruf soll in erster Linie dazu dienen, ein gesichertes Einkommen zu garantieren.“ Die Zustimmung zu diesem Satz lag 1999 bei 69 Prozent. 2008 ist eine leichte Steigerung auf 74 Prozent festzustellen. Die Radikalposition schwächt sich ab: Um acht Prozent weniger Menschen stimmen dem Vorrang der Existenzsicherung voll und ganz zu. Die Zahl derjenigen, die grundsätzlich zustimmen, aber offenbar auch noch andere – zweitrangige Erwartungen an die Arbeit haben, ist jedoch um deutliche 13 Prozent gestiegen. Die größten Unterschiede gibt es in Bezug auf das Bildungsniveau.

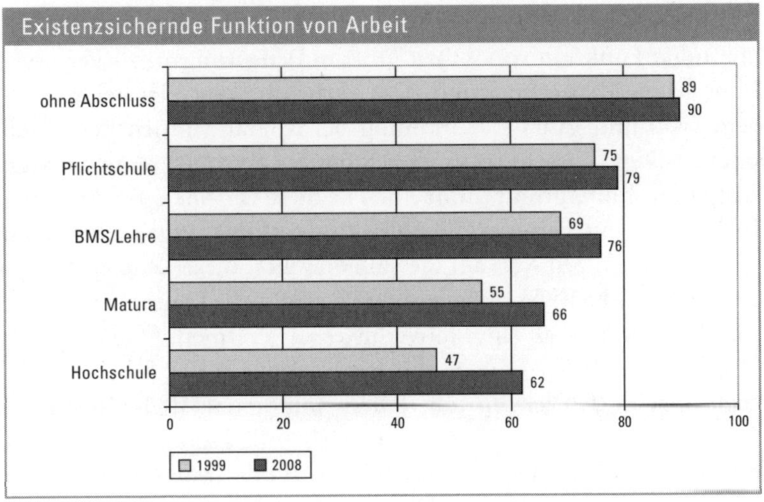

Grafik 3: Der Beruf soll in erster Linie dazu dienen, ein gesichertes Einkommen zu garantieren. „stimme sehr zu“ und „stimme eher zu“ (vierstufige Skala), Angaben in Prozent, Quelle: EVS 1999, 2008.

Existenzsicherung durch den Beruf und damit eine geringere Wertigkeit von anderen Berufsmotiven (implizit im „in erster Linie“) ist besonders ausgeprägt in bildungsfernen Schichten, die in der Regel in Berufen tätig sind, in denen ein geringes Maß an individueller Freiheit und Gestaltungsmöglichkeiten vorherrschen. Da sind die Zustimmungswerte seit 1999 unverändert hoch. Unter höher Qualifizierten wird der Faktor Einkommenssicherung zwar deutlich weniger wichtig bewertet, hat aber zwischen 1999 und 2008 stark an Bedeutung gewonnen. Das ist möglicherweise eine Folge von steigender Arbeitslosigkeit und Jobunsicherheit auch unter Akademiker(inne)n. Früher konnte es sich diese Gruppe eher leisten, vorwiegend nach Neigungen und Selbstverwirklichungswerten zu agieren. Die Internationalisierung der Märkte erhöhte vor allem den Wettbewerb unter Menschen mit hohen Qualifikationen und solchen mit einfachsten Qualifikationen. Während Menschen am unteren Ende der Lohnhierarchie auf einen sozialpolitisch motivierten Mindestlohn rechnen können, ist das unter Akademiker(inne)n nicht der Fall. Sie mussten sich in den letzten Jahren nicht nur mit einer größeren Beschäftigungsunsicherheit abfinden, sondern auch mit vergleichsweise geringen Lohnerwartungen.

Personen mit Migrationshintergrund messen der Existenz sichernden Funktion von Arbeit größere Bedeutung zu als Personen ohne Migrationshintergrund. Das Verhältnis liegt hier bei 80 Prozent (voll und ganz) Zustimmung bei Migrant(inn)en der ersten oder zweiten Generation zu 73 Prozent bei Personen ohne direkten Migrationshintergrund. Zum einen ist diese Personengruppe häufig in Berufen mit geringen Qualifikationsanforderungen tätig, zum anderen ist ein Hinweis auf die Vulnerabilität dieser Personengruppe, die noch keine Vermögenswerte ansammeln konnte und daher Gefahr läuft, im Fall eines Jobverlustes zu verarmen.

Unter den 165 Personen, die zum Zeitpunkt der Erhebung aktuell oder in den letzten fünf Jahren mindestens drei Monate arbeitslos waren, hat die Einkommen sichernde Funktion der Arbeit einen sehr hohen Stellenwert. 81 Prozent von ihnen stimmen der Aussage (voll und ganz) zu. Die Mehrheit der in den letzte Jahren nicht oder von nur kurzer Arbeitslosigkeit Betroffenen liegt genau am Durchschnittswert von 74 Prozent. Unter den Pensionist(inn)en ist ebenfalls eine leicht überdurchschnittliche Zustimmung festzustellen (78 %).

Von den 50 Alleinerzieher(inne)n, die in der Wertestudie befragt wurden, stimmen 86 Prozent der Aussage (voll und ganz) zu, dass Arbeit in erster Linie der Einkommenssicherung dient. Unter Familien mit drei oder mehr Kindern spielt die Einkommen sichernde Funktion der Arbeit mit 82 Prozent Zustimmung (Tendenz steigend) eine wesentlich größere Rolle als bei Familien mit zwei Kindern (76 %), einem Kind (73 %) oder Personen ohne Kinder (69 %).

Fazit: Stark steigende Bedeutung hat die Existenz sichernde Rolle der Arbeit laut Daten der Wertestudie für Personen mit hoher Qualifikation. Leicht steigend, aber dafür auf sehr hohem Niveau basierende Bedeutung hat Existenzsicherung vor allem für jene, deren Jobaussichten, Jobsicherheit und persönliche Entfaltungsmöglichkeiten im Beruf aufgrund geringerer Qualifikation oder anderer Barrieren eingeschränkt sind (Faktoren: Bildung, Migrationshintergrund, kinderreiche Familien, Alleinerzieher/-innen), teilweise die Erfahrung von Arbeitslosigkeit machen oder gemacht haben und die in Folge armutsgefährdet sind.

3.3 Prekäre Beschäftigung

Die steigende Bedeutung in der Wahrnehmung der Bevölkerung spiegelt zu einem guten Teil gesellschaftliche Entwicklungen wider. Die Zahl der Armutsgefährdeten ist in Österreich zwischen 1999 und 2006 von 876.000 auf 1.027.000 gestiegen, 2003 war der vorläufige traurige „Höhepunkt" mit 1.044.000 Personen. Zwischen 2003 und 2006 ist der Anteil der *working poor* um 13 Prozent gestiegen. Rund 230.000 Personen sind trotz Arbeit armutsgefährdet. Eine Ursache ist die Zunahme von atypischen Beschäftigungsverhältnissen. Nur rund 57 Prozent der Beschäftigten sind ganzjährig in einem Vollzeitjob.

Gerade der Zusammenhang zwischen Existenzgrundlage und Normalarbeitsverhältnis ist dabei sehr eng. „Wie regelmäßig und in welchem Ausmaß jemand einer Erwerbstätigkeit nachgeht, beeinflusst das Armutsgefährdungsrisiko: Während ganzjährig Vollzeiterwerbstätige zu fünf Prozent von Armutsgefährdung betroffen sind, steigt der Prozentsatz für jene, die ganzjährig einer Teilzeitbeschäftigung nachgehen, bereits auf elf Prozent. Nicht durchgehend erwerbstätige Personen sind zu 24 % armutsgefährdet. Arbeitslosigkeit wirkt sich dabei am stärksten auf das Armutsgefährdungsrisiko aus (43 % Armutsgefährdungsquote)." (Bundesministerium für Soziales und Konsumentenschutz 2009, 241)

Zweiter Armuts- und Reichtumsbericht für Österreich

Gemäß dem Österreichischen Armuts- und Reichtumsbericht der Österreichischen Gesellschaft für Politikberatung und Politikentwicklung (ÖGPP) lag im Jahr 2006 der Anteil der armutsgefährdeten Menschen bei rund 13 Prozent. Mehr als eine Million Menschen in Österreich hat ein Einkommen, das unter 60 Prozent des durchschnittlichen Einkommens liegt. Besonders gefährdet sind „alleinstehende Pensionistinnen, Arbeitslose, Menschen mit geringer formaler Bildung, kinderreiche Haushalte und Ein-Eltern-Haushalte sowie Migrant/-innen" (ÖGPP 2008, 119). Ein besonders wichtiger Faktor ist das Ausmaß der Beteiligung am Arbeitsmarkt. Denn im Gegensatz zu früheren Jahren schützt eine reguläre Anstellung nicht mehr vor Armut. Unter „working poor" sind „all jene Personen zwischen 20 und 64 Jahren zu verstehen (…), deren Haushaltseinkommen (…) trotz Erwerbstätigkeit unter der Armutsgrenze liegt. Dies trifft aktuell auf sieben Prozent der Erwerbstätigen beziehungsweise auf 230.000 Personen in Österreich zu" (ebd., 18). 41 Prozent aller armutsgefährdeten Menschen gehen einer bezahlten Erwerbstätigkeit nach. Besonders gefährdet sind prekär Beschäftigte, deren Beschäftigungsverhältnis weniger als zwölf Monate andauert, die also zusätzlich einen geringen arbeits- und sozialrechtlichen Schutz genießen. Weitere Faktoren für Armutsgefährdung sind ein niedriger Bildungsabschluss, Arbeitslosigkeit, das Geschlecht (Frauen sind weniger erwerbstätig als Männer), Familie und familiäre Betreuungspflichten.

Als Maßnahmen schlägt die ÖGPP die Unterstützung von Erwerbstätigen vor. Darunter fällt als besonders wichtigen Schritt der Ausbau von kostengünstiger außerhäuslicher Kinderbetreuung. Auch die Unterstützung bei der Pflege von behinderten und kranken Angehörigen hilft bei der Bekämpfung von Armutsgefährdung. Auch Migrant(inn)en (insbesondere auch die zweite Generation) brauchen Unterstützung – besonders durch bessere Ausbildung und Sprachunterricht, um dieser Gruppe zu einer besseren Position am Arbeitsmarkt zu verhelfen. Wichtig ist auch die volle Eingliederung ins Sozialsystem, da Sozialleistungen im „migrantischen" Haushalt einen geringeren Anteil ausmachen als im durchschnittlichen Haushalt. Daneben hat der Staat durch Steuerpolitik viel Einfluss auf Armut oder Reichtum der Österreicher/-innen. „Die Steuern auf Erwerbsarbeit und Einkommensverwendung sind auch in den letzten Jahren (seit 2004) stärker (…) gestiegen als Steuern auf Vermögen beziehungsweise Vermögenseinkommen" (ebd., 156). Es scheint, als bestünde keine Verbindung zwischen Reichtum und Verteilungsgerechtigkeit im Sinne einer Armutsbekämpfung.

„Zwei Milliarden Euro, etwa 0,8 % des BIP, wären ausreichend, um die Einkommen aller Armutsgefährdeten in Österreich auf den Schwellenwert von 60 % des Medieneinkommens zu heben und damit die strukturelle Armut zu beenden" (ebd., 156). Doch nicht nur punktuelle finanzielle Hilfe ist nötig, wichtiger ist eine Änderung in den Strukturen. Die ÖGPP empfiehlt eine bedarfsorientierte Mindestsicherung und vor allem die Unterstützung bei der Teilhabe am gesellschaftlichen Leben – im Bereich der Bildung, im öffentlichen Raum, überall, wo Verwirklichungschancen erhöht werden können.

Es lassen sich also in dem Kontext mehrere Gruppen ausmachen, die trotz grundsätzlicher Erwerbstätigkeit beziehungsweise Erwerbsfähigkeit armutsgefährdet sind:

- Überdurchschnittlich qualifizierte Personen, die aber atypisch beschäftigt sind. Ihr Einkommen ist im Schnitt geringer (auch auf den Stundenlohn umgerechnet) als im Durchschnitt und unregelmäßiger. Dadurch sind in der Folge auch Transferleistungen geringer: Arbeitslosengeld, Notstandshilfe, Pensionsanspruch. Der Anteil an atypisch Beschäftigen ist im internationalen Vergleich nicht übermäßig hoch. In Summe haben aber etwa 15 Prozent der Beschäftigten eine Beschäftigungsform, die es in Österreich zu Beginn der 1990er Jahre noch kaum gab: Der Anteil der geringfügig Beschäftigten an allen aktiv unselbstständig Beschäftigten lag im Jahr 2007 bei sieben Prozent. Fünf Prozent der Beschäftigten haben zeitlich befristete Dienstverträge, ein Prozent sind freie Dienstnehmer/-innen oder Werkvertragsnehmer/-innen und rund zwei Prozent sind Leiharbeitskräfte (vgl. Bock-Schappelwein / Mühlberger 2008).
- Unterdurchschnittlich qualifizierte Personen oder Beschäftigte in Niedriglohnbranchen, die zwar regulär Vollzeit arbeiten, mit dem Einkommen jedoch nur schwer auskommen können. In diese Kategorie fallen zum Teil auch die sogenannten Leiharbeitskräfte, ebenfalls ein Phänomen des zunehmend ent-standardisierten Arbeitsmarktes. Zu überwiegendem Teil Männer, da als Arbeiter in der Industrie, Gewerbe und Handwerk oder Dienstleistungssektor beschäftigt, erhalten sie weniger Lohn als ihre fixen Kolleginnen und Kollegen. „Überlassene Arbeiter verdienen um durchschnittlich zehn Prozent weniger als der Branchendurchschnitt, weibliche Arbeiter/-innen jedoch um 58 Prozent. Anders stellt sich die Situation für überlassene Arbeitskräfte in Angestelltenposition dar“ (Wroblewski 2001, 23), die jedoch nicht einmal ein Fünftel der Gesamtheit ausmachen. Die Motivation für ihre Tätigkeit trotz geringeren Gehalts liegt in der abwechslungsreichen Arbeit und vor allem in der Tatsache, dass sie durch Leiharbeit wieder ins Erwerbsleben einsteigen können.
- Am stärksten armutsgefährdet sind unter den Personen im Erwerbsalter jedoch Arbeitslose. Unter ihnen überwiegen wiederum gering qualifizierte Personen. 47 Prozent der Arbeitslosen

2008 hatten einen Pflichtschulabschluss, drei Prozent einen Hochschulabschluss, das geringste Arbeitslosigkeitsrisiko hatten Absolvent(inn)en von Fachhochschulen und Akademien (vgl. Bundesministerium für Arbeit, Soziales und Konsumentenschutz 2009, 2).

- In keiner Statistik scheinen die auf, die unter nicht geregelten Bedingungen ohne Arbeitsvertrag beschäftigt sind. Sie genießen keinerlei Absicherung oder Versicherungsschutz. Häufig handelt es sich dabei um Frauen, die in Privathaushalten Reinigungsarbeiten leisten. Viele von ihnen sind illegal in Österreich, was ihre Situation noch unsicherer macht.

Arbeit ist aber nicht für jene am wichtigsten, die eine schlechte Position am Arbeitsmarkt innehaben. Laut den Daten der Wertestudie ist die Bedeutung der Arbeit als Lebensbereich mit der Zufriedenheit mit der eigenen Arbeitssituation verbunden[13], ein ähnlicher Zusammenhang besteht auch mit der Zufriedenheit bezüglich Arbeitsplatzsicherheit[14] (eine Korrelation, die übrigens erst 2008 deutlich wahrnehmbar ist). Bedeutung hat Arbeit vor allem für jene, die mit Arbeitsplatz und Arbeitsplatzsicherheit zufrieden sind. Das sind jedoch immer weniger Österreicherinnen und Österreicher.

3.4 Die Zufriedenheit mit der eigenen beruflichen Situation sinkt

Mitsprache- und Entscheidungsspielräume im Beruf sind zumindest in der Wahrnehmung der Österreicherinnen und Österreicher in den letzten Jahren weniger geworden. Möglicherweise verringern tendenziell kürzere Beschäftigungsverhältnisse und häufigere Wechsel des Arbeitsplatzes die Partizipationsmöglichkeiten, die nicht durch die steigende Flexibilität an Arbeitszeiten und Arbeitsformen wettgemacht werden. 1999 gaben 46 Prozent aller Erwerbstätigen an, im Beruf große Entscheidungsfreiheit zu haben[15]. 2008 fühlten sich nur noch 37 Prozent ebenso frei in ihrem unmittelbaren Aufgabenbereich. Die Schere zwischen Frauen und Männern hat sich in dieser Frage zudem vergrößert. Männer verfügen nach eigenem

[13] 1990: Korrelation r=0,179; 1999: r=0,216; 2008: r=0,183

[14] 1999: Korrelation r=0,089; 2008: r=0,171

[15] Als „große Entscheidungsfreiheit" gelten die Werte 8–10 auf einer zehnstufigen Skala.

Empfinden über mehr Entscheidungsspielraum als Frauen, die Differenz lag 1999 bei zwei Prozent, 2008 bei sechs Prozent (Männer 40 %, Frauen 34 %). Im Wunsch nach Mitsprachemöglichkeit, so in einer anderen Fragestellung, liegen die berufstätigen Frauen und Männer enger zusammen als in der Realität: 42 Prozent der berufstätigen Männer haben das als persönlich wichtig für den Beruf genannt, 39 Prozent der berufstätigen Kolleginnen (Durchschnitt 35 %).

Einfluss hat auch das Bildungsniveau. Besonders frei in ihrem beruflichen Alltag fühlen sich 1999 wie 2008 Personen mit Hochschulausbildung (1999: 53 %, 2008: 43 %). Ihnen folgen Personen mit absolvierter BMS und/oder Lehre (1999: 49 %, 2008: 38 %). Maturant(inn)en und Personen mit Pflichtschulabschluss liegen in etwa auf einem Niveau (1999 fühlten sich jeweils 43 % sehr frei, 2008 sind es 35 % der Maturant(inn)en und 32 % der Pflichtschulabsolvent(inn)en). Der Wunsch nach Mitsprachemöglichkeit steigt unter den Berufstätigen allerdings linear mit dem Bildungsniveau (von 35 % der berufstätigen Pflichtschulabsolvent(inn)en bis zu 56 % der Akademiker/-innen). Da ergibt sich eine gewisse Diskrepanz bei Personen auf Maturaniveau: Ihr Wunsch nach Partizipation ist höher als jener von Personen mit BMS/Lehre, ihre wahrgenommene Entscheidungsfreiheit ist aber geringer.

Diese Tendenz schlägt sich auch in den Ergebnissen nieder. Im Jahr 1999 gaben 67 Prozent der Erwerbstätigen an, zufrieden mit der Sicherheit ihres Arbeitsplatzes zu sein (Werte 8–10 auf zehnstufiger Skala). Im Jahr 2008 sind es nur mehr 57 Prozent. Das ist ein Trend, der sich angesichts der 2008 eingesetzten Wirtschaftskrise und steigenden Arbeitslosenzahlen vermutlich noch deutlich verstärkt hat. Im August 2008, also zum Zeitpunkt der Erhebung der europäischen Wertestudie, schätzen laut Arbeitsklima-Index 48 Prozent der Österreicherinnen und Österreicher Arbeitsplätze in Österreich als sehr oder ziemlich unsicher ein. Das ist ein höherer Anteil als in der Wertestudie, in der ausdrücklich nach der Zufriedenheit mit der Sicherheit des eigenen Jobs gefragt wurde. Die allgemeine Einschätzung der Situation ist also pessimistischer als die Beurteilung der je eigenen Lage. De facto gehören klar geregelte Arbeitszeiten und eine „Lebensstellung“ für viele nach wie vor zum

Alltag. Doch insgesamt zeigt sich der österreichische Arbeitsmarkt als „hoch dynamisch“ (BMWA 2007, 3). Rund 1,5 Millionen unselbstständige Beschäftigungsverhältnisse wurden im Laufe des Jahres 2006 neu aufgenommen und fast ebenso viele wieder beendet. Die Fluktuationsrate liegt damit bei knapp 50 Prozent, wobei es in den Saisonbranchen Forst- und Landwirtschaft, Tourismus und Bauwirtschaft naturbedingt den stärksten Wechsel gibt. Die Zukunftsaussichten für den österreichischen Arbeitsmarkt werden aus Sicht der Arbeitnehmerinnen und Arbeitnehmer jedoch düsterer: im Februar 2009 hielten bereits 67 Prozent der Befragten die Arbeitsplätze laut Arbeitsklima-Index für unsicher.

Ein entscheidender Faktor für die Sicherheit des eigenen Arbeitsplatzes ist das Bildungsniveau. Das spiegelt sich auch in der Selbsteinschätzung der Befragten der Europäischen Wertstudie wider: Erwerbstätige, die nur über einen Pflichtschulabschluss verfügen, geben nur zu 56 Prozent an, mit der Sicherheit ihres Arbeitsplatzes zufrieden zu sein (Skala 8–10), solche mit Lehre oder BMS zu 57 Prozent, mit Matura zu 63 Prozent und mit Hochschulabschluss zu 72 Prozent.

Auch sehen Junge ihre Situation tendenziell pessimistischer als Ältere. Ihre Arbeitsplatzsicherheit schätzen junge Menschen (56 %) schlechter ein als der Durchschnitt der Erwerbstätigen. Das bestätigt Forschungsergebnisse, denen zufolge Jugendliche den Flexibilisierungstendenzen auf dem Arbeitsmarkt besonders stark ausgesetzt sind (vgl. Biffl 2008a). Sie sind – ähnlich wie ältere Personen – häufiger in atypischen Arbeitsverhältnissen anzutreffen und haben in der Folge eine besonders große Beschäftigungs- und Einkommensunsicherheit.[16] Das allein erklärt aber nicht die größere Unzufriedenheit der Jungen mit Arbeitsplatzssicherheit und ihrem Arbeitsplatz insgesamt, haben doch etwa 80 Prozent der Jugendlichen reguläre Beschäftigungsverhältnisse. Es dürften somit auch Arbeitsanforderungen und Schwierigkeiten in der Lebensplanung angesichts unsicherer Zukunftschancen für die Unsicherheit verantwortlich sein. Aus dieser Perspektive sollte nicht überraschen, dass ältere Personen mit geringfügigen, freien oder befristeten Beschäftigungen eher

[16] Zur Frage, wer vorwiegend in atypischen Arbeitsverhältnissen anzutreffen ist, was die Ursachen für die Wahl dieser Beschäftigungsformen sind und wie es um die jeweilige Zufriedenheit der Beschäftigten bestellt ist, vgl. Fink / Riesenfelder / Talos 2001.

zufrieden sind, da es sich bei ihnen häufig „nur" um einen Zuverdienst zur Pension und eine verlängerte Partizipationsmöglichkeit in der Arbeitswelt handelt.

Auch bei der Arbeitszufriedenheit insgesamt ist ein Rückgang feststellbar; 1990 gaben 69 Prozent der befragten Personen an, mit ihrem Arbeitsplatz zufrieden zu sein (Werte 8–10 auf zehnstufiger Skala), 1999 waren es noch 61 Prozent, 2008 nur mehr 57 Prozent. Männer sind mit ihrer Arbeit insgesamt eher zufrieden (61 %) als Frauen (55 %). Relativ wenig zufrieden mit ihrer Arbeit sind junge Erwerbstätige mit nur 53 Prozent.

Wovon hängt die Zufriedenheit mit der beruflichen Situation ab? Die Zufriedenheit mit der Arbeit hängt sehr stark mit der *Entscheidungsfreiheit* zusammen. Wenn die Entscheidungsfreiheit des/der Einzelnen sinkt, leidet darunter die Zufriedenheit mit dem Arbeitsplatz.[17] Ähnlich stark ist auch der Einfluss der *Arbeitsplatzsicherheit* auf die Zufriedenheit. Wer um den eigenen Job fürchten muss, ist mit seiner Arbeit eher nicht zufrieden. Zwischen 1999 und 2008 ist die Wichtigkeit eines sicheren Jobs sogar noch gestiegen.[18] Ein weiterer Faktor dürfte, wie schon erwähnt, die Tatsache sein, dass die *Einkommenssituation* gekoppelt an die Erwerbstätigkeit nicht mehr als so zufriedenstellend erlebt wird. Auch in regulären Beschäftigungsverhältnissen kommt es etwa durch Auslagerung von Unternehmensteilen zu höherer Konkurrenz, dem Verlust von Kollektivverträgen „guter" Branchen und Einkommenseinbußen. Angesichts der hohen Inflationsraten der vergangenen Jahre kann zudem in vielen Bereichen eine Reallohnstagnation festgestellt werden. Und schließlich spielen die Rahmenbedingungen der Arbeit eine wichtige Rolle. In vielen Bereichen ist eine *Flexibilisierung von Arbeitszeiten* zu verzeichnen, obschon dieser internationale Trend in Österreich vergleichsweise schwach ausgeprägt ist. Abend-, Nacht- und Wochenendarbeit ist aber auch in Österreich weit verbreitet. Der Anteil der Personen, die mindestens einmal im Monat eine Nachtschicht haben, liegt mit 16 Prozent ziemlich exakt im EU-Schnitt. Der Anteil der Beschäftigten, der regelmäßig Schichtarbeit macht, ist allerdings geringer als in der EU (15 % gegenüber 20 %). Auch was die Häufigkeit der Arbeit an Wochenenden anbelangt,

[17] Korrelationen 1990: r=0,422; 1999: r=0,476; 2008: r=0,472.

[18] Korrelationen 1999: r=0,357; 2008: r=0,490.

liegt Österreich leicht unter dem EU-Durchschnitt (21 % arbeiten auch sonntags gegenüber 23 % in der EU). Jedoch kommen in Österreich lange Arbeitszeiten vergleichsweise häufig vor. Rund ein Achtel der Österreicher/-innen arbeitet mindestens fünfmal im Monat mehr als zehn Stunden am Tag gegenüber elf Prozent in der EU, im Wesentlichen Männer (vgl. European Foundation 2001; European Foundation 2007; Statistik Austria 2005). Die Zunahme von projektorientiertem Arbeiten sowie neue technische Möglichkeiten führen zu größeren Spielräumen in der Organisation der Erwerbsarbeit bei – und zum Verschwimmen der Grenzen zwischen Arbeit und Freizeit (z. B. mobiles Büro, Handy, Telearbeitsplätze).

Was die sinkenden Zufriedenheiten noch zusätzlich erklärt: Zufriedenheit ist der Quotient aus Erwartetem durch Erreichtem. Erwartungshaltung etwa an einen sicheren Job in einer „guten" Firma, einem staatsnahen Betrieb oder gar eine Pragmatisierung sind in Österreich traditionell sehr hoch. Und auch sonst sind die Erwartungen an den Beruf nicht gesunken, sondern eher gestiegen.

3.5 Die Erwartungen an den Beruf steigen

Die Erwartungen an den Beruf sind in den letzten 20 Jahren nicht weniger geworden, sondern werden deutlicher artikuliert als früher. Sie richten sich vor allem auf das, was durch die Veränderungen auf dem Arbeitsmarkt aus Sicht der Österreicherinnen und Österreicher zu kurz kommt – und auf das, was neuen Stellenwert gewinnt.

Fast alle abgefragten Aspekte, die einem Menschen für den Beruf besonders wichtig sein können, finden 2008 höhere Zustimmungswerte als 1990. Ausnahmen: ein Beruf, der den eigenen Fähigkeiten entspricht (gleichbleibend bei 59 % beziehungsweise 60 %). Bei einem Beruf mit Verantwortung, Eigeninitiative und der Möglichkeit, mit Menschen zusammentreffen, gab es jeweils 1999 die höchste Zustimmung, 2008 hat sie sich wieder in etwa dem Niveau von 1990 angenähert.

Ist mir besonders wichtig für Beruf:	1990	Rang 1990	1999	Rang 1999	2008	Rang 2008	Differerenz 1990–2008
Sicherer Arbeitsplatz	66	1	75	1	72	1	+ 6
Gute Bezahlung	62	3	66	3	68	2	+ 6
Interessante Tätigkeit	58	5	57	5	68	2	+ 10
Nette Arbeitskollegen und -kolleginnen	64	2	68	2	67	4	+ 3
Ein Beruf, der den eigenen Fähigkeiten entspricht	60	4	59	4	59	5	– 1
Ein Beruf, bei dem man das Gefühl hat, etwas zu erreichen, zu leisten	51	6	57	5	55	6	+ 4
Menschen werden am Arbeitsplatz gleich behandelt	—	—	—	—	52	7	—
Ein Beruf mit Verantwortung	46	7	49	7	46	8	+/– 0
Neue Fähigkeiten lernen	—	—	—	—	46	8	—
Günstige Arbeitszeiten	35	10	43	10	45	10	+ 10
Familienfreundlichkeit	—	—	—	—	45	10	—
Ein Beruf, der anerkannt und geachtet ist	35	10	36	12	45	10	+ 10
Gute Aufstiegsmöglichkeiten	35	10	36	12	42	13	+ 7
Die Möglichkeit, eigene Initiative zu entfalten	42	8	49	7	42	13	+/– 0
An den Wochenenden frei haben	—	—	39	11	40	15	—
Mit Menschen zusammentreffen	39	9	47	9	40	15	+ 1
Mitsprachemöglichkeit bei wichtigen Entscheidungen	—	—	—	—	35	17	—
Ein Beruf, bei dem man etwas Nützliches für die Allgemeinheit tun kann	31	13	36	12	34	18	+ 3
Nicht zu viel Stress	16	15	18	16	30	19	+ 14
Großzügige Urlaubsregelung	17	14	20	15	26	20	+ 9
Nichts davon	1	—	2	—	10	—	—

Tabelle 2: Was halten Sie persönlich an einem Beruf für ganz besonders wichtig? Angaben in Prozent, Quelle: EVS 1990–2008.

Ein sicherer Arbeitsplatz und gute Bezahlung kennzeichnen eine von drei Motivgruppen, die sich 2008 als Erwartungen an den Beruf feststellen lassen.[19] Der sichere Arbeitsplatz wird von 72 Prozent der Befragten genannt. Er liegt seit 1990 kontinuierlich an erster Stelle des Rankings, hat im Ausmaß der Zustimmung zudem an Bedeutung gewonnen. Besonders wichtig ist er für Bildungsferne, Personen mit Kindern, besonders Alleinerzieher/-innen, Personen in Teilzeitjobs sowie Ältere. Gute Bezahlung kommt gleich danach mit 68 Prozent. Auch hier ist die Zustimmung gestiegen, von 62 Prozent 1990 stetig auf 68 Prozent im Jahr 2008. Gute Bezahlung liegt damit gleichauf mit dem Reiz einer interessanten Tätigkeit und hat den Punkt „nette Arbeitskolleginnen und -kollegen" von Platz zwei (1990 und 1999) auf Platz vier verdrängt. Beim Blick auf die Personengruppen, denen gute Bezahlung besonders wichtig ist, zeigen sich gewisse Unterschiede zum sicheren Job. Beide Motive hängen zwar zusammen, weisen aber verschiedene Nuancen auf: Jobsicherheit hat größere Bedeutung für Risikogruppen. Gute Bezahlung hingegen grenzt bereits an den Bereich des Luxus, den man sich gönnen möchte, und enthält auch das Motiv der Anerkennung der eigenen beruflichen Leistung, was für Männer im Schnitt bedeutsamer ist als für Frauen: Gute Bezahlung ist 72 Prozent der Männer wichtig, aber nur 64 Prozent der Frauen. Unter den Vollzeit-Berufstätigen ist der Unterschied geringer (75 % zu 72 %), bei den Pensionistinnen und Pensionisten am größten (66 % zu 51 %). In diesem Zusammenhang ist bedeutsam, dass Österreich den zweitgrößten Gender-Pay-Gap EU-weit hat, dass Männer im Durchschnitt 25 Prozent mehr Gehalt für dieselbe Arbeit erhalten. Neben Ungleichbehandlungen am Arbeitsmarkt ist einer der Gründe dafür die hohe Rate an teilzeitbeschäftigten Frauen (vgl. Homepage der Europäischen Kommission).

---

[19] Faktorenanalytisch ergeben sich 2008 drei Faktoren, wobei Faktor 1 sich aus Selbstverwirklichung und der sozialen Seite der Arbeit zusammensetzt, Faktor 2 ergibt sich aus den Rahmenbedingungen der Arbeit. Faktor 3 sind materielle Aspekte. Faktorenanalyse 2008 und 1999 mit vergleichbaren Items, Hauptachsenmethode, Obliminrotation, 1999 ungewichtete Daten (n = 1522), 2008 gewichtete Daten (n = 1449).

Insgesamt hat sich die materielle Seite gegenüber früheren Jahren als eigenständiges Motivbündel herauskristallisiert. 1999 wurden sicherer Arbeitsplatz und gute Bezahlung in einem Atemzug mit anderen Rahmenbedingungen wie günstige Arbeitszeiten, freie Wochenende etc. genannt. Bei einer vergleichenden Faktorenanalyse zeigt sich die materielle Dimension im Jahr 2008 jedoch als ein eigenständiger Faktor. Zur Deutung: 1999 war es den Leuten wichtig, dass Arbeit beide Ansprüche erfüllt (materielle Komponente *und* Rahmenbedingungen, die dem Privatleben entgegenkommen). 2008 gibt es mehrere Bevölkerungsgruppen, die *entweder* den angenehmen Arbeitsbedingungen *oder* der materiellen Seite Vorrang geben wollen und Vorrang geben müssen. Beides zu vereinen, wird in der veränderten Arbeitswelt offenbar schwieriger. Oder es werden bewusst andere Wertigkeiten gesetzt: Freizeit beziehungsweise Vereinbarkeit von Beruf und Privatleben werden, wie weiter unten im Text noch gezeigt wird, von gewissen Gruppen höher geschätzt als früher.

Möglichkeit zur Selbstverwirklichung

Die Selbstverwirklichungsmöglichkeit in der Arbeit ist eine weitere wichtige Funktion. Sie ist vertreten durch Aussagen wie interessante Tätigkeit, ein Beruf, der den eigenen Fähigkeiten entspricht, der das Gefühl vermittelt, etwas zu leisten und die Möglichkeiten bietet, einerseits Initiative zu entfalten und andererseits neue Fähigkeiten zu entwickeln. Interessant ist, dass innerhalb dieser Gruppe jene Punkte an Bedeutung gewonnen haben, die mit Leistung und Anerkennung der Leistung zu tun haben: Ein Beruf, der anerkannt und geachtet ist, fand 1990 35 Prozent Zustimmung, 2008 bereits 45 Prozent. Ähnliches gilt für gute Aufstiegsmöglichkeiten und abgeschwächt auch für das Gefühl, etwas zu erreichen oder zu leisten. Ein Erklärungsansatz ist, dass Aufstiegschancen durch lange Karrierewege in einem Unternehmen heute seltener werden. Das was fehlt, bekommt höhere Wertigkeit. Interessant ist in diesem Zusammenhang auch die vor allem im Jahr 2008 starke Beziehung zwischen einem angesehen Beruf und einer guten Bezahlung.[20] Eindeutig gilt heute: Ein Beruf ist dann angesehen, wenn er gut bezahlt ist.

[20] Korrelation r = 0,331.

Eng verbunden mit der Selbstverwirklichung ist die soziale Seite der Arbeit: Hier vertreten durch Aussagen wie Beruf mit Verantwortung, Zusammentreffen mit Menschen, Allgemeinnutzen. Für 1999 wie für 2008 zeigt sich, dass beide Aspekte, Selbstverwirklichung und Soziales, faktorenanalytisch in einem Faktor bündeln.[21] Das ist inhaltlich gut nachvollziehbar. Das Entdecken und Entfalten von eigenen Fähigkeiten und Intereressen geschieht biografisch gesehen in Interaktion mit anderen, im Gespräch, in klärenden oder hilfreichen Rückmeldungen oder im Erleben von Konkurrenzsituationen. Anerkennung als Person oder Anerkennung der Leistung geschieht durch andere. Umgekehrt binden individuelle Leistung und Achtung, die einem gezollt wird, wieder an die Gemeinschaft zurück, die diese Anerkennung bietet. So ist nachvollziehbar, dass der Punkt des Berufs mit Verantwortung ein Bindeglied zwischen den Selbstverwirklichungsmotiven und der sozialen Seite der Arbeit darstellt. Im Jahr 2008 ist es zudem der Punkt, der das gemeinsame Motivbündel am stärksten prägt. 1999 lag der Schwerpunkt auf der eigenen Initiative und den eigenen Fähigkeiten. Die Bedeutung der sozialen Seite der Arbeit ist über die Jahre relativ konstant geblieben, jedoch ist bei allen drei Items ein kleiner Bedeutungszuwachs von 1990 auf 1999 zu verzeichnen. 2008 liegen die Zustimmungswerte jedoch wieder auf dem Niveau von 1990: Beruf mit Verantwortung hat 46 Prozent Zustimmung, Menschen treffen 40 Prozent, Nutzen für Allgemeinheit 34 Prozent.

Interessant ist, dass sich der Aspekt der „netten Arbeitskolleginnen und -kollegen" in den Faktorenanalysen keinem Faktor zuordnen lässt. Er wird offenbar nicht mit der gesellschaftlich-sozialen Dimension von Arbeit verknüpft. Der Punkt ist allerdings wichtig für die individuelle Arbeitssituation und liegt im Jahr 2008 mit 67 Prozent auf ähnlichem Niveau wie in den Vorjahren. Er hat allerdings an Stellenwert verloren. Er ist von Rang zwei auf Rang vier gesunken, überholt von guter Bezahlung und interessanter Tätigkeit. Ist das möglicherweise ein Indiz dafür, dass Arbeit nicht für

[21] Gute Aufstiegsmöglichkeiten und Beruf, der geachtet ist, lassen sich jedoch nur 2008 diesem Motivbündel eindeutig zuordnen. 1999 ist die Faktorladung mit 0,325 und 0,320 sehr gering.

alle Bevölkerungsgruppen in gleichem Maß soziale Integration leisten kann? Früher wurde vielfach zwischen „guten" Betrieben und „schlechten" Betrieben unterschieden. Wer es in eine gute Firma geschafft hatte, konnte mit einem sicheren Arbeitsplatz, guten Sozialleistungen, Anerkennung und angemessenem Einkommen rechnen. Heute verläuft die Schere anders. In vielen – auch ehemals „guten" – Betrieben existieren mittlerweile zwei Gruppen von Mitarbeiter(inne)n. Zum einen gibt es die Kernbelegschaft, von der eine hohe Identifikation mit dem Unternehmen zu erwarten ist und die teilweise das private soziale Umfeld am Unternehmen ausrichtet. Auf der anderen Seite gibt es im selben Betrieb Leiharbeitskräfte oder zeitlich befristete Mitarbeiterinnen und Mitarbeiter, die ihre Netzwerke nicht im gleichen Maß unter der Kolleg(inn)enschaft oder dem betrieblichen Umfeld ausrichten können beziehungsweise sich in unsicheren Zeiten bewusst tragfähige Beziehungen außerhalb der Arbeitswelt suchen und pflegen. „In großen gesellschaftlichen Gruppen beginnt abhängige Erwerbsarbeit ihre Funktion als ‚Bindemittel' der Gesellschaft zu verlieren. Prekäre Beschäftigungsverhältnisse bedeuten nicht allein Unsicherheit und materiellen Mangel, vielfach bewirken sie Anerkennungsdefizite und eine Schwächung der Zugehörigkeit zu sozialen Netzen, die eigentlich dringend benötigt würden, um den Alltag einigermaßen zu bewältigen." (Brinkmann 2006, 59)

Für den unmittelbaren Sozialkontakt und die Einbindung in soziale Netze scheint außerdem die Freizeit im Lauf der Jahre wichtiger geworden zu sein. Die Menschen, die Freunde/Freundinnen und Bekannte sehr wertschätzen, messen auch der Freizeit eine überdurchschnittlich große Bedeutung zu. 1990 war für 57 Prozent der Personen, die Freunde/Freundinnen für sehr wichtig halten, auch Freizeit sehr wichtig (Durchschnitt 37 %). 1999 waren es 59 Prozent (Durchschnitt 39 %), 2008 schon 65 Prozent (Durchschnitt 44 %). Der Anteil unter ihnen, die auch Arbeit sehr wichtig finden, liegt zwar ebenfalls über dem Durchschnitt – allerdings nur um wenige Prozentpunkte. Und der generelle Bedeutungsverlust von Arbeit seit 1999 schlägt sich unter geselligen Menschen ganz deutlich nieder: 1999 ist 64 Prozent der „Geselligen" auch Arbeit sehr wichtig (Durchschnitt 62 %), 70 Prozent im Jahr 1999 (Durchschnitt 66 %), und 2008 nur noch 58 Prozent (Durchschnitt 54 %).

Günstige Rahmenbedingungen, wenig Stress

Die Rahmenbedingungen der Arbeit machen die letzte Dimension von Berufsmotiven aus. Sie umfassen großzügige Urlaubsregelung, günstige Arbeitszeiten, wenig Stress und freie Wochenenden. Aktuell korrespondiert damit auch die 2008 erstmals gestellte Frage nach Familienfreundlichkeit. Besonders stark vertreten sind diese Ansprüche unter jungen Österreicherinnen und Österreichern. Es fällt auf, dass sich seit 1990 in diesem Bereich die massivsten Veränderungen zeigen. Günstige Arbeitszeiten sind beinahe jedem und jeder Zweiten wichtig (2008: 45 %), 1990 spielten sie nur für gut ein Drittel der Befragten eine Rolle (1990: 35 %). Ein Beruf, der nicht mit zu viel Stress verbunden ist, wird heute von doppelt so vielen Leuten geschätzt als vor 20 Jahren, die deutlichste Veränderung ist dabei erst in den letzten Jahren eingetreten (1990: 16 %, 1999: 18 %, 2008: 30 %). Hier dürfte eine Rolle spielen, dass die Stressbelastung in Österreich überdurchschnittlich hoch ist. Stressfaktoren wie ein hohes Arbeitstempo und eine hohe Intensität werden im EU-Vergleich in Österreich besonders häufig genannt (von 60 % im Vergleich zu 48 % im Durchschnitt, vgl. Biffl / Leoni 2008, 16). Es ist – wie viele andere gesundheitliche Belastungen – vor allem ein Phänomen, das Niedrigverdienerinnen und Niedrigverdiener betrifft (vgl. Arbeiterkammer Oberösterreich 2009). Eine wichtige Rolle spielen dabei auch die Entscheidungsspielräume im Job: Laut Europäischer Wertestudie nennen nur 23 Prozent derer, die sich frei im Beruf fühlen, ein stressfreies Arbeitsumfeld als besonders wichtig – im Gegensatz zu 65 Prozent der Personen, die wenig oder keine Entscheidungsfreiheit haben.

Neben diesen Faktoren dürfte sich in der steigenden Nachfrage nach günstigen Rahmenbedingungen aber auch eine generelle Neu-Bewertung von Freizeit widerspiegeln.

4 Ein neues Zueinander von Arbeit und Freizeit

Die Bedeutung der beiden Lebensbereiche Arbeit und Freizeit hat sich in den letzten 20 Jahren verändert. Kurz gesagt: Freizeit hat an Wert gewonnen. 1990 war sie für 37 Prozent der Leute sehr wichtig, 1999 für 39 Prozent und 2008 liegt der Wert sogar bei 44

Prozent. Arbeit hat nach einem Höhepunkt im Jahr 1999 hingegen an Bedeutung verloren (1990: 62 %, 1999: 66 %, 2008: 55 %). Freunde/Freundinnen und Bekannte haben der Arbeit mittlerweile den Rang abgelaufen und liegen nach der Familie an zweiter Stelle der abgefragten Lebenswichtigkeiten.

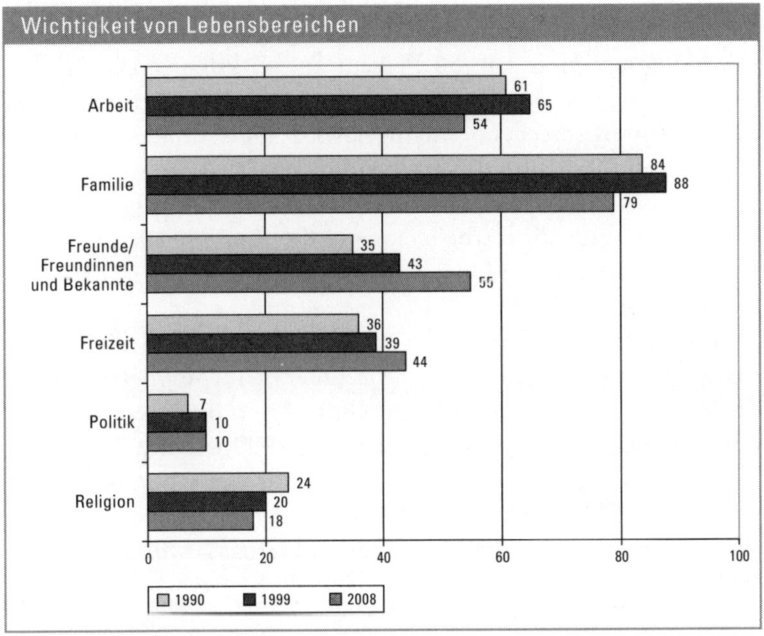

Grafik 4: Wichtigkeit von Lebensbereichen. „sehr wichtig“ (vierstufige Skala), Angaben in Prozent, Quelle: EVS 1990–2008.

Wie stark sich die Prioritätensetzung verschoben und sich das Verhältnis der Bereiche zueinander verändert hat, wird an einigen Zahlen deutlich:

- Bei den Personen, denen Arbeit sehr wichtig ist, steigt seit 1990 kontinuierlich der Anteil derer, denen auch Freizeit sehr wichtig ist (von 37 % auf 47 %) – und zwar in einem etwas stärkeren Ausmaß als im Durchschnitt (von 36 % auf 44 %).
- Im Gegenzug sinkt die Zahl derer, die ausschließlich auf die Arbeit konzentriert sind: 1990 fand von den 908 Personen, denen Arbeit sehr wichtig war, fast jede/-r Fünfte, dass Freizeit nicht sehr oder überhaupt nicht wichtig ist (18 %). 2008 ist nur

noch jede/-r Zehnte dieser Meinung (11 % = 89 Personen von den 814 Österreicherinnen und Österreichern, denen Arbeit sehr wichtig ist).

Arbeit und Freizeit werden folglich von einer großen Bevölkerungsgruppe immer mehr als Ergänzung gesehen, nicht so sehr als Gegensatz. Vor allem dürfte das für jene Personengruppe zutreffen, die der Arbeit besonders viel Bedeutung zumisst, die mit einer Beschäftigungsquote von 84 Prozent am stärksten in die Arbeitsprozesse integriert ist, dementsprechend stark gefordert ist und für die Freizeit entsprechend wichtiger wird: die Gruppe der 31- bis 45-Jährigen. Die Tendenz geht deutlich dahin, Arbeit und Freizeit stärker auszubalancieren. Das korrespondiert mit dem Bedeutungszuwachs, den günstige Arbeitszeiten (1990 für 35 % wichtig, 2008: 45 %) und großzügige Urlaubsregelung verzeichnen (1990: 17 %, 2008: 26 %).

Bei manchen Personen scheint das Pendel sogar in die Gegenrichtung auszuschlagen: 1990 gab es unter dem 1500 Befragten nur 38 Personen, denen Freizeit sehr wichtig, Arbeit hingegen nicht sehr oder überhaupt nicht wichtig war (3 %). 1999 war der Prozentsatz gleich. 2008 zeigt sich dieses Stimmungsbild aber schon bei 71 Personen (5 %). Das sind jeweils nur sehr kleine Extremgruppen, sie zeigen aber die grundsätzliche Tendenz: Freizeit gewinnt massiv an Bedeutung.

4.1 Der Trend zur Freizeit: jung, gebildet, kinderlos

Besonders für junge Menschen ist Freizeit wichtig: jede/-r Zweite der unter 30-Jährigen hält sie sogar für sehr wichtig (55 %). Mit dem Alter nimmt die Bedeutung kontinuierlich ab: 47 Prozent der 31–45-Jährigen, 42 Prozent der 46–60-Jährigen und nur noch 33 Prozent der Generation 60+ halten Freizeit für sehr wichtig (Durchschnitt: 44 %). Man könnte argumentieren, dass Personen im Pensionsalter wegen Erwerbsuntätigkeit genug freie Zeit haben – vielleicht manchmal mehr, als ihnen lieb ist, und dass sie Freizeit daher so gering schätzen. Mit dem geht parallel, dass Freizeit auch bei nicht Erwerbstätigen jedweder Altergruppe einen deutlich geringeren Stellenwert hat als bei Erwerbstätigen (39 % zu 48 %).

Allerdings zeigt sich das Alter als eine Variable, die deutlich mehr Einfluss hat als die Erwerbstätigkeit.

Freizeit ist für Frauen wichtiger als für Männer – sofern sie (voll) berufstätig sind. 51 Prozent berufstätige Frauen halten Freizeit für sehr wichtig, 45 Prozent der Männer. Im Pensionsalter hingegen ist es umgekehrt: Hier wissen mehr Männer als Frauen Freizeit zu schätzen. Dadurch ergibt sich aufs Ganze gesehen kaum eine Geschlechterdifferenz. Arbeit jedoch ist in allen Generationen und fast allen Erwerbs-/Nichterwerbssituationen für Männer wichtiger als für Frauen (57 % zu 52 %). Wobei sich die Differenz zwischen den Geschlechtern bei den voll Berufstätigen fast aufhebt (61 % sehr wichtig für berufstätige Männer, 59 % für berufstätige Frauen). In Bezug auf die Familiensituation fällt auf, dass der Bereich der Arbeit wichtig wird, sobald Kinder im Haushalt leben, egal, welchen rechtlichen Status die Beziehung der Eltern hat. Bei der Freizeit ist es umgekehrt – keine Kinder im Haushalt heißt größere Wichtigkeit von Freizeit. Wobei auch hier der Einfluss des Alters eine gewisse Rolle spielt – viele der ganz Jungen haben (noch) keine Kinder.

Maturantinnen und Maturanten ist Freizeit wichtiger als dem Durchschnitt (47 % zu 44 %), Arbeit im Vergleich besonders unwichtig (46 % zu Durchschnitt 54 %). Auch Personen mit BMS- oder Lehrabschluss legen großen Wert auf Freizeit (47 %), bei ihnen ist es aber an einen hohen Stellenwert von Arbeit gekoppelt (59 %). Besonders unwichtig ist die Freizeit für Pflichtschulabsolventinnen und -absolventen (34 % zu Durchschnitt 44 %). Personen ohne Schulabschluss zeigen sowohl für Arbeit als auch für Freizeit unterdurchschnittliches Interesse.

Mit Blick auf die Erwartungen oder Motivbündel an den Beruf zeigt sich: Materielle Aspekte/Jobsicherheit sind sowohl für jene wichtig, die Arbeit schätzen, als auch für jene, die Freizeit schätzen. Beim Faktor Selbstverwirklichung und Soziales zeigt sich kein Einfluss auf die Wichtigkeit von Arbeit, allerdings ist denen, denen Selbstverwirklichung und Soziales sehr wichtig ist, auch die Freizeit sehr wichtig (57 % im Vergleich zum Durchschnitt von 44 %). Und schließlich schätzen jene, für die der Faktor Rahmenbedingungen sehr wichtig ist, die Arbeit weniger wichtig als der Durchschnitt (47 % zu 54 %). Dieser Gruppe ist der Bereich Freizeit wichtiger als der Grundgesamtheit (53 % zu 44 %).

4.2 Qualität von Freizeit

2008 wurde in der Wertestudie erstmals danach gefragt, was Menschen unter Freizeit verstehen, was ihnen daran wichtig ist. Es geht dabei weniger um konkrete Freizeitbeschäftigungen als um die grundlegende Qualität oder den Sinn und Zweck, den Freizeit erfüllen soll. Das nahezu einstimmige Urteil lautet: Freizeit dient der Entspannung.

Entspannung

Für 61 Prozent der Österreicherinnen und Österreicher ist Entspannung in der Freizeit sehr wichtig, für weitere 35 Prozent ziemlich wichtig (Summe: 96 %). Der Bedarf an Rekreation ist dort besonders hoch, wo Freizeit als Ausgleich zur Berufstätigkeit dient. 66 Prozent der Erwerbstätigen halten Entspannung für sehr wichtig (Nichtberufstätige: 54 %). Einige Berufsgruppen fallen als besonders erholungsbedürftig auf, z. B. Vorarbeiter/-innen, Meister/-innen, Techniker/-innen (70 %) sowie Angehörige einfacher Büro-, Dienstleitungs- und Handelsberufe (68 %). Landwirte und Landwirtinnen hingegen schätzen Freizeit insgesamt eher gering ein und sehen den Erholungswert als weniger bedeutsam (nur für 48 % sehr wichtig). Jüngere legen tendenziell mehr Wert auf Entspannung als die Älteren. Allerdings findet sich die höchste Zustimmung nicht bei den ganz Jungen, sondern unter den voll im Erwerbsleben stehenden 31–45-Jährigen (67 %, in der Generation 60+ nur 52 %). Interessant sind noch ein paar weitere Ergebnisse: Menschen in Paarbeziehungen finden Entspannung wichtiger als Singles, Menschen, die nicht oder wenig an Gott glauben, wichtiger als sehr Gottgläubige und Leute aus Salzburg und Oberröstereich sind stärker auf Entspannung erpicht als Wienerinnen und Wiener. Das Geschlecht hat auf ersten Blick keinen Einfluss auf diese Frage. Im Detail zeigt sich jedoch, dass berufstätige Frauen (70 %) sehr wohl mehr Wert auf Entspannung legen als die männlichen Arbeitskollegen (berufstätige Männer: 64 %). Die häufig anzutreffende Doppel- oder Dreifachbelastung von Frauen durch Haushalt, Familie und Beruf dürfte hier zum Ausdruck kommen.

Der zweite Aspekt zeigt den Zusammenhang von Freizeit und „frei sein" auf. Für 46 Prozent aller Befragten ist es sehr wichtig, in der Freizeit *„tun und lassen zu können, was ich will"*. Für weitere 42 Prozent ist es ziemlich wichtig. Diese Ansicht dominiert vor allem bei den jüngeren Befragten. 56 Prozent der bis 30-Jährigen im Vergleich zu 36 Prozent der über 60-Jährigen setzen hier ihren Schwerpunkt. Für Erwerbstätige (50 %) ist Freiheit wichtiger als für nicht Erwerbstätige (40 %). Besonders die einfachen Büro-, Dienstleitungs- und Handelsberufe sind wieder stark vertreten (55 %). Und wenig Relevanz hat es wiederum für Landwirte und Landwirtinnen (24 %). Befragt nach ihrem eigenen Entscheidungsspielraum im Beruf auf einer Skala von 1–10 zeigt sich, dass jene, die völlige Freiheit im Berufsleben haben (68 Personen haben den höchsten Wert 10 angegeben), auch in der Freizeit dem „tun und lassen, was ich will" außerordentlich große Bedeutung zumessen (66 %, das heißt 20 % über dem Durchschnitt). Für die Skalenwerte 1–9 lässt sich kein eindeutiger oder gar linearer Zusammenhang feststellen. Offenbar ist es nicht so, dass alle mit geringen Entscheidungsspielraum im Beruf einen entsprechenden Ausgleich in der Freizeit suchen, sondern einige von ihnen auch ganz damit zufrieden sind, sich nicht entscheiden zu müssen oder Initiativen zu setzen. Diejenigen jedoch, die insgesamt mit ihrer Arbeitssituation (gar) nicht zufrieden sind, legen besonderen Wert darauf, in der Freizeit selbstbestimmt zu sein (62 % der nicht Zufriedenen gegenüber 49 % der Zufriedenen).

Weitere Einzelergebnisse: Personen mit geringer Schulbildung legen weniger Wert auf freie Verfügbarkeit der Freizeit als Maturant(inn)en (etwas weniger deutlich fällt der Vergleich mit Akademiker(inne)n aus). Paare, die zusammenleben, und Singles unterscheiden sich in dieser Frage kaum. Deutlich höheren Wert auf Unabhängigkeit und eigene Bedürfnisse legen jedoch Menschen, die zwar eine Partnerbeziehung haben, aber in getrennten Haushalten leben (60 % Zustimmung im Vergleich zu 44 % beziehungsweise 46 %). Offen bleibt, ob gerade der Wunsch nach Unabhängigkeit der Grund dafür ist, dass die Partner nicht zusammenleben. Oder die Trennung beruflich bedingt ist und man aus der Not eine Tugend macht und die damit verbundenen Freiräume schätzen gelernt hat. Regional gesehen ist der Freiheitsdrang vor allem in Wien sehr ausgeprägt (52 % im Vergleich zu 35 % in Tirol und Vorarlberg).

Sozialkontakte

Fast gleichauf mit der unverplanten Freizeit steht der Wunsch, nette Leute zu treffen (45 % sehr wichtig, weitere 43 % halten es für ziemlich wichtig). Gerade der Lebensbereich Freunde und Freundinnen und Bekannte hat ja in den letzten 20 Jahren enorm an Bedeutung gewonnen (1990: 35 %, 1999: 44 %, 2008: 55 %), sogar noch deutlicher als der ebenfalls wichtiger gewordene Bereich Freizeit. Inhaltlich lässt sich eine deutliche Koppelung feststellen: wem Freunde/Freundinnen sehr wichtig sind, ist auch die Freizeit sehr wichtig. Durchgängig liegt dieser Anteil seit 1990 rund 20 Prozent über dem österreichischen Durchschnitt.

„Freizeit ist mir sehr wichtig …“	1990	1999	2008
… sagen im österreichischen Durchschnitt:	37	39	44
… sagen Menschen, denen Freunde/Freundinnen und Bekannte „sehr wichtig“ sind	57	59	65

Tabelle 3: Bedeutung von Freizeit im Verhältnis zur Bedeutung von Freund(inn)en und Bekannten. „sehr wichtig“ (vierstufige Skala), Angaben in Prozent, Quelle: EVS 1990–2008.

Ähnlich wie beim Freiheitsaspekt ist das Interesse an Sozialkontakten bei jungen Befragten besonders hoch. 58 Prozent der bis 30-Jährigen finden es sehr wichtig, in der Freizeit nette Leute zu treffen. Personen ab 46 Jahren legen deutlich weniger Wert darauf (39 %). Für Erwerbstätige ist es etwas wichtiger als für Nichtberufstätige (48 % zu 41 %). Zwei Berufsgruppen fallen hier auf: Angehörigen von einfachen Büro-, Dienstleistungs- und Handelsberufen ist der Aspekt besonders wichtig (53 %), Vorarbeiter(inne)n, Meister(inne)n und Techniker(inne)n besonders unwichtig (36 %).

Möglicherweise spielt der Geschlechteraspekt in diesem Zusammenhang auch eine erklärende Rolle: Frauen – in technischen und handwerklichen Berufen eher unterrepräsentiert – ist es tendenziell etwas wichtiger als Männern, in der Freizeit nette Leute zu treffen (46 % zu 43 %). Besonders unter den Berufstätigen wird ein Unterschied sichtbar: 51 Prozent der Vollzeit berufstätigen Frauen und sogar 55 Prozent der weiblichen Teilzeitkräfte finden den Punkt sehr wichtig. Unter den berufstätigen Männern sind es 46 Prozent (unter den 20 männlichen Teilzeitkräften in der Stichprobe nur 31 %).

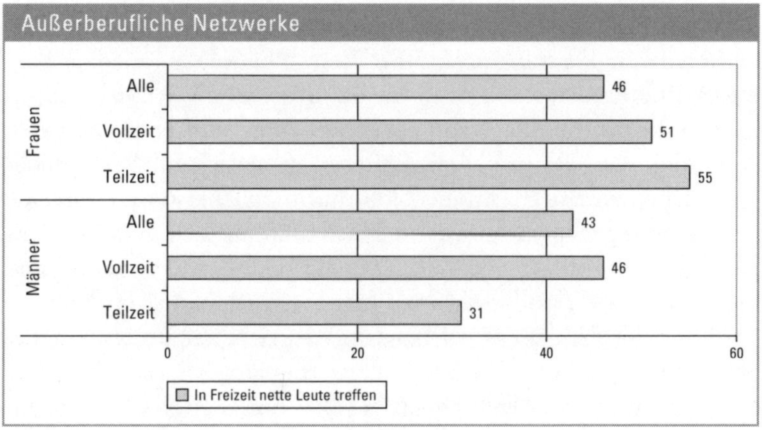

Grafik 5: In der Freizeit ist es mir sehr wichtig, nette Leute zu treffen, nach Geschlecht und Beschäftigungsausmaß. „sehr wichtig" (vierstufige Skala), Angaben in Prozent, Quelle: EVS 2008.

Ein ähnliches Bild ergibt sich übrigens bei der Frage nach der Wichtigkeit von Freund(inn)en und Bekannten als Lebensbereich. In Summe sind sie für Frauen nur geringfügig wichtiger als für Männer (von 56 % zu 54 % als sehr wichtig eingestuft). Unter den Vollzeit Berufstätigen ist die Differenz jedoch größer: 61 Prozent der Vollzeit arbeitenden Frauen und nur 56 Prozent der männlichen Kollegen finden Freunde/Freundinnen und Bekannte sehr wichtig. Unter den Teilzeitbeschäftigten geht die Schere noch weiter auseinander (Frauen 63 %, Männer 35 % – allerdings sind in der Gruppe nur 20 Personen).

Fazit: Frauen definieren oder pflegen ihre Netzwerke viel stärker als Männer außerhalb des Berufslebens. Freunde/Freundinnen und die Pflege von Sozialkontakten in der Freizeit hat für Frauen größere Priorität – besonders dann, wenn sie berufstätig sind. Die größte Bedeutung haben sie für Frauen in Teilzeitbeschäftigung – anders als bei den teilzeitbeschäftigten Männern, die sowohl in der Studie als auch im realen Leben nur marginal vorkommen: 2008 waren 84 Prozent aller Teilzeitbeschäftigten in Österreich Frauen, 16 Prozent Männer (vgl. UNECE).

Möglicherweise ist es ein Indiz dafür, dass Frauen eher bereit oder gezwungen sind, beruflich Abstriche zu machen, um nicht nur Beruf, Haushalt und Kinder unter einen Hut zu bekommen, sondern um auch ihrem Freundeskreis entsprechend Raum zu geben. Unterschiedliche Deutungen sind für dieses Phänomen denkbar. Entweder sind Frauen traditionell für die Innenseite von Beziehungen und damit für die Pflege von Sozialkontakten und Freundschaften zuständig. Als „aktive Gesellschafterin" geht sich diese Verpflichtung neben einem 40 Stunden-Job und möglicherweise familiären Verpflichtungen nicht aus. Also beschränkt sie sich erwerbs- statt karriereorientiert auf eine Teilzeitbeschäftigung. Oder Frauen sind möglicherweise Trendsetterinnen für eine neue Form von Networking und machen im Beruf bewusst Abstriche zugunsten der Lebensqualität und dem Aufbau anderer tragfähiger Netze. Aus eben diesem Grund ermutigen Lebensberater/-innen angesichts steigender Preise und wirtschaftlicher Krise in den Medien beispielsweise dazu, beim Thema Altersvorsorge auf den Ausbau von jüngeren Freundeskreisen zu setzten, wenn das Geld für eine Zusatzversicherung fehlt (vgl. Kurier 05.10.2008). Naheliegender scheint zu sein, dass Frauen private Netzwerke deshalb pflegen, weil sie diese zur Bewältigung des Alltags brauchen. Sowohl Haushaltsführung als auch Kindererziehung bewältigen in Österreich in erster Linien Frauen – überwiegend allein, zu rund einem Zehntel mit Unterstützung anderer, sehr selten mit (gleichberechtigter) Unterstützung durch den Partner (vgl. Buchebner-Ferstl 2004, 132f.).

Wie auch immer der Interpretationsansatz lautet: in der Diskussion um Work-Life-Balance, Gleichberechtigung in der Arbeitswelt und Vollzeiterwerbstätigkeit von Frauen und Männern scheint es zu kurz zu greifen, wenn man ausschließlich die Aspekte von Familienfreundlichkeit und Kinderbetreuungsmöglichkeiten in den Blick nimmt. Die wachsende Bedeutung und geschlechterspezifisch unterschiedliche Relevanz von Freund(inn)en, Bekannten und Freizeit im Vergleich zu Familie und Arbeit zeigt zukünftig Interpretationsbedarf.

An letzter Stelle rangiert unter den Freizeitaktivitäten das Interesse, etwas Neues zu lernen. Für ein Drittel der Österreicherinnen und Österreicher ist dieser Aspekt sehr wichtig (31 %, weiteren 40 % ist es ziemlich wichtig). Hier dominieren vor allem junge Menschen. 40 Prozent der bis 30-Jährigen sind in der Freizeit bildungshungrig. In der nächsten Alterstufe nimmt es bereits ein wenig ab (35 % der 31–45-Jährigen halten Lernen für sehr wichtig). Und unter den Älteren hat es einen deutlich geringeren Stellenwert: 25 Prozent der 46–60-Jährigen und gar nur 23 Prozent der Menschen im Pensionsalter legen darauf großen Wert.

Wenig überraschend ist die Distanz in sogenannten bildungsfernen Schichten recht groß. Hier sind einerseits im Verhältnis mehr ältere als jüngere Personen vertreten. Andererseits zeigt ein selektives Bildungssystem hier weitreichende Konsequenzen: der Zugang zu Weiterbildung ist erschwert, Bildung weniger positiv besetzt, die (oft inneren) Barrieren höher: 37 Prozent Akademiker/-innen, 34 Prozent mit Maturaniveau, 32 Prozent mit BMS-Abschluss oder Lehre, 26 Prozent der Pflichtschüler/-innen und nur zwölf Prozent der Menschen ohne abgeschlossene Schulausbildung halten es für sehr wichtig, in der Freizeit etwas Neues zu lernen.

Erwerbstätige zeigen im Schnitt etwas größeres Interesse als nicht Erwerbstätige (34 % zu 27 %). Unter ihnen mit 45 Prozent besonders Angehörige höherer Professionen, Verwaltungs- und Managementberufe in Großbetrieben oder deren Inhaber/-innen. Am wenigsten Interesse bekunden Landwirte/Landwirtinnen (12 %) und einfache technische Berufe sowie angelernte Arbeiter/-innen (jeweils 25 %). Regionale Unterschiede zeigen sich besonders deutlich zwischen Tirol und Vorarlberg mit 39 Prozent Lernbegeisterten gegenüber 19 Prozent in Oberösterreich und Salzburg.

4.3 Suche nach Balance

Was sich in Zahlen als Wertigkeit von Lebensbreichen ausdrückt, hat seine Ursachen unter anderem in den Veränderungen der Arbeitswelt. Arbeit und Freizeit fließen tendenziell immer mehr ineinander. Gründe dafür liegen in Veränderungen der Arbeitswelt und neueren technischen Möglichkeiten: In vielen Branchen ist Projektarbeit mit entsprechender Output-Orientierung üblich. Es zählen weniger „abgesessene" Stunden als vielmehr fristgerecht gelieferte Ergebnisse und Produkte. Das erhöht die individuelle Flexibilität in Bezug auf Zeiteinteilung und Arbeitsplatz, bringt jedoch die Grenzen zwischen Arbeit und Privat leicht zum Verschwimmen. Das mobile Büro ermöglicht Arbeiten von daheim oder unterwegs. Die Erreichbarkeit über das Mobiltelefon hat den Alltag einerseits erleichtert, ermöglicht andererseits auch eine ausgedehnte Inanspruchnahme durch die Arbeit. Je nach Unternehmenskultur gilt es vielfach schon als Luxus, zu bestimmten Zeiten oder am Wochenende das Handy abschalten zu können. Für viele stellt sich die Frage, ob sie sich diesen Luxus leisten können. Dieses Ineinanderfließen von Arbeit und Freizeit erhöht den Druck auf jene, die im Arbeitsprozess stehen. Die Verteilung der Erwerbsarbeit erfolgt ansatzweise schon wie im möglichen Zukunftsmodell nach der Formel 0,5 x 2 x 3: „Die Hälfte der Mitarbeiter verdient doppelt so viel und muss dreimal so viel leisten wie früher. (…) Für die privilegierten Vollzeitbeschäftigten wird die Arbeit immer intensiver und konzentrierter, zeitlich länger und psychisch belastender, dafür aber auch – aus der Sicht der Unternehmen – immer produktiver und effizienter." (Zellmann / Opaschowski 2005, 118) Dass dieser Trend in Österreich offenbar schon zu spüren ist, zeigt sich an den Daten der Europäischen Wertestudie: Ein Drittel der Befragten (30 %) gibt 2008 an, dass ihnen für ihren Beruf persönlich wichtig sei, dass es nicht zu viel Stress gibt. 1990 waren es nur halb so viele (16 %). Der Stressfaktor wird im Alltag und der Wahrnehmung zu einer relevanten Größe.

Neben dem erhöhten Druck und dem organisatorisch oder technisch bedingten Ineinanderfließen von Arbeit und Freizeit meinen Zukunftsforscher/-innen auch eine stärkere inhaltliche und emotionale Nähe zwischen beiden Feldern feststellen zu können. Sie vermuten die Zunahme von ganzheitlichen Lebenskonzepten: Arbeit und Freizeit stellen keine Gegensätze mehr dar, sondern verbinden sich. Bei der Lebensgestaltung wird Nützliches mit Schönem verbunden, Leistung und Spaß stellen keinen Widerspruch dar, Freizeit und Arbeit sind gleichbedeutend (vgl. ebd., 18). Als ein Indiz dafür könnte gelten, dass es für zwei von drei Österreicher(inne)n entscheidend ist, im Beruf einer interessanten Tätigkeit nachzugehen. Der „Lustfaktor“ ist damit ebenso entscheidend wie die gute Bezahlung (beide 68 % Zustimmung), liegt nur knapp hinterm Spitzenreiter sicherer Arbeitsplatz (72 %) und hat mit einer Steigerung von rund zehn Prozent gegenüber 1990 und 1999 einen der stärksten Bedeutungszuwächse zu verzeichnen.

Ein Grund für das Verknüpfen von Dimensionen, die früher als Gegensätze galten (Arbeit und Freizeit, Existenzsicherung und Interesse), sei ein bewusster Umgang mit der Zeit. Auch wenn den Menschen heute auf Lebenszeit gesehen mehr Freizeit zur Verfügung steht als im Industriezeitalter, wird es von ihnen selbst nicht so wahrgenommen (vgl. ebd., 20–22). Arbeitszeit und freie Zeit verschwimmen, scheinbar freie Zeit wird mit nutzbringenden Dingen verknüpft, zum Beispiel Networking für die Arbeit. Oder es stellen sich höhere Ansprüche etwa im Bereich der Familienarbeit. Genannt werden bei sinkender Kinderzahl ein steigender Zeitaufwand und mehr emotionale Zuwendung pro einzelnes Kind.[22] Angesichts subjektiv knapper oder wertvoller werdender Zeit werden zunehmend Lebensstile kennzeichnend sein, „bei denen Lebensqualität nicht mehr mit Lebensstandard verwechselt, geschweige denn gleichgesetzt wird. Das ‚Rundum-Wohlfühlen‘, geistig und körperlich aktiv sein und bleiben, ist die Basis für die zukünftige Lebensfreude.“ (Zellmann / Opaschowski 2005, 19)

[22] Vgl. im Kapitel „Partnerschaft, Familie und Geschlechterverhältnisse in Österreich“, 87ff.

5 Zusammenfassung und Schlussfolgerungen unter Genderperspektive

Die Veränderungen des Arbeitsmarkts durch Internationalisierung und Individualisierung finden ihren Niederschlag in veränderten Einstellungen der Österreicherinnen und Österreicher zu zentralen Punkten der Arbeitswelt.

Arbeit verliert als Lebensbereich an Bedeutung. Ursachen liegen in der *sinkenden Zufriedenheit mit der Arbeit* und der nachlassenden langfristigen Planbarkeit beruflicher Biografien und damit verbundenen Identifikationsmöglichkeiten. Für Männer ist dieser Faktor bedeutsamer als für Frauen, beziehen sie doch Lebenszufriedenheit und Glücksempfinden stärker aus der Arbeit.

Arbeit und Freizeit fließen stärker ineinander, die Abgrenzung wird schwieriger. Man ist – bereitwillig oder notgedrungen – bereit, Arbeitstätigkeiten in mobile oder häusliche Bereiche auszulagern und die eigene Erreichbarkeit zu erhöhen. Das bietet auf der anderen Seite auch für Arbeitnehmer/-innen ein größeres Maß an flexibler Zeiteinteilung. *Damit steigen aber gleichzeitig die Erwartungen an den Beruf:* Es werden eine interessante Tätigkeit gewünscht, verstärkt Anerkennung gesucht und mit steigender Tendenz günstige Rahmenbedingungen eingefordert. Günstige Arbeitszeiten, freie Wochenenden, wenig Stress und großzügige Urlaubsregelungen sind vor allem für junge Menschen in Österreich wichtig – und für Frauen. Unter den aktuell Berufstätigen ist der geschlechtsspezifische Unterschied sogar noch größer: 45 Prozent der erwerbstätigen Frauen halten günstige Rahmenbedingungen für (sehr) wichtig, allerdings nur 34 Prozent der erwerbstätigen Männer.

Die Verschiebungen in der Arbeitsrealität und den damit verbundenen Wertewandel in Bezug auf ein neues Verhältnis zwischen Arbeit und Freizeit, „der streng genommen ein[en] *Paradigmenwechsel* bedeutet, hat die Realpolitik in seinem tatsächlichen Ausmaß bis jetzt wenig bis gar nicht wahrgenommen“ (Zellmann / Opaschowski 2005, 17). Den *steigenden Stellenwert von Freizeit* vertreten ebenfalls vor allem die *jungen* Österreicher/-innen und die berufstätigen Frauen. Die Vereinbarkeit mit der Familie scheint dabei natürlich wichtig, aber nicht der einzige Aspekt zu sein. Freizeit ist nämlich vor allem *für Personen ohne Kinder und für Personen mit hoher*

Bildung wichtig. Freunde/Freundinnen und nette Leute in der Freizeit zu treffen ist Frauen gerade dann wichtiger als Männern, wenn sie familienbedingt teilzeiterwerbstätig sind. *Frauen messen privaten Netzwerken wesentlich mehr Bedeutung zu als Männer* – um Unterstützung zu erhalten oder zu geben. Aber auch, weil sie offenbar andere Prioritäten bezüglich Lebensqualität oder Definition ihrer eigene Identität legen.

Frauen in Österreich sind überwiegend einkommens-, aber nicht karriereorientiert. „Das Erwerbsverhalten von Männern und Frauen in einem Haushaltszusammenhang [ist] noch in hohem Maße dem traditionellen Rollenmuster verhaftet" (Biffl 2008b, 794). Männer sind vollzeiterwerbstätig und im europäischen Vergleich mit einer überdurchschnittlich hohen Wochenarbeitszeit von 44,3 Stunden sehr stark beruflich eingespannt. Österreichische Frauen sind hingegen mehr als im Durchschnitt der EU teilzeitbeschäftigt. In dieser Funktion arbeiten sie verhältnismäßig kurz, nämlich 20,5 Stunden (vgl. Biffl / Leoni 2008, 15). Das gilt insbesondere auch für gut qualifizierte Frauen. In Österreich maximieren Frauen selten das eigene Erwerbseinkommen – außer es geht sich sonst finanziell gar nicht aus –, sondern versuchen, Familienarbeit und Erwerbsarbeit so zu kombinieren, dass ein bestimmter Lebensstandard des Haushalts gehalten wird. Damit verzichten Frauen oft auf eine berufliche Karriere (vgl. Biffl 2008b, 794). Das ist zwar nicht so drastisch wie die eingeschränkten Alternativen im Nachbarland Ungarn. Dort lag die Teilzeitquote von Frauen 2007 nur bei sechs Prozent (Österreich 41 %, Quelle: UNECE) – allerdings weil Frauen dort fast generell die Arbeit aufgeben, wenn sie Kinder bekommen. Sonst gilt eher als Regel, dass Teilzeitarbeit in jenen Ländern weit verbreitet ist, die auch eine relativ hohe Frauenerwerbstätigkeit aufweisen. Wobei der Grad an Integration in Bezug auf Stundenausmaß, Gehaltsgerechtigkeit und Führungspositionen unterschiedlich ist und Österreich dabei eher zu den Schlusslichtern zählt.

Die starke Orientierung an der Familie und das damit verbundene Bemühen, Familie und Beruf durch Teilzeitarbeit zu verbinden, mag den Wünschen vieler Frauen in Österreich durchaus entsprechen. Zumindest aber den Modellen, die angesichts der aktuell herrschenden politischen und gesellschaftlichen Rahmenbedingungen als die lebbarsten erscheinen. Laut Daten der Europäischen Wertestudie steigt in den vergangenen Jahren sogar wieder die Zustimmung zu Aussagen, Frauen wollten in erster Linie Heim und Kinder, Hausfrauendasein sei ebenso befriedigend wie eine Berufstätigkeit.[23]

Es gibt allerdings auch andere Stimmen. *Manche Frauen wollen mehr arbeiten und Betreuungszeiten verringern (8 %).* Der Anteil derer, die weniger arbeiten wollen, liegt laut Arbeitskräfteerhebung von Statistik Austria bei fünf Prozent. Besonders jüngere Frauen drängen ins Erwerbsleben. Und deutlich äußert ein nicht unbeträchtlicher Teil von Männern den Wunsch, weniger zu arbeiten und mehr Zeit für die Kinderbetreuung zu haben: von Männern mit Matura oder Hochschulabschluss jeder zehnte Mann (12 % beziehungsweise 11 %), von Männern mit Pflichtschule vier Prozent und mit Lehre sieben Prozent (Statistik Austria 2006, 66f.). *Vater zu sein* wird Männern in Österreich angesichts gängiger Erwerbsmuster, geschlechtsspezifischer Arbeitszeit und Überstundenzahl und noch fehlendem einkommensabhängigen Kinderbetreuungsgeld jedoch nicht leicht gemacht. Eine Stundenreduzierung zugunsten der Familie erweist sich nämlich als *Hemmschuh für die Karriere und wird überwiegend von Frauen in Kauf genommen.* In Österreich stehen 2006 einem Drittel Frauen (29 %) in Führungspositionen zwei Drittel Männer (71 %) gegenüber. In Österreich ist, wie in den meisten europäischen Ländern, keine Frau an der Spitze eines führenden börsennotierten Unternehmens zu finden. Bei weiblichen Vorstandsmitgliedern führt Schweden mit 27 Prozent, in Österreich sind es magere sechs Prozent (vgl. Europäische Kommission 2008).

---

23 Vgl. im Kapitel „Partnerschaft, Familie und Geschlechterverhältnisse in Österreich“, 87ff.

Flexicurity

Der Begriff Flexicurity bildet sich aus den Wörtern Flexibility und Security. Er beschreibt den Versuch, auf die geänderte Situation am Arbeitsmarkt zu reagieren und eine Verbindung aus flexiblen Arbeits(zeit)modellen und Absicherung für Arbeitnehmer/-innen zu schaffen, um den Interessen beider – der Unternehmen und der Arbeitnehmer/-innen – gerecht werden. Unternehmen verlangen sowohl zeitliche als auch räumliche Flexibilität von ihren Mitarbeiter(inne)n, Arbeitnehmer/-innen wiederum haben unter anderem ein Recht auf soziale Sicherheit.

Flexicurity hat weniger die Arbeitsplatzsicherheit zum Ziel als vielmehr die Beschäftigungssicherheit. Sie bezeichnet damit die Bestrebung, den Übergang von einem Dienstverhältnis in ein anderes möglichst reibungslos und ohne große finanzielle Einbußen verlaufen zu lassen. „Genau genommen ist Flexicurity eine politische Strategie zur gleichzeitigen und absichtlichen Erhöhung der Flexibilität der Arbeitsmärkte, Arbeitsorganisationen und Arbeitnehmer-Arbeitgeber-Beziehungen einerseits und der Beschäftigungs- und Einkommenssicherheit andererseits", so die Europäische Kommission auf ihrer Homepage. Dies soll durch eine Verbindung von flexiblen Vereinbarungen, Strategien zum lebenslangen Lernen, arbeitsmarktpolitischen Maßnahmen und moderne soziale Sicherheitssysteme erreicht werden (vgl. Europäische Kommission 2007).

Vorreiter darin waren Dänemark und die Niederlande, die in den 1990ern den Kündigungsschutz stark lockerten, aber gleichzeitig Arbeitslosen für kurze Zeit hohe finanzielle Unterstützung gewährten. Damit verbunden waren arbeitsmarktpolitische Maßnahmen zu schnellen Wiedereingliederung in den Arbeitsmarkt. Das Modell der Flexicurity wurde zu einem Teil des Lissabon-Vertrags der EU. Die genaue Umsetzung der Maßnahmen bleibt Sache der Mitgliedsstaaten, solange den Grundsätzen entsprochen wird. Österreich wird in diesem Zusammenhang vor allem wegen der Änderung in den Kündigungsabfindungen erwähnt. Die „Abfertigung neu" ist ein Konto, auf das der/die Arbeitnehmer/-in im Kündigungsfall zurückgreifen kann, unabhängig von der Länge des Beschäftigungsverhältnisses am letzten Arbeitsplatz. Wichtig für Österreich ist nach Meinung der Wirtschaftskammer und des Gewerkschaftsbundes vor allem die stärkere Investition in Aus- und Weiterbildung, eine längere Lebensarbeitszeit, um nicht auf das Wissen älterer Arbeitnehmer/-innen verzichten zu müssen, und der Ausbau von Kinderbetreuungseinrichtungen. Um sich am Modell Dänemark orientieren zu können, müsste auch das Arbeitslosengeld auf 80 Prozent des letzten Gehalts für eine bestimmte Frist erhöht werden. In Österreich beträgt die Einkommensersatzleistung 55 Prozent des letzten Gehalts. Die Basis all dessen sollen nach Meinung der Sozialpartner weiterhin Kollektivverträge und starke soziale Sicherungssysteme sein.

Dementsprechend hoch ist in Österreich auch der „*Gender Pay Gap*", also ein Unterschied in der Bezahlung aufgrund des Geschlechts mit 25 Prozent (zweite Stelle in der EU nach Estland mit 30 %) (vgl. Europäische Kommission; Biffl 2008b). Eine Ursache dafür ist direkte Diskriminierung (der mit Gesetzen gut beizukommen ist). Fakt ist aber auch, dass Berufe, die hauptsächlich von Frauen ausgeübt werden, unabhängig von der benötigten Qualifikation meist schlechter bezahlt werden als klassische Männerberufe. Und dann sind es hauptsächlich Frauen, die ihre Arbeitszeit reduzieren oder ganz aus dem Berufsleben aussteigen, um sich um die Familie zu kümmern. *Gerade der finanzielle Aspekt gewinnt im Berufsleben jedoch stark an Bedeutung.* Die Zustimmung zur Aussage, der Beruf solle in erster Linie der Existenzsicherung dienen, steigt. Besonders wichtig ist sie für sogenannte Risikogruppen, steigende Bedeutung gewinnt sie aber auch für hochqualifizierte Personen. Und Frauen zeigen in dieser Frage eine erhöhte Sensibilität: In den letzten Jahren ist es zu einer Umkehrung zwischen den Geschlechtern gekommen: *1999 waren Männer stärker einkommensorientiert, jetzt sind es die Frauen* (1999 Frauen: 67 %, Männer: 71 %; 2008 Frauen: 75 %, Männer: 74 %). Der Zuwachs der Zustimmung unter den Frauen beträgt also acht Prozent, bei Männern nur drei Prozent.

Das verschärft sich dadurch, dass *das Ausmaß und die Regelmäßigkeit der Erwerbstätigkeit wesentlich darüber entscheiden, ob jemand in Österreich von Armut gefährdet ist oder nicht.* Maßnahmen gegen Verarmung müssen daher sowohl auf eine *höhere Qualifizierung* der Arbeitskräfte abzielen – als auch auf eine Reform des Systems: Im Einklang mit der Europäischen Kommission werden daher zunehmend Strategien diskutiert, die *Flexibilität und Sicherheit verbinden* sollen. Denn derzeit gilt in Österreich noch: „Wer sich auf Flexibilität einlässt, wird vom sozialen System bestraft."

Partnerschaft, Familie und Geschlechterverhältnisse in Österreich

Ursula Hamachers-Zuba, Erich Lehner, Claudia Tschipan

1 Beziehungslandschaften in Österreich

1.1 Veränderte Rahmenbedingungen werden spürbar

Partnerschaft und Familie bilden ein wesentliches Element menschlichen Zusammenlebens. Sie üben Einfluss auf die Entwicklung der Persönlichkeit aus, prägen das Leben und die persönliche Lebensbiografie. Obwohl die Wichtigkeit von Familie und im weiteren Sinn auch von Partnerschaft in Österreich unangefochten hoch bleibt, erfahren diese Bereiche persönlicher Beziehungen durch ihre Einbettung in die sich ständig wandelnden gesellschaftlichen Rahmenbedingungen auch Veränderungen. Expertinnen und Experten sehen Veränderungen in drei wesentlichen Bereichen, die aneinander gekoppelt sind und die sich derzeit zunehmend verschärfen.[24]

Entgrenzung zwischen Arbeit und Leben: Die im vorangegangenen Kapitel bereits erwähnten Veränderungen der Arbeitswelt wie etwa Flexibilisierung und Ent-Standardisierung wirken sich auch auf die Gestaltung von Beziehungen aus. Die Auflösung von Normalarbeitsverhältnissen und diskontinuierliche Erwerbsverläufe bringen Entgrenzungen mit sich, sodass der familiäre Bereich zunehmend unter Druck gerät – im Sinne von Verfügbarkeit, da Familie unter diesen Umständen auch aktive Herstellung von Familienzeit erfordert. Hinzu kommen vielfältigere Handlungsoptionen, wodurch wiederum Unsicherheit entsteht.

Familiengründung – ein soziales Zeitfenster: Der Aufschub der Familiengründung verstärkt sich aufgrund der immer größer werdenden Diskrepanz zwischen dem Zeitpunkt, an dem Familie idealerweise in die Lebensbiografie hineinpassen würde (dem Alter entsprechend) und den persönlichen Lebenszielen („zuerst kommt der

[24] In diesem Überblick beziehen sich die Autor(inn)en auf Interviews mit Martina Beham-Rabenser (Familienforscherin, Linz), Ulrike Zartler (Familiensoziologin, Wien) und Reinhard Sieder (Sozialhistoriker, Wien).

Beruf"). Es ergibt sich dadurch ein „Zeitfenster", wo Familiengründung vorstellbar ist. Wenn jedoch die Rahmenbedingungen nicht gegeben sind, wird die Familiengründung nach hinten verschoben beziehungsweise nach Überschreiten des Zeitfensters Kinderwünsche auch oft gar nicht mehr realisiert.

Eltern unter Druck: Es existiert ein Bewusstsein über ein Anforderungsprofil an Eltern, das eine potenzielle Mutter oder ein Vater im Sinne eines kindzentrierten Erziehungsstils oder im Hinblick auf genügend qualitativ wertvolle Zeit für das Kind erfüllen soll. Gleichzeitig jedoch sind viele Rahmenbedingungen nicht optimal aufgestellt, wodurch der Druck auf die Eltern immer größer wird und ein höheres Belastungsgefühl erzeugt wird.

Konsequenzen aus diesen Veränderungen für Partnerschaften, Familienleben und Geschlechterverhältnissen sollen im folgenden Kapitel analysiert werden. Dabei ergeben sich im Wesentlichen Fragestellungen zu vier größeren Bereichen:

- *Partnerschaft*: Veränderungen von Lebens- und Partnerschaftsformen werden oft sehr kontroversiell interpretiert – einerseits wird eine Diversifizierung von Lebensformen konstatiert, andererseits bleiben die „traditionelle" Familie, Partnerschaft und Elternschaft weiterhin hoch geschätzte Werte (vgl. Zartler u. a. 1999, 110ff.). Oftmals wird auch davon gesprochen, dass nach einer Phase vermehrter unkonventioneller Lebensformen nun Re-Traditionalisierung stattfindet – wie verläuft diese Entwicklung laut der Europäischen Wertestudie? Ist zunehmende Vielfalt erkennbar oder eher die Stabilität konventioneller Beziehungsformen? Wie tolerant sind die Österreicher/-innen gegenüber unkonventionellen Beziehungsformen? Und was empfinden die Österreicher/-innen als wichtig für eine Ehe?
- In engem Zusammenhang mit der Entwicklung der Beziehungsformen stehen auch der Entwicklungsverlauf und die Ausgestaltung des *Familienlebens*. Familialistische Einstellungen sind trotz der Pluralität von Familienformen immer noch stark vertreten. Im öffentlichen Diskurs ist jedoch von der „Brüchigkeit der Familie" die Rede. Wohin entwickelt sich die Familie? Wird die „traditionelle" Familie zugunsten unkonventioneller Familienformen obsolet? Ebenfalls untersucht werden Einstellungen und Bereitschaft zu *Sozialisationsleistungen* und *Kooperationsleistungen*

in der Familie – hier geht es in erster Linie um Frage von Erziehungszielen und Pflegeleistungen.

- Sowohl in Partnerschaft als auch in der Familie spielen *Geschlechterverhältnisse* und die partnerschaftliche Rollenverteilung eine wesentliche Rolle. Im öffentlichen Diskurs ist die Notwendigkeit einer Entwicklung der Geschlechterrollenverteilung in Richtung „Halbe-Halbe“ präsent. Vielfach sind jedoch Denkmodelle und tatsächlich gelebte Realität nicht kongruent. Welche Entwicklungen zeigen sich auf der Ebene der Einstellungen in den letzten 20 Jahren? Und welche Unterschiede bestehen zwischen Frau und Mann hinsichtlich Vorstellungen von Familie über Kinder und Rollenverteilung?
- Die Eingebundenheit in Partnerschaften und/oder in einen Familienverband kann auch zum großen Teil mitverantwortlich für das Befinden des/der Einzelnen und der Zufriedenheit mit dem Leben sein. So werden abschließend auch noch *Glück, Lebenszufriedenheit, Gesundheit sowie Lebensqualität* der Österreicher/-innen analysiert.

1.2 Lebensformen in Österreich

Ob und mit welchen Personen ein Mensch einen Haushalt teilt und in welcher Beziehung er oder sie zu diesen Personen steht, hängt sehr stark vom Geschlecht und vor allem von der Lebensphase ab, in der sich ein Mensch befindet. Bis zum Erreichen des 20. Lebensjahres lebt die überwiegende Mehrzahl der Bevölkerung als Kinder im elterlichen Haushalt oder bei einem Elternteil. Ab einem Alter von 20 Jahren allerdings sind die prozentualen Anteile stark unterschiedlich: Leben von den 20- bis 24-jährigen Frauen 52 Prozent im Elternhaus, so sind es bei den Männern noch 71 Prozent. Ähnlich stark zeigen sich geschlechtsspezifische Unterschiede in der letzten Lebensphase. „Während Männer bis in die höchsten Altersgruppen zu einem großen Teil in Partnerschaften leben, (...) verbringen ältere Frauen ihren Lebensabend häufig als Alleinlebende, vor allem in der Altersgruppe ab 80 Jahren (Frauen: 60 %, Männer: 28 %)“ (Statistik Austria 2009).

Bei der österreichischen Wohnbevölkerung ab 18 Jahren – der Grundgesamtheit der Europäischen Wertestudie 2008[25] – zeigt sich eine Vielfalt an Partnerschaftsformen und Familienkonstellationen. In Summe überwiegen jedoch nach wie vor traditionelle Formen.

- Knapp die Hälfte der befragten Österreicherinnen und Österreicher ist *verheiratet* (49 %). Fast alle Verheiraten haben Kinder (90 %), von denen jedoch nicht mehr alle im gemeinsamen Haushalt leben. Jenes knappe Viertel (21 %) der österreichischen Bevölkerung, das verheiratet ist, aber nicht mit Kindern im Haushalt lebt, ist mehrheitlich bereits im Pensionsalter.
- Zehn Prozent der erwachsenen Österreicherinnen und Österreicher in der Studie *leben ohne Trauschein zusammen.* Diese Lebensform ist vor allem unter jüngeren Menschen vertreten. 37 Prozent der NEL's (Personen, die in Nicht-Ehelichen-Lebensgemeinschaften leben) sind 30 Jahre oder jünger. 44 Prozent sind zwischen 31 und 45 Jahre alt. Unter den Älteren sind sie kaum zu finden. Da sich die Phase der Familiengründung biografisch nach hinten verschiebt, findet sich relativ wenig Nachwuchs in dieser Gruppe. Mehr als die Hälfte der NEL's hat (noch) keine Kinder (57 %), umgelegt auf die österreichische Bevölkerung heißt das: Drei Prozent der erwachsenen Österreicherinnen und Österreicher leben ohne Trauschein und mit Kindern im gemeinsamen Haushalt.

[25] Die Zahlen von Statistik Austria, basierend auf Mikrozensus-Jahresdaten, und die Daten der Europäischen Wertestudie zeichnen ein ähnliches Bild der Beziehungslandschaften in Österreich. Ein Vergleich ist aufgrund unterschiedlicher Erhebungsmethoden und Kategorisierungen im Detail nicht immer möglich. Eine weitgehende Übereinstimmung der Trends und Daten lässt sich jedoch herausfiltern – mit der Einschränkung, dass die Anzahl nichtehelicher Lebensgemeinschaften in Österreich etwas höher ist als in der Stichprobe der Europäischen Wertestudie vertreten.

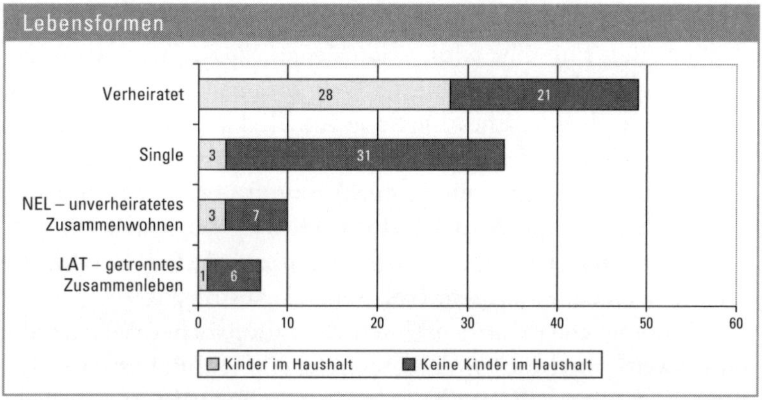

Grafik 6: Beziehungsformen und Leben mit Kindern im Haushalt. n = 1477, Angaben in Prozent, Quelle: EVS 2008.

- Noch weniger, nämlich sieben Prozent der Österreicherinnen und Österreicher, *haben eine Beziehung, leben aber nicht mit der Partnerin oder dem Partner zusammen* (Living Apart Together = LAT). Zum Teil handelt es sich bei dem Phänomen des LAT um eine Vorstufe für ein mögliches späteres Zusammenleben, mehr als die Hälfte der Personen ist unter 30 Jahre alt. Oder es handelt sich um eine vorübergehende Phase, die durch äußere Umstände bedingt ist: Diese Beziehungsformen werden oft „aus beruflichen bzw. Ausbildungsgründen von jungen, ledigen und kinderlosen Personen gebildet, die sich meist nur am Wochenende sehen und hierin eher eine Notlösung sehen, die dem eigenen Partnerschaftsideal nicht entspricht und sobald wie möglich aufgegeben werden soll. Dieser größeren Gruppe steht eine kleinere Gruppe (…) von älteren Personen gegenüber, die nahe zusammen wohnen und sich mindestens jeden zweiten Tag sehen. Sie haben diese Lebensform unabhängig von beruflichen Zwängen längerfristig auf der Grundlage eines auf Unabhängigkeit hin ausgerichteten Beziehungsideals als optimale Lebensform begründet und wollen diese aufrecht erhalten" (Peukert 2007, 41). Kinder sind in dieser Beziehungsform generell wenig vertreten: Nur ein Drittel (30 %) der LAT hat Kinder, am ehesten in der Altersgruppe der 31- bis 45-Jährigen. Das und der ebenfalls geringe Anteil an NEL mit Kindern könnte als ein Indiz dafür gewertet werden, dass NEL und LAT als Vor- beziehungsweise Übergangsformen zur Ehe zu sehen sind. Eine Ehe wird, wenn sie geschlossen wird, dann geschlossen, wenn Kinder auf die Welt kommen (vgl. Beham u. a. 1999) – wobei die Eheschließung zum Teil auch erst einige Zeit nach der Geburt des Kindes erfolgt. Die Statistik über nichtehelich geborene Kinder gibt ja nur Auskunft über den rechtlichen Status zum Zeitpunkt der Geburt. Hier lag der Anteil 2007 allerdings schon bei beachtlichen 38 Prozent, Anfang der 1990er Jahre noch bei 25 Prozent (vgl. Statistik Austria 2009).

In Summe leben laut den Daten der Europäischen Wertestudie somit zwei Drittel (66 %) der Österreicherinnen und Österreicher in einer Partnerschaft, großteils in einem gemeinsamen Haushalt, zu sehr geringem Anteil in getrennten Wohnungen. Im Vergleich zu 1999 ist der Anteil der festen Beziehungen gesunken. Damals gaben 75 Prozent an, in einer Ehe oder in fester Beziehung zu leben. Der Anteil der Singles, aktuell 34 Prozent, wird also größer. Der Zuwachs ergibt sich in erster Linie durch eine Steigerung der Scheidungszahlen, wie im Jahresvergleich deutlich wird: 54 Prozent der Singles sind ledig (1999: 55 %), 26 Prozent verwitwet (1999: 29 %), 18 Prozent geschieden (1999: 13 %)[26]. Dennoch sind Singles nicht zwangsläufig „allein“: Fast die Hälfte (45 %) der befragten Singles hat Kinder, die wenigsten von ihnen leben jedoch noch im gemeinsamen Haushalt. 17 Prozent der Singles leben mit zumindest einem Elternteil im Haushalt, sieben Prozent mit einer/-m anderen Verwandten.

[26] Die jeweils fehlenden zwei bzw. drei auf 100 Prozent ergeben sich durch Antwortverweigerung, Leben in Trennung oder ähnliches.

1.3 Neue Beziehungsbiografien und unkonventionelle Partnerschaftsformen

Beziehungen werden serieller

Trennung und Scheidung als Ursache des Singledaseins nehmen also zu. Und rund ein Drittel (30 %) der derzeit Verheirateten hat früher mit einem anderen Partner oder einer anderen Partnerin (oft auch in einer Ehe) zusammengelebt. Das entspricht dem Trend, den eine Studie über spätmoderne Beziehungswelten in großstädtischen Ballungszentren feststellt. Beziehungen werden demnach serieller, also kürzer und häufiger. Junge Menschen haben heute mit 30 Jahren bereits mehr Beziehungen als 60-Jährige in ihrem ganzen Leben hatten. Gerade die jüngere Generation kann diesem Phänomen durchaus auch positive Aspekte abgewinnen. Sie deuten die Vielzahl ihrer bisherigen Beziehungen weniger als Problem, sondern als Lern- und Erprobungsprozess: „Die vielen Beziehungen waren, auch wenn die Trennungen oft schmerzten, wichtig, weil ich Beziehungserfahrungen gesammelt und meine Beziehungsfähigkeit gestärkt habe" (Schmidt u. a. 2006, 33–35), so die idealtypische Argumentationsfigur.

Dementsprechend nehmen (vor allem bei Jüngeren) Trennungserfahrungen zu, und zwischen den Beziehungen kommt es häufiger zu Singleperioden. Diese werden vor allem von Jüngeren ungeduldig als Übergangszeit zwischen zwei Beziehungen gesehen. Männer wie Frauen gelten hier gleichermaßen als „Übergangsdrängler" (ebd., 72). Bei Älteren dauern Singlephasen tendenziell länger und die Betroffenen neigen dazu, sich mehr oder weniger zufrieden damit zu arrangieren. Vor allem für ältere Frauen ist es offenbar schwierig, wieder einen passenden Partner zu finden. Diese Erfahrung ist mit einer gewissen Zwiespältigkeit verbunden: Einerseits verspüren sie Trauer, weil die Zweisamkeit vermisst wird, andererseits zeigt sich ein erwachendes Selbstbewusstsein, jetzt endlich eigene Bedürfnisse in den Mittelpunkt stellen und keine Rücksichten mehr nehmen zu müssen (vgl. ebd., 70–73). Tatsächlich stellen laut Europäischer Wertestudie Frauen über 60 Jahren in Österreich prozentuell die größte Gruppe unter den Singles dar (24 %). Ihnen folgen junge Männer zwischen 18 und 30 Jahren (18 %) und junge Frauen (17 %).

„Geordnete Verhältnisse" sind für eine Partnerschaft nicht unbedingt erforderlich

Nicht nur die Dauer, sondern auch die Formen, in denen Beziehungen gelebt werden, verändern sich. Die traditionelle Vorgabe, eine Paarbeziehung nur in „geordneten Verhältnissen", das heißt in einer Ehe, zu leben, verliert an Bedeutung. Der rechtliche Familienstand entspricht nicht automatisch dem Beziehungsalltag. Nicht alle verwitweten Personen sind allein, jede/-r Zehnte lebt in einer neuen Partnerschaft (9 %). Von den Geschiedenen lebt ein Fünftel (19 %) in einer neuen nichtehelichen Gemeinschaft, weitere 16 Prozent haben eine Partnerin oder einen Partner und leben aber derzeit nicht gemeinsam. Und schließlich unterhalten 42 Prozent der ledigen Personen eine fixe Partnerschaft, teils in gemeinsamen, teils in getrennten Haushalten. Heute ist es sehr üblich, vor einer möglichen Eheschließung bereits miteinander zu leben. 59 Prozent aller Verheirateten und ehemals Verheirateten (geschieden bzw. verwitwet) geben an, dass sie vor der Ehe bereits zusammengelebt haben. Bei den Jüngeren ist das Zusammenleben vor der Ehe wesentlich verbreiteter und üblicher als bei der älteren Generation. Von den Jungen bis hin zu den Mittvierzigern haben rund Dreiviertel der Befragten vorher zusammengelebt, die Unterschiede zwischen Männern und Frauen sind nicht sehr groß. Bei den Älteren hingegen haben 66 Prozent der Generation 46 bis 60 Jahre und nur 33 Prozent der Generation 60+ vor der Ehe schon mit ihrem/-r Partner/-in zusammengelebt. Auffällig ist hier der Unterschied zwischen Frauen und Männern: Nur rund ein Viertel der Frauen über 60 gibt an, vor der Ehe mit ihrem Mann zusammengelebt zu haben. Das gesellschaftliche Tabu war viel wirksamer als in der altersmäßig korrespondieren Männergeneration (42 % voreheliches Zusammenleben) – oder es gilt unter älteren Frauen noch heute als verpönt, eine voreheliches Zusammensein zuzugeben.

Heute sind nichteheliche Lebensgemeinschaften keineswegs mehr tabuisiert. 80 Prozent der Befragten stimmen der Aussage zu, „Es ist nichts dagegen einzuwenden, wenn zwei Menschen zusammenleben, ohne verheiratet zu sein." 14 Prozent sind unentschieden, Ablehnung signalisieren sechs Prozent.

- In Summe sind kaum Unterschiede zwischen Frauen und Männern feststellbar, wohl aber Unterschiede beim Alter: Je jünger, desto selbstverständlicher wird ein nichteheliches Zusammenleben angesehen: 60 Prozent der bis 30-Jährigen, 55 Prozent der 31–45-Jährigen, 48 Prozent der 46–60-Jährigen und nur 40 Prozent der Generation 60+ stimmen der Aussage „voll und ganz zu".
- Je höher das Bildungsniveau, desto mehr Zustimmung gibt es. Unter Akademiker(inne)n sind 65 Prozent voll und ganz der Meinung, dass nichts gegen eine Ehe ohne Trauschein spricht. Personen mit Maturaniveau stimmen dem zu 56 Prozent zu, unter Pflichtschulabsolvent(inn)en und Personen mit BMS- oder Lehrabschluss stimmt nur die Hälfte zu. Schulabrecher/-innen haben hier die niedrigsten Werte (35 %) und auch deutlich die höchste Ablehnung.
- Beide Faktoren – Alter und Bildung – beeinflussen einander in dieser Frage. Im unteren Bildungssegment überwiegen ältere Personen, auf Maturaniveau hingegen bilden die Jüngeren bis 45 Jahre die Mehrheit. Es ist argumentierbar, dass die Älteren, da sie weniger Bildungszugang haben, Traditionen eher verhaftet sind als jüngere, besser gebildete Personen. Als der stärkere Zusammenhang erweist sich jedoch statistisch das Alter, es handelt sich in erster Linie um eine Generationenfrage. Junge Leute messen Konventionen einfach weniger Bedeutung zu.
- Interessant sind die regionalen Unterschiede: Es lässt sich kein linearer Zusammenhang zwischen Ortsgröße und dem Ausmaß der Zustimmung feststellen. Es fallen jedoch zwei Gruppen auf, in denen die Zustimmung besonders gering und die Unsicherheit oder Ambivalenz („weder noch" als Antwort) besonders hoch ist: Gemeinden mit 50.000 bis 100.000 Einwohner(inne)n und die Hauptstadt Wien.

Diese Daten stimmen mit der durchgängigen Meinung in der Forschung überein, dass traditionelle Formen und Verläufe der Partnerschaftsbiografien zugunsten einer Vielfalt an konventionellen und nichtkonventionellen Partnerschaftsformen an Bedeutung verloren haben. „Heute findet sich eine Vielfalt von unterschiedlichen Partnerschaftsformen, die im Lebensverlauf in unterschiedlichen Phasen auftreten oder auch mehrmals durchlaufen werden können.

Äußerlich strukturgleiche Partnerschaftsformen sind dabei qualitativ durchaus unterschiedlich, je nachdem in welchem Lebensalter sie auftreten, aus welchen Phasen sie heraus entstanden sind und wie lange sie schon bestehen“ (Zartler 1999, 212–213).

Weniger Ablehnung für offene Beziehungen

Auch bezüglich der Art, wie Partnerbeziehungen und Ehen gelebt werden und welche Regeln gelten, stoßen unkonventionelle Überzeugungen auf weniger Sanktion als früher. Geschlechtsverkehr mit häufig wechselnden Partner(inne)n findet zwar kaum mehr Zustimmung als 1999, wird aber weniger stark abgelehnt als früher.

Geschlechtsverkehr mit häufig wechselnden Partner(inne)n in flüchtigen Beziehungen ist …	1999	2008
nicht in Ordnung.	65	58
weder noch.	22	29
in Ordnung.	9	10
weiß nicht	4	3

Tabelle 4: Geschlechtsverkehr mit häufig wechselnden Partner(inne)n. Zustimmung/Ablehnung (zehnstufige Skala), 1–3 nicht in Ordnung, 4–7 weder noch, 8–10 in Ordnung. Angaben in Prozent, Quelle: EVS 1999, 2008.

Interessant ist, dass es in Summe keineswegs die Singles sind (unter denen sich ein beträchtlicher Teil älterer alleinstehender Frauen befindet), die Promiskuität am ehesten in Ordnung finden, sondern die „jungen Beziehungsformen“ der NEL’s und LAT’s. Generell gilt: Zustimmung beziehungsweise weniger Ablehnung findet sich eher bei jüngeren Personen und bei Männern. Unter den jüngeren Singles (bis 30 Jahre ebenso wie bis 45 Jahre) ist die Zustimmung durchaus signifikant und liegt jeweils bei mehr als 20 Prozent. Offenheit für Geschlechtsverkehr mit wechselnden Partner(inne)n ist jedoch nicht gleichbedeutend mit tatsächlicher sexueller Aktivität, wie andere Studien zeigen: „Ein Sexualleben jenseits der festen Beziehung ist offenbar für die meisten Männer und Frauen nur schwer zu arrangieren. In der Tat ist die wichtigste Determinante der sexuellen Aktivität der Partnerstatus, einflussreicher als Alter, Familienstand, Geschlecht, soziale Schicht und Religionszugehörigkeit. Anders ausgedrückt: 60-jährige Frauen, die Jahrzehnte lang verheiratet sind, haben häufiger Geschlechtsverkehr als 30-jährige Single-Männer." (Schmidt 2006, 75f.)

Ein Verhältnis neben der Ehe zu haben, gilt für die überwiegende Mehrheit der Österreicher/-innen nach wie vor als schlecht. Doch es sinkt die Anzahl der Personen, die es für absolut nicht in Ordnung halten (von 74 % auf 67 %), das unentschiedenen Mittelfeld legt zu.

Wenn verheiratete Männer/Frauen ein Verhältnis haben, ist das …	1990	1999	2008
nicht in Ordnung.	74	74	67
weder noch.	22	19	26
in Ordnung.	2	3	4
weiß nicht	2	4	3

Tabelle 5: Wenn verheiratete Männer/Frauen ein Verhältnis haben. Zustimmung/Ablehnung (zehnstufige Skala), 1–3 nicht in Ordnung, 4–7 weder noch, 8–10 in Ordnung. Angaben in Prozent, Quelle: EVS 1990–2008.

Scheidungen werden heute sozial deutlich weniger sanktioniert als noch von knapp 20 Jahren. Nur mehr gut ein Fünftel (22 %) im Vergleich zu einem Drittel (32 %) im Jahr 1990 findet Scheidungen auf keinen Fall in Ordnung. Interessant ist jedoch, dass die Zustimmung zur Scheidung demgegenüber nicht kontinuierlich steigt: 1990 fanden sie 19 Prozent in Ordnung, 1999 sogar 35 Prozent, 2008 jedoch nur mehr 30 Prozent. Die meisten Personen liegen in dieser Frage mit ihrer Meinung im Mittelfeld.

Mit Blick auf Treue, Verbindlichkeit einer sexuellen Beziehung und eine Ehe „bis dass der Tod euch scheidet" fällt auf, dass unkonventionelles oder als unmoralisch geltendes Verhalten weniger stark abgelehnt wird als früher. Abweichler/-innen werden „milder" beurteilt, müssen mit weniger sozialen Sanktionen rechnen. Auf mehr Zustimmung treffen solche Verhaltensweisen jedoch selten.

Anders ist es mit Blick auf Homosexualität. Gleichgeschlechtliche Beziehungen haben in den letzten 20 Jahren einen deutlichen

Imagewandel erlebt. Die Gruppe der Ablehner/-innen ist nicht nur kontinuierlich kleiner geworden (von 50 % 1990 auf 35 % im Jahr 2008), sondern Homosexualität geht für deutlich mehr Menschen heute „in Ordnung", nämlich für ein Viertel aller Befragten (25 % gegenüber 12 % im Jahr 1990). Auffällig ist jedoch, dass die Anerkennung gleichgeschlechtlicher Beziehungen 1999 mit 34 Prozent deutlich größer war als heute und somit rückläufig ist. Das könnte mit grundsätzlichen Re-Traditionalisierungstendenzen zusammenhängen. Möglicherweise spiegelt sich aber auch die Diskussion über eine rechtliche Gleichstellung von homosexuellen Partnerschaften in den Ergebnissen wider. Werden aus persönlichen Vorlieben, die jeder und jede so halten soll, wie er oder sie will, gesetzlich verbriefte Ansprüche, wird die Sache noch mal kritischer gesehen.

> „Im letzten Jahrzehnt ist in Österreich die Diskussion über die eingetragene Lebenspartnerschaft geführt worden. Das Thema Homosexualität und homosexuelle Beziehungen wird dabei in weiterer Folge mit Adoptionsmöglichkeiten gedacht, also als Regenbogenfamilien. Jetzt aktuell gibt es dazu neue Diskussionen im Zusammenhang mit der neuen Familienrechtsreform. Möglicherweise ist dadurch heute eine andere Sensibilität gegeben. Und diese Sensibilität führt zunehmend wieder zu einer Polarisierung."
>
> Dr. Martina Beham-Rabanser, Familienforscherin, Linz

Ehe eine überholte Institution?

„Nachdem die Ehe ihr Monopol verloren hat, Sexualität zu legitimieren, verliert sie nun ihr Monopol, Beziehung und Familie zu definieren" (Schmidt 2006, 11). Begründet wird die pointierte Aussage über einen Bedeutungsverlust der Institution Ehe von Schmidt damit, dass amtliche Statistiken nur unvollständige Informationen über die Veränderungen geben. Die überwiegende Mehrheit der Beziehungs- wie Trennungserfahrungen, die Menschen im Lauf ihres Lebens machen, werde weder von Eheschließungs- noch von Scheidungsstatistiken erfasst. Tatsächlich zeigt sich auch in den Daten der Wertestudie eine gewisse Veränderung in der Einstellung zur Institution Ehe. 28 Prozent der Befragten fassen die Ehe als eine überholte Einrichtung auf. 1999 waren es 20 Prozent, 1990 nur elf Prozent. Die Veränderung der Stimmungslage ist deutlich. Es gibt dabei Unterschiede zwischen bestimmten Personengruppen, wobei sich wieder deutlich jene herauskristallisieren lassen, die auch in anderen Fragen zu Beziehung und Familie eher traditionelle Ansichten vertreten: ältere Personen, Bildungsferne, Menschen im ländlichen Raum und gottgläubige Personen. Junge, höher Gebildete, wenig religiös eingestellte Menschen und die Bevölkerung in Städten zwischen 10.000 und 50.000 Einwohner(inne)n sowie in Wien halten die Ehe tendenziell eher für eine überholte Institution.

Doch für zwei Drittel der Befragten (66 %) ist die Ehe aber nach wie vor nicht vom Tisch. Für die eigene Beziehungsbiografie spielt die Institution Ehe für die Mehrheit der Österreicherinnen und Österreicher durchaus noch eine bedeutsame, wenn auch fragwürdiger werdende Rolle. Was sich damit an Erwartungen verknüpft, soll im folgenden Punkt untersucht werden.

2 Trautes Heim – Glück allein?

2.1 Eine Partnerschaft macht glücklich – ist aber nicht Quelle allen Glücks

Fragt man danach, welche Bedeutung Liebe und Partnerschaft im Leben eines Menschen haben, ist ein möglicher Indikator die Koppelung von Partnerschaft an Lebenszufriedenheit und Glück. Wie an späterer Stelle noch dokumentiert wird, hat der Umstand, ob jemand in einer Partnerschaft lebt und/oder Kinder hat, auf die subjektive Lebensqualität einen deutlichen Einfluss. Auch in der Einschätzung der Österreicherinnen und Österreicher spiegelt sich das wider: Fast die Hälfte der Befragten (48 %) stimmt der Aussage (voll und ganz) zu, dass man zum Glücklichsein das Leben in einer Ehe oder einer dauerhaften festen Beziehung braucht. 1999 waren es noch etwas mehr, nämlich 54 Prozent.

Dauerhafte Beziehung ist wichtig, um glücklich zu sein	Stimme sehr zu	Stimme zu	Weder noch	Lehne ab	Lehne sehr ab	Weiß nicht
1999	21	33	16	19	9	2
2008	17	31	26	15	8	2

Tabelle 6: Um glücklich zu sein, ist es notwendig, in einer Ehe oder einer dauerhaften, festen Beziehung zu leben. Angaben in Prozent, Quelle: EVS 1999, 2008.

Besonders stark vertreten wird die Bedeutung einer festen Beziehung von Schulabbrecher(inne)n mit 71 Prozent (voll und ganz) Zustimmung und von Pflichtschulabsolvent(inn)en (54 %). Maturant(inn)en (39 %) und Hochschulabsolvent(inn)en (32 %) messen dem weniger Bedeutung zu. Für Ältere hat eine feste Beziehung mehr Bedeutung fürs Glück als für Jüngere. Ein deutlicher Zusammenhang zeigt sich auch zwischen hohem Gottesglauben und hoher Zustimmung.

Zustimmung wie Ablehnung sind gegenüber 1999 leicht gesunken, es gibt mit einem Viertel der Befragten deutlich mehr Unentschiedene, die der Aussage weder zustimmen noch sie ablehnen (+10 %), besonders unter Jüngeren bis 30 Jahre, den Wienerinnen und Wienern und den Bewohner(inne)n von Orten mit 50.000 bis 100.000 Einwohner(inne)n. Das kann bei Jüngeren verbunden sein mit der steigenden Bedeutung anderer Netzwerke, etwa der Peergroups und den Freundeskreisen. Weiters ist es möglicherweise ein Indiz für ambivalente Gefühle: Einerseits vermitteln feste und dauerhaften Beziehungen Stabilität und Intimität. Andererseits zeigt die Realität, dass viele Ehen und Beziehungen getrennt werden. „Die gestiegenen Ansprüche an eine bestimmte Qualität der ehelichen Partnerschaft führen häufiger und schneller zu unerfüllten Bedürfnissen und damit zu Spannungen in den ehelichen Beziehungen, sodass das Scheitern der Ehe häufig geradezu ‚vorprogrammiert' ist." (Peukert 2007, 39)

Gerade Frauen brauchen aufgrund eigener Berufstätigkeit und sozialer Absicherung heute seltener in unbefriedigenden oder gar belastenden Beziehungen zu verbleiben als in früheren Jahren. So wundert es nicht, dass Frauen diese (historisch noch recht neue) Freiheit bewusst nutzen und die Bedeutung einer festen Beziehung etwas zurückhaltender bewerten als Männer. Sie sehen deutlicher die möglichen Schattenseiten von dauerhaften Bindungen oder bewerten den Preis, den sie für Stabilität zu zahlen hätten, höher als Männer: 27 Prozent der Frauen lehnt die Aussage, eine Ehe oder dauerhafte Beziehung sei notwendig, um glücklich zu sein, (voll und ganz) ab. Bei den Männern sind es 21 Prozent.

2.2 Intimität, Beziehungsqualität und materielle Aspekte

Ehen werden heute seltener aus Versorgungsgründen oder aus kulturellen oder religiösen Selbstverständlichkeiten geschlossen. Auch das Ideal der „romantischen Liebe, die eine lebenslange Verbindung impliziert“, tritt immer häufiger zurück. Demgegenüber gewinnen „reine (intim-expressive) Beziehungen, deren Hauptzweck die emotionale Befriedigung der Partner ist und die nur um ihrer selbst Willen begründet und aufrecht erhalten werden“, an Bedeutung (Peukert 2007, 38, mit Verweis auf Giddens 1993). „Liebe, Intimität – also Vertrauen, Nähe, Geborgenheit – und Austausch – also ein lebendiges Miteinander – sehen Männer wie Frauen [...] gleichermaßen als die wichtigsten Stützen des Zusammenhalts.“ (Schmidt 2006, 85) Eine dauerhafte Beziehung wird zwar angestrebt, aber es geht nicht um Dauer oder Verlässlichkeit an sich, „sondern um Dauer bei hoher emotionaler, intimer und (seltener) sexueller Qualität. Es klingt paradox, aber es ist so: Die Instabilität heutiger Beziehungen resultiert nicht aus Bindungsunfähigkeit oder -unlust; sie ist vielmehr die Konsequenz des hohen Stellenwerts, der Beziehungen für das persönliche Glück beigemessen wird, und der hohe Ansprüche an ihre Qualität.“ (Schmidt 2006, 33)

Im Ranking der Bedingungen, die für eine gute Ehe wichtig sind, nehmen in der Europäischen Wertestudie dementsprechend jene Faktoren die ersten Plätze ein, die für Intimität, Beziehungsqualität und den Austausch zwischen den Partner(inne)n stehen. Der Treue kommt dabei zusätzlich ein sehr hoher Stellenwert zu. Solange die Beziehung währt, ist Treue grundlegend, für Männer jedoch weniger wichtig als für Frauen.

Was für eine gute Ehe wichtig ist …	1990	Rang 1990	1999	Rang 1999	2008	Rang 2008	Differenz 1990–2008
Treue	83	1	86	2	81	1	–2
Gegenseitiger Respekt und Anerkennung	82	2	89	1	81	1	–1
Gegenseitiges Verstehen und Toleranz	82	2	84	3	77	3	–5
Bereitschaft zur Diskussion über Probleme in der Partnerschaft	—	—	75	4	63	4	—
Glückliche sexuelle Beziehung	56	5	63	5	56	5	+/–0
Kinder	63	4	59	6	54	6	–9
Gemeinsame Lebensziele	—	—	—	—	51	7	—
Zeit für eigene Freunde/Freundinnen und für persönliche Hobbys/Aktivitäten haben	—	—	—	—	50	8	—
Angemessenes Einkommen	30	8	28	12	45	9	+15
Viel über gemeinsame Interessen sprechen	—	—	53	7	45	9	—
Sicherer Arbeitsplatz des Partners/der Partnerin	—	—	—	—	44	11	—
Von den Schwiegereltern getrennt leben	36	7	41	9	43	12	+7
Gute Wohnverhältnisse	39	6	33	10	43	12	+4
Den Haushalt gemeinsam machen	29	9	29	11	36	14	+7
So viel Zeit wie möglich miteinander verbringen	—	—	49	8	35	15	—
Gleiche soziale Herkunft	14	11	13	15	22	16	+8
Gemeinsame religiöse Überzeugungen	22	10	19	13	20	17	–2
Gleiche Nationalität/Kultur	—	—	18	14	20	17	—
Übereinstimmung in politischen Fragen	7	12	6	16	12	19	+5

Tabelle 7: Ist das Genannte für eine gute Ehe wichtig? Zustimmung „sehr wichtig“, Angaben in Prozent, Quelle: EVS 1990–2008.

An Veränderungen über die Zeit zeigt sich:

- Treue, Respekt, Verstehen, Bereitschaft zu Beziehungsarbeit, glückliche sexuelle Beziehung und Kinder bleiben Spitzenreiter. Die Zustimmungswerte sind jedoch gesunken, teilweise seit 1990 kontinuierlich und deutlich, etwa die sinkende Bedeutung von Kindern für die Paarbeziehung, andere nähern sich nach einem Anstieg zwischen 1990 und 1999 wieder den Prozentzahlen von 1990 an.
- Am stärksten verloren hat der Anspruch, so viel Zeit wie möglich miteinander zu verbringen: Die Zustimmung ist von 49 Prozent im Jahr 1999 auf aktuell 35 Prozent gesunken. Offenbar ist bei der hohen Bedeutung der Beziehungsintensität die Qualität der verbrachten Zeit entscheidender als die Quantität.
- Mit gemeinsamen Lebenszielen und Zeit für eigene Freunde/ Freundinnen und persönliche Hobbys sind zwei weitere bedeutsame Fragestellungen neu aufgenommen worden. Jeweils die Hälfte der Befragten findet diese Punkte sehr wichtig.
- Deutlich an Bedeutung gewonnen haben materielle und soziokulturelle Rahmenbedingungen: allen voran ein angemessenes Einkommen (mit einem Plus von 15 %) und gute Wohnverhältnisse einerseits – gleiche soziale Herkunft und Übereinstimmung in politischen Fragen andererseits.

Sind diese Veränderungen Ausdruck eines grundlegend gestiegenen materiellen Sicherheitsbedürfnisses, wie es sich auch in der Arbeitswelt zeigt? Oder spiegelt sich die Abkehr von romantischen Idealen zu (emotionalen) Befriedigungszielen, wie zuvor von Peukert diagnostiziert, auch in ganz pragmatischen Aspekten von Befriedigung? Ist es daher heute salonfähig, Beziehungsqualität auch mit materiellen Dimensionen zu verknüpfen?

Um diesen Fragen auf die Spur zu kommen, wurde mit einer Faktorenanalyse[27] untersucht, welche Aspekte einer guten Ehe eng miteinander in Beziehung stehen. Aus diesen Bündelungen wurden anschließen Indizes gebildet, um herauszufinden, bei welchen Personengruppen sie jeweils besonders stark Anklang finden. Dabei kristallisieren sich folgende Bündelungen heraus:

---

[27] Faktorenanalyse mittels Hauptachsenmethode, Obliminrotation, gewichtete Daten, 4-faktorielle Lösung (n = 1381).

- Faktor „Materielle Sicherheit“: angemessenes Einkommen, sicherer Arbeitsplatz des Partners oder der Partnerin, ergänzt durch gute Wohnverhältnisse.
- Faktor „Zweisamkeit“: so viel Zeit wie möglich miteinander verbringen, viel über gemeinsame Interessen sprechen.
- Faktor „Soziokultureller Background“: Hier treffen gleiche soziale Herkunft und Übereinstimmung in politischen Fragen auf gemeinsame religiöse Überzeugungen und gleiche Nationalität/Kultur.
- Faktor „Eigenzeit“: Zeit für eigene Freunde/Freundinnen und persönliche Hobbys/Aktivitäten.

Die anderen Punkte, also auch die Spitzenreiter in der Rangliste, ließen sich keinem Faktor eindeutig zuordnen.

Materielle Sicherheit vor allem für ältere Frauen bedeutsam

Den höchsten Stellenwert unter den Motivbündeln hat materielle Sicherheit. Sie ist für ältere Personen deutlich wichtiger als für die Jungen („sehr wichtig“ für 88 % der Generation 60+, kontinuierlich abnehmend auf 72 % der unter 30-Jährigen). Zweitens ist Sicherheit für Frauen als Merkmal guter Beziehungsqualität wichtiger als für Männer. Beide Faktoren hängen zusammen: Je älter Frauen sind, desto größere Bedeutung hat Sicherheit. Expertinnen[28] deuten diesen Zusammenhang so: Ältere Personen sind sich ihrer prekären Situation bewusst. Für die Jungen ist es weniger wichtig, weil Ehe an sich für diese Generation eine geringere Bedeutung hat. Bei den Älteren spielt die Tradition noch eine wichtige Rolle. Der Mann gilt als „breadwinner“, die Frau als „homemaker“. Für jüngere Frauen ist materielle Sicherheit hingegen etwas, wofür man selbst sorgen muss, und nicht etwas, wofür es die Institution Ehe braucht, um abgesichert zu sein.

[28] So etwa Martina Beham-Rabenser und Ulrike Zartler in den Expert(inn)eninterviews.

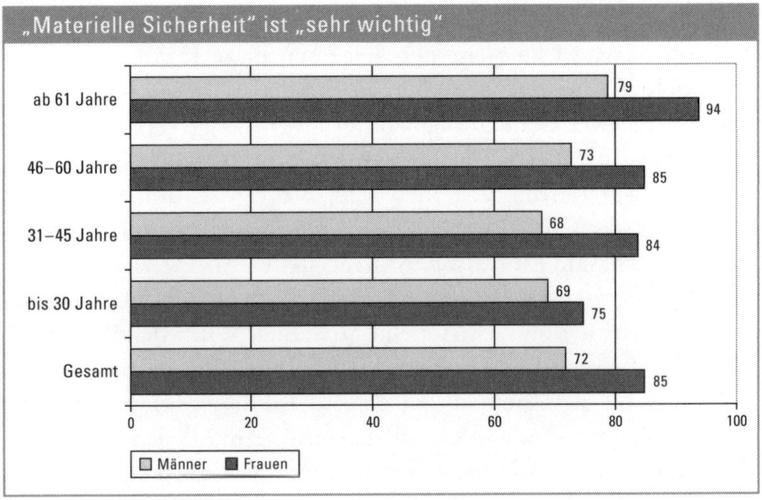

Grafik 7: Index materielle Sicherheit. Gebildet aus den Items des Faktors „materielle Sicherheit", „sehr wichtig" (vierstufige Skala), Angaben in Prozent, Quelle: EVS 2008.

Interessanterweise besteht der größte Unterschied zwischen Männern und Frauen aber bei den 31–45-Jährigen. Ist es die Phase der Familiengründung, die Frauen in diesem Alter im Unterschied zu den Männern sensibel werden lässt für die Erfordernisse des Nestbaus, siehe gute Wohnverhältnisse, und die Absicherung für den Nachwuchs? Spielt die Verunsicherung über den abrupten und nicht nur vorübergehenden Verlust von (Vollzeit-)Erwerbstätigkeit und eigenem Einkommen während der Karenz eine Rolle? Einiges spricht dafür.[29] Die Situation dürfte jedoch differenzierter zu sehen sein, sprechen doch Ergebnisse der Männerforschung eher bei Männern als bei Frauen von einer materiellen Perspektive. Männer reagieren demnach sensibler auf äußere Rahmenbedingungen wie Jobsicherheit und gutes Einkommen. Gibt es Unsicherheiten, wird der Kinderwunsch auf bessere Zeiten „verschoben". Frauen lassen sich davon weniger beeinflussen (vgl. Eckhard / Klein 2006, 179ff.).

[29] Vgl. das Kapitel „Die Österreicher/-innen und der Wandel in der Arbeitswelt", 37ff.

Zudem zeigt sich in den Daten der Wertestudie eher die Tendenz, dass materielle Sicherheit Personen ohne Kinder im Haushalt wichtiger ist als Menschen in familialen Lebensformen, wo mindestens zwei Generationen unter einem Dach leben (81 % zu 76 %). Das hat aber vielleicht damit zu tun, dass gerade die Älteren, denen materielle Sicherheit sehr wichtig ist, nur noch selten Kinder im eigenen Haushalt haben. Eine Ausnahme mit Blick auf Familienform und Einflussfaktor Kind stellen Alleinerzieher/-innen dar: Ihnen ist – nicht zuletzt aufgrund ihrer oft prekären Arbeits- und Lebenssituation – materielle Sicherheit sehr wichtig (85 %). Ähnliche Beweggründe mögen dafür sprechen, dass materielle Sicherheit für Personen mit niedrigem Bildungsniveau (84 % bei Pflichtschulabsolvent(inn)en) und damit verbundenen geringeren Chancen auf dem Arbeitsmarkt wesentlich wichtiger für eine gute Ehe ist als für Maturant(inn)en (70 %) und Akademiker(inne)n (66 %). Wo Sicherheit nicht oder weniger gegeben ist, gewinnt sie an Bedeutung.

Zweisamkeit

Zweisamkeit, also viel Zeit miteinander zu verbringen und über gemeinsame Interessen zu sprechen, ist für Frauen (87 %) wichtiger als für Männer (81 %). Für die Generation 60+ (88 %) und für die ganz Jungen (85 %) ist Zweisamkeit sehr bedeutsam, für die 31–45-Jährigen ist sie weniger wichtig (79 %). Ein gewisser Zusammenhang gibt es mit dem Bildungsniveau: 93 Prozent der Schulabbrecher/-innen und 86 Prozent der Pflichtschüler/-innen messen ihr sehr große Bedeutung zu, aber nur 81 Prozent der Maturant(inn)en und gar nur 70 Prozent der Akademiker/-innen.

Eigenzeit

Zeit für sich selbst, die etwa für eigene Hobbys und Aktivitäten zur Verfügung steht, ist jungen Menschen für das Gelingen einer Beziehung wesentlich wichtiger als Älteren: 59 Prozent der bis 30-Jährigen, aber nur 38 Prozent der Generation 60+ halten sie für „sehr wichtig“. Die Abhängigkeit vom Alter zeigt sich gleichbleibend für Männer und Frauen durch alle Alterskohorten. Ein ähnlich deutlicher Zusammenhang zeigt sich für das Bildungsniveau: Steigt der Bildungsgrad, wird der Eigenzeit mehr Bedeutung zugemessen. Der Anstieg ist jedoch nicht ganz geradlinig (Schulabbrecher/-innen: 42 % „sehr wichtig“, Pflichtsschüler/-innen 38 %, BMS/Lehre und Maturaniveau jeweils 53 %, Akademiker/-innen 61 %).

Gemeinsamer soziokultureller Background

Ein gemeinsamer soziokultureller Background hat für den oder die Einzelne einen wesentlich geringeren Stellenwert als materielle Sicherheit, Zweisamkeit und die Entfaltungsmöglichkeit. Nur rund jede/-r Fünfte hält ihn auf einer vierstufigen Skala für sehr wichtig. Interessant ist, dass sich Unterschiede zwischen einzelnen Bevölkerungsgruppen vor allem an der Frage zeigen, wer soziokulturelle und religiöse Übereinstimmungen für ausdrücklich *nicht wichtig* erachtet: 44 Prozent der Jungen bis 30 Jahre gegenüber 25 Prozent der Generation 60+ halten den gemeinsamen Background für unwichtig.

Die Jungen, vor allem Männer bis 30 Jahre, sind in dieser Frage zudem sehr entschieden: Entweder der gemeinsame Background ist völlig unwichtig (47 %) oder sehr wichtig (28 %). Dazwischen gibt es nicht viel. Eher wichtig oder eher unwichtig finden ihn nur jeweils 13 Prozent. Bei den Älteren zeigt sich das Stimmungsbild weniger polarisiert, alle Antwortmöglichkeiten erhalten jeweils rund 25 Prozent Zustimmung. Interessant ist, dass das Alter auch für die unterschiedlichen Bewertungen zwischen Frauen und Männern eine Rolle spielt: Bei der Generation 60+ ist vor allem den Frauen ein gemeinsamer Hintergrund wichtig. Bei den Jungen bis 30 Jahre ist es umgekehrt. Eine mögliche Erklärung: Bei den Älteren sind es noch tatsächlich die Frauen, die die Beziehungsarbeit leisten, weshalb ihnen auch die gemeinsame Orientierung wichtiger ist. Bei den Jungen sind hingegen die Männer stärker herausgefordert, Dinge auszudiskutieren und sich ebenfalls aktiv in die Beziehung einzubringen. Sie reagieren daher sensibler auf Unterschiede als ihre älteren Geschlechtsgenossen.

„Mobilitätsarrangements beruflicher Natur wirken sich auf Partnerschaftsbeziehungen aus. Wir haben für Österreich leider überhaupt keine Daten. In Deutschland gibt es ein relativ ausdifferenziertes Modell unterschiedlichster mobiler Lebensformen, wonach 16 Prozent der Bevölkerung in irgendeiner Form eine mobile Lebensform haben; entweder einen mobilen Beruf, Pilot oder VertreterIn oder ähnliches, beziehungsweise wo Partner berufsbedingt nicht mehr am gleichen Ort leben, teilweise überhaupt in unterschiedlichen Ländern. Es ist einfach eine logische Konsequenz daraus, dass soziokultureller Background nicht mehr so wichtig sein kann. Wir haben erhöhte berufliche Mobilität, wir haben erhöhte Mobilität was Urlaubsreisen, und was Freizeitverhalten betrifft. Da lernen sich einfach auch Leute kennen, wo zumindest jetzt die Herkunftsländer unterschiedlich sind."

Ulrike Zartler, Familiensoziologin Wien

Weiters zeigen sich deutliche Unterschiede je nach Bildungsniveau der befragten Person. Schulabbrecher/-innen (30 %) und Pflichtschüler/-innen (25 %) halten einen gemeinsamen soziokulturellen Hintergrund für sehr wichtig, weniger als ein Drittel dieser Gruppen findet es nicht wichtig. Bei Maturant(inn)en und besonders bei Akademiker(inne)n sieht das ganz anders aus: Als sehr wichtig erachten dies nur 20 Prozent bzw. sogar nur zwölf Prozent, als nicht wichtig 45 Prozent bzw. 55 Prozent der Akademiker/-innen. Bei den Berufsgruppen fällt die freilich sehr kleine aber durchgängig etwas „andere" Gruppe der Landwirte/Landwirtinnen auf: Hier hat der gemeinsame Background eine besonders hohe Bedeutung („sehr wichtig": 33 %, „nicht wichtig" nur 28 %). Dafür könnte eine Rolle spielen, dass mit der Berufsausübung stärker als in anderen Bereichen eine bestimmte Lebensweise, Philosophie und regionale Bindung verknüpft ist, für die Gemeinsamkeiten tragend sind.

Nach Regionen aufgeteilt gilt: In Wien und Oberösterreich ist der gemeinsame Hintergrund sehr wichtig (30 % bzw. 28 % zur Grundgesamtheit 22 %). In Kärnten bezeichnen zwar nicht überdurchschnittlich viele den gemeinsamen Hintergrund als wichtig – aber hier finden sich die wenigsten, die ihn für unwichtig halten (25 % zur Grundgesamtheit 38 %). In Vorarlberg, Salzburg, Tirol und der Steiermark ist die Bevölkerung jeweils pluralitätsfähiger als der Durchschnitt (sowohl in Bezug auf „sehr wichtig" als auch auf „nicht wichtig").

2.3 Zusammenfassung Partnerschaft

Beziehungen werden – vor allem bei Jungen – serieller und Partnerschaftsformen vielfältiger. Unkonventionelle Verhaltensweisen finden nicht mehr Zustimmung als früher, aber eine weniger starke Ablehnung. Die Einstellungen und die Lebenspraxis variieren regional etwas und hängen vom Bildungsniveau ab. Vor allem aber handelt es sich in diesem Bereich um eine Generationenfrage.

Die Erwartungen an eine dauerhafte Beziehung oder Ehe nehmen tendenziell eher ab und werden ambivalenter. Andere Bezugspersonen gewinnen für ein glückliches Leben an Bedeutung. Dennoch definiert sich für fast die Hälfte aller Österreicherinnen und Österreicher das private Glücksgefühl über das „kleine Glück zu zweit" – wobei Partnerschaft und Elternschaft offenbar deutlicher voneinander unterschieden werden als früher.

Beziehungsqualität und emotionale Geborgenheit sind wichtig. Treue, Respekt, gegenseitiges Verständnis, Bereitschaft an der Beziehung zu arbeiten sind seit 1990 die wichtigsten Erwartungen an eine gute Ehe. Auffällig ist die wachsende Bedeutung der materiellen Sicherheit für das traute Heim: Ein angemessenes Einkommen und gute Wohnverhältnisse werden vor allem von jenen Gruppen ins Spiel gebracht, die von der aktuellen wirtschaftlichen und gesellschaftlichen Verunsicherung am stärksten betroffen sind: Ältere, Frauen, Alleinerzieher/-innen, Bildungsferne. Ein gemeinsamer soziokultureller Background ist im Vergleich zu den anderen Faktoren von untergeordneter Bedeutung, findet aber eine gewisse Aufwertung – und vor allem eine starke Polarisierung zwischen „sehr wichtig" und „nicht wichtig" in der jüngeren Generation, besonders bei jungen Männern.

3 Familienleben

3.1 Der Höhepunkt des Familiensinns ist überschritten

Familienformen sind im Wandel. Über Ausmaß und ihre Bewertung gibt es jedoch kontroversielle Ansichten. Für Österreich kommt der Familienbericht 1999 zu dem Schluss, dass es für die Annahme einer weitgehenden Brüchigkeit der traditionellen Familienformen einige Hinweise gibt, aber auch zahlreiche Belege, die dagegen sprechen. Es sind bekannte Phänomene: Junge Menschen gründen zwar später eine Familie, leben häufiger nichtehelich zusammen, wenn jedoch ein Kind geboren wird, wird bald geheiratet (vgl. Beham u. a. 1999, 309). Ob die „kindorientierte Eheschließung" mit ihrem „Ausdruck und Grund für eine andere Beziehungsqualität" (Zartler 1999, 210 mit Verweis auf Nave-Herz 1984) nach wie vor das dominante Muster ist, sei dahingestellt. Rüdiger Peukert vertritt mit Blick auf geänderte Stimmungslage unter jungen Deutschen in der Frage eine andere Meinung (vgl. Peukert 2007, 38). Der Zusammenhang zwischen Orientierung an bewährten Formen und Vorhandensein eigenen Nachwuchses ist jedoch für Österreich nicht zu übersehen. Der Österreichische Familienbericht 1999 spricht noch von einer „Pluralität in Grenzen". Dies wird auch anhand der Daten der Europäischen Wertestudie sichtbar. Allerdings ist die seit den 90er-Jahre beobachtete Zunahme familialer Werte (vgl. Fux / Pfeiffer 1999, 82–86) zu einem Ende gekommen.

Generell ist die Wichtigkeit der Familie sehr hoch. 79 Prozent der Befragten geben an, dass sie sehr wichtig ist, für weitere 17 Prozent ist sie wichtig. Damit ist für die Befragten die Familie neben Arbeit, Freizeit, Freund(inn)en und Bekannten, Religion und Politik der wichtigste Lebensbereich. Die Wertigkeit hat sich jedoch im Lauf der Zeit verändert. Während 1990 die Familie 85 Prozent für sehr wichtig hielten, stieg der Wert 1999 auf 89 Prozent, um dann 2008 auf 79 Prozent zurückzufallen. Eine ähnliche Entwicklung ist auch bei der Frage erkennbar, welche Lebensveränderungen in Zukunft mehr gefördert werden sollten. Die meiste Zustimmung erhielt mit 87 Prozent die Förderung des Familienlebens (1990 und 1999 jeweils 90 %). Damit kam sie an die erste Stelle vor Werten wie der persönlichen Entfaltung und einem einfacheren und natürlicheren Lebensstil. Auffällig ist, dass der Rückgang der Wichtigkeit der Familie parallel läuft mit einer stark zunehmenden Wertschätzung von Freund(inn)en und Bekannten, sie sind 20 Prozent mehr Menschen sehr wichtig als noch 1990 (1990: 35 %, 1999: 44 %, 2008: 55 %). Dies könnte im Zusammenhang mit den Erfordernissen einer Gesellschaft stehen, die dem Einzelnen ein hohes Maß an Mobilität abverlangt. Beziehungen zu Freund(inn)en und Bekannten sind weniger verbindlich und leichter austauschbar als Familienmitglieder. In der gestiegenen Wertschätzung von Freund(inn)en und Bekannten könnte allerdings gleichzeitig auch die Erkenntnis enthalten sein, dass bei kleiner werdenden Familienverbänden die Bedeutung von sozialen Netzwerken wächst.

- Die Wichtigkeit des Lebensbereiches Familie nimmt mit dem Alter zu: 70 Prozent für die Jungen und 86 Prozent für die Älteren, ebenso der Wunsch, das Familienleben zu fördern: Er steigt von 84 Prozent bei den Jungen auf 93 Prozent bei den Älteren.
- Während für Personen aller Bildungsschichten die Wichtigkeit der Familie mit 80 bis 82 Prozent ungefähr gleich ist, ist sie nur für Maturant(inn)en mit 72 Prozent doch deutlich geringer. Maturant(inn)en hegen auch einen im Vergleich zu anderen Bildungsgruppen geringen Wunsch, das Familienleben in Zukunft zu fördern. Dieser Wunsch ist nur bei den Schulabbrecher(inne)n noch weniger vorhanden.
- Großen Einfluss auf die Frage der Wichtigkeit der Familie hat auch das Einkommen.[30] Je höher das Einkommen, desto wichtiger die Familie. In der Kategorie eins halten sie 64 Prozent der Befragten für sehr wichtig. Dieser Wert steigt in der Kategorie vier auf 87 Prozent. Auf den Wunsch, die Familie mehr zu fördern, hat dagegen das Einkommen geringen Einfluss.
- Auch die Größe des Wohnorts hat Auswirkungen. Am geringsten ist die Wichtigkeit der Familie in Wien. Hier geben nur 64 Prozent der Befragten an, dass sie sehr wichtig ist. Aus der Datenlage ist ein deutlicher Unterschied zwischen der Großstadt und dem kleinstädtischen und ländlichen Bereich ersichtlich.

[30] Kategorie eins: bis 1000 Euro, Kategorie zwei: 1000–2000 Euro, Kategorie drei: 2000–5000 Euro, Kategorie vier: ab 5000 Euro monatliches Haushaltseinkommen

- Allerdings gibt es auch in den Bundesländern deutliche Unterschiede. Am wichtigsten ist die Familie in Tirol/Vorarlberg (89 %), gefolgt von Steiermark/Kärnten (84 %), Niederösterreich/Burgenland (81 %) und Oberösterreich/Salzburg (76 %). Auch der Wunsch nach Förderung des Familienlebens folgt ähnlichen Mustern.

3.2 Unkonventionelle Generationenverbände? Die Realität hat Einzug gehalten

Die Familienforschung der Gegenwart hat verstärkt das Vorhandensein unterschiedlicher Generationen als zentrales Merkmal der Familie betont (vgl. Nave-Herz 2002). Die Konstitution der Familie durch die Generationendifferenzierung hat traditionelle Definitionen wie zum Beispiel, dass die Familie eine auf Dauer angelegte Verbindung von Mann und Frau mit gemeinsamer Haushaltsführung und mindestens einem eigenen (oder adoptierten) Kind ist (vgl. Hill / Kopp 2002, 13), eher in den Hintergrund gedrängt. Durch dieses Verschieben der Blickwinkel lassen sich auch Alleinerzieher/-innen oder nichteheliche Lebensgemeinschaften mit Kindern zur „Familie" zählen. Wie sehr nun das Bild der Familie in der Meinung der Österreicher/-innen an das traditionelle Modell des Zusammenlebens von Mann und Frau mit Kindern gebunden ist oder ob es auch eine Hinwendung zu nichttraditionellen Familienbildern gibt, soll nun untersucht werden.

Das traditionelle Familienmodell überwiegt (noch)

Grob vereinfachend kann man sagen: Laut den Daten der Europäischen Wertestudie besteht ein Drittel der Haushalte aus einem Zusammenleben von Partner(inne)n mit Kindern (die meisten von ihnen sind verheiratet), ein weiteres starkes Drittel lebt in Partnerschaften ohne Kinder, schließlich lebt ein Drittel als Singles, ein verschwindend kleiner Anteil davon zusammen mit Kindern.[31] Nimmt man die sogenannten Alleinerzieher/-innen – überwiegend sind es Frauen – unabhängig von ihrem aktuellen Beziehungsstatus in den

[31] Details siehe unter „Beziehungslandschaften in Österreich" in diesem Kapitel, 87ff.

Blick, wird die Gruppe etwas größer sein als in der Stichprobe ausgewiesen. Laut Mikrozensus 2007 weist Statistik Austria (2007a)für Österreich 13 Prozent aller Familien als Alleinerzieher/-innen-Familien aus (11 % alleinerziehende Mütter, 2 % alleinerziehende Väter). Seit Beginn des Jahres 2007 können von Statistik Austria zudem Daten zu „Patchworkfamilien" bereitgestellt werden. In Österreich gibt es 84.700 Familien mit Stiefeltern-/Stiefkindbeziehungen. Bezogen auf die insgesamt 897.000 Paare (mit im Haushalt lebenden Kindern unter 27 Jahren) sind es neun Prozent der Familien. Der überwiegende Teil der Familien in Österreich verwirklicht sich also nach wie vor aus dem Zusammenleben von leiblichen Eltern und Kind beziehungsweise Kindern.

Das entspricht auch den Überzeugungen der Österreicher/-innen. 78 Prozent der Befragten sind der Überzeugung, dass ein Kind Vater und Mutter braucht, um glücklich zu sein. In dieser Frage ist jedoch eine deutliche Veränderung gegenüber früheren Untersuchungen festzustellen. In den Untersuchungen 1999 und 1990 sprachen sich noch jeweils 87 Prozent dafür aus. Interessant ist die geschlechtsspezifische Verteilung. Mit 80 Prozent der Männer und 76 Prozent der Frauen sind etwas mehr Männer für diese Familienform als Frauen. Die Zustimmung fällt bei den Jungen auf 65 Prozent und steigt bei den Älteren auf 90 Prozent. Auch ist dieses Modell bei Verheirateten mit 82 Prozent attraktiver als bei Ledigen mit 70 Prozent und geschieden/getrennt Lebenden mit 69 Prozent. In Wien ist mit 62 Prozent Zustimmung die Skepsis am größten. In den Bundesländern bewegt sich die Zustimmung um rund 80 Prozent.

Die Zahl der Haushalte mit Kindern sinkt

Laut Europäischer Wertestudie leben im Jahr 2008 insgesamt 36 Prozent der Befragten mit Kindern in einem Haushalt. Diese Zahl ist gegenüber 1999 gesunken, damals waren es noch 45 Prozent.[32]

- Die Gruppe der Frauen, die mit Kindern zusammenlebt, ist mit 39 Prozent etwas größer als die der Männer (32 %).

---

32 Das entspricht der generellen Tendenz: Die durchschnittliche Zahl an Kindern pro Frau ist seit den 1980er Jahren von 1,53 auf 1,38 im Jahr 2007 gesunken (vgl. Statistik Austria Bevölkerungsstatistik).

- In Bezug auf Schulabschluss ist die kinderreichste Gruppe jene mit BMS- und Lehrabschluss (41 %). Auch unter Akademiker(inne)n ist der Anteil derer, die mit Kindern zusammenleben, mit 36 Prozent noch hoch, etwas geringer ist er mit 31 Prozent in der Gruppe mit Pflichtschulabschluss. Am geringsten ist er bei den Schulabbrecher(inne)n mit 28 Prozent und Maturant(inn)en mit 25 Prozent. Unter ihnen ist aber auch jeweils der Anteil der sehr Alten (Kinder bereits aus dem Haus) beziehungsweise der sehr Jungen unter den Maturant(inn)en (noch keine Kinder) besonders hoch.
- In Wien gibt es weniger Haushalte (21 %) mit Kindern. Die meisten befinden sich in Steiermark/Kärnten mit 43 Prozent und in Orten unter 2000 Einwohner(inne)n (45 %).
- Auf das Zusammenleben mit Kindern dürfte auch der Glaube an Gott einen Einfluss haben. Unter jenen, die sich als stark gläubig bezeichnen, leben 40 Prozent mit Kindern im Haushalt gegenüber jeweils rund 35 Prozent in den Gruppen derer, die ziemlich, mittel, wenig oder gar nicht glauben.

Auffallend ist, dass das Zusammenleben mit Kindern nicht linear mit der Höhe des Einkommens zusammenhängt. Die größte Gruppe mit Kindern findet sich nicht in jenen Kategorien, in denen das Pro-Kopf-Einkommen am größten ist. In Kategorie drei mit einem Pro-Kopf-Einkommen bis 2000 Euro leben 27 Prozent mit Kindern, in Kategorie mit einem Pro-Kopf-Einkommen von über 2000 Euro 29 Prozent. Die höchste Kinderrate von 45 Prozent ist jedoch in Kategorie zwei mit einem Pro-Kopf-Einkommen bis 1500 Euro. Auch in der Kategorie eins mit einem Pro-Kopf-Einkommen bis 1000 Euro leben 32 Prozent mit Kindern. Kinder stellen – in finanzieller Hinsicht – in Österreich tatsächlich einen Risikofaktor dar (vgl. ÖGPP 2008). Aus Sicht der Kinder bedeutet latente oder manifeste Armut oftmals eine dauerhafte Gefährdung ihrer Absicherung und eine Einschränkung nicht nur von aktuellen Konsum- oder Partizipationsmöglichkeiten, sondern auch von Entwicklungsperspektiven. Es besteht die Gefahr, Armut „zu lernen" und in ihr verhaftet zu bleiben.

Kind ohne feste Beziehung zu einem Mann?

Im Zusammenhang mit Kindern werden traditionelle Formen des Zusammenlebens von Vater, Mutter und Kind bevorzugt. Ob es daneben zumindest in der Einstellung eine Bereitschaft zu unkonventionellen Generationenverbünden gibt, kann die Frage, ob eine Frau ohne feste Beziehung zu einem Mann ein Kind haben kann, beantworten.

Kind ohne feste Beziehung zu einem Mann	**1990**	**1999**	**2008**
Gutheißen	37	37	40
Nicht gutheißen	26	25	34
Kommt darauf an	32	35	24
Weiß nicht/keine Angabe	5	3	2

Tabelle 8: Wenn eine Frau ohne feste Beziehung zu einem Mann ein Kind haben will. Angaben in Prozent, Quelle: EVS 1990–2008.

Im Vergleich zu den Untersuchungen zu 1999 und zu 1990 wird merkbar, dass insgesamt die Lage polarisierter geworden ist. Zwar überwiegt die Zustimmung, die auch über die Jahre größer geworden ist. Jedoch nicht auf Kosten der Gruppe derer, die dieses Konzept ablehnen. Auch diese Zahl ist größer geworden. Abgenommen hat die Anzahl derer, die sagen, dass es darauf ankommt. Eine gewisse Auswirkung hat der Faktor Geschlecht. Während 40 Prozent der Männer zustimmen und 34 Prozent es eher nicht gutheißen, ist bei den Frauen die Verteilung genau umgekehrt: 34 Prozent stimmen zu und 40 Prozent heißen es nicht für gut. Ganz klar steigt die Zustimmung mit der Schulbildung. Sie steigt von 27 Prozent in der Gruppe der Schulabbrecher/-innen auf 52 Prozent in der Gruppe derer mit Hochschulabschluss. Parallel dazu sinkt der Anteil derer, die dieses Konzept nicht gutheißen, von 39 Prozent in der Gruppe derer ohne Schulbildung auf ein Viertel (25 %) in der Gruppe mit Hochschulabschluss. Deutlichen Einfluss zeigt auch das Alter. Nur 28 Prozent der Generation 60+ heißt es gut, hingegen aber 47 Prozent der 31–45-Jährigen. Die Zustimmung der ganz Jungen liegt sogar darunter (44 %), obwohl sonst in vielen anderen Fragen ein linearer Zusammenhang zwischen Alter und konventionellen Ansichten zu beobachten ist. Möglichweise ist gerade das Alter rund um die 40 eine sensible Phase in dieser Frage, weil Frauen ihren Kinderwunsch in jungen Jahren wegen der Ausbildung und beruflicher Etablierung zurückstellen, ihnen aber dann, wenn es mit der Zeit langsam knapp wird, der entsprechende Kindsvater als Partner fehlt. In der Situation ist die Vorstellung, ein Kind ohne festen Partner zu haben, gegenüber der Alternative, gar kein Kind zu haben, das geringere Übel.

Während Ledige und Geschiedene/Getrennte mit jeweils 44 Prozent gleich hohe Zustimmungsraten haben, unterscheiden sich die Gruppen in der Ablehnung. Deutlich mehr geschieden/getrennt Lebende (34 %) als Ledige (26 %) lehnen diese Annahme ab. Klar ist die Ablehnung in der Gruppe der Verwitweten (40 %), wo auch die Zustimmung am geringsten (24 %) ist. In Wien ist einerseits die Zustimmung mit 45 Prozent am höchsten und andererseits die Ablehnung am geringsten mit 27 Prozent. In Restösterreich bewegt sich die Zustimmung zwischen 40 Prozent in Niederösterreich/Burgenland und 33 Prozent in Oberösterreich/Salzburg.

Homosexuelle Elternschaft?

Einen unkonventionellen Generationenverband stellt auch ein homosexuelles Paar, das ein Kind adoptiert, dar. Diese Form der Familie wird von den Östereicher/-innen mehrheitlich abgelehnt. Insgesamt stimmen 25 Prozent zu, 18 Prozent sind unentschieden und 52 Prozent lehnen sie ab. Mehr Frauen (29 %) als Männer (22 %) stimmen zu. Aber auch mehr Frauen (59 %) als Männer (55 %) lehnen ab. Die Jüngeren sind aufgeschlossener als die Älteren. Die Zustimmung fällt von 37 Prozent der unter 30-Jährigen auf 18 Prozent der über 61-Jährigen. Auch steigt die Akzeptanz mit dem Bildungsgrad: von 19 Prozent bei Pflichtschulabsolvent(inn)en auf 47 Prozent der Hochschulabsolvent(inn)en. Auch hier gibt es einen Unterschied zwischen Wien und Restösterreich. In Wien liegt die Zustimmung bei 31 Prozent und die Ablehnung bei 37 Prozent. In Oberösterreich/Salzburg findet sich mit 18 Prozent die geringste Zustimmung und mit 67 Prozent die größte Ablehnung. Dies wird noch einmal unterstützt durch die Ortsgröße. Die Zustimmung ist in Wien mit 31 Prozent am größten.

Das Bild vom „Pluralismus in Grenzen" in Bezug auf die Familienformen in Österreich kann durch diese Datenlage bestätigt werden. Das zentrale Familienbild ist die traditionelle Familienform des Zusammenlebens von Vater/Mann, Mutter/Frau und Kind. Allerdings verschieben sich sowohl die tatsächlichen Lebensformen als auch die Einstellung sanft in Richtung von alternativen Formen. Die Realität hat also in das Bewusstsein Einzug gehalten. Aber gleichzeitig hat auch die angespannte finanzielle Situation, vor der viele (Ein-Eltern-)Familien stehen, Spuren in der Wahrnehmung hinterlassen. Zwar zeigt sich eine zunehmende Akzeptanz gegenüber einer Frau, die ein Kind „ohne Mann" bekommt. Aber gleichzeitig hat auch die Ablehnung zu dieser Lebensform zugenommen. Ablehnend sind vor allem Frauen, ältere Personen, Menschen mit niedrigeren Bildungsabschlüssen und niedrigem Einkommen. In diesen Personengruppen ist die Schwierigkeit dieser Lebensform am ehesten erfahrbar. In ihrer Skepsis spiegelt sich möglicherweise auch die Erfahrung wider, dass diese Familienform betroffene Frauen und Kinder sehr leicht in materielle und existentielle Nöte bringen kann. Ein Indiz in diese Richtung kann die Gruppe der Geschiedenen/Getrennten und der Ledigen sein. Sie gleichen sich zwar in der Zustimmung, aber unterscheiden sich deutlich in der Ablehnung. Die Ablehnung ist in jener Gruppe, wo am ehesten die Erfahrung dieser Familienform lokalisiert werden kann, am größten. Generell überwiegt auch die Ablehnung homosexueller Elternschaft.

3.3 Rolle der Kinder

Die Bedeutung von Kindern für ihre Eltern hat sich verändert. Vor allem ihr sinnstiftender Wert ist in den Vordergrund gerückt (vgl. Fux / Pfeiffer 1999, 72). Kinder zu haben ist eine individuelle Entscheidung. Eine Mehrheit von 90 Prozent ist der Meinung, dass jeder selbst entscheiden sollte, ob er oder sie Kinder haben will oder nicht. Demgegenüber halten es nur 25 Prozent für ihre Pflicht gegenüber der Gesellschaft, Kinder zu haben, weitere 25 Prozent sind unentschieden. Eine knappe Hälfte (48 %) lehnt eine gesellschaftliche Verpflichtung zu Kindern ab.

Eine Mehrheit von 52 Prozent lehnt Abtreibung ab, wenn das Motiv darin besteht, dass die Frau ledig ist, und ebenso viele lehnen sie ab, wenn das Paar keine weiteren Kinder mehr will. Sie wird jedoch von einer klaren Mehrheit von 84 Prozent befürwortet, wenn das Leben der Mutter in Gefahr ist. Auch spricht sich eine Mehrheit von 70 Prozent für eine Abtreibung aus im Fall, dass eine Behinderung des Kindes wahrscheinlich ist. Hier sind technische Innovationen – im Sinn genauerer und immer selbstverständlicher durchgeführten Schwangerschaftsuntersuchungen – offenbar ein entscheidender Faktor für das, was als „normal“ angesehen wird. Wenn es Möglichkeiten gibt, Behinderungen im Vorfeld festzustellen, ist für viele nicht mehr nachvollziehbar, warum man ein Kind mit Behinderung zur Welt bringt. Es hätte sich „vermeiden“ lassen. Mit entsprechend eingeschränkter Unterstützung ist zu rechnen, wenn man sich gegen den Mainstream entscheidet: Es gibt wenige Vorbilder im öffentlichen Raum für ein Leben mit Behinderung und im internationalen Vergleich gesehen relativ wenig Barrierefreiheit in Österreich.

Kinder sind einer allgemeinen These zufolge mit hohen Erwartungen für die persönliche Erfüllung verbunden. Allerdings ist nur ein Drittel (33 %) der Meinung, dass eine Frau Kinder für ein erfülltes Leben braucht. Eine Mehrheit von 56 Prozent ist nicht dieser Ansicht. Ein ähnliches Antwortverhalten zeigt sich bei der Frage, ob Männer Kinder zu einem erfüllten Leben brauchen. Wieder stimmen 32 Prozent zu, 26 Prozent haben dazu keine Meinung und 37 Prozent lehnen diese Ansicht ab.

3.4 Solidaritäts- und Kooperationsleistungen von Familien

Die Familie ist geprägt von Kooperations- und Solidaritätsverhältnissen (vgl. Nave-Herz 2002). Diese Sicht spiegelt sich auch in den Antworten der Österreicher/-innen wider. Grundsätzlich ist die Solidarität der Österreicher/-innen zu den eigenen Familienmitgliedern am größten. Sie ist hier größer als zu den Menschen in der Nachbarschaft, in der Region, im Land, in der EU und auf der Welt. Allerdings hat auch diese Bereitschaft im Vergleich zu 1999 nachgelassen.

Sorge um Familienmitglieder ist …	1999	2008
stark	75	62
begrenzt	17	25
keine	7	13
weiß nicht/keine Angabe	1	0

Tabelle 9: In welchem Maß machen Sie sich Sorgen um die Lebensbedingungen von Ihren Familienmitgliedern? Angaben in Prozent, Quelle: EVS 1999, 2008.

Solidarität in der Familie meint einerseits die Bereitschaft der Eltern, sich für ihre Kinder einzusetzen und sie zu unterstützen. Andererseits beinhaltet sie auch die Bereitschaft der Kinder, sich um die Eltern zu kümmern. Beide Dimensionen wurden untersucht. Zum einen wurde gefragt, ob es Pflicht der Eltern sei, das Beste für ihre Kinder zu tun oder ob sie sich für das Wohl der Kinder nicht „aufopfern" sollten. Rund zwei Drittel finden, dass Eltern das Beste tun sollten, ein Drittel meinte, dass sie sich nicht aufopfern sollten.

- Die Geschlechtergruppen zeigten in dieser Fragestellung keine nennenswerten Unterschiede.
- Auswirkungen hat das Alter. Je älter, desto stärker ist das Ideal, für seine Kinder sollte man das Beste tun. Bei den unter 30-Jährigen stimmen 52 Prozent zu, bei den über 61-Jährigen 69 Prozent.
- Umgekehrt nimmt mit dem Bildungsgrad die Überzeugung, dass Eltern alles für ihre Kinder machen sollten, zunehmend ab (ohne Schulbildung 68 %, Pflichtschulabschluss 65 %, BMS oder Lehre 58 %, Matura 49 %. Hochschulabschluss 51 %). Auffallend ist der deutliche Abfall bei den Maturant(inn)en.
- Personen mit dem höchsten Einkommen fühlen sich am meisten verpflichtet, das Beste für ihre Kinder zu tun. Sie stimmen dem zu 60 Prozent zu. Dagegen ist in der geringsten Einkommensklasse die Zustimmung auch am geringsten (45 %).

Große Auswirkung hat der Familienstand, teilweise einhergehend mit dem Alter. Verwitwete ziehen es vor, das Beste für ihre Kinder zu tun (70 %), ebenso Verheiratete (63 %). Ledige (50 %) und Geschiedene (44 %) tendieren dazu, sich nicht aufzuopfern.

Regional zeigt sich ein West-Ost-Gefälle. In Tirol/Vorarlberg liegt die Zustimmung bei 70 Prozent, in Oberösterreich/Salzburg bei 67 Prozent, in Steiermark/Kärnten bei 58 Prozent und in Wien bei 44 Prozent.

Auch umgekehrt gibt es das Gefühl der Verpflichtung zur Solidarität mit den Eltern. Immerhin ist eine Mehrheit von 57 Prozent der Ansicht, dass Kinder die Pflicht haben, sich um kranke Eltern zu kümmern. 25 Prozent sind unentschieden und 16 Prozent lehnen eine solche Verpflichtung ab. In dieser Frage gibt es einen auffallenden Unterschied zwischen den Geschlechtern. Während mehr Männer (59 %) als Frauen (54 %) diese Verpflichtung als gegeben sehen, lehnen sie mehr Frauen (18 %) als Männer (15 %) ab. Auch stimmen deutlich mehr Verheiratete (67 %) dieser Verpflichtung zu. Unter den Ledigen sind es 57 Prozent, und unter den geschieden/getrennt Lebenden unterstützen 47 Prozent diese Verpflichtung. Am meisten sind Verwitwete mit 69 Prozent von dieser Verpflichtung überzeugt.

Die Solidarität verringert sich allerdings, wenn es um Langzeitpflege der Eltern geht. Gefragt war, ob Kinder zur Langzeitpflege der Eltern verpflichtet sind, oder ob man das eigene Wohl zugunsten der Eltern nicht opfern soll. Insgesamt sind 36 Prozent der Befragten der Meinung, dass Kinder zur Langzeitpflege der Eltern verpflichtet sind. Dagegen befürworten 47 Prozent die Haltung, das eigene Wohl nicht um der Eltern willen aufzuopfern. 13 Prozent sind unentschieden. Wieder sind es deutlich mehr Männer (42 %), die sich für eine Langzeitpflege der Eltern verpflichtet halten, 43 Prozent sind dagegen und elf Prozent haben keine Meinung. Demgegenüber sind nur 32 Prozent der Frauen dafür, aber 50 Prozent dagegen. 16 Prozent haben keine Meinung. Von denen, die sich für Langzeitpflege der Eltern verpflichtet sehen, halten auch 74 Prozent es für ihre Pflicht, das Beste für Kinder zu tun. Von denen, die meinen, dass man sich für die Eltern nicht aufopfern soll, sind nur 50 Prozent der Meinung, dass Eltern das Beste für die Kinder tun sollten. 44 Prozent sind auch in Bezug auf die Elternschaft der Meinung, sich nicht aufopfern zu müssen.

Abgerundet wird das Bild der Familie als Solidargemeinschaft durch die Überzeugung, dass man in der Familie Teilen lernen und Konflikte lösen muss. Eine deutliche Mehrheit von 75 Prozent ist der Meinung, dass das Wichtigste, was Kinder lernen müssen, Teilen ist. 16 Prozent sind unentschieden und sechs Prozent lehnen diese Position ab. Teilen ist den meisten Menschen wichtiger als dass die Kinder Gehorsam lernen. Dies halten nur 40 Prozent als „das Wichtigste, das Kinder lernen müssen", 25 Prozent enthalten sich und 31 Prozent lehnen ab. Weiters ist eine Mehrheit von 83 Prozent der Meinung, dass man Teilen in der Familie lernt. Elf Prozent enthalten sich und vier Prozent lehnen dies ab. Schließlich ist auch eine Mehrheit von 62 Prozent der Meinung, dass man ohne Familie nicht lernen kann, Konflikte zu lösen. 19 Prozent enthalten sich und 16 Prozent lehnen ab. In dieser Frage gibt es einen leichten Unterschied der Geschlechter. Etwas mehr Frauen (65 %) als Männer (59 %) stimmen dem zu.

3.5 Erziehungsziele

Zu den Familienleistungen zählt auch die Erziehung. Die Familie übernimmt nach wie vor die Hauptverantwortlichkeit für die Sozialisation der Kinder. Verändert haben sich jedoch die Rahmenbedingungen und die Räume, für die und in denen neben der Familie sozialisiert wird:

Die Zahl der Kinder sinkt. Der Betreuungsaufwand steigt: „Für die wenigen Kinder pro Familie werden heute (…) wesentlich mehr Leistungen seitens der Mütter mobilisiert als fruher, sowohl was die Intensität der Beziehung, als auch die ökonomischen Aufwendungen und den zeitlichen Umfang für die Betreuung der Kinder anbetrifft." (Nave-Herz 2002, 35)

Sozialisation geschieht immer weniger alltäglich oder automatisch durch Geschwister, Verwandte oder gleichaltrige Nachbarskinder. „Dadurch wird es nunmehr notwendig, Kinder überhaupt miteinander in Kontakt zu bringen." (Nave-Herz 2002, 37) Das erfordert eine frühzeitig zu erlernenden Rollenvielfalt: „Kinder von heute sollen in ganz unterschiedlichen sozialen Wirklichkeiten einschließlich Cyberspace lernen, leben und funktionieren können, sodass es für die Eltern ein hoffnungsloses Unterfangen wäre, sie für einzelne Bereiche zu sozialisieren." (Juul 2005, 32) Eltern erziehen ihre Kinder daher nicht weniger als früher, aber anders. Erziehung erfolgt nicht mehr für den Schulbesuch (mit einem entsprechend sozial angepassten Verhalten) oder einen anderen spezifischen Raum, sondern vermehrt zu persönlicher Integrität und innerer Verantwortung. Im Österreichischen Familienbericht von 1999 schien dieser Trend so offensichtlich, dass die Autor(inn)en einen generellen Wandel von Erziehungsstilen (von Autorität zur Anerkennung des Kindes als gleichberechtigten Partner) und Erziehungszielen (von traditionellen Ordnungs-, Pflicht- und Gehorsamvorstellungen zur Betonung von individualisierter Leitvorstellungen wie Selbstbestimmung, Individualität, Kreativität und Selbstverwirklichung) feststellten (vgl. Beham / Wilk 1999, 234f).

Dieser Wechsel lässt sich für Österreich teilweise an den Daten der Europäischen Wertestudie von 1990 bis 2008 ablesen. Gehorsam zählte 1990 noch für ein Viertel der Österreicher/-innen zu den fünf wichtigsten Eigenschaften, die man Kindern auf den Weg mitgeben sollte. 2008 sind es nur mehr 14 Prozent, die Gehorsam als wichtig einschätzen. Bei einer anderen Fragestellung an späterer Stelle des Fragebogens sind allerdings gleich viele Personen wie 1999 der Ansicht, das Gehorsam das wichtigste ist, das Kinder lernen müssen (40 %). Dezidiert an Bedeutung verloren haben Energie oder Ausdauer, Sparsamkeit als Tugend und Verantwortungsgefühl.

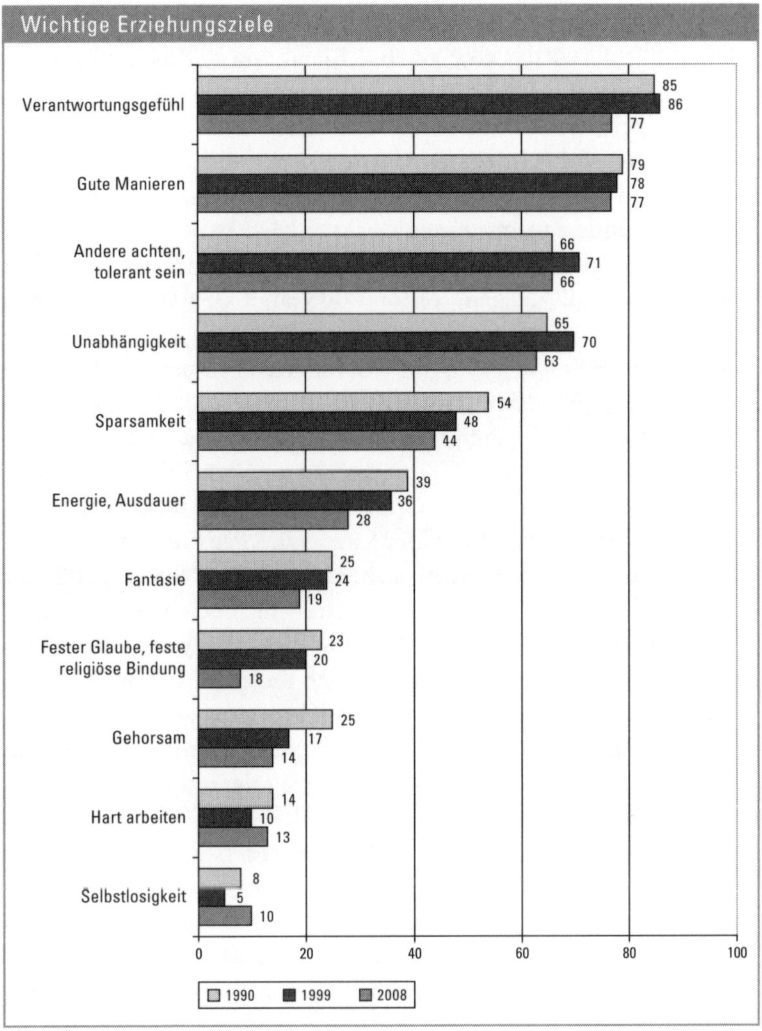

Grafik 8: Erziehungsziele. Nennung von bis zu fünf Eigenschaften, Angaben in Prozent, Quelle: EVS 1990–2008.

Ordnungswerte wie gute Manieren sind hingegen keineswegs out. Die Zustimmung ist mit 77 Prozent fast genauso hoch wie in den Vorjahren und gute Umgangsformen liegen mittlerweile mit Verantwortungsgefühl als Erziehungsziel gleichauf an erster Stelle. Interessanterweise erlebt auch die Selbstlosigkeit, die generell als weniger wichtig eingestuft wird, nach einem Bedeutungsverlust von 1990 auf 1999 wieder eine gewisse Renaissance (Zustimmung hat sich 2008 gegenüber 1999 auf zehn Prozent verdoppelt).

Jene Eigenschaften aus der Liste, die am ehesten dem Oberbegriff Selbstverwirklichungswerte zuzuordnen sind und dementsprechend laut Theorie an Bedeutung gewinnen müssten, verzeichnen jedoch sinkende Zustimmung:

- Unabhängigkeit konnte zwischen 1990 und 1999 noch um fünf Prozentpunkte zulegen, verlor 2008 aber deutlich um sieben Prozent.
- Fantasie, 1990 wie 1999 von einem Viertel als sehr wichtig eingeschätzt, verlor 2008 ebenfalls.
- Kreativität, Unabhängigkeit und Individualität scheinen den Österreicher(inne)n als Gegengewicht zu alten Pflicht- und Gehorsamswerten offenbar nicht ausreichend. Sie werden teilweise sogar skeptisch betrachtet: Der Satz, „Die viele Freiheit, die junge Menschen heute haben, ist sicher nicht gut“, findet 2008 mit 51 Prozent deutlich mehr Zustimmung als noch 1999 (43 %).

Eine Interpretationsmöglichkeit für die anhaltende Wertschätzung von guten Manieren kann in der Reaktion auf gegenseitige Verunsicherung zwischen Eltern und Kindern liegen: „Der auffälligste Unterschied zwischen Kindern von heute und Kindern von vor 50 Jahren lässt sich wahrscheinlich wie folgt auf eine kurze Formel bringen: Kinder von heute gehen durch die Welt, als hätten sie das Recht, hier zu sein. (…) Die Erwachsenen, die mit um die Verbesserung der Rechte und Lebensbedingungen der Kinder gekämpft hatten – und dabei vielleicht zwischendurch ein gewisses Wohlgefallen dabei empfunden hatten, den Kindern ihre Freiheit *geben* zu können –, sahen sich plötzlich konfrontiert mit Kindern, die nicht besonders dankbar dafür waren und sich die Freiheit ganz selbstverständlich *nahmen*.“ (Juul 2005, 24) Respekt gegenüber den Eltern ist nicht mehr selbstverständlich, Eltern müssen sich Respekt verdienen.

Das zeigt sich auch in den Daten der Europäischen Wertestudie. Stellt man die beiden Meinungen gegenüber „Ganz egal, welche Vorzüge und Fehler die Eltern haben, man muss sie immer lieben und ehren“ und alternativ „Man muss seine Eltern nicht achten, wenn sie es sich nicht durch ihr Verhalten und ihre Einstellungen verdient haben", so zeigt sich folgendes: Immer weniger Menschen in Österreich sind der Meinung, dass Eltern per se Achtung verdienen. Die Zustimmung sinkt von 63 Prozent 1990 über 58 Prozent im Jahr 1999 auf aktuell 52 Prozent. Immer mehr hingegen machen die Achtung vom Verhalten der Eltern abhängig, hier ist die Steigerung mit mehr als 20 Prozentpunkten sogar noch größer (1990: 22 %, 1999: 31 %, 2008: 44 %). Gerade die Jungen, die höher Gebildeten und die wenig Religiösen (bezogen auf Selbsteinschätzung als religiöser Mensch, Gottglaube und Gottesdienstbesuch) sind nicht mehr bereit, immer und unabhängig von konkreten Umständen „Vater und Mutter zu ehren".

Eine andere Interpretationsmöglichkeit ist, dass die bleibende oder gar wiederkehrende Bedeutung von Ordnungswerten weniger als Re-Traditionalisierung denn vielmehr als Anpassung an äußere Umstände gedeutet werden kann. Galten gute Manieren der 68er-Generation noch als Teil des Systems und Symbol des Establishments, gegen das es sich zu rebellieren lohnte, werden angenehme Umgangsformen heute als Ausdruck sozialer Kompetenz angesehen. Sie verschaffen auf dem enger werdenden Arbeitsmarkt möglicherweise einen Wettbewerbsvorteil. Studien in Deutschland über Erziehungsziele von Erzieher(inne)n und Eltern in Kindertageseinrichtungen haben gezeigt, dass diese Begründung greift – und dass die Motivationen und Erziehungsziele zudem schichtspezifisch sind: Je höher das Bildungsniveau der Eltern, desto mehr Wert wird auf Individualität gelegt und desto weniger auf Leistungs- und Anpassungsnormen. In diesen Milieus gibt es die Tendenz zu einem Moratorium „Kindheit". Anders in bildungsfernen Schichten: „Es sind gerade die am Arbeitsmarkt besonders benachteiligten Mütter ohne Schulabschluss, die sich bei der Kindererziehung für konventionelle Ziele wie Fleiß und Ordentlichkeit stark machen" (Schreiber 2007, 92).

Das bestätigen auch die Daten der Europäischen Wertstudie: Hart arbeiten ist für Bildungsferne wichtiger als für höher Qualifizierte (ohne Schulabschluss 15 %, Pflichtschule 17 %, BMS und Matura 12 %, Hochschule 8 %). Manieren werden ebenfalls je nach Bildungsniveau unterschiedlich wertgeschätzt. Niedrige Bildungsschichten legen mehr Wert darauf (Schulabbruch 78 %, Pflichtschule 82 %, BMS/Lehre 78 %, Matura 71 %, Hochschule

70 %). Umgekehrt zeigt sich, dass Unabhängigkeit vor allem für höher Gebildete wichtig ist (ohne Schulabschluss für 46 % wichtig, unter Akademiker(inne)n für 86 %). Noch drastischer zeigt sich die schichtspezifische Wertschätzung von Individualwerten bei der Fantasie: Fünf Prozent der Personen ohne Schulabschluss oder mit Pflichtschule, aber 42 Prozent der Hochschulabsolvent(inn)en schätzen sie sehr.

3.6 Zusammenfassung Familienleben

Trotz des Wandels in den Familienformen, der auch hier sichtbar wird, erfreut sich die Familie nach wie größter Wertschätzung. Zwar kann man im Vergleich zu den Untersuchungen 1990 und 1999 ein leichtes Nachlassen dieser Wertschätzung und eine etwas größere Zuwendung zu alternativen Formen feststellen. Im Kern dominiert das traditionelle Bild von Vater/Mann, Mutter/Frau und Kind die Vorstellung. Diesem Modell gegenüber werden NEL und LAT als Vor- bzw. Übergangsformen geführt, die in das traditionelle Modell auf Basis einer Ehe übergeleitet werden, sobald Kinder kommen.

Im Grunde ist auch die Bereitschaft zu Solidarität der Familienmitglieder stark ausgeprägt. Am stärksten ist sie in Bezug auf Solidarität der Eltern mit den Kindern. Umgekehrt wird die Solidarität der Kinder mit den Eltern im Krankheitsfall noch von einer schwachen Mehrheit befürwortet. Mit zwei Drittel Zustimmung ist es ein großer Wert, für die Kinder das Beste zu tun. Umgekehrt wird die Verpflichtung, sich um die Eltern im Falle einer Krankheit zu kümmern, von etwas mehr als der Hälfte unterstützt. Im Falle einer Langzeitpflege reduziert sich jedoch die Akzeptanz auf ein gutes Drittel. Hier dürfte politischer Sprengstoff liegen. Einerseits sind es die Mitglieder der Kernfamilie, die sich solidarisch fühlen und Hilfe leisten und denen man sich verpflichtet fühlt, selbst dann wenn man nicht mehr unter einem Dach wohnt.

In Österreich erbringen sieben Prozent der erwachsenen Bevölkerung Hilfs- und Pflegeleistungen, wobei die Unterschiede zwischen den Geschlechtern deutlich sind: Neun Prozent der erwachsenen Frauen und fünf Prozent der erwachsenen Männer pflegen jemanden in Familie oder Nachbarschaft. Beachtlich ist, dass diese private Sorge 80 Prozent der gesamten in Österreich geleisteten

Pflege ausmacht (vgl. Beham / Gössweiner 1999, 47; Kytir 2003, 44). Andererseits ist gerade im Hinblick auf den demografischen Wandel die intergenerationale Unterstützung essenziell. Die Wahrscheinlichkeit, mit Pflegeaufgaben konfrontiert zu werden, ist für jeden Erwachsenen zukünftig hoch. Nachdenklich stimmt, dass gerade die Frauen, die bisher die Hauptlast familiärer Pflege getragen haben, weniger als Männer sich zur (Langzeit-)Pflege der Eltern verpflichtet sehen. Vieles wird davon abhängen, ob es gelingt, zunehmend auch Männer in die Pflicht zu nehmen. Gleichzeitig ergibt sich zukünftig ein größerer Bedarf an öffentlichen Diensten, womit sich die Politik verstärkt auseinandersetzen muss (vgl. Riedel 1999, 102).

Mit Blick auf Erziehungsziele ist festzuhalten, dass Gehorsamswerte sinken, gute Umgangsformen und hartes Arbeiten jedoch nach wie vor als wichtig angesehen werden – besonders in unteren Bildungsschichten. Leistung und Selbstlosigkeit zählen wieder mehr (letzteres allerdings auf niedrigem Niveau) und Individualwerte wie Unabhängigkeit und Fantasie verlieren an Bedeutung. Sie finden nur unter höher qualifizierten Bildungsschichten noch eine Lobby.

4 Geschlechterverhältnisse

4.1 Wichtigkeit von Lebensbereichen

Geschlechterverhältnisse und die partnerschaftliche Rollenverteilung sind zu zentralen Fragen von Partnerschaft und Familie geworden. Im öffentlichen Diskurs ist die Notwendigkeit einer Entwicklung der Geschlechterrollenverteilung in Richtung „Halbe-Halbe" präsent. Dennoch ist nicht zu übersehen, dass dieses Ideal weder im Alltag der Familie noch in der Berufswelt Realität geworden ist. Wie denken nun die Österreicher/-innen über Geschlechterrollen?

Erste Auskunft über die Rollenbilder kann die Frage nach der Wichtigkeit der Lebensbereiche geben. Es fällt auf, dass Frauen mit größerer Zustimmung als Männer den Bereich Familie an erster Stelle platzieren. Während für Frauen der Bereich Freunde/Freundinnen und Bekannte an zweiter Stelle rangiert, reihen Männer für sich die Arbeit an diesem Platz. Über den vierten Platz für Freizeit besteht mit völlig übereinstimmenden Zustimmungsraten für beide Geschlechter Einigkeit. Unterschiede ergeben sich erst wieder in Bezug auf Religion und Politik. Zwar geben beide Geschlechtergruppen die Ränge fünf und sechs. Jedoch wenden sich Frauen weit mehr als Männer dem Bereich Religion zu, während sie sich umgekehrt wieder weit mehr als Männer von Politik abwenden.

Wichtigkeit von Lebensbereichen	Männer			Frauen		
	sehr wichtig	ziemlich wichtig	Rang	sehr wichtig	ziemlich wichtig	Rang
Familie	74	20	1	83	15	1
Freunde/Freundinnen und Bekannte	54	39	3	56	37	2
Arbeit	57	33	2	52	37	3
Freizeit	44	44	4	44	44	4
Religion	17	25	5	20	34	5
Politik	12	31	6	8	27	6

Tabelle 10: Wichtigkeit von Lebensbereichen. Angaben in Prozent, Quelle: EVS 2008.

Männer bewerten Familie weniger wichtig als Frauen und reihen gleich nach der Familie die Arbeit. Mit Blick auf die österreichischen Männerstudien 1994 und 2003 (Zulehner / Slama 1994; Zulehner 2003) kann man dahinter eine spezifische Einstellung der Männer zur Familie vermuten. In beiden Untersuchungen wurde auch die Frage gestellt: „Wofür fühlen Sie sich in ihrer Partnerschaft zuständig?“ Eine Mehrheit der Männer fühlte sich 1994 zuständig, „dass die materielle Existenz gesichert wird“ und „dass notwendige Entscheidungen getroffen werden“. (Zulehner / Slama 1994, 90ff) Auch in der Untersuchung 2003 wurde dieselbe Frage gestellt. Dabei zeigte sich eine verstärkte Tendenz zu Partnerschaftlichkeit. Bei allen Aufgaben ist der Anteil der partnerschaftlich ausgeführten Aufgaben gestiegen. Betrachtet man jedoch jene Aufgaben, die nur dem Mann oder nur der Frau zugeordnet werden, verbleiben bei den Männern die Aufgaben in Bezug auf das „Einkommen“. (Zulehner 2003, 64ff.).

Männer und Frauen, so lässt sich folgern, sehen in Bezug auf die Familie unterschiedliche Handlungsfelder als prioritär an. Während

Frauen mit Familie in erster Linie Sorge für das leibliche und seelische Wohl der Familienmitglieder assoziieren, denken Männer in Bezug auf Familie eher an deren materielle Versorgung durch Erwerbsarbeit. „Arbeit ist eine männliche Form der Sorge“, haben es Dieter Schnack und Thomas Gesterkamp (1996, 169) treffend formuliert.

4.2 Ambivalente Ergebnisse der Europäischen Wertestudie

Sind Kinder für ein erfülltes Frauen-/Männerleben notwendig?

Grundsätzlich sind die Österreicher/-innen in hohem Maße der Meinung, dass ein Kind Vater und Mutter braucht, um glücklich aufzuwachsen. Interessanterweise sprechen sich mehr Männer (80 %) als Frauen (76 %) für diese Ansicht aus. Umgekehrt ist nur ein Drittel der Meinung, dass Frauen und Männer ihrerseits Kinder für ein erfülltes Leben brauchen. Weibliche Identität wird dabei seltener als früher über Mutterschaft definiert. Während 1990 noch 39 Prozent der Meinung waren, dass Frauen Kinder zu einem erfüllten Leben brauchen, sank die Zahl 1999 auf 30 Prozent und stieg 2008 wieder um drei Prozent an. Die Ablehnung dieser Rollenzuschreibung ist zudem bei Frauen (59 %) stärker ausgeprägt als bei Männern (53 %). Männliche Identität wird hingegen zunehmend mit Vaterschaft verknüpft. Die Zustimmung zur Aussage, dass Männer Kinder zu einem erfüllten Leben brauchen, ist zwischen 1999 und 2008 von 26 Prozent auf 32 Prozent gestiegen. Auswirkungen hat Bildung. Je höher die Bildung, desto weniger sind Kinder für ein erfülltes Leben notwendig. Für die Sinnerfüllung von Kindern für Frauen sinkt die Zustimmung von 55 Prozent in der Gruppe ohne Schulbildung auf 20 Prozent bei den Hochschulabsolvent(inn)en und bei Männern von 38 Prozent auf 19 Prozent.

Frauenrolle

Das in einer Gesellschaft vorherrschende Frauenbild wird vorrangig an der Frage der Vereinbarkeit – oder am Mythos der Unvereinbarkeit – von Mutterschaft und Berufstätigkeit festgemacht. In der Praxis gibt es sehr unterschiedliche Modelle, wie Elternzeit,

Elternarbeit, Erwerbstätigkeit zum Geldverdienst und Karriere im Sinn von Erfolg und Selbstverwirklichung in Familien organisiert werden können – wobei diese Aufzählung eigentlich noch um geschlechtsspezifisch unterschiedliche Schwerpunkte in Bezug auf Freizeitverhalten, Freundeskreis und (außer-)berufliche Netzwerke erweitert werden müsste.[33] Faktisch überwiegt in Österreich jedoch das Modell der teilzeiterwerbstätigen Mutter. Wenn Kinder kommen, arbeitet der Mann Vollzeit, teils sogar überdurchschnittlich viel. Die Frau „verdient dazu" und versorgt überwiegend allein oder mit Unterstützung Dritter den Haushalt und die Kinder. Spiegelt sich dieses Modell auch in den Einstellungen der Österreicherinnen und Österreicher wider?

Mehr als die Hälfte der Befragten stimmt der Meinung zu, dass auch „eine berufstätige Mutter einem Kind genauso viel Wärme geben" kann. Diese Überzeugung ist im Laufe der Jahre gewachsen: von 48 Prozent Zustimmung im Jahr 1990 auf 54 Prozent im Jahr 1999 und auf 64 Prozent im Jahr 2008. Gleichzeitig gibt es eine hohe Zustimmung zu dem Statement, dass „unter einer berufstätigen Mutter ein Kleinkind leidet" (63 %). Bei dieser Frage ist die Zustimmung allerdings gesunken (1990: 80 % auf 2008: 63 %).

Frauenrolle in Österreich	**1990**	**1999**	**2008**
Eine berufstätige Mutter kann ihrem Kind genauso viel Wärme geben wie eine Mutter, die nicht arbeitet.	48	54	64
Ein Kleinkind wird wahrscheinlich darunter leiden, wenn die Mutter berufstätig ist.	80	73	63
Ein Beruf ist gut, aber was die meisten Frauen wirklich wollen, ist ein Heim und Kinder.	53	39	46
Hausfrau zu sein ist genauso befriedigend wie berufstätig zu sein.	56	43	52
Berufstätigkeit ist der beste Weg für eine Frau, um unabhängig zu sein.	67	73	79

Tabelle 11: Frauenrolle in Österreich. „stimme sehr zu" und „stimme eher zu" (vierstufige Skala), Angaben in Prozent, Quelle: EVS 1990–2008.

- Während deutlich mehr Frauen (72 %) als Männer (62 %) in der Berufstätigkeit der Frau keine Auswirkung auf Kinder sehen,

[33] Vgl. das Kapitel „Die Österreicher/-innen und der Wandel in der Arbeitswelt", 37ff.

vermuten etwa gleich viel Männer wie Frauen einen Nachteil für Kleinkinder, jedoch deutlich mehr Frauen (36 %) als Männer (28 %) lehnen dies ab.

- Die Jungen sehen im Vergleich zu den Älteren weniger Auswirkung der Berufstätigkeit auf die Kinder. Allerdings sehen in der Gruppe der 31–45-Jährigen mit 60 Prozent deutlich mehr als bei den 46–60-Jährigen (54 %) Probleme im Falle eines Kleinkindes.
- Auch sieht man mit zunehmendem Bildungsgrad weniger Einfluss der Berufstätigkeit der Frau auf die Kinder. Nur im Falle eines Kleinkindes sehen mit 65 Prozent bei den Hochschulabsolvent(inn)en deutlich mehr Auswirkungen auf das Kind als in der Gruppe der Maturant(inn)en (51 %).
- In dieser Frage ist auch ein Stadt/Land-Gefälle erkennbar. In Wien sehen diese Auswirkungen nur 49 Prozent, in Oberösterreich/Salzburg 74 Prozent.

Die Überzeugung, „was Frauen wirklich wollen, ist Heim und Kinder“, wird insgesamt von 44 Prozent akzeptiert. Gegenüber 1999 ist dies immerhin ein Anstieg von fünf Prozent. Mit 46 Prozent Zustimmung und 39 Prozent Ablehnung ist diese Vorstellung bei Männern etwas mehr verbreitet als bei Frauen, wo zwar auch 45 Prozent zustimmen, aber 48 Prozent ablehnen. Junge (34 %) stimmen dem weniger als Alte (60 %) zu. Auch sinkt die Zustimmung mit dem Bildungsgrad (von 60 % bei Schulabbrecher(inne)n auf 29 % bei Hochschulabsolvent(inn)en). In dieser Frage gibt es auch einen deutlichen Unterschied zwischen Wien und den Bundesländern. In Wien stimmen 28 Prozent zu, in Tirol/Vorarlberg hingegen 57 Prozent.

Knapp mehr als die Hälfte (52 %) sind der Meinung, dass „Hausfrau sein genauso befriedigend ist wie ein Beruf“. Auch diese Meinung erlebte eine gewisse Renaissance. Von 56 Prozent Zustimmung ist sie 1999 auf 43 Prozent gesunken und 2008 um neun Prozent wieder angestiegen. Ausgeprägt ist der Unterschied bei Jung (39 %) und Alt (65 %). Etwas mehr Frauen (54 %) als Männer (50 %) sind dieser Ansicht. Zudem ist die Zustimmung unter Frauen (+10 %) seit 1990 stärker gestiegen als unter Männern (+6 %). Der größte Zuwachs ist jedoch in der Gruppe der 46–60-Jährigen erkennbar (von 45 % auf 57 %). Auch hier dominieren die Frauen. Es sind vom Lebenszyklus her jene Frauen, die ihre eigene Berufstätigkeit reduziert oder ganz abgebrochen haben – und zwar nicht nur in der betreuungsintensiven Zeit vor dem Schuleintritt, sondern bis das jüngste Kind den Haushalt verlassen hat. Selbst wenn das jüngste Kind bereits in der Schule ist, ist laut Sozialer Survey 2003 ein Fünftel der Mütter nicht erwerbstätig (vgl. Beham / Haller 2005, 412). Nach einer so langen Unterbrechung ist die Rückkehr in einen stark veränderten Arbeitsmarkt nur mehr sehr schwer möglich oder mit großen Belastungen verbunden. Angesichts mangelnder Alternativen erscheint ein Hausfrauendasein möglicherweise wieder attraktiver.

Auch sinkt die Zustimmung von 65 Prozent bei den Schulabbrecher(inne)n auf 34 Prozent bei den Maturant(inn)en. Sie steigt wieder bei den Hochschulabsolvent(inn)en auf 46 Prozent. In Wien ist diese Vorstellung mit 32 Prozent Befürworter(inne)n am wenigsten attraktiv. In den Bundesländern verteilt sich die Zustimmung auf 54 bis 65 Prozent.

Großer Zustimmung (79 %) erfreut sich die Überzeugung, dass der „Beruf der beste Weg für die Unabhängigkeit der Frau" ist. Diese Zustimmung ist über die Jahre kontinuierlich gewachsen. Von dieser Einstellung sind deutlich mehr Frauen (84 %) als Männer (74 %) überzeugt. Der Einfluss von Bildungsniveau und Alter unterscheidet sich von der vorherigen Fragestellung. Während sonst eine Allianz von Bildungsfernen und Älteren für die jeweils traditionelle Rollenbeschreibung der Frau als Mutter deutlich wurde, schlagen sich hier der pragmatische Aspekt beziehungsweise die materiellen Erfordernisse des Alltags nieder. Finanzielle Unabhängigkeit ist gerade für Personen wichtig, die selbst eher zu Risikogruppen gehören – oder denen das gute Einkommen besonders wichtig ist. So findet sich die höchste Zustimmung aufs Alter gesehen bei den über 61-Jährigen (84 %). Es folgen die Jungen (80 %), dann erst kommen die mittleren Generationen (75–77 %). Beim Bildungsniveau verzeichnen die Extremgruppen höhere Werte als das mittlere Niveau (ohne Schulabschluss 82 %, Maturant(inn)en 83 %, Hochschulabsolvent(inn)en 80 %, Pflichtschulabsovent(inn)en 77 % und Personen mit BMS 78 %). In der Regionalverteilung ist die Zustimmung in Steiermark/Kärnten mit 86 Prozent und in

Tirol/Vorarlberg mit 85 Prozent am höchsten. In Wien ist sie mit 72 Prozent am geringsten.

Männerbild

Eine Mehrheit von 74 Prozent ist der Meinung, dass „Väter genauso geeignet sind, sich um Kinder zu kümmern", deutlich mehr als 1999, als nur 67 Prozent dieser Meinung waren. Mit 77 Prozent vertreten diese Ansicht mehr Frauen als Männer (71 %). Während das Alter keine nennenswerte Auswirkung hat, steigt die Zustimmung mit dem Bildungsgrad (von 68 % bei Personen ohne Schulabschluss auf 88 % bei den Hochschulabsolvent(inn)en). Interessanterweise zeigt hier Wien mit 65 Prozent neben Oberösterreich/Salzburg mit 63 Prozent nur geringe Zustimmung. Erstmalig wurde auch die Frage gestellt, ob „Männer genauso viel Verantwortung für Haushalt und Kinder übernehmen sollten wie Frauen." Eine deutliche Mehrheit von 80 Prozent stimmt dem zu. Männer (76 %) sind hier skeptischer als Frauen (83 %). Höhere Bildungsgrade ergeben auch hier eine deutliche Zunahme von Zustimmung: 69 Prozent bei Personen ohne Schulbildung und 92 Prozent bei den Hochschulabsolvent(inn)en. In Wien findet sich mit 76 Prozent neben Oberösterreich/Salzburg mit 71 Prozent die geringste Zustimmung.

Partnerschaft

Der partnerschaftlichen Einstellung, dass „beide zum Haushaltseinkommen beitragen sollten", stimmt eine Mehrheit von 77 Prozent zu. Gegenüber den letzten Untersuchungen ist diese Überzeugung erst im letzten Jahrzehnt um zehn Prozent angewachsen. 1990 waren 66 Prozent und 1999 67 Prozent dafür. Frauen gehören mit 79 Prozent etwas mehr zu den Befürworterinnen als Männer mit 74 Prozent. Auffällig ist, dass im Ländervergleich in Wien die Zustimmung mit 68 Prozent am geringsten ist.

Auch bei der Frage, was für eine gute Ehe wichtig ist, wurde die Haushaltsarbeit angesprochen. Erstmals seit 1990 gestiegen ist die Forderung, den Haushalt gemeinsam zu machen: von 29 Prozent in den Jahren 1990 und 1999 auf 36 Prozent. Besonderen Wert legen darauf die Jungen: Bei den bis 30-Jährigen finden es 45 Prozent sehr wichtig, bei den 31–45-Jährigen sind es 40 Prozent. Unter allen Älteren findet der Punkt nur bei 29 Prozent große Wertigkeit. Erwartungsgemäß gibt es Unterschiede zwischen Frauen (38 %) und Männern (33 %), die sich besonders deutlich bei vollzeitbeschäftigten[34] Personen zeigen: Hier legen 42 Prozent der Frauen, aber nur 34 Prozent der Männer besonderen Wert auf „Halbe-Halbe" im Haushalt. Die traditionelle Rollenverteilung im Haushalt scheint auf den ersten Blick auch an die religiöse Einstellung gekoppelt zu sein: Wenig Bedeutung hat gemeinsame Haushaltsführung bei Gottgläubigen, viel Bedeutung bei nicht Gottgläubigen. Letztlich erweist sich das Alter aber als die entscheidende Größe: Die Religiösen sind eben unter den Älteren vermehrt zu finden, die Jungen distanzieren sich stärker vom Gottglauben. „Halbe-Halbe" ist eine Generationenfrage, keine Glaubenssache.

4.3 Zusammenfassung Geschlechterverhältnisse

Das Bild ist widersprüchlich. Einerseits weisen die hohen Zustimmungsraten zur Berufstätigkeit der Frau, die ihr Unabhängigkeit gewährt und keine negative Auswirkung auf die Kinder hat, in Richtung eines modernen Frauenbildes. Gleichzeitig ist aber auch die Überzeugung, dass ein Kleinkind unter der Berufstätigkeit der Mutter leidet, immer noch stark verwurzelt. Dagegen weisen die hohen Zustimmungen zu partnerschaftlichen Aussagen (beide sollen zum Haushaltseinkommen beitragen) und zu Statements über ein neues Männerbild (auch Väter können sich um Kinder kümmern, und Männer sollen genauso viel Verantwortung für Haushalt und Kinder übernehmen) wieder in Richtung Partnerschaft.

Zusammenfassend lässt sich festhalten, dass zumindest in der Einstellung der Österreicher/-innen neue an Partnerschaftlichkeit orientierte Frauen- und Männerbilder präsent sind. Sie werden von Frauen, Jüngeren und Gebildeteren stärker unterstützt und haben über die Jahre an Attraktivität gewonnen. Gleichzeitig gibt es eine starke Präsenz einer traditionellen Vorstellung der weiblichen Geschlechterrolle, die sogar gegenüber 1999 etwas an Zustimmung

[34] Mindestens 30 Wochenstunden beschäftigt oder selbstständig.

gewonnen hat. Auffällig ist, dass die Großstadt in diesen Entwicklungen nicht immer die Vorhut ist. Auch in den ländlichen Regionen gibt es Bewegung. Die Gleichzeitigkeit traditioneller und moderner Einstellungen zu Geschlechterrollen kann auch den Umstand widerspiegeln, dass es in Familien durch die Geburt eines Kindes zu einer Re-Traditionalisierung der Geschlechterrollen kommt. Paare, die sich vor der Geburt um eine egalitäre Aufteilung der Haushaltsaufgaben bemüht haben, erfahren bei der Geburt des ersten, vor allem aber bei der Geburt des zweiten Kindes einen Rückfall in eine traditionelle Aufteilung der Geschlechterrollen. Der Grund dafür liegt einerseits in der schwierigen Vereinbarkeit von Beruf und Familie, aber darüber hinaus auch in den persönlichen Zugängen vor allem der Männer zu Kinderbetreuung und Familienarbeit (vgl. Bundesministerium für Familie 2006, 106ff.).

5 Lebenslagen, Lebensqualität und Zufriedenheit

Die Eingebundenheit in Partnerschaften und/oder im Familienverband kann auch zum großen Teil mitverantwortlich für das Befinden des/der Einzelnen und die Zufriedenheit mit dem Leben sein. So werden abschließend auch noch *Glück, Lebenszufriedenheit, Gesundheit sowie Lebensqualität* der Österreicher/-innen analysiert.

So glücklich wie 1990

Insgesamt gesehen fühlt sich die Mehrheit der Österreicher/-innen glücklich. 29 Prozent fühlen sich sehr und weitere 58 Prozent fühlen sich ziemlich glücklich. Dieses Glücksempfinden entspricht der Stimmungslage von 1990. Nur 1999 kam es zu einem Anstieg des Glücksempfindens. Damals gaben 35 Prozent an, sehr glücklich zu sein, 54 Prozent waren ziemlich glücklich.

Während die Geschlechtergruppen in ihrem Antwortverhalten sich nicht von der Gesamtpopulation unterscheiden, ergeben sich interessante Unterschiede, wenn man Nichtberufstätige miteinander vergleicht. Bei den Nichtberufstätigen fühlen sich Frauen (29 % sehr, 55 % ziemlich) glücklicher als Männer (19 % sehr, 69 % ziemlich). Außerdem wirkt sich auch die Pension etwas positiver auf Frauen als auf Männer aus. Nach Schulbildung aufgeschlüsselt ist das Glücksgefühl am geringsten in der Gruppe der Pflichtschulabsolvent(inn)en (25 % sehr, 55 % ziemlich glücklich) ausgeprägt. Selbst die Gruppe ohne Schulabschluss fühlt sich glücklicher (27 % sehr, 57 % ziemlich glücklich). Das Glücksgefühl steigt und ist am stärksten ausgeprägt in der Gruppe der Hochschulabsolvent(inn)en (37 % sehr, 56 % ziemlich glücklich). Parallel damit steigt das Glücksgefühl auch mit dem Einkommen. In Kategorie eins: 14 Prozent sehr, 62 Prozent ziemlich glücklich. In der Kategorie vier fühlen sich 63 Prozent sehr, 33 Prozent ziemlich glücklich. Glücklichsein hängt aber auch wesentlich von der Lebensform ab – von den sehr Glücklichen lebt die Mehrheit (55 %) in familialen Lebensformen (also mindestens zwei Generationen zusammen), der Rest in nichtfamilialen Lebensformen. Der Unterschied zeigt sich auch bei den nicht Glücklichen: 63 Prozent leben in nichtfamilialen Lebensformen. Regional finden sich die glücklichsten Menschen in Tirol/Vorarlberg (43 % sehr, 52 % ziemlich glücklich), die am wenigsten Glücklichen in Wien: 15 Prozent sehr, 72 Prozent ziemlich glücklich.

Lebenszufriedenheit sinkt

Eine Mehrheit von knapp zwei Drittel – 61 Prozent – ist zufrieden. Dies ist ein deutlich geringerer Wert als früher: 1990 gaben 65 Prozent an, zufrieden zu sein. 1999 stieg dieser Wert auf 69 Prozent an. Auch in dieser Frage unterscheiden sich Frauen und Männer in ihrem Befinden nicht. Unterschiede gibt es jedoch wieder in der Gruppe der nichtberufstätigen Männer (44 % sehr zufrieden) und Frauen (57 %).

Am geringsten ausgeprägt ist die Zufriedenheit in der Gruppe derer mit BMS und Lehre. Hier sind 53 Prozent sehr und 31 Prozent weniger zufrieden. Die Zufriedenheit steigt in der Gruppe mit Maturaabschluss (56 % sehr und 40 % weniger zufrieden) und ist ähnlich in der Gruppe ohne Schulabschluss (56 % sehr und 41 % weniger zufrieden). Zufriedener sind Personen mit Pflichtschulabschluss (59 % sehr und 35 % weniger zufrieden). Am größten ist die Zufriedenheit in der Gruppe der Hochschulabsolvent(inn)en (70 % sehr und 27 % weniger zufrieden). Die Zufriedenheit steigt auch mit dem Einkommen. Am Zufriedensten sind Personen in der

4. Kategorie, unter ihnen sind 90 Prozent sehr und neun Prozent weniger zufrieden. In der Kategorie eins sind 37 Prozent sehr und 59 Prozent weniger zufrieden. 60 Prozent der Verheirateten sind zufrieden. Am wenigsten zufrieden sind geschieden/getrennt Lebende. Unter ihnen bezeichnen sich 44 Prozent als sehr und 48 Prozent als weniger zufrieden. In Tirol/Vorarlberg ist man am zufriedensten. Hier schätzen sich 74 Prozent als sehr zufrieden ein. Am geringsten ist die Zufriedenheit in der Großstadt Wien: 39 Prozent sehr und 56 Prozent weniger zufrieden.

Bei bester Gesundheit

Ein weiterer wichtiger Faktor für die Stimmungslage ist die Gesundheit. Aus der Perspektive von 1990 fühlen sich die Menschen 2008 gesünder. Der Anteil derer, die ihre Gesundheit als gut einschätzen, ist von 63 Prozent auf 73 Prozent gestiegen. Dagegen ist die Gruppe mit durchschnittlichem Gesundheitszustand von 23 Prozent auf 21 Prozent, und die Gruppe mit schlechtem Gesundheitszustand von 13 Prozent auf sechs Prozent gesunken.

Die Geschlechtergruppen unterscheiden sich in ihrer Einschätzung der Gesundheit nicht. Leichte Unterschiede gibt es wiederum nur in Bezug auf Nichtberufstätige. Hier klagen weniger Frauen als Männer über eine durchschnittliche oder schlechte Gesundheit (11 % der Männer und nur 5 % der Frauen) Die Unterschiede vergrößern sich in der Gruppe der Pensionist(inn)en: 45 Prozent der Männer, aber 51 Prozent der Frauen sehen sich als sehr gesund an. Erwartungsgemäß wirkt sich auch das Lebensalter auf die Einschätzung des Gesundheitszustandes aus. Der Anteil derer, die ihre Gesundheit als gut einstufen, reduziert sich von 91 Prozent in der Gruppe der Jungen auf 50 Prozent in der Gruppe der 60+. Auch steigt die positive Einschätzung mit der Schulbildung: 54 Prozent der Personen ohne Schulbildung, aber 85 Prozent der Hochschulabsolvent(inn)en halten ihren Gesundheitszustand für gut. Ebenso steigt die Einschätzung mit dem Einkommen. Schließlich wird das subjektive Gesundheitsempfinden durch das Leben in einer familialen Lebensform gefördert: Jene, die ihren Gesundheitszustand als sehr schlecht einschätzen, leben allein oder mit Partner/-in (zu 77 %). Jene, die ihn als sehr gut einschätzen, leben zu 57

Prozent mit mindestens zwei Generationen unter einem Dach, also mit Kindern (oder im selteneren Fall mit den Eltern). Hier wird auch ein weiterer Unterschied zwischen den Geschlechtern sichtbar – der Effekt der familialen Lebensform auf die Gesundheit wirkt sich bei Männern weniger aus als bei Frauen. Von jenen Männern, die sich als besonders gesund einschätzen, lebt die Mehrheit (54 %) wider Erwarten in nichtfamilialen Lebensformen, unter den „gesunden" Frauen hingegen lebt die Mehrheit (51 %) mit Kindern (oder Eltern) zusammen.

Das Gesundheitsgefühl ist in Tirol/Vorarlberg am meisten ausgeprägt, hier fühlen sich 81 Prozent als sehr gesund, am geringsten ist es in Oberösterreich/Salzburg, wo nur 69 Prozent dieser Meinung sind. Steiermark/Kärnten, Wien und Niederösterreich/Burgenland ähneln einander in ihrem Gesundheitsgefühl (71–75 %).

Subjektive Lebensqualität

Zufriedenheit ergibt sich aus dem Verhältnis von Erwartung zu Erreichtem, hat also sowohl subjektive als auch objektive Faktoren. Auf beiden Ebenen ist zu reflektieren, wenn man sich mit den Lebenslagen und der Lebensqualität von Einzelpersonen und Familien in Österreich befasst. An dieser Stelle wird nach Schulz und Pichler (2005) die *subjektive Lebensqualität* als Zufriedenheit, Wohlbefinden und Glück in den Blick genommen. Aus dieser Perspektive kann man aus den Antworten zu Fragen nach dem Glück, der Zufriedenheit, dem Gesundheitszustand und zum Freiheitsempfinden eine hohe subjektive Lebensqualität annehmen. Auffallend ist der Einfluss von Nichtberufstätigkeit auf die subjektive Einschätzung von Frauen und Männern bei allen diesen Fragestellungen. Berufstätigkeit hat demnach Auswirkung auf das Wohlbefinden. Dieser Faktor scheint sich bei Männern mehr auszuwirken als bei Frauen. Ebenso wirken sich Bildung und Einkommen auf das subjektive Befinden in allen Fragestellungen aus. Wenn man zunehmende Bildung auch mit zunehmender materieller Absicherung verbindet, dann lässt sich als weiterer Faktor für Glück und Zufriedenheit die materielle Grundlage des Lebens ableiten. Großen Einfluss auf das subjektive Wohlbefinden hat das Leben in sozialen Beziehungen. Schließlich ist auch auffällig, dass das Leben außerhalb der Großstadt Wien einen höheren Grad subjektiver Lebensqualität bietet.

Vertieft wurden diese Ergebnisse durch eine Regressionsanalyse. Hierzu wurde ein Summenindex zur Messung der sogenannten subjektiven Lebensqualität aus den Variablen Glück, Freiheit im Leben und Zufriedenheit mit dem eigenen Leben gebildet. In einem regressionsanalytischen Modell wurden die wichtigsten sozialen und demografischen Faktoren wie Alter, Geschlecht, Einkommen hinsichtlich ihres gemeinsamen Effekts auf die Lebensqualität geprüft. Es zeigte sich, dass der eindeutig stärkste Effekt vom Gesundheitszustand ausgeht. Sobald dieser um eine Einheit schlechter eingestuft wird, so sinkt auch die Lebensqualität. Der nächstwichtige Einfluss ist das Alter – mit steigendem Alter steigt auch die Lebensqualität, ebenso mit steigendem Einkommen. Personen, die nicht in Wien leben, haben eine signifikant höhere Lebensqualität gegenüber den Wiener(inne)n. Es zeigte sich zudem, dass das Leben in familialen Lebensformen ebenfalls die Lebensqualität positiv beeinflusst.

6 Bruchlinien zwischen Wahrnehmung und Realität

Ein zentrales Ergebnis der Studie ist, dass sich Beziehungsbiografien in den letzten 20 Jahren zwar verändert haben, unkonventionelle Partnerschaftsformen und Familienkonstellationen auf etwas mehr Akzeptanz stoßen – die Realität im österreichischen Familienleben aber keineswegs dem Bild entspricht, das (medial) vermittelt wird. Sowohl in der Praxis als auch in den Idealen der Österreicherinnen und Österreicher überwiegt das traditionelle Familienmodell.

> „Ich nehme eine Tendenz wahr, nach der Familie so interpretiert wird, dass es eine unendliche Ausdifferenzierung von Familienformen gibt und eine unüberschaubare Anzahl an unterschiedlichen Konstellationen, wie Leute zusammenleben; dass irrsinnig viele Kinder, der Großteil gar, in Stieffamilien oder Patchworkfamilien aufwächst. Mir ist wichtig zu betonen, dass es nicht so ist. (…) Gerade für Patchworkfamilien gibt es aktuelle Zahlen von Statistik Austria: Neun Prozent aller Familien in Österreich sind Patchworkfamilien. Wenn man Studierende schätzen lässt, vermuten sie meist 40 Prozent. Diese Fakten zu beachten ist wichtig, wenn es um Werthaltungen geht, weil es oft als Argument für Werteverfall oder ausschweifenden Lebensstil verwendet wird. Das ist einfach eine Fehlinterpretation. Was natürlich noch nichts über die Qualität dieser Beziehungen aussagt oder über die Qualität des Familienklimas, in dem die Kinder aufwachsen."
>
> Ulrike Zartler, Familiensoziologin Wien

Festzustellen ist eine größere Offenheit. Gerade im städtischen und großstädtischen Raum und vorwiegend bei jungen Leuten, die von einem hohen Grad an Individualisierung und individueller Lebensorientierung geprägt sind, gibt es eine Bereitschaft und Offenheit, vielfältige Lebensmuster als einen gangbaren Weg anzuerkennen.

Auch im Hinblick auf eine partnerschaftliche Rollenverteilung in der Familie und einen aktiveren Part der Väter in der Kindererziehung zeigt sich größere Aufgeschlossenheit – wobei Wien in diesen Fragen ausnahmsweise nicht immer eine Vorreiterrolle einnimmt. Der grundsätzliche Einstellungswandel in Richtung mehr Egalität dürfte wohl auch rechtliche Neuerungen widerspiegeln. Normen reagieren im Nachhinein auf veränderte Praxis und beeinflussen zugleich fortan die Einstellungen der Menschen. Zu nennen wären hier etwa das Eherechtsänderungsgesetz von 1999, das „Halbe-Halbe" als Anspruch quasi festgeschrieben hat, und das Kindschaftsrechtsänderungsgesetz von 2001, das eine gemeinsame Obsorge beim Scheidungsfall eingeführt hat. Die Offenheit für neue Lebensmodelle ist dabei in einem umfassenderen Kontext zu sehen, spielen doch die Rahmenbedingungen der Gesellschaft eine entscheidende Rolle für die Wahl der Alternativen, die zur Verfügung stehen.

„Die Bedeutung der Arbeit nimmt ab, ein Stück weit auch die der Familie. Das ist vor dem Hintergrund zu sehen, dass heute neue Formen von Work-Life-Balance angestrebt werden. Junge Leute sagen: „Nur für die Arbeit zu leben, das ist nicht mein Lebensmodell. Ich will berufliche Konditionen haben, wo ich das auch mit aktiver Mutterschaft oder aktiver Vaterschaft verbinden kann." Ob das dann umgesetzt wird oder werden kann, ist etwas anderes. Aber das Anspruchsniveau ist da. Und zu der neuen Balance gehören nicht nur Arbeit und Familie, sondern auch der Freundes- und Bekanntenbereich."

Martina Beham-Rabenser, Familienforscherin Linz

Um es Männern möglich zu machen, aktive Väter zu sein und Frauen aktive Mütter zu sein, ohne nur als Mütter identifiziert zu werden, müssen sich unter anderem wirtschaftspolitische Steuerungsmechanismen ändern. Wie stark Realitäten auf Einstellungen wirken, ist am veränderten Frauenbild in Österreich deutlich sichtbar: Demnach gehen Frauen heute mit der Motivation arbeiten, unabhängig zu sein – denn sie haben erfahren, dass die Ehe keine Sozialversicherung ist. Es setzt sich die Meinung durch, dass Kinder nicht automatisch unter der Berufstätigkeit von Müttern leiden – das ist ausreichend durch Studien belegt. Frauen sollen arbeiten gehen und zum Haushaltseinkommen beitragen – denn die wenigsten Haushalte können noch von einem Alleinverdienereinkommen leben. Dort, wo finanzielle Notwendigkeiten im Hintergrund stehen, ist es mit der Partnerschaftlichkeit am weitesten gediehen. Und dort, wo die Schwierigkeiten am größten sind, wieder in den Arbeitsprozess einzusteigen, ist die Wiederkehr traditioneller Hausfrauenideale am größten, nämlich bei Frauen zwischen 46 und 60 Jahren. Die „Rückkehr der Frau an den Herd" wird sich in der Praxis rein aus finanziellen Gründen vermutlich nicht im großen Stil durchsetzen. Frauen brauchen eine eigenständige Absicherung, und der Arbeitsmarkt kann nur während Krisenzeiten auf Frauen und Ältere als Arbeitskräfte verzichten – langfristig aus demografischen Gründen aber nicht. Angesichts der veränderten und raueren Bedingungen in der Arbeitswelt und der schwierigeren Planbarkeit von Lebensläufen (kleiner werdendes soziales Zeitfenster für Familiengründung) erscheint aber zumindest der Wunsch nach Häuslichkeit manchen Österreicher(inne)n offenbar als sichere Rückzugsmöglichkeit.

Von der „Wiederkehr der Religion“ zur fragilen Pluralität

Paul M. Zulehner, Regina Polak

1 Religion in Österreich im europäischen Kontext

1.1 Ein neues „Referenzsystem“ für Religion entsteht

„Religion kehrt wieder“: Dieser Befund der Europäischen Wertestudie (Denz 2002) und anderer Untersuchungen[35] löste um die Jahrtausendwende nicht nur Erstaunen, sondern auch heftigen Widerspruch in Öffentlichkeit und Fachwelt aus. Wir konnten diese Entwicklungen für Europa, aber auch für Österreich feststellen: Insbesondere in den europäischen Großstädten (Ausnahme: Paris) und auch in Wien hatten alle Items, die subjektive Religiosität messen, signifikant an Zustimmung gewonnen (Zulehner 2002, 38–40). Dieses Ergebnis entsprach weder den gesellschaftlichen, den religionssoziologischen, noch den theologischen Erwartungen, denen zufolge mit fortschreitender Modernisierung und Säkularisierung „Religion“[36] gesellschaftlich bedeutungslos werden sollte.

Knapp zehn Jahre später ist man sich in Wissenschaft, Gesellschaft und Politik weitgehend einig, dass sich die religiöse Situation in Europa nachhaltig verändert hat und gravierende religiöse Transformationsprozesse stattfinden. Auch wenn die Bedeutung und Bewertung dieser Prozesse nach wie vor heftig umstritten ist:[37] Ein neues „Referenzsystem“ (Gabriel 2008, 103) für Religion

---

[35] So zum Beispiel „Religion im Leben der Österreicher/innen 1970–2000“ (Zulehner / Hager / Polak 2001).

[36] „Religion“ ist hier ein Sammelbegriff für subjektive Religiositäten wie für institutionalisierte Religion.

[37] So wird in der Religionssoziologie intensiv um den Religionsbegriff debattiert: Was ist es konkret, das sich verändert? Welche „Religion“ nimmt an Bedeutung zu? Detlef Pollack und Olaf Müller zum Beispiel meinen, die These für ein ungebrochenes Weiterwirken des Religiösen im Privaten lasse sich so pauschal für Europa nicht aufrechterhalten; sie sehen auch keine „spirituelle Revolution“ (Pollack 2007, 177). Oder in der Theologie wird um die Qualität dieser wieder relevanten „Religion“ diskutiert: Ist es eine „Religion ohne Gott“ (vgl. Körtner 2006) oder eine pneumatologisch induzierte, ambivalente „Sehnsuchtsreligion“, in der auch Gott erfahren werden kann? (vgl. Widl 1994)

ist – weltweit und in Europa – im Entstehen. Dies bedeutet: Es gibt einen intensivierten gesellschaftlichen und wissenschaftlichen Diskurs darüber, welche Bedeutung Religion insbesondere im öffentlichen Raum haben kann, darf und soll. Die Vorstellung eines gesellschaftlich eindeutig abgrenzbaren sozialen Funktionsbereiches, eines sozialen Subsystems „Religion", ist weitgehend obsolet geworden. Religion wird quer durch alle gesellschaftlichen Bereiche Thema: in der Politik im Kontext von religionsrechtlichen oder gesellschaftspolitischen Fragen; im Bildungssystem im Kontext der Fragestellungen rund um Integration und interkulturelles Zusammenleben. Selbst die Wirtschaft fragt nach Religion, wenn sie sich auf die Suche nach Werten begibt.

Aufmerksamkeit und Interesse für Religion sind sowohl auf gesellschaftlicher als auch auf individueller Ebene gestiegen. Ob und inwieweit diese Transformationsprozesse auch die Intensität subjektiver Religiositäten und deren Qualität verändern, steht zur Debatte und ist umstritten. Es gibt aber jedenfalls europaweit einen als dringlich empfundenen Bedarf nach öffentlicher Erörterung und Diskussion.

Religion im öffentlichen Raum

Die öffentliche Diskussion um „Religion" findet auf mindestens drei Ebenen statt (vgl. zum folgenden Gabriel 2008, 100–103):

Im Raum *politischer Öffentlichkeit* lassen sich drei „Arenen" des Diskurses wahrnehmen (vgl. Casanova 1994).

- Auf der Ebene der *staatlich-politischen* Öffentlichkeit gibt es europaweit einen Trend, staatskirchliche Traditionen auf der einen Seite und kämpferische Modelle der Trennung von Staat und Kirche andererseits aufzugeben und abzuschwächen. Die europäischen Gesellschaften nähern sich dem Modell einer „kooperativen Trennung" von Kirche, Religion und Staat an.
- Auf der *parteipolitischen* Ebene werden die milieugestützten Bindungen zwischen den Kirchen und traditionell christlich orientierten Parteien schwächer; je nach Thema und Konfliktmaterie ergeben sich unterschiedliche Koalitionen im politischen Spektrum. Die ehemals christlich ausgerichteten Parteien suchen ihre Wähler(innen)schaft auch bei kirchenfernen Menschen.

- Im *zivilgesellschaftlichen* Raum schließlich agieren die Kirchen vor allem als Lobby für jene Menschen und Gruppen, die angesichts brisanter sozioökonomischer Entwicklungen in prekäre Lebenssituationen geraten sind.

Im politischen Raum insgesamt betrifft die neue Präsenz der Religion nach wie vor primär die Kirchen und traditionellen Religionsgemeinschaften. Dabei ist es freilich noch nicht ausreichend gelungen, einen qualifizierten Pluralismus zu entwickeln – d. h. unter anderem gerechte Teilhabe- und Mitgestaltungsmöglichkeiten für gesetzlich anerkannte Religionsgemeinschaften als Ausdruck positiver Religionsfreiheit und konstruktive Konfliktgestaltungsmodelle. Österreich ist in dieser Hinsicht ob seiner Geschichte und Größe rechtlich zwar ein Vorzeigemodell, aber auch hier zeigt die gesellschaftliche und politische Praxis nach wie vor und sogar zunehmende Diskriminierungen und Vorurteile gegenüber anderen als den christlichen Religionen.[38] In den meisten europäischen Ländern sind nach wie vor die christlichen Kirchen jene nationalen „Stellvertreterreligionen" (vgl. Davie 2000), die als religiös aktive Minderheiten „stellvertretend für die ganze Bevölkerung die Religion ausüben, mit dem Verständnis, ja Einverständnis der Mehrheit" (Casanova 2007, 331). Im Zuge fortschreitender Pluralisierung wird es aber nötig sein, die Vielfalt der Religionsgemeinschaften und religiösen Lebensformen auch im politischen Raum angemessener widerzuspiegeln. Entsprechende Modelle der Teilhabe und des kooperativen Zusammenlebens und -arbeitens sind auf allen öffentlichen Ebenen zu fördern.

In der *diskursiven Öffentlichkeit* lässt sich eine sich in Zukunft intensivierende Tendenz zur Entprivatisierung von Religion feststellen. Religiöse Organisationen, Kirchen und Religionsgemeinschaften verlassen den privaten Raum, um sich an öffentlichen

---

[38] Vgl. etwa die politische Debatte, die im Anschluss an die Veröffentlichung der Studie des Islamwissenschaftlers über islamische Religionslehrer/-innen Mouhanad Khorchide entstanden ist (vgl. Khorchide 2008). Ohne die in ihr angesprochenen Probleme zu verschleiern (ca. 20 % weisen eine antidemokratische Haltung auf), muss auch gesagt werden, dass die Versäumnisse des österreichischen Staates in der öffentlichen und politischen Debatte so gut wie nicht mitberücksichtigt wurden. „Brisante Details dieser wissenschaftlichen Arbeit, die zu einer Verbesserung des Islam-Unterrichts beitragen wollte, sind selektiv der Öffentlichkeit serviert worden und Anlass für ein ‚Islam-Bashing' in Österreich gewesen" (vgl. Jäggle 2009).

Meinungsbildungsprozessen forciert zu beteiligen. Damit werden die klassischen Grenzen zwischen privat und öffentlich zur Disposition gestellt. So haben zum Beispiel die Kirchen in Österreich auf ökumenischer Basis öffentliche Konsultationsprozesse zu wirtschaftlichen und sozialen Fragen durchgeführt. Das „Sozialwort des ökumenischen Rates der Kirchen in Österreich" (ÖRK 2003) ist in seiner ökumenischen Breite und inhaltlichen Dichte ein Vorzeigemodell, wie Religion einen gesellschaftlichen Beitrag leisten kann.

Freilich führt eine verstärkte Entprivatisierung auch zu entsprechenden Konflikten – nicht nur zwischen Kirchen, Religionsgemeinschaften und Gesellschaft, sondern auch innerhalb der und zwischen den Religionen. Intra- und interorganisatorische Pluralität religiöser Institutionen werden deutlich wahrnehmbar. Auf der Suche nach einem neuen Ort im sich verändernden „religiösen Feld", im Prozess der Weiterentwicklung von religiöser und institutioneller Identität, aber auch im Ringen oder „Kampf" um Mitglieder, entstehen hier neue und zum Teil brisante Konfliktzonen. Diese können als Differenzerfahrungen durchaus Lernmöglichkeiten für Religionen und Gesellschaft werden, verfügen aber auch über polarisierende Kräfte, die den gesellschaftlichen Frieden bedrohen.

Beunruhigend ist z. B. in Österreich die Entwicklung der öffentlichen Debatte um den Islam.[39] Im Kontext der Zuwanderungsfrage und der Debatten um Integration werden politische und soziale Fragen „religionisiert", sodass „Migration" und „Islam" nahezu synonym zu sein scheinen. Dies entspricht nicht nur nicht dem pluralen Phänomen von Migration, es schürt religiöse und soziale Konflikte. Der Diskurs um die „Anderen" – der/die eingewanderte Andere, der/die sozioökonomisch benachteiligte Andere, der/die national oder kulturell Andere – all dies scheint zusammenzufallen unter dem Stichwort „Islam". So wird der Islam zum paradigmatischen „Anderen", – sogar zum „Fremden" gemacht: also zu dem, der nicht dazugehört. Xenophobie, Nativismus (die Überzeugung, nur wer hier geboren ist, gehört dazu), eine restaurativ-autoritäre Verteidigung christlicher Kultur (die plötzlich von „Kulturchristen"

[39] Negativer Höhepunkt: Das Wahlplakat der FPÖ anlässlich der Europaparlamentswahlen 2009: „Abendland in Christenland". – Kirchen und Christen haben sich hier eindeutig zu distanzieren; es handelt sich um Gefährdung des sozialen und religiösen Friedens.

wiederentdeckt wird, die keine kirchliche Bindung haben, vgl. Zulehner 2007), säkularistische und antireligiöse Vorurteile, liberale und feministische Kritik an einem muslimischen Patriarchalismus und Fundamentalismus, die Furcht vor Terrornetzwerken – all dies wird zu einem antimuslimischen Diskurs verwoben – in Europa und auch in Österreich (vgl. Casanova 2007, 349). Diese Entwicklung blockiert Integration, jenen sozialen Prozess des gesellschaftlichen miteinander Lebens, Arbeitens und Lernens, der Absonderung (Segregation) und Ausschluss (Exklusion) entgegenwirkt und in dem Diversität anerkannt wird. Voraussetzung dafür ist die Möglichkeit zur Partizipation. Die Konstruktion eines „fremden" Islam ist wenig hilfreich für eine differenzierte Integrations- und Religionspolitik.

In jener *medialen Öffentlichkeit*, die in zunehmendem Ausmaß privates Leben wahrnehmbar macht, sind vor allem die östlichen Religionen sowie neue religiöse und spirituelle Bewegungen und Lebensformen präsent. Alternative religiöse und spirituelle Praxisformen werden sichtbar und verstärken das Interesse an „anderer" als christlicher Religion, insbesondere an „Spiritualität" (zu dieser Debatte vgl. Polak 2008). Aber auch die traditionellen Religionen erzielen über ein globalisiertes Mediensystem neue öffentliche Wahrnehmbarkeit: Zu erinnern ist an die mediale Präsenz der katholischen Päpste Johannes Paul II. und Benedikt XVI. Freilich werden via Medien auch die angesprochenen Konfliktzonen nicht nur sichtbar, sondern auch verschärft: Von den Kopftuchdebatten bis zur jüngsten Kirchenkrise rund um die Rücknahme der Exkommunikation der vier Bischöfe der Bruderschaft St. Pius X. werden religiöse und eng verbunden damit politische Differenzen und Konflikte mobilisiert und dynamisiert.

Religion auf individueller Ebene

Auch auf der Ebene der Person findet das Thema Religion verstärkte Aufmerksamkeit, hier vor allem unter dem vieldeutigen Label „Spiritualität" (vgl. Polak 2008; Martin 2005; Zulehner 2007). Attraktiv sind spirituelle Such- und Experimentierbewegungen, die erfahrbaren, lebensnahen Sinn und/oder ebensolche gelebte Religiosität anbieten. Diese haben bis jetzt noch keine strukturierte Form politischen Engagements erkennen lassen, sind aber hinsichtlich ihrer Wirkung keinesfalls unpolitisch. Sie haben über ihre informellen, marktähnlichen Strukturen Einfluss und Wirkkraft vor allem im zivilgesellschaftlichen Raum. Das Spektrum dieser Bewegungen reicht von neofaschistischen Gruppierungen (Ditfurth 2003; Gugenberger / Schweidlenka 1987; dies. 1992) bis hin zu sozialen und ökologischen Alternativbewegungen (http://www.eurotopia.de). Diese neuen Bewegungen enden auch nicht an den Toren der Kirchen, sondern beeinflussen auch die Veränderung christlicher Spiritualität (Widl 1994). Religiöse Erfahrungen sind hier – noch? – weitgehend privatisiert, sie verstärken mitunter auch den a- und antipolitischen Rückzug des Religiösen ins Private. Dieses Feld ist hochgradig heterogen und forschungswürdig. Auch wenn die Präsenz dieser Bewegungen im medialen Raum mitunter größer erscheint als sie in Wirklichkeit ist: Hier, auf der Ebene der individuellen Religiosität, wird Gesellschaft derzeit von innen qualitativ verändert. Thematisierung und Qualität religiöser Erfahrung und Praxis verändern sich durch Erfahrungen in dieser Szene (Martin 2005).

So hat zum Beispiel die Österreichische Jugend-Wertestudie 2006/07 massive Veränderungen hinsichtlich des Gottesbildes junger Menschen zwischen 14 und 24 gezeigt: Das Gottesbild wird universalisiert (Gott ist ein Gott aller Menschen); Gott wird primär in der Natur und im Inneren des Menschen erfahren. Die konkreten Religionen werden demgegenüber als Stör- und Konfliktgrößen erlebt, die die religiöse Erfahrung behindern (vgl. Polak 2008a, 140ff.).

Dieser Wandel ist auch eine Folge veränderter öffentlicher Kommunikation und Präsenz von Religion – erlebt von einer Generation, die weitgehend als entkirchlicht, aber keineswegs als unreligiös zu bezeichnen ist. Dieser ambivalente Befund deckt sich zudem mit europäischen Entwicklungen: Zwei Drittel der Europäer/-innen glauben an einen Gott, aber ebenso viele sind der Auffassung, Religion sei intolerant und eine Quelle von Konflikten (vgl. Casanova 2007, 345). Dieses noch weitgehend unerforschte Zusammenspiel von öffentlicher und individueller Religion lässt jedenfalls annehmen, dass sich auch subjektive Religiositäten in einem tief greifenden Veränderungsprozess befinden und neue Inhalte, neue Formen annehmen. Religiöse und spirituelle Erlebnisse werden in einem sich verändernden Kontext interpretiert. Der Rückgriff auf traditionelle christliche Schemata ist nicht mehr selbstverständlich, die Erfahrungen werden hochgradig heterogen. Klassische Kirchenbindungen lösen sich auf, das Verhältnis zu den Kirchen transformiert sich.

Pluralität wird der sozioreligiöse „Normalfall"

In Europa und so auch in Österreich ist heute sowohl auf öffentlicher als auch auf individueller Ebene religiöse Pluralität gesellschaftlich erlaubt und rechtlich verbrieft. Europa stellt sich dar als Raum vielfältiger, differenter und mehrdeutiger religiöser Situationen, die man begrifflich nicht ohne Weiteres auf einen Nenner bringen kann. Ein genauer Blick zeigt deutlich, dass die religiöse Lage in Europa nicht homogen ist – und es auch nie war. Der „europäische Narrativ" ist in religiöser Hinsicht zu reformulieren. „Die anderen", nicht-christlichen Religionen sind nicht erst jetzt Teil europäischer Bevölkerung und Geschichte, sie waren immer schon präsent und prägen europäische Identität. Dies gilt auch für das sogenannte „katholische" Österreich. Zum einen wurde dessen Katholizität im Zuge der Gegenreformation gewaltvoll erkauft, zum anderen waren Juden/Jüdinnen und Muslime/Musliminnen immer schon Mitbürger/-innen des Landes und prägten dessen Kultur.

Das „kleine" Österreich ist in sozioreligiöser Hinsicht eines der spannendsten Länder Europas. Es gehört zu den Ländern mit überdurchschnittlich hoher Religiosität (vgl. Zulehner 2002). Das bedeutet: Die überwiegende Mehrheit der Menschen hat ein religiöses Selbstverständnis. Mit seiner Vielfalt an Konfessionen und Religionen[40], seinem ausdifferenzierten Religionsrecht und einem blühenden ökumenischen und interreligiösen Dialog ist Österreich ein „religiöses Biotop". Es könnte ein Vorzeigemodell werden, wie ein zeitgenössischer, qualitativ anspruchsvoller religiöser Pluralismus konkret gelebt werden kann. Umso erschreckender ist daher – wie in dieser Studie zu zeigen sein wird – die Zunahme antisemitischer und antiislamischer Einstellungen in der österreichischen Bevölkerung.

[40] Laut Statistik Austria, Volkszählung 2001: 73,6 % Katholik(inn)en; 4,7 % Evangelische; 4,2 % Muslime/Musliminnen; 3,5 „Andere Religionen", das sind 179.472 Orthodoxe, 68.227 Angehörige anderer christlicher Gemeinschaften, 8140 Juden und Jüdinnen, eine statistisch nicht erfasste Zahl von Buddhist(inn)en und so weiter.

1.2 Die Säkularisierungsthese greift zu kurz

Traditionellerweise werden die sozioreligiösen Veränderungen in Europa mit der Säkularisierungsthese erklärt: Demnach finden drei Prozesse parallel oder hintereinander statt – die Trennung von religiösem und weltlichem/säkularem Bereich; der Bedeutungsgewinn des Säkularen zu Ungunsten der religiösen Sphäre; die Privatisierung von Religion (vgl. Casanova 1994). Diese Theorie greift zu kurz, denn sie lässt sich weder empirisch noch historisch als ausreichender Grund für die vorfindbare Transformation anführen. Im Gegenteil, bereits die Ergebnisse der Wertestudie 2000 (vgl. Denz 2002) zeigten, dass Säkularisierung geradezu religiositätsproduktiv wirken kann. [41]Jüngere aus dem amerikanischen Raum stammende Ansätze wollen die Situation in Europa mit einer Theorie des religiösen Marktes erklären (vgl. Casanova 2007, 333). Ihr zufolge ist eine konkrete sozioreligiöse Situation Folge von Verschiebungen nach dem Gesetz von Angebot, Nachfrage und Konkurrenz. Doch auch diese Theorie wird durch den empirischen Befund widerlegt, demzufolge religiöse Diversität weniger eine Folge eines freien religiösen Marktes ist, sondern von einer Vielfalt von Bedingungen und Faktoren abhängt: Soziologische, religionsrechtliche, politische, theologische Faktoren lassen die je spezifische religiöse Situation entstehen. Will man die österreichische Situation also verstehen, bedarf es entsprechender religionshistorischer, religionsrechtlicher, politikwissenschaftlicher Analysen.

Wesentliche Ursachen für den sozioreligiösen Wandel in Europa betreffen auch Österreich (vgl. zum folgenden Casanova 2007, 329; 338ff.). Sie zeigen, dass die „Entkatholisierung" Österreichs zwar auch „hausgemacht" ist – also bedingt durch die kirchliche Modernisierungskrise, umstrittene Bischofsernennungen, Pädophilieskandale und eine spirituelle Schwäche der Kirche, aber nicht ausschließlich:

- Die historischen Muster der *Beziehungen von Kirche, Staat, Nation und Zivilgesellschaft* prägen die konkrete sozioreligiöse Situation. Europaweit sind wir mit einem seit den 50er Jahren beobachtbaren Zusammenbruch der moralischen Autorität und

[41] Auch die USA sind ein Beleg dafür, dass die Säkularisierungsthese zu kurz greift: Modernisierung und Religion sind in den USA kein Widerspruch.

der Plausibilitätsstrukturen einiger der europäischen Nationalkirchen konfrontiert. Säkularisierung im Sinne von Entkirchlichung hängt weniger mit Modernisierung zusammen, sondern hat regionalspezifische politische und religionspolitische Ursachen – auch in Österreich. Sie betrifft zudem vor allem die strukturelle Ebene (öffentliche Institutionen), weniger die Ebene der Religiositäten.

- Mit der *Politisierung einer der großen Weltreligionen, des Islam*, der Frage nach der Integration muslimischer Zuwanderer/Zuwanderinnen und der Frage nach den Grenzen der Erweiterung der Europäischen Union (Türkei) sind die bisherigen europäischen Modelle der Regelung des Verhältnisses von Staat und Religion vor neue Herausforderungen gestellt (vgl. Joas 2007, 11). Das sind ohne Zweifel verschiedene Themen, aber Europa ist mit dem Phänomen konfrontiert, dass Menschen, eine Religion und ein Staat auf dem Weg zu einem demokratischen, säkularen und modernen Selbstverständnis sind und zugleich den Anspruch erheben, ihre religiöse Identität beizubehalten. Auf diesem Weg zu einem europäischen, demokratiekompatiblen Islam gibt es zahlreiche Krisen- und Konfliktherde. Österreich kann – insbesondere mit seinem islamischen Religionsunterricht an öffentlichen Schulen – ein entwicklungsfähiges Vorzeigeprojekt sein: „Scheitert Österreich, scheitert Europa" (vgl. Aslan 2009; sowie in einem Gastkommentar der österreichischen Tageszeitung „Die Presse" vom 1. Februar 2009).
- *Die Ideologie des europäischen Säkularismus* ist ein weltweit einzigartiges und spezifisch westeuropäisches Phänomen. Der Säkularismus erhebt (im Unterschied zur Säkularisierung als einer deskriptiven Kategorie) einen programmatischen Anspruch: Ein modernes Europa ist ein religionsloses Europa.[42] Der Niedergang der Religion ist das Ziel der Geschichte. Heute erweist sich diese normative Teleologie als überholt. Die intensivierte Auseinandersetzung mit Religion im öffentlichen Raum und die wis-

[42] Der massive Widerstand zumal der katholischen Kirche gegen das Aufkommen der Moderne hat zur tiefen Spannung zwischen Christentum und Moderne beigetragen. In Europa musste die Moderne der Kirche abgerungen werden. Anderes in Amerika: Dort haben die christlichen Auswanderer/Auswanderinnen ein freiheitlich-modernes Amerika begründet. Kurz: In Europa entstand die moderne Gesellschaft gegen das Christentum, in Amerika mit seiner Hilfe.

senschaftliche Beschäftigung machen empirisch und historisch deutlich wahrnehmbar, dass Säkularisierung keine notwendige, sondern eine global gesehen europäische „Exzeptionalität" (vgl. Davie 2000) ist – also eine Ausnahme. Religiosität und Säkularität sind in der europäischen Geschichte aufs Engste verwoben (vgl. Hervieu-Legér 2003; Martin 2004). Es zeugt von historischer Ignoranz, dies zu leugnen. Bei der Suche nach einer europäischen Identität ist diese Frage – das Verhältnis von Religion, Säkularität und Aufklärung – neu zu bedenken; die Kriege zwischen ihnen wären zu beenden und in eine lernende Konfliktivität zu transformieren.

- *Die Entwicklung des modernen Wohlfahrtsstaates in Westeuropa* hat den Europäer(inne)n eine neue Möglichkeit gegeben, ihre kollektive Identität von der Nationalkirche hin zum Nationalstaat zu übertragen. Besonders dramatisch hat sich dies in Großbritannien und den Niederlanden ereignet, abgeschwächt in Westdeutschland und Österreich, durch kantonale Struktur und Isolation von Europa abgefedert auch in der Schweiz. Man braucht die Kirche nicht mehr für eine kollektive Identität; auch dies forciert Entkirchlichungsprozesse[43] bzw. Transformation des Kirchenbezuges.
- *Die Krise institutioneller Autorität in den 60er Jahren* und sogar in Österreich, ist ein weiterer wesentlicher Faktor für die Entkirchlichungsprozesse. Student(inn)enrevolte, alternative Gegenkultur, Umwälzung der Geschlechterrollen, die enge Verbindung dieser Bewegung mit politischen Fragen; all dies betraf auch die Kirchen, die primär abwehrend und zu langsam auf diese Krise reagierten. Hier – in der Ablehnung einer autoritär verordneten Religion bzw. einer religiös begründeten repressiven Moral – finden sich auch die Ursachen der Entstehung kirchenferner, neuer religiöser und spiritueller Bewegungen, die sich einer Einordnung in Institution widersetzen oder ihr kritisch gegenüberstehen. Die Prozesse religiöser Individualisierung sind aufs Engste mit der Krise der Autorität verbunden. Menschen entziehen sich heute jedenfalls, wenn möglich, autoritären (oder als autoritär

[43] Entkirchlichung meint: Erosion und Verschwinden traditionell-krichlich formatierter Religiosität und Glaubens; dieser Prozess ist nicht per se ident mit der Erosion von Religiosität und Glaube.

wahrgenommenen) Institutionen und Strukturen. Attraktiv sind autoritäre Konzepte nur für jene, die die Freiheit fürchten und flüchten.

- Schließlich führen Individualisierung, Pluralisierung und steigende Ambivalenz – ausgelöst durch Modernisierungsprozesse insbesondere in Wirtschaft, Politik und Wissenschaft – zu *wachsendem Orientierungsbedarf in Fragen von Sinn und Lebensbewältigung*. In einer verunsicherten „Kultur der Angst" (vgl. Furedi 2003), für psychisch und/oder sozial und politisch autoritär strukturierte Freiheitsflüchtige und pluralitätsinkompetente Freiheitsfeinde wird Religion ein möglicher Referenzpunkt zur Bewältigung der Modernisierungskrise. Aber dies wird sie auch für jene postsäkularen, postmodernen innovationsfreudigen Bevölkerungsgruppen, die auf der Suche nach Lebensalternativen sind, weil sie kritisch einem eindimensionalen wirtschaftlich-technischen Fortschritt gegenüberstehen, der die sozialen und ökologischen Grundlagen zerstört.

Eine eindimensionale Säkularisierungshypothese greift also nicht mehr zur Erklärung des religiösen Wandels. Historisch betrachtet ist Säkularisierung und damit auch der religiöse Wandel eine kontingente und instabile Größe (vgl. Joas 2007, 13). Die Ursachen für den religiösen Wandel sind vielgestaltig und sie müssen auch für den österreichischen Kontext gesondert erforscht und reflektiert werden. Es macht aber durchaus Sinn, den Begriff der Säkularisierung weiter zu verwenden. Denn im Sinne der Entkirchlichung ist die Säkularisierung in Österreich, wo sich nach wie vor (noch) mehr als zwei Drittel der Österreicher/-innen als Katholik(inn)en verstehen – nicht zu Ende. Im Sinne einer sozioreligiösen Normalisierung ist sie sogar voll im Gang auf struktureller Ebene. Daher verwenden wir diesen Begriff auch hier in diesem Sinne. Eine überwältigende katholische Mehrheit in einem Land hat wohl primär soziokulturelle Ursachen und historische Wurzeln denn religiöse. Dies belegen all jene Studien, die zeigen, dass langfristig nur religiöse Bindungen und entsprechende Gratifikationen an eine Kirche binden; kulturelle und soziale Selbstverständlichkeiten nicht ausreichen. Um erstere aber hat sich Kirche zu wenig gekümmert. Die Trennung von Kirche und Staat, die Unterscheidung von Religion und Politik ist außerdem eine bleibende und freiheitssichernde gesellschaftliche und politische Errungenschaft. Die Kategorie der Säkularität ist unhintergehbar und unverzichtbar. Auch theologisch ermöglicht sie nicht nur jene Vielfalt, die zum Menschsein gehört, sondern allem voran jene Freiheit, die es braucht, dass Menschen aus guten, freien und vernünftigen Gründen einen religiösen Weg wählen. Auch der christliche Weg kann nur in Freiheit gewählt werden.

1.3 Zur Studie: Methodologie und Aufbau

Der europäische Kontext zeigt, dass sich die Fragen nach Religion und Religiosität heute anders stellen. Das Bewusstsein der Menschen und der Gesellschaft hat sich gewandelt. Auch die Religionsforschung hat so ihre Perspektive erweitert. Sie fragt nicht mehr danach, ob und wie Menschen den Erwartungen und Vorgaben religiöser Institutionen entsprechen, sondern geht zuerst vom Individuum und dessen subjektiver Religiosität aus. Insofern ist die Religionssoziologie in einem ersten Schritt dafür verantwortlich, diesen religiösen „Eigen-Sinn" von Personen wahrzunehmen und zu sichern. In der Religionssoziologie spricht man von einem „ethnografisch-semantischen" Religionsbegriff (Knoblauch 2006, 92): Was verstehen die Menschen selbst unter „Religiosität"? Dabei wird zuerst nach Deutungen, nach (gemeinsam) gelebter Praxis und nach dem Bezug zu Institutionen gefragt. Das bedeutet: Der Forschungsakzent verlagert sich von der Institution zur Person. Die Rolle der religiösen Institutionen gegenüber der Religiosität der Menschen und deren inhaltlicher Ausgestaltung hat sich gewandelt. Ob diese eine Gestaltungskraft haben, hängt von der Entscheidung der Person ab. Religion ist nicht mehr unentrinnbares Schicksal, sondern Stoff einer Wahl der Person geworden (vgl. Berger 1980).

In der Auswertung der Daten, die die Europäische Wertestudie zur Verfügung stellt, haben wir dieser Entwicklung Rechnung gezollt. Unsere Interpretationen sind ein Beitrag, den religiösen Wandel in Österreich ausgehend von den Personen her besser verstehen zu können. Ursachen und Konsequenzen müssen gesondert erforscht und reflektiert werden. Wir konzentrieren uns auf die Darstellung subjektiver Religiosität in einem sozioreligiösen Kontext. Auch wenn die Wertestudie aufgrund ihrer Genese ursprünglich einen stark kirchensoziologischen Zugang hat, ermöglichen die Daten einen solchen personenorientierten Zugang. Dabei leiten uns folgende Fragen – ihnen folgt auch der weitere Aufbau des Kapitels.

- *„Subjektive Religiosität" der Österreicher/-innen*: Wie sieht die religiöse „Energie" – also Inhalt und Intensität der Religiosität – einer Person aus? Welche Vorstellungen und Überzeugungen hat sie? Wie sieht ihre Praxis aus? Welches „Glaubenshaus" erbaut sie sich? Inwieweit geschieht dies entlang der „Bauanleitungen" einer Religionsgemeinschaft, einer Kirche? Wodurch zeichnen sich die intensiv Religiösen aus? In diesem Abschnitt geht es um persönliche Einstellungen und Überzeugungen, die subjektiven „Glaubenshäuser" und die individuelle Kirchlichkeit. Die subjektive Sicht der Befragten wird dargestellt, Zusammenhänge werden erfragt.
- *„Sozioreligiöse Typologie"*: In einem zweiten Schritt entwickeln wir einen sozioreligiösen Religiositätsbegriff, mit dem wir die subjektiven Daten ordnen und interpretieren, sog. „Konstrukte zweiter Ordnung" (Knoblauch 2006, 92). Aus einer Kombination von subjektiver Religiosität, inhaltlicher Formatierung von „Glaubenshäusern" und Kirchlichkeit wird eine sozioreligiöse Typologie entwickelt. Dies ermöglicht einen Überblick über die sozioreligiösen Groß-Trends in Österreich und deren Intensität.
- *„Gelebte Religiosität"*: Ein subjektiv religiöses Selbstverständnis sowie die Zugehörigkeit zu einem sozioreligiösen Typus bedeuten keinesfalls automatisch, dass eine Person ihre Religiosität bereits konkret lebt. Wir möchten wissen: Gibt es entscheidende soziologische Faktoren, die ein subjektives religiöses Selbstverständnis auch konkret werden lassen? Wer sind jene Menschen in Österreich, die eine religiöse Praxis aufweisen – und welche Faktoren sind dafür entscheidend?
- *„Die lebensprägende Kraft des Sozioreligiösen"*: Sodann fragen wir nach der lebensprägenden Kraft des Sozioreligiösen: Welche lebensgestaltende Mächtigkeit hat die so gewachsene religiös-kirchliche Ausstattung einer Person? Wie hängen religiöse Optionen mit anderen Lebenseinstellungen, die die Wertestudie erforscht, zusammen? Dabei reicht der Begriff „Leben" von der Gestaltung persönlicher Lebensfelder hin zu politischen Optionen. Schließlich gilt es nachzuverfolgen, ob sich in all diesen Aspekten des

Sozioreligiösen in den letzten 20 Jahren in Österreich etwas verändert hat: Was und in welche Richtung hat es sich verändert?

Die Europäische Wertestudie bietet als Globalstudie spezifische Möglichkeiten, hat aber auch Grenzen. Als Langzeitstudie ermöglicht sie einen Überblick über einen Zeitraum von fast drei Jahrzehnten. Die oben beschriebenen europäischen Entwicklungen lassen sich hier für Österreich gut nachzeichnen und überprüfen. Insbesondere dem Phänomen der Säkularisierung im Sinne der Entkirchlichung kann ausgezeichnet nachgegangen werden. Der historischen Realität eines katholisch-geprägten Österreich wird so entsprochen; zugleich kann gezeigt werden, wie dieses sich sozioreligiös über die Jahrzehnte hinweg verändert: *Aus einem katholisch geprägten Land wird ein religiös plurales Land, das weiterhin stark christlich geprägt bleibt. Die traditionellen Kirchenbindungen lösen sich auf, das Verhältnis zu den Kirchen geht aber nicht gänzlich verloren, sondern transformiert sich.* Insofern die Fragestellungen zum Thema Religion quantitativ beschränkt sind und einen kirchensoziologischen Ursprung haben, können mittels dieser Studie die sogenannten neuen religiösen und spirituellen Bewegungen und Tendenzen nicht angemessen sichtbar und in ihrer Tiefenqualität erfasst werden (vgl. Zulehner 2007). Dies gilt auch für anders-konfessionelle und anders-religiöse Gruppen, insbesondere die Orthodoxen und die Muslim(inn)en. Sample und Fragestellungen werden einer repräsentativen Darstellung nicht gerecht. Hier bedarf es gesonderter Forschung.

2 Subjektive Religiositäten in Österreich

2.1 „Eigen-Sinn“ von Religiosität: Wie die Menschen sich selbst beschreiben

Selbsteinschätzung

2008 bezeichnen sich in Österreich zwei Drittel (61 %) als religiöse Menschen, ein Drittel (30 %) ist der Meinung, „kein religiöser Mensch“ zu sein. Vier Prozent halten sich für überzeugte Atheist(inn)en. Fünf Prozent gaben an, dies „nicht zu wissen“. Im Vergleich zu 1999 ergeben sich damit gravierende Veränderungen: Damals verstanden sich 75 Prozent als „religiöser Mensch“, 18 Prozent als „kein religiöser Mensch“ und nur zwei Prozent als „Atheist/-in“. Diese rasante Abnahme eines religiösen Selbstverständnisses spiegelt die Entkirchlichungsvorgänge wider, denn „religiös sein“ bedeutet in Österreich nach wie vor „katholisch sein“.

- Der Rückgang ist vor allem auf die Erosionsprozesse bei den jüngeren Österreicher(inne)n zurückzuführen: 43 Prozent „Religiöse“ (2008) bei den unter 30-Jährigen gegenüber 66 Prozent (1999); 57 Prozent „Religiöse“ (2008) bei den 30- bis 45-Jährigen gegenüber 75 Prozent (1999).
- Auch der Rückgang bei den Männern ist beachtlich: Von 70 Prozent „Religiösen“ (1999) auf 55 Prozent (2008). Ein religiöses Selbstverständnis ist bei Frauen 2008 (67 %) deutlich öfter anzutreffen als bei den Männern.
- Die Älteren bezeichnen sich häufiger als religiös als die Jüngeren. Damit bestätigt sich erneut der Befund der Jugend-Wertestudie 2008: Junge Menschen in Österreich gestalten ihre Religiosität so gut wie kaum mehr kirchlich aus (vgl. Polak 2008).
- Bei der Schulbildung ist der Verlauf nicht linear. Die geringste Religiosität schreiben sich Personen mit mittlerer Bildung zu.
- Ähnlich verhält es sich es sich bei der Ortsgröße: Auf dem Land und in der Großstadt bezeichnen sich mehr Menschen als religiös als in Kleinstädten. Zugleich haben gerade im ländlichen Raum im Zeitvergleich die größten Abnahmen stattgefunden.

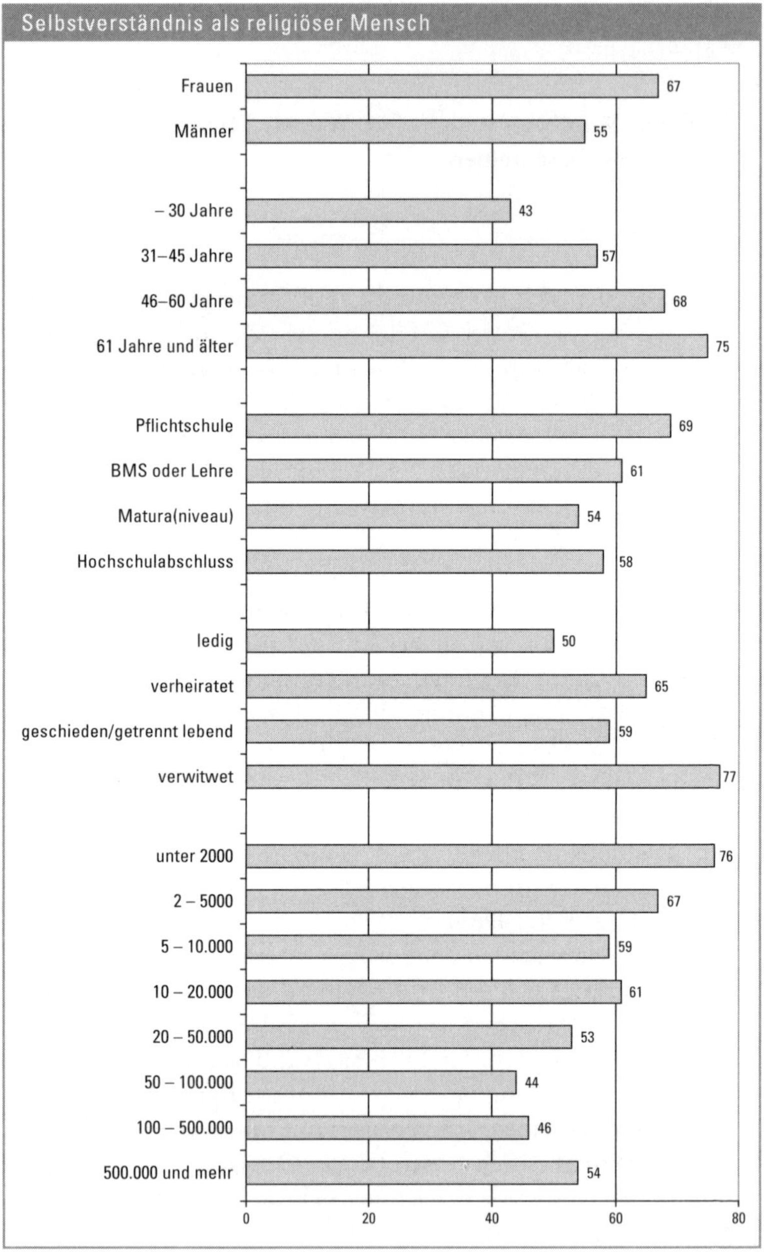

Grafik 9: Religiöse Menschen und ihre Verteilung nach Sozialmerkmalen. Angaben in Prozent, Quelle: EVS 2008.

„Religiöse" Wiener/-innen gibt es nach wie vor viele (54 %), das sind nur drei Prozent weniger als 1999 und neun Prozent mehr als 1990. Offensichtlich findet Säkularisierung (Entkirchlichung) nun zeitverzögert auch im urban-ländlichen Milieu statt. Daraus lässt sich freilich noch keine klare Aussage darüber treffen, ob damit auch der Trend einer „Wiederkehr der Religion" zu Ende ist. Dafür braucht es einen umfassenderen Einblick, wie sich diese persönliche Religiosität ausgestaltet. Außerdem ist das subjektive religiöse Selbstverständnis in Wien konstant geblieben – und die These von der Wiederkehr der Religion hat sich 1999 vor allem auf die Entwicklungen im großstädtischen Bereich bezogen. Möglicherweise vollzieht der rurale Raum derzeit zunächst jene Entkirchlichung im Sinne einer Enttraditionalisierung, die es braucht, dass „Religion" anders und neu wieder Thema werden kann. Auch in den ländlichen Gebieten findet gegenwärtig ein Wandel statt.

Religiöse Erziehung im Elternhaus

Religiosität und religiöse Praxis werden begünstigt, wenn Personen ihr Elternhaus als religiös einstufen beziehungsweise religiös erzogen werden. Der Zusammenhang ist weder empirisch und schon gar nicht theologisch zwingend, aber die Wahrscheinlichkeit, dass jemand sich selbst als religiös bezeichnet, ist höher, wenn er/sie sich selbst als religiös erzogen versteht. Dies lässt sich durch die stark familial orientierte Form und Tradierung katholischer Frömmigkeit in Österreich erklären. 2008 geben 68 Prozent an, im Elternhaus religiös erzogen worden zu sein. 1999 waren dies noch knappe 80 Prozent, 1990 81 Prozent. Ein Generationenwechsel hat stattgefunden. Familiale Tradierung von Religiosität ist im Schwinden – aber noch relevant. Jene, die sich selbst als „religiös" bezeichnen, erlebten meist auch ein religiöses Elternhaus, davon 42 Prozent ein „sehr religiöses", weitere 46 Prozent ein „eher religiöses". Nur wenige Befragte (6 %), die aus einem „sehr religiösen" Elternhaus stammen, erkennen sich heute als Nichtreligiöse oder als überzeugte Atheist(inn)en (3 %). Dass die erfahrene Religiosität im Elternhaus in das atheistische Gegenteil kippt, kommt, wenn auch nur selten, immerhin vor. Sozialwissenschaftliche Studien, die die Qualität der Elternhausreligiosität und deren Auswirkungen auf religiöse

Selbstverständnisse überprüfen, können hier weiterführen.[44] Erlebt jemand im Elternhaus religiöse Erziehung nur abgeschwächt, steigt die Wahrscheinlichkeit, dass er/sie zu einem nichtreligiösen Menschen oder zu einem/r überzeugten Atheisten/Atheistin wird: bei einem Viertel der Befragten aus diesen beiden Gruppen war dies nach eigener Darstellung der Fall.

Religiöse Vollzüge

Religiosität wird konkret im Handeln, Religion ist zuallererst eine Praxis, erst in zweiter Linie eine Denkform, die freilich Handeln erschließt und verändert. Aber eine Religion ohne Praxis ist eher Weltanschauung, Philosophie und Ideologie. Zu den wichtigsten Dimensionen religiösen Handelns im engeren Sinn gehören Rituale und Gebet/Meditation.[45]

Rituale: Religiösen Menschen sind erwartungsgemäß Rituale zu den Lebensübergängen Geburt, Heirat und Tod wichtig. Dafür besitzen in der österreichischen Kultur die christlichen Kirchen nach wie vor ein stabiles Ritenmonopol. Der Zeitvergleich zeigt: Religiöse Feiern bei Geburt, Hochzeit und Todesfall sind gleichbleibend auf hohem Niveau wichtig, tendenziell sogar 2008 wichtiger als zuvor. Am wichtigsten beim Todesfall (2008: 83 %, 1999: 83 %, 1990: 81 %), bei einer Geburt (2008 und 1999: 79 %, 1990: 81 %), bei einer Hochzeit (2008: 78 %, 1999: 74 %, 1990: 79 %). Allerdings zeigt sich hier insbesondere am Land Erosion, und im städtischen Raum werden „säkulare Ritendiener/-innen" (Begräbnisredner/-innen, Magistratsbeamte/-beamtinnen bei der zivilen Pflichttrauung) sowie professionelle Ritenbegleiter/-innen insbesondere für Nichtreligiöse attraktiver.

So wenig die große Wertschätzung dieser „rites de passage" bei den Religiösen überrascht: umso erstaunlicher ist diese bei Nichtreligiösen und überzeugten Atheist(inn)en. Bei Nichtreligiösen liegt die Erwartung zwischen 56 und 64 Prozent, selbst bei den

[44] Empirisch-repräsentative Studien zum Zusammenhang von religiöser Erziehung und Gottesbild gibt es sehr wenige: zum Beispiel Froese 2005, mit Literaturhinweisen.

[45] Dass die großen Religionen alle Lebensvollzüge als geheiligt betrachten, so gesehen Religion kein Sonderbereich im Leben ist, kann in einer solchen Studie nicht berücksichtigt werden; bzw. wird dieser Zusammenhang im Abschnitt „Lebensprägende Kraft des Sozioreligiösen" behandelt.

überzeugten Atheist(inn)en zwischen 24 und 29 Prozent. Das lässt Interpretationen in zwei Richtungen zu:

- Die Nichtreligiösen und die Atheist(inn)en schälen die kirchlich verwalteten Rituale aus ihrem religiösen Gehalt heraus. Sie schätzen deren soziale Bedeutung und vielleicht auch deren therapeutische Kraft: Rituale strukturieren Lebensübergänge, die von Hoffnungen und Ängsten aufgeladen sind; insofern Rituale Menschen auf der Seite der Hoffnung halten, setzen sie auch therapeutische Kraft frei.
- Es könnte aber auch sein, dass es im Persönlichkeitshaushalt von Nichtreligiösen und Atheist(inn)en eine untergründige religiöse Dynamik gibt, die sich mit der kognitiven Ablehnung subjektiver Religiosität durchaus vertragen kann. Menschen „spüren" die religiöse (spirituelle?) Bedeutung von Ritualen, ohne ihnen eine traditionell religiöse Deutung geben zu können oder zu wollen. Innere Konsistenz ist keine verbreitete Eigenschaft der menschlichen Person.

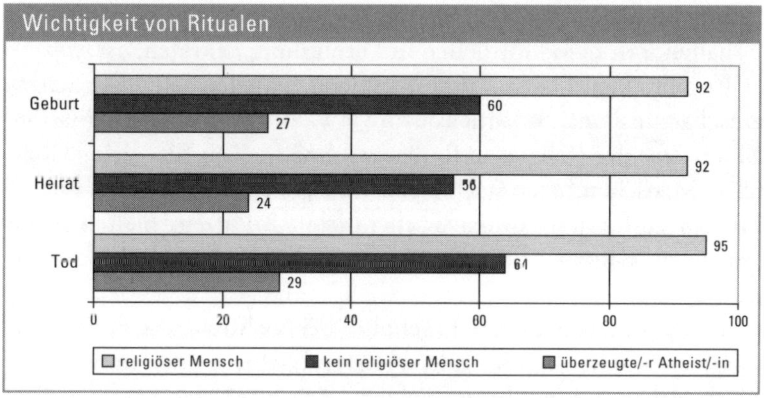

Grafik 10: Religiöse Selbsteinschätzung und Rituale zu den Lebensübergängen. Angaben in Prozent, Quelle: EVS 2008.

Beten: Die zunächst innerliche Religiosität einer einzelnen Person bringt sich auch äußerlich zum Ausdruck. Einige der ältesten religiösen Ausdrucksformen in der Religionsgeschichte sind neben den Ritualen das Beten und das Meditieren, das auch in Westeuropa im

Zuge der Meditationsbewegung der 70er und 80er-Jahre mittlerweile zum spirituellen Standardrepertoire gehört (Baier 2008).

Zwei Drittel (60 %) nehmen sich 2008 manchmal Zeit für Gebet, Meditation oder innere Einkehr. Frauen (69 %) mehr als Männer (51 %), Ältere über 60 (70 %) mehr als Jüngere unter 30 (53 %). 1999 gab es 67 Prozent „Beter/-innen", derzeit liegt damit die Zahl der „Betenden" wieder beim Niveau von 1990 (59 %). Eindeutiger, auch im Zeitvergleich der höchste Wert, ist allerdings 2008 die Ablehnung: 37 Prozent beten nie. Fragt man nach dem spezifischen Gebet zu Gott, ergeben sich folgende Entwicklungen:

- Signifikant abgenommen haben seit 1999 jene, die mehrmals in der Woche bzw. täglich beten: von einem Drittel (33 %) auf 26 Prozent.
- Die Zahlen jener, die zumindest einmal wöchentlich (9 %), monatlich (12 %) oder jährlich (25 %) beten, sind weitgehend konstant geblieben.
- „Nie" beteten 1999 ein Fünftel (20 %), 2008 sind es 24 Prozent.
- Interessant ist, dass 44 Prozent angeben, dass sie eine eigene Art haben, mit dem Göttlichen in Verbindung zu treten.

Es gibt einen klaren Zusammenhang zwischen religiöser Selbsteinschätzung und Ausdrucksform via Gebet und/oder Meditation. 81 Prozent der Religiösen finden regelmäßig Zeit fürs Beten. Religiöse Menschen beten nach eigenen Angaben auch faktisch oft: 54 Prozent zumindest einmal wöchentlich. 72 Prozent hielten es für gut, wenn Kinder in der Schule für Gebet und Meditation mehr Zeit hätten.

Wiederum überraschen Ergebnisse bei Nichtreligiösen und überzeugten Atheist(inn)en. Jede/-r vierte Nichtreligiöse und jede/-r fünfte Atheist/-in hat (grundsätzlich) Zeit fürs Beten bzw. Meditieren. Diese Praxisformen sind also nicht zwingend an ein religiöses und/oder konfessionelles Selbstverständnis gebunden, sondern werden offenkundig als Möglichkeiten zur Erfahrung von Ruhe, Sein und Stille erlebt. 15 Prozent der überzeugten Atheist(inn)en beten zumindest einmal jährlich, bei den Nichtreligiösen sind dies 45 Prozent. Leider ist es bei den vorliegenden Daten nicht entscheidbar, ob es sich bei der Praxis dieser nicht an institutionalisierte Religion gebundenen Menschen um Beten oder Meditieren handelt.

Auch beim Meditieren gibt es Zusammenhänge mit dem religiösen Selbstverständnis. 38 Prozent der religiösen Menschen meditieren nie. Unter den überzeugten Atheist(inn)en meditieren 69 Prozent „nie", unter den Nichtreligiösen 72 Prozent „nie". In der Umkehrung heißt dies, dass 62 Prozent der Religiösen meditieren, 28 Prozent der Nichtreligiösen und 31 Prozent der Atheist(inn)en dann und wann, wenngleich auch eher seltener, meditieren. Auffällig ist, dass in der Gruppe jener, die sich bei der Frage der religiösen Selbsteinschätzung nicht zugeordnet haben („weiß nicht"), über die Hälfte (52 %) hin und wieder meditiert. Die sich nicht begrifflich eingeordnet haben, sind den religiösen Menschen verwandt: Offensichtlich können sie traditionell religiösen Praxisformen Sinn und Relevanz abgewinnen, deuten diesen aber nicht in überkommener religiöser Terminologie. Vielleicht assoziieren sie mit „Religiosität" etwas, das sie ablehnen; sind sich unsicher, ob das, was sie dabei erfahren, mit religiösen Inhalten zu tun hat, haben kann oder darf. Vielleicht aber halten sie sich selbst für inkompetent, dies zu beurteilen; erfahren „Anderes", nicht Definierbares – oder es ist ihnen schlichtweg gleichgültig.

Religiöse Erfahrung

Gelebte Religiosität beinhaltet immer auch eine Erlebnisdimension – spezifische Gefühle werden dann in einen größeren Deutehorizont gebettet und aus ihm heraus interpretiert. So werden sie zur Erfahrung (also einem gedeuteten Erlebnis). Ein solches Gefühl ist das Gefühl der „All-Einheit". Dieser Anspruch auf Erfahrungsnähe ist wesentlich für die Veränderungsprozesse subjektiver Religiositäten. Die Wertestudie 2008 hat daher erstmals auch Erlebnis- und Erfahrungsqualitäten abgefragt. Allerdings gilt ein solches Gefühl der „Verwobenheit mit allem" lediglich als eine eher gelegentliche Erfahrung. Zwei Prozent erleben dies sehr oft, ein Zehntel oft, ein Drittel (36 %) gelegentlich, ein weiteres Drittel (30 %) selten und 19 Prozent nie. Frauen, Wohlhabende, Glückliche erleben das Gefühl der All-Einheit öfters. Dieses Ergebnis passt auch zu der hohen Zustimmung von 53 Prozent, die sagen, dass man von Gott wenig spürt (1999: 53 %).

Der Zusammenhang zwischen dem Gefühl der All-Einheit und dem religiösen Selbstverständnis ist auffällig: 90 Prozent der Religiösen kennen dieses Gefühl. Offensichtlich spielt die Erfahrung eines solchen Gefühls und dessen religiöse Deutung eine wesentliche Rolle für ein religiöses Selbstkonzept, mehr als Erziehung und funktionale Aspekte wie Trost. Dieses Gefühl wird jedoch offenkundig nicht zwingend als religiöse Erfahrung gedeutet. Selbst die Hälfte der überzeugten Atheist(inn)en kennt dieses Erlebnis, ebenso zwei Drittel der Nichtreligiösen. Dieses Ergebnis zeigt, dass „spirituelle Erfahrungen“ im weitesten Sinn auch bei Atheist(inn)en vorkommen können. Es gibt einen spirituellen Atheismus. Das Gefühl des All-Einsseins ist nicht zwingend religiös zu deuten – bzw. lehnen manche Menschen eine klassisch religiöse Deutung aus biografischen, intellektuellen oder historischen Gründen ab.

Gefühl, mit allem eins zu sein	**nie**	**selten**	**gelegentlich**	**oft**	**sehr oft**	**k. A.**
religiöser Mensch	10	28	41	15	3	3
kein religiöser Mensch	33	34	26	4	1	3
überzeugte/-r Atheist/-in	49	20	23	4	1	3

Tabelle 12: Wie oft haben Sie das Gefühl, mit allem eins zu sein? Angaben in Prozent, Quelle: EVS 2008.

Trost aus Glauben: Religiosität kann vertrösten, so der atheistische Vorwurf. Dann lenkt er von der Lösung weltlicher Probleme im Leben der Einzelnen oder im Zusammenleben ab. Vertröstung bedeutet, Leid auszublenden. Religiosität kann aber auch trösten und kräftigen im Angesicht von Leid: vor allem inmitten des Unabänderlichen, von unentrinnbarem Leid, angesichts der Herausforderung des Todes, also der Frage, was am Ende länger währt, der Tod oder die Liebe. 54 Prozent geben an, aus dem Glauben Trost und Kraft zu beziehen. Das sind kaum weniger als 1999 (57 %) und immer noch mehr als 1990 (47 %). Wie sehr der Glaube gerade für die „Religiösen“ tröstendes Potenzial ist, zeigen die Daten: 80 Prozent ziehen aus ihrem Glauben Trost; das sind um acht Prozent mehr als noch 1999. Aber auch 13 Prozent der Nichtreligiösen und fünf Prozent der überzeugten Atheist(inn)en kennen (bereits 1999) einen solchen Glaubenstrost. Aus welcher Quelle sie ihn beziehen, lassen die Daten nicht erkennen. Offensichtlich bedarf es in Zeiten, die als schwierig und krisengeschüttelt wahrgenommen werden, verstärkt tröstender Religion. Hier zeigt sich möglicherweise eine qualitative Bedeutungsverschiebung von Religion.

Interesse für Übernatürliches/Nachdenken über religiöse Themen: Eine weitere wichtige Dimension, die etwas über die Intensität von Religiosität aussagt, ist die Beschäftigung mit Übersinnlichem und das Nachdenken über religiöse Themen. 2008 denkt ein Fünftel (20 %) zumindest „oft“, weitere 36 Prozent „manchmal“ über solche Themen nach. 16 Prozent interessieren sich „sehr“, 41 Prozent „etwas“ für Übersinnliches. Frauen tun beides in jedem Fall häufiger. Erneut zeigt sich ein enger Zusammenhang solchen Interesses und Nachdenkens mit religiöser Selbsteinschätzung: Religiöse Menschen nehmen (zumeist) eine Verbindung mit einem Übernatürlichen auf. 74 Prozent interessieren sich denn auch zumindest „etwas“ dafür. Unter den nichtreligiösen Menschen sind es immerhin 26 Prozent, unter den überzeugten Atheist(inn)en ein Fünftel (23 %) – allerdings sind hier deutlich mehr als unter den Nichtreligiösen, die sich sehr dafür interessieren. Überzeugte Atheist(inn)en – das legt schon der Begriff „überzeugt“ nahe – haben ein größeres Interesse an übernatürlichen Themen. Nichtreligiöse sind an ihnen weniger stark interessiert.

Interesse für Übernatürliches	sehr	etwas	kaum	gar nicht
religiöser Mensch	21	53	19	6
kein religiöser Mensch	6	20	36	37
überzeugte/ r Atheist/ in	14	9	27	49

Tabelle 13: Wie sehr interessieren Sie sich für Übernatürliches? Angaben in Prozent, Quelle: EVS 2008.

Dem entspricht auch das Nachdenken über religiöse Themen. Überzeugte Atheist(inn)en denken über solche Themen etwas mehr nach als Nichtreligiöse. Dass 71 Prozent der Religiösen zumindest gelegentlich nachdenken, ist nicht weiter erstaunlich. Allerdings tun dies „oft“ nur 29 Prozent; ein religiöses Selbstverständnis ist also durchaus bei einer Minderheit eine reflektierte Angelegenheit.

Denken Sie an religiöse Themen?	nie	selten	gelegentlich	oft	sehr oft
religiöser Mensch	4	21	46	21	8
kein religiöser Mensch	36	41	19	3	1
überzeugte/-r Atheist/-in	43	29	24	3	1

Tabelle 14: Wie oft denken Sie an religiöse Themen? Angaben in Prozent, Quelle: EVS 2008.

2.2 Glaubenshäuser: „Gott" und „Tod" als letzte Fragen

Die Frage nach einem letzten, universalen Lebenssinn, nach einer transzendenten Wirklichkeit und nach einem Weiterleben nach dem Tod sind die großen Fragen, die alle Religionen umtreiben. Gott und Tod sind daher zentrale religiöse Themen. Sie bilden die tragenden Säulen der Glaubenshäuser auch von Zeitgenoss(inn)en. Das Baumaterial für diese Glaubenshäuser kommt, wie die Daten zeigen, nach wie vor für die Mehrheit der Menschen aus der christlichen Tradition. Auch wenn andere hier nicht abgefragt werden, belegen dies die nach wie vor hohen Zustimmungsraten. Ergänzend kommen heute aber auf dem „Baumarkt" der Weltdeutungen Elemente aus anderen religiösen Traditionen, insbesondere der östlichen Religionen hinzu (z. B. Wiedergeburt).

In einem ersten Schritt analysieren wir die Glaubensgebäude der Menschen mit einer Reihe bewährter Statements. Dabei werden die Aussagen den beiden Grundthemen Gottesbilder und Todesbilder zugeordnet. Es wird auf die Detailanalysen gestützt eine Typologie von Glaubenshäusern erstellt.

Gottesbilder

73 Prozent der befragten Österreicherinnen und Österreicher glauben 2008 (ganz allgemein) an einen Gott. Das ist seit 1990 (77 %) der niedrigste Wert und seit 1999 (82 %) signifikant gesunken. Das Nachlassen des Gottglaubens ereignete sich vor allem in Niederösterreich, im Burgenland, in Oberösterreich und Salzburg, in den ländlichen Regionen, am wenigsten noch in Wien.

Der Existenz eines Himmels stimmen 37 Prozent zu, einer Hölle ein Viertel (25 %). Über die Hälfte (52 %) sagen, es gebe eine Sünde.

Dabei hat im Zeitvergleich der Glaube an die Sünde abgenommen (von 57 % 1990 und 1999 auf 52 %), der Glaube an die Hölle seit 1999 (16 %) auffallend zugenommen und ist höher als 1990 (18 %).

Das Gottesbild erweist sich aus dieser Sicht als blass und abstrakt, das heißt, es verbindet sich zunehmend weniger mit traditionellem Vokabular und Vorstellungen. Der Gottesglaube ist gewissermaßen „ortlos", das Gottesbild weitgehend relationslos zu diesen Begriffen. Wenn es eine Sünde gibt, dann ohne Gottesbezug. Auch von Himmel und Hölle ist der Begriff abgekoppelt, 2008 wird allerdings die Hölle wieder Thema. Dies war auch bei der Jugend-Wertestudie 2008 zu beobachten (vgl. Polak 2008). Spiegeln sich hier die apokalyptischen Ängste unserer Zeit wider? Und: Es sind vor allem jene, denen es gesundheitlich schlecht geht (32 %), die mit dem Leben unzufrieden sind (33 %), die wenig Gebildeten (41 %) und die Armen (32 %), die auffallend häufig an eine Hölle glauben.

Die signifikante Abnahme des Glaubens an Gott und die Vielfalt der Gottesbilder zeigen, dass es den Kirchen in den vergangenen Jahren nicht gelungen ist, den zwischen 1990 und 2000 rasant angestiegenen Gottesglauben mit Inhalt und Leben zu füllen und aus einem abstrakten Gedanken, einer Sehnsucht und einer in der Luft liegenden Gottesfrage entgegenzukommen. Wofür steht Gott? Dies scheint über die Vorstellung eines „höchsten Prinzips", einer „Erstursache" nicht sehr weit hinauszugehen. Gottesglaube als Alternative in Zeiten von gesellschaftlichem Umbruch und Krisenerfahrungen hat sich offenbar nicht als tauglich erwiesen; dies gilt umso mehr für die Benachteiligten. So sind die Zahlen wieder auf ein europäisches Durchschnittsniveau zurückgefallen. Von einer quantitativen Rückkehr der Gottesfrage kann also nicht mehr gesprochen werden.

Die Buntheit der Gottesvorstellungen 2008 zeigen auch die Antworten auf die Frage „Welche Aussage kommt Ihren Überzeugungen am nächsten?" Die Hälfte der Befragten (48 %) tendiert zu einem allgemein gehaltenen Gottesbild, das als „höheres Wesen" oder „geistige Macht" gedacht wird. Dies entspricht in etwa dem Stand von 1990. Möglicherweise verbergen sich hinter dieser abstrakten Formulierung auch neue Erfahrungen mit Gott, aber dazu geben die Daten zu wenig Konkretes her. Einem „persönlichen Gott" kann ein Viertel (26 %) ihre Zustimmung geben, 1999 waren dies noch 30 Prozent. 13 Prozent wissen nicht recht, was sie glauben sollen, das sind vier Prozent mehr als 1999. Elf Prozent sind sich sicher, dass es weder Gott noch ein höheres Wesen oder eine geistige Macht gibt.

Gottesvorstellungen	alle	Gottgläubige
Es gibt einen persönlichen Gott.	26	35
Es gibt irgendein höheres Wesen oder eine geistige Macht.	48	56
Ich weiß nicht richtig, was ich glauben soll.	13	7
Ich glaube nicht, dass es Gott, höheres Wesen oder geistige Macht gibt.	11	1
keine Angabe	2	0

Tabelle 15: Gottesvorstellungen. Angaben in Prozent, Quelle: EVS 2008.

Wichtigkeit und Stärke des Gottesglaubens

Die Wichtigkeit Gottes im Leben ist ein Gradmesser für die Intensität von Gottesglauben. Auch hier haben die Werte einen Tiefpunkt erreicht – und das nach einem Aufschwung 1999. 2008 ist Gott wichtig für ein Drittel (32 %); 1999 waren dies 46 Prozent, 1990 41 Prozent. Für 42 Prozent ist Gott zwar „mittel" wichtig, das sind mehr als 1999, aber die Zahl jener, für die Gott nicht wichtig ist, hat seit 1990 mit 25 Prozent ihren Höchstwert erreicht. Die Ablehnung ist am stärksten bei den Männern, bei den unter 30-Jährigen, in Wien und in Städten zwischen 100.000 und 500.000 Einwohner(inne)n.

Eingreifen Gottes ins Leben

45 Prozent erleben Situationen mit dem Gefühl, dass Gott in ihr Leben eingreift (3 % sehr oft, 9 % oft). „Oft" erleben dies tendenziell Frauen, Personen ohne Schulabschluss und mit niedrigstem Einkommen. Diese Erfahrung hängt mit Gebet und Gottesbild zusammen. Wer an einen persönlichen Gott glaubt, betet auch tendenziell häufiger. Zwei Drittel (67 %) jener, die an einen persönlichen Gott glauben, beten zumindest einmal in der Woche. Bei jenen, die an eine höhere Macht glauben, ist es nur ein Drittel (36 %).

Dass Gott aktiv in ihr Leben eingreift, ihnen etwas sagen will: Damit rechnet nur ein Teil jener, die Gott für eine Person ansehen. Ein Drittel (32 %) von ihnen glaubt, dass er dies „oft“ tut, 42 Prozent meinen, er tue dies „gelegentlich“. Ähnlich sind die Ergebnisse bei der Frage, ob Gott etwas mitteilen will. Ein Drittel (30 %) jener, die an einen persönlichen Gott glauben, meint, er tue dies oft. Umgekehrt ist erstaunlich, dass von jenen, die sagen, dass es keinen Gott gebe, 17 Prozent meinen, ein solcher greife gelegentlich in das Leben ein; und 15 Prozent der Ansicht sind, dass er etwas mitteilen will. Generell lässt sich feststellen, dass nur eine Minderheit selbst jener, die an einen persönlichen Gott glauben, mit der Präsenz Gottes im konkreten Lebensalltag rechnet. Der Gottesglaube ist offenbar etwas zahnlos, Gott wird von einer Mehrheit als distanziert und fern erfahren, sprach- und wirkungslos.

Todesbilder

Das zweite im Glaubensgefüge der untersuchten Menschen wichtige Thema ist jenes des Todes. Angeblich in unserer Kultur verdrängt und tabuisiert, haben die Menschen doch eine Vorstellung vom Tod und von einem (möglichen) Leben danach: sowohl die religiösen wie die atheisierenden Menschen

In der europäischen, vom Christentum maßgeblich geprägten Kultur galten bisher als Pole der Todesdeutung, dass es entweder eine Hoffnung auf Auferstehung gibt, oder dass mit dem Tod alles aus ist. Dieser Polarität gemeinsam ist ein lineares Zeitkonzept von einem Anfang und einem definitiven Ende beziehungsweise einer bleibenden Vollendung. Das bedeutet wissenssoziologisch, dass die „Sterblichen“ raum-zeitlich in einer „engen“ Welt leben, diesseitig und kurzzeitig; die „Unsterblichen“ hingegen leben entgrenzt, in Ewigkeit und Unendlichkeit.

Diese herkömmliche Polarität hat sich in den letzten Jahrzehnten erweitert. In Europa hat sich die aus Asien kommende Idee der Reinkarnation eingebürgert. Deren Zeitkonzept ist jenes des Kreislaufs, der ständigen Wiederkehr, die sich allerdings verbindet mit der Sehnsucht nach dem bleibenden Entsinken ins All-Eine, das gefüllte Nichts, das Nirwana. Im Bevölkerungsschnitt gehen ein

Viertel (24 %) von einer Reinkarnation aus, das sind etwa so viele wie 1990; 1999 waren dies mit 19 Prozent weniger.

Die Todesbilder sind also heute bunter als vor Jahrzehnten. Die Hälfte (51 %) glaubt wie 1999, dass es ein Leben nach dem Tod gibt (1990: 44 %), 39 Prozent glauben zumindest eher an die Auferstehung (etwas weniger als 1999: 42 %); dass mit dem Tod alles aus ist, meinen 37 Prozent. Dazu kommt eine Gruppe von Menschen, die hinsichtlich eines Glaubens an ein Leben nach dem Tod unsicher sind.

Die in der Studie eingebrachten Items machen via Clusteranalyse[46] vier Grundtypen erkennbar. Wir nennen sie die *Jenseitigen*, die *Diesseitigen*, die *Unsicheren* sowie jene, die auf eine *Reinkarnation* hoffen.

- Das Todesbild der *Diesseitigen* nimmt an, dass mit dem Tod alles aus ist. Auch die Hoffnung auf ein Weiterleben nach dem Tod ist gering. Mit einer Vorstellung von Reinkarnation oder einem ewigen Naturkreislauf kann man sich noch eventuell anfreunden, der christliche Auferstehungsglaube wird abgelehnt. 21 Prozent der Österreicherinnen und Österreicher sind dieser Gruppe zuzuzählen.
- Die Mittelwerte der *Unsicheren* liegen im Mittelfeld, die Meinungslage dieser Gruppe ist uneinheitlich und auch tendenziell unklar, unsicher. Man kann oder möchte sich nicht festlegen, lehnt keine Aussage eindeutig ab, stimmt keiner überzeugt zu. Sie machen in Österreich ein starkes Drittel (36 %) aus.
- Die beiden Gruppen, die eine starke Hoffnung über den Tod hinaus haben, sind jeweils 21 Prozent stark. Während die Gruppe *Reinkarnation* die höchsten Zustimmungen bei den einschlägigen Items zur Wiedergeburt hat (85 % nehmen eine Reinkarnation an),
- wird eine solche nur von einer Minderheit der *Jenseitigen* (11 %; unter den Unsicheren sind es immerhin 19 %) angenommen. Diese letzte Gruppe scheint mehr vom christlichen Auferstehungsglauben geprägt zu sein. Allerdings haben (auch) diese christlich geprägten Personen zur Vorstellung einer Auferstehung mit Leib und Seele schwer Zugang.

[46] Mittels eines statistischen Verfahrens werden Gruppen gebildet, deren Mitglieder ähnliche Merkmale aufweisen. Innerhalb der Gruppe wird größtmögliche Homogenität angestrebt, bei gleichzeitiger Heterogenität zwischen den Gruppen.

2.3 Kirchlichkeit

Neben subjektiver Religiosität und den unterschiedlichen Glaubenshäusern soll nun noch der Bezug zu religiösen Institutionen dargestellt werden. Der europaweit normierte Fragebogen der Wertestudie ermöglicht dies repräsentativ freilich nur für einen Bezug zu Kirchen. Wir stellen nunmehr dar, ob die Befragten zu einer religiösen/kirchlichen Gemeinschaft gehören, für eine solche ehrenamtlich arbeiten, und aus welchen Motiven heraus sie das tun. Sodann interessiert uns, wie sehr sich die Befragten am Gottesdienst ihrer religiösen Gemeinschaft/Kirche beteiligen. Von Interesse ist, wie stark das persönliche Glaubenssystem der Befragten von ihrer Gemeinschaft geformt wird. Von Belang ist schließlich, ob die Befragten ihrer oder einer Kirche Vertrauen schenken.

Mitgliedschaft

83 Prozent der Befragten erklären sich 2008 als Mitglied einer Religionsgemeinschaft (1999: 87 %, 1990: 85 %). 16 Prozent lehnen dies ab (1999: 12 %). Der Großteil rechnet sich der römisch-katholischen Kirche zu (73 %). Fünf Prozent der Befragten sind evangelisch, dazu kommen 0,4 Prozent freikirchliche Christ(inn)en. Orthodoxe, Altkatholik(inn)en und andere christliche Bekenntnisse sind in dieser Studie Minderheiten, ebenso Buddhist(inn)en und Angehörige anderer Religionen. Die Muslime/Musliminnen sind in der Umfrage mit 2,1 Prozent vertreten. Die zweitstärkste „Konfession" sind die Konfessionslosen.

Kirchgang

In Zeiten des kulturell verbürgten Wählen-Könnens ist die Beteiligung auch von Kirchenmitgliedern am Leben ihrer Kirchenorganisation wählerisch. Das kommt bei der Beteiligung am Gottesdienst deutlich zum Ausdruck. Es gibt Mitglieder, die sonntags zur Kirche gehen, andere hin und wieder, andere schließlich selten oder nie. Der zumindest wöchentliche Gottesdienstbesuch ist von einem Viertel (25 %) 1990 auf 17 Prozent 2008 gesunken. Ein Drittel (31 %) geht nie (1990: 16 %). Monatlich besuchen zwölf Prozent den Gottesdienst (1990: 20 %). Der Besuch zu Feiertagen ist allerdings gewachsen: von 17 Prozent (1990) auf 23 Prozent (2008). Die Kirchgangspraxis der Katholik(inn)en ist aufgrund unterschiedlicher Kirchgangsnormen intensiver als jene der Protestant(inn)en.

Neben diesem generellen Unterschied zwischen den Konfessionen zeigen die Daten auch drastische Unterschiede innerhalb der einzelnen christlichen Kirchen. Die Beteiligung ist auch bei Katholik(inn)en gestuft. Ein Fünftel (20 %) kommt jeden Sonntag zur Kirche – was für eine große Organisation unter modernen Bedingungen ein beachtlich hoher Wert ist. Weitere 40 Prozent unter den Katholik(inn)en sind „gelegentlich" im Gottesdienst. Ein Drittel in etwa „selten" oder so gut wie „nie". Die Daten für die Gruppe der „früher Katholischen" lassen erkennen, dass aus diesem Drittel jene Personen kommen, die ihre lose Beteiligung und damit sichtlich auch Bindung bei gegebenem Anlass in einen Austritt umformen. Sie verlassen die Kirchengemeinschaft, zu der die Beziehung ausgedünnt worden ist. Das ist eine Lesehilfe dafür, dass der Kirchgang zumindest bei den Katholik(inn)en ein aussagekräftiger Gradmesser für Kirchlichkeit ist.

Je häufiger die Beteiligung von Befragten am Gottesdienst ihrer Kirche ist, desto wahrscheinlicher ist auch die Zustimmung zu genuin christlichen Glaubenspositionen wie

- Es gibt einen Gott, der sich in Jesus zu erkennen gegeben hat.
- Die Zukunft liegt im von Jesus Christus verkündeten Reich Gottes.
- Die Auferstehung Jesu Christi gibt meinem Tod einen Sinn.

Daraus kann gefolgert werden, dass der Gottesdienst der Kirche eine inhaltlich prägende Kraft auf das persönliche Glaubenssystem hat und/oder umgekehrt ein inhaltlich konturierter Glaube Kirchgang begünstigt. Kirchgänger/-innen sind tendenziell eher bereit, sich der Gestaltungskraft der eigenen Glaubensgemeinschaft zu öffnen. Verläuft der Einfluss in diese Richtung – also von der Gemeinschaft auf die Person –, dann bewahrheitet sich das missionarische Axiom aus dem angelsächsischen Raum „belonging before believing". Die Wahrscheinlichkeit, dass zuerst jemand zum persönlichen Christusglauben kommt und daraufhin sich am Gottesdienst beteiligt, scheint geringer zu sein. Vielmehr prägen die Zugehörigkeit zur Kirche und die Teilnahme an ihrem Gottesdienst die Inhalte des Glaubens. Hier zeigt sich die stärkere Bedeutung von gelebter Religiosität und ihrer Praxis beziehungsweise der dabei möglichen Erfahrungen gegenüber einem rein kognitiven Zugang zu Religion. Religiosität lernt man durch und im Leben – und im Feiern.

Organisationen

Die stärkere Kirchlichkeit der Sonntagskirchgänger/-innen zeigt sich auch in deren überdurchschnittlichem ehrenamtlichen Engagement in kirchlichen Organisationen. Dabei sind Kirchgänger/-innen nicht nur in kirchlichen Organisationen, sondern auch in anderen zivilgesellschaftlichen Organisationen aktiver. Kirchliche Personen erweisen sich damit als zivilgesellschaftliches Potenzial. Kirchgang scheint jene Solidarität freizusetzen, die sich in vielfältiges ehrenamtliches Engagement umsetzt.

Mitgliedschaft in Organisationen	zugehörig (alle)	Aktiv (alle)	zugehörig (Kirchgänger/-innen)	aktiv (Kirchgänger/-innen)
Sport/Freizeitaktivitäten	13	7	15	9
kirchliche Organisationen	12	7	33	27
Bildung, Kunst, Musik …	7	5	10	7
Gewerkschaften	7	2	4	0
Natur-, Umwelt-, Tierschutz	7	3	7	1
soziale Hilfsdienste	6	5	12	10
politische Gruppen	6	2	7	4
andere Gruppen	6	4	13	9
Feuerwehr	5	4	12	10
Berufsverbände	4	1	4	2
Frauengruppen	4	2	10	8
im Gesundheitsbereich	4	2	7	5
Jugendarbeit	3	2	2	3
lokale Initiativen	2	1	3	2
3.Welt, EZA, Menschenrechte	2	1	4	2
Friedensbewegung	2	0	2	0
keine	60	74	43	55

Tabelle 16: Mitgliedschaft in Organisationen. Angaben in Prozent, Quelle: EVS 2008.

Kirchgänger/-innen haben für dieses überdurchschnittliche ehrenamtliche Engagement auch deutlich über dem Durchschnitt liegende Motivationen. Personen, die auch unter der Woche zur Kirche gehen, haben starke altruistische und religiöse Motive. Wer sonntags oder monatlich geht, hat wie jene, die einmal im Jahr kommen, mittelstarke Motive, wer lediglich zu Feiertagen geht oder seltener bis nie, verfügt über die geringste Motivationskraft.

Engagement und Kirchgang	Pflichtgefühl, moralische Verpflichtung	religiöse Überzeugung	sozial oder politisch etwas zu verändern	Neues lernen, nützliche Erfahrungen machen	etwas für andere tun
mehrmals in der Woche	57	63	32	38	65
sonntags	22	27	11	13	40
monatlich	28	15	17	19	41
an Feiertagen	15	10	8	18	24
einmal im Jahr	26	2	19	38	37
seltener	16	4	9	17	28
nie	19	6	15	19	27
alle	21	12	13	19	31

Tabelle 17: Motive, sich zu engagieren, nach Kirchgangshäufigkeit. Angaben in Prozent, Quelle: EVS 2008.

Kompetenzzuschreibung

Trotz der gesunkenen Gotesdienstbesuchszahlen geniessen die Kirchen in Österreich nach wie vor – und zum Teil auch steigendes – Vertrauen in ihre Kompetenz. So meint 2008 über ein Drittel (39 %), dass die Kirchen Antwort geben können auf moralische Probleme (1999: 33 %), 30 Prozent auf Probleme im Familienleben (1999: 26 %), die Hälfte (50 %) auf geistige Bedürfnisse (1999: 53 %) und 28 Prozent auf aktuelle soziale Probleme (1999: 26 %).

2.4 Migrant(inn)en

217 Personen der Stichprobe sind Menschen mit Migrationshintergrund, 40 Prozent von ihnen katholisch, jeweils acht Prozent evangelisch und orthodox, 16 Prozent muslimisch, drei Prozent gehören einem anderen Religionsbekenntnis, ein Viertel gehört keinem an. So lässt sich hier nichts über religions-/konfessionspezifische Unterschiede sagen, aber einige Parameter zu Migrant(inn)en in Österreich lassen sich darstellen.

Auch bei den Migrant(inn)en ist mit 19 Prozent, die zumindest wöchentlich einen Gottesdienst besuchen, die Zahl nicht höher als bei der autochthonen Bevölkerung. 39 Prozent besuchen nie einen Gottesdienst. Religiöse Feiern sind auch für Migrant(inn)en wichtig: Zwei Drittel (66 %) halten dies für wichtig bei einer Geburt und bei einer Hochzeit, 77 Prozent bei einem Todesfall. Auch den Kirchen im Land wird Kompetenz zugeschrieben, allerdings in geringerem Ausmaß als bei den Authochthonen: für moralische Probleme 37 Prozent, für Familienfragen 28 Prozent, für geistige Fragen die Hälfte (52 %), für soziale Fragen allerdings nur 29 Prozent. Hier zeigt sich, dass sich die Kirchen im Land zu wenig (sichtbar?) für Migrant(inn)en einsetzen. Der Gottesglaube ist vergleichbar mit dem der einheimischen Mitbürger/-innen: 68 Prozent glauben an einen Gott. Dieser ist für ein Drittel (31 %) ein persönlicher Gott, für 42 Prozent eine höhere Macht oder ein geistiges Wesen. An den Himmel glauben 43 Prozent, an die Hölle 31 Prozent, an die Sünde 52 Prozent, an ein Weiterleben nach dem Tod glaubt die Hälfte (47 %), an eine Wiedergeburt glauben 26 Prozent.

Diese wenigen Zahlen zeigen bereits, dass die Unterschiede zur Mehrheitsbevölkerung in religiöser Hinsicht nicht extrem ausgeprägt sind. Unterschiede gibt es hinsichtlich eines religiösen Selbstverständnisses, das eher traditioneller gefärbt ist. So ist Gott für 24 Prozent sehr wichtig, 69 Prozent nehmen sich manchmal Zeit für Gebet und Meditation, sie beten auch häufiger: 19 Prozent täglich, 24 Prozent zumindest einmal in der Woche. Im übrigen lehnen sie die Verquickung von Religion und Politik stärker ab als die Restbevölkerung.

2.5 Von der „Wiederkehr der Religion" zur „bunten" Pluralisierung

Der Blick auf die subjektiven Religiositäten in Österreich zeigt zusammenfassend zwei Hauptentwicklungen.

- Der Trend zur gestiegenen Bedeutung von Religion auf individueller Ebene, der zwischen 1990 und 2000 wahrnehmbar wurde, hat sich nicht fortgesetzt. Die zentralen Indikatoren, Gottesglaube, Wichtigkeit von Gottesglaube und Religion sowie religiöse Selbsteinschätzung sind allesamt in ihren Zustimmungswerten signifikant zurückgegangen. Säkularisierung ist im Gang. Dies lässt sich zurückführen auf Entkirchlichungprozesse am Land (insbesondere in den Kleinstädten) und bei der jüngeren Bevölkerung (unter 30). Das Verhältnis zu den Kirchen befindet sich in einem Transformationsprozess, die Erwartungen an Kirche sind diversifiziert. Religiosität wird v. a. bei den jungen Österreicher/-innen zunehmend weniger traditionell kirchlich formatiert. Das religiöse Niveau im städtischen Bereich blieb weitgehend konstant. Ein abstrakter Glaube an einen fernen Gott wurde inhaltlich und praktisch nicht vitalisiert.
- Zugleich zeigt sich eine umfassende Pluralisierung – hinsichtlich der Gottesbilder, der Todesbilder, der Kirchenbezüge. Religiosität verändert sich nicht nur quantitativ, sondern qualitativ. Deutlich wird auf dieser Ebene der enge Bezug zwischen religiösem Selbstverständnis einerseits und religiöser Erziehung, religiöser Erfahrung und gelebter Praxis sowie Zugehörigkeit zur Kirche und Besuch des Gottesdienstes andererseits. Diese im engeren Sinn christlich-kirchlich Religiösen sind eine große, aber doch eine Minderheit. Die große Mehrheit der Österreicher/-innen ist aber keineswegs unreligiös. Der Gestalt ihrer Religiosität gehen wir im Folgenden auf die Spur.

3 Sozioreligiöse Typologie im Zeitvergleich

3.1 Sozioreligiöse Typologie

In einem weiteren Schritt wird Religiosität nun nach ihrer sozioreligiösen Qualität befragt. „Religiosität" wird dabei verstanden als Komplex aus:

- subjektiver religiöser Selbsteinschätzung,
- dem jeweiligen „Glaubenshaus" und
- Kirchlichkeit.

Gefragt wird, ob es in Österreich typologische Kombinationen gibt. Dazu werden die bisher vorgelegten Daten zur Religiosität der Person verdichtet. Zudem soll dargelegt werden, was sich in den letzten Jahren in diesem Bereich unserer Gesellschaft verändert hat. Es werden daher (für die drei Ebenen Religiosität, Glaubenshäuser, Kirchlichkeit) Typen gebildet. Auf diese drei Typologien wird sodann eine zusammenfassende Gesamttypologie über „das Sozioreligiöse" aufruhen. Schließlich werden die Veränderungen über die Jahre hinweg dargelegt. Um den Vergleich statistisch bewältigen zu können, werden bei der Typenbildung lediglich jene Einzelitems herangezogen, die in allen drei Wellen zum Einsatz gekommen sind. Grundsätzlich errechnen wir jeweils vier Typen: Das hat sich bewährt, weil einerseits mit vier Typen der Überblick gewahrt bleibt, zugleich aber auch die Differenzierung der Typen ausreichend trennscharf ist.

Typen der Religiosität

Mit einem Clusterverfahren wird die Intensität von Religiosität typologisiert. Dazu werden folgende Items herangezogen: die Wichtigkeit religiöser Feiern; das subjektive religiöse Selbstverständnis; die Zeit, die man sich für Gebet und Meditation nimmt; die Wichtigkeit von Religion; die religiöse Erziehung; sowie die Frage, ob man aus dem Glauben Trost und Kraft bezieht. Hier zeigen sich vier Typen der Religiosität:

- *Religiöse* (12%): Sie haben bei allen genannten Items den jeweils höchsten Wert – religiöse Feiern sind sehr wichtig, es wird viel gebetet und meditiert, Religion ist wichtig, Glaube stiftet Trost und Kraft.

- *Leichtreligiöse* (32 %): Bei dieser Gruppe hat die Religion weniger Wichtigkeit und bringt auch nur moderat Trost.
- *Rituellreligiöse* (24 %): Unter diesen erfreuen sich die Lebenswendenrituale hoher Zustimmung. Auch wenn diese Menschen selbst nur selten beten, finden sie es gut, wenn die Kinder in den Schulen dafür Zeit hätten.
- *Unreligiöse* (23 %): Hier sind alle Werte vergleichsweise am niedrigsten. Dabei zeigt diese Analyse, dass die Rituale in dieser Gruppe tendenziell eher befürwortet als abgelehnt werden. Dieser Typ ist auch der einzige, der sich als nichtreligiös (bis hin zu atheistisch) definiert.

Typologie von Glaubenshäusern

Die vier Typen von Glaubenshäusern ergeben sich aus einem Cluster über Glaubensüberzeugungen: den Glauben an Gott, an Himmel und Hölle, die Sünde, an ein Leben nach dem Tod bzw. die Reinkarnation und das Gottesbild. Die vier Gruppen unterscheiden sich markant hinsichtlich ihres Gottesbildes.

- Die Gruppe der *Atheist(inn)en* (19 %) bildet den einen Pol. Hier ist kein Gottesbild vorfindbar.
- Die *Theist(inn)en* (19 %) stimmen allen vorgelegten Aussagen zu, einschließlich der „dunklen“ Seiten, etwa der Hölle.
- Die *„Aufgeklärten“* (23 %) bejahen nur die „hellen“ Seiten Gottes, „Sünde“ und „Hölle“ lehnen sie ab.
- Schließlich bilden die *Deist(inn)en* mit 38 % die größte Gruppe: Gott ist ein unpersönliches höheres Wesen, ohne Einfluss auf das konkrete Leben.

Kirchlichkeitstypen

Hinsichtlich der Kirchlichkeit unterscheiden wir:

- *Kirchliche* (14 %): Sie haben in allen Einzelpositionen die höchsten Werte. Ihr Kirchgang liegt zwischen sonntäglich und monatlich. Sie vertrauen ihrer Kirche und arbeiten in dieser (auch aus starken religiösen Motiven) ehrenamtlich mit.

- *Kirchenbesucher/-innen* (24 %): Sie beteiligen sich moderat am Gottesdienst, haben mäßiges Vertrauen in die Kirche, wirken aber nicht aktiv am kirchlichen Leben mit.
- *Saisonelle* (26 %): Diese haben durchschnittliche Werte. Sie sind nicht engagierte Kirchgänger/-innen, sondern gelegentliche Kirchenbesucher/-innen.
- *Unkirchliche* (36 %): Diese haben ganz niedrige Kirchlichkeitswerte.

Das Sozioreligiöse

Mithilfe der Typologie für Religiosität, Glaubenshäuser und Kirchlichkeit formen wir schließlich eine Gesamttypologie, die die persönliche wie die soziale Dimension der Religion einbezieht. Wir nennen diesen Aspekt „das Sozioreligiöse". Dabei lassen sich vier verschiedene Typen herausschälen, deren Unterschiede so groß sind, dass man nicht nur von einer bunten, sondern auch von einer fragilen Pluralität sprechen muss. Dies wird sich insbesondere noch deutlicher beim Zusammenhang dieser Typologie mit anderen und vor allem politischen Einstellungen zeigen.

- Die *Christ(inn)en* (21 %): Ihr Gottesbild ist theistisch beziehungsweise aufgeklärt, sie gehen am häufigsten innerhalb der vier Gruppen in die Kirche, ihre Religiosität ist intensiv.
- Die *Säkularen* (39 %): Sie weisen geringe bis keine Religiosität, seltenen bis keinen Kirchgang und ein naturalistisches, kaum durch einen Gottesglauben geprägtes Weltbild auf.
- Dazwischen liegen zwei Variationen: Bei der einen steht die Zustimmung zu Glaubensaussagen im Vordergrund, also die kognitive Dimension. Wir nennen sie die *Gottgläubigen* (16 %) – ihre Religiosität ist leicht gedämpft, zu einer kirchlichen Gemeinschaft stehen sie in großer Distanz.
- Die andere Gruppe sind die *Rituellen* (24 %). Sie schätzen rituell geformte Religiosität und in Verbindung damit eine Kirche, die ihnen die Rituale zugänglich macht. Fragen des Gottesbildes sind weniger relevant, auch ist die Religiosität weniger intensiv.

Um sich ein plastischeres Bild dieser vier Typen machen zu können, werden deren Werte bei den Items *religiöse Selbsteinschätzung, Gottesbilder und Kirchgang* präsentiert: Wer zur Gruppe der

Christ(inn)en gehört, versteht sich als religiöser Mensch; die Begriffe sind offenbar synonym. Nicht so bei den Gottgläubigen: Hier kann sich deren theistisches/aufgeklärtes Gottesbild mit der Ablehnung eines religiösen Selbstverständnisses verbinden (was wohl bedeuten wird: „nicht-kirchlich; nicht-katholisch".) Für die starke Gleichsetzung von „religiös" = „kirchlich/katholisch" in Österreich spricht auch die hohe Zustimmungsrate der Rituellen zu einem religiösen Selbstverständnis. Die Gruppe der Säkularen ist geteilt: ein religiöses Selbstverständnis ist durchaus möglich, aber abseits kirchlicher Bindung und mit hoher Wahrscheinlichkeit mit einem Glauben an ein „höheres Wesen".

	religiöser Mensch	kein religiöser Mensch	überzeugte/-r Atheist/-in
Christ(inn)en	99	1	0
Rituelle	95	5	0
Gottgläubige	88	12	0
Säkulare	42	51	7

Tabelle 18: Das Sozioreligiöse und die religiöse Selbsteinschätzung. Angaben in Prozent, Quelle: EVS 2008.

Der Glaube an einen persönlichen Gott findet sich mehrheitlich bei den Christ(inn)en und den Gottgläubigen, bindet sich also primär an Weltanschauung und Kirchgang. Der Glaube an ein höheres Wesen ist eher außerhalb der Gruppe der Kirchgänger/-innen anzutreffen. Die Tendenz zur Ablehnung eines Gottesglaubens ist am stärksten bei den Säkularen, bei ihnen ist auch die Unsicherheit am größten.

	es gibt einen persönlichen Gott	es gibt irgendein höheres Wesen oder eine geistige Macht	Ich weiß nicht richtig, was ich glauben soll	Ich glaube nicht dass es Gott, ein höheres Wesen oder eine geistige Macht gibt
Christ(inn)en	72	27	1	0
Rituelle	24	61	11	4
Gottgläubige	40	58	3	0
Säkulare	5	52	23	20

Tabelle 19: Das Sozioreligiöse und das Gottesbild. Angaben in Prozent, Quelle: EVS 2008.

Die Ergebnisse zum Kirchgang zeigen deutlich, dass es einen engen Zusammenhang zwischen zumindest monatlichem Kirchgang einerseits und Gottesbild sowie religiösem Selbstverständnis andererseits gibt. Dabei fällt auf:

- Auch bei den *Säkularen* finden sich Religiöse, sie glauben allerdings an keinen persönlichen Gott, den Gottesdienst besuchen sie höchstens zu Feiertagen. Hier finden sich die Atheist(inn)en und jene, die eine christliche Weltsicht negieren.
- Die *Rituellen*, hochreligiös, glauben eher an ein höheres Wesen – ähnlich den *Gottgläubigen*. Die Gruppen unterscheiden sich hinsichtlich des Kirchbesuchs.

	mehrmals/ Woche	sonntags	monatlich	an Feiertagen	einmal/ Jahr	seltener	nie
Christ(inn)en	12	62	26	0	0	0	0
Rituelle	1	24	47	23	3	1	2
Gottgläubige	0	1	3	45	9	25	17
Säkulare	0	0	1	19	9	25	46

Tabelle 20: Kirchgang nach sozioreligiösen Typen. Angaben in Prozent, Quelle: EVS 2008.

3.2 Entwicklung 1990–2008

Im Folgenden werden ausgehend von den sozioreligiösen Typen die zeitlichen Entwicklungen analysiert. In den letzten Jahren hat sich das Sozioreligiöse in Österreich uneinheitlich entwickelt. Nach einer Phase gestiegenen Interesses an Gott und Religiosität differenziert sich das religiöse Feld nunmehr aus: Die Heterogenität nimmt zu, eine Polarisierung wird denkbar. Der Anteil der Christ(inn)en ist kontinuierlich rückläufig. Waren 1990 24 Prozent dieser Gruppe zuzurechnen, sind es 2008 18 Prozent. Die Entwicklung der *Rituellen* verlief anders: Gab es zunächst eine leichte Zunahme von 25 auf 27 Prozent, fiel deren Anteil in den letzten neun Jahren von 27 auf 19 Prozent. Der Anteil der *Gottgläubigen*[47] stieg im

[47] Eine Gruppendiskussion mit „Gottgläubigen" liefert einige Hinweise auf den „Gott", der geglaubt wird: Bestimmte Lebensereignisse lassen bei den Befragten eine Gotteswirklichkeit annehmen, die man aber nicht mit traditionellem Vokabular beschreiben

Untersuchungszeitraum leicht an, jener der *Säkularen* etwas stärker, und zwar insbesondere in den vergangenen neun Jahren. Die *Säkularen* waren in allen drei Untersuchungsjahren die stärkste Gruppe; 2008 machen sie nahezu die Hälfte der Bevölkerung aus.

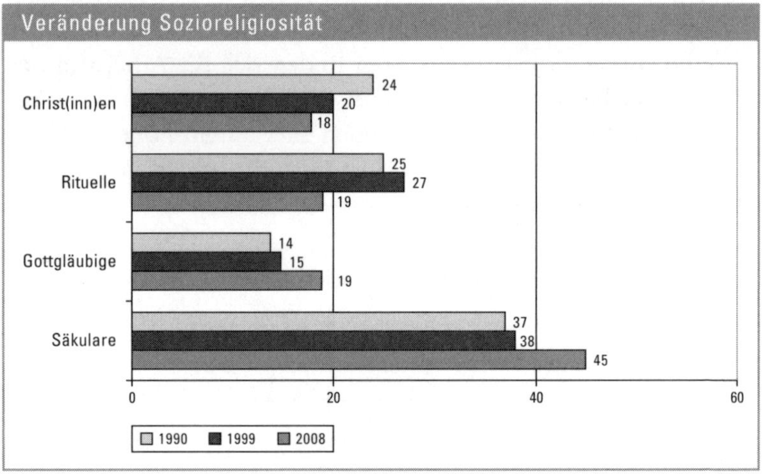

Grafik 11: Veränderungen Soziorelgiosität. Angaben in Prozent, Quelle: EVS 1990–2008.

Die Entwicklung ist einerseits gekennzeichnet durch eine Verdichtung des christlichen Segments der Gesellschaft, zugleich durch eine Ausweitung einer säkularen (weltlichen) Lebenskonzeption. Zwischen diesen beiden Polen gibt es einen schrumpfenden Anteil von mehr rituell beziehungsweise einen wachsenden Anteil von mehr kognitiv ausgerichteten Personengruppen.

Diese Veränderungen lassen sich an einzelnen Schlüsselitems noch konkreter darstellen. So hat im Untersuchungszeitraum der Anteil der sich als religiös verstehenden Menschen zunächst unmerklich, dann aber (zwischen 1999 und 2008) doch überraschend stark abgenommen. Die Verlagerung erfolgte dabei von den

möchte. Man glaubt, dass Lebensereignisse „keine Zufälle" sind, dass es eine höhere Wirklichkeit gibt, die die Welt erschaffen hat, man tut sich schwer, die Gedanken in Worte zu fassen und hält sich für viele Deutungen offen („vielleicht"). Beschrieben wird ein „Gefühl" einer Macht, die eingreift, die es gut meint und stützt. Konkrete Erfahrungen mit Kirche sind in dieser Gruppe durchgehend negativ und wenig unterstützend erlebt worden.

religiösen zu den nichtreligiösen Menschen: Der Anteil der überzeugten Atheist(inn)en ist nach wie vor verschwindend klein. Kann es sein, dass der Begriff des/der Atheist/-in eher negativ besetzt ist? Sind die Menschen zwar nach wie vor religiös, lehnen aber eine christliche oder eine kirchliche Deutung und Praxis ab?

	religiöser Mensch	kein religiöser Mensch	überzeugte/-r Atheist/-in
1990	81	17	2
1999	79	19	2
2008	65	31	4

Tabelle 21: Religiosität 1990–1999–2008. Angaben in Prozent, Quelle: EVS 1990–2008.

Im Vergleich zur Entwicklung der Religiosität erweist sich jene der Gottesbilder als stabil. Zwar gibt es eine moderate Tendenz zur Entpersonalisierung des Gottesbildes insbesondere in den vergangenen neun Jahren in Richtung „weiß nicht" bzw. in Richtung der atheistischen Position. Aber diese können statistisch nicht überbewertet werden.

	personaler Gott	höheres Wesen	weiß nicht	kein Gott
1990	29	49	14	8
1999	32	52	9	7
2008	27	49	13	11

Tabelle 22: Gottesbilder 1990–1999–2008. Angaben in Prozent, Quelle: EVS 1990–2008.

Schon markanter sind die Veränderungen in der praktizierten Kirchlichkeit: also beim Kirchgang. Der zumindest sonntägliche Kirchgang fiel im Untersuchungszeitraum von 25 % (1991) über 22 % (1999) auf 17 % (2008) zurück. Besonders markant ist die Entwicklung der Gruppe der Nie-Kirchgänger/-innen. Sie macht 2008 nahezu ein Drittel aus (31 %).

	wochen-tags	sonntags	monatlich	an Feiertagen	einmal im Jahr	seltener	nie
1990	3	22	19	17	7	17	16
1999	2	20	20	21	6	15	17
2008	2	15	13	23	4	11	31

Tabelle 23: Kirchgang 1990–1999–2008. Angaben in Prozent, Quelle: EVS 1990–2008.

3.3 Soziale Einbettung

Diese allgemeine Entwicklung lässt sich nach Sozialmerkmalen (wie Geschlecht, Alter, Bildung, Ortsgröße etc.) aufschlüsseln. Auf diese Weise kann angedeutet werden, wie die Entwicklung in bestimmten Teilen der Bevölkerung verlaufen ist, auf dem Land und in der Stadt, bei den Frauen und den Männern, den Jungen und Alten. Diese Analyse kann auf zweifache Weise erfolgen. Möglich ist es, zunächst jeweils eine Beziehung herzustellen zwischen dem *Sozioreligiösen* und den einzelnen Sozialmerkmalen. Dabei ist es aber wahrscheinlich, dass sich bestimmte Merkmale gleichsam überlagern: Die Bildungslage ist beispielsweise auf dem Land anders als in der Stadt. Wenn es daher Unterschiede zwischen städtischen und ländlichen Bereichen gibt: Liegt das dann am Bereich oder an der unterschiedlichen Bildung in diesen Bereichen? Um diese Möglichkeit zu berücksichtigen, werden mehrere Sozialmerkmale in eine gemeinsame Analyse einbezogen. Auf diese Weise kann die „Kraft" der einzelnen Merkmale im Kräftefeld aller einbezogenen Eigenschaften herausgearbeitet werden.

Es fällt auf, welche Sozialmerkmale kaum eine Rolle spielen: Das ist schulische Bildung, der Lebensstand sowie nur leicht die Konfessionszugehörigkeit. Merklichen Einfluss hingegen haben die Ortsgröße, das Alter, die politische Positionierung rechts oder links sowie das Geschlecht. Auch die Kinderanzahl hat einen deutlichen Einfluss.

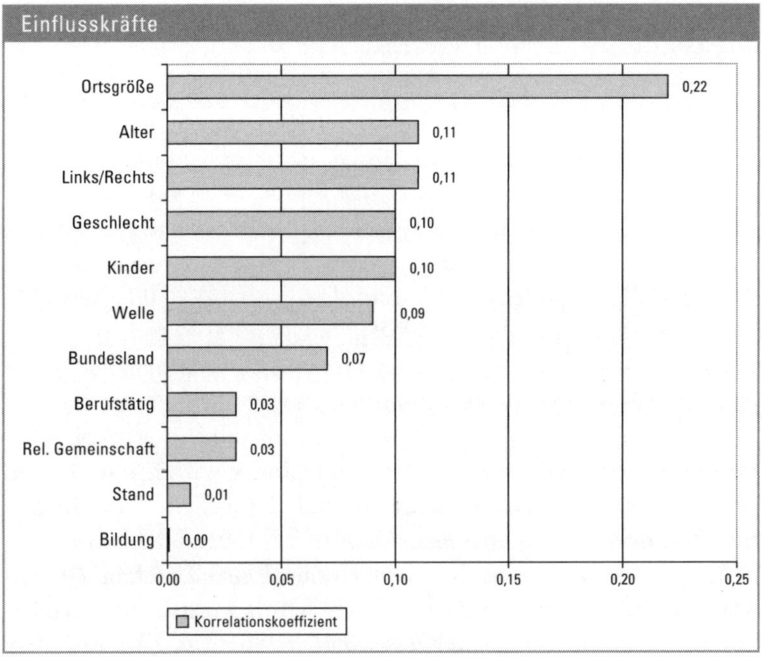

Grafik 12: Einflusskräfte auf das Sozioreligiöse. Beta-Koeffizienten, Regressionsanalyse, Quelle: EVS 2008.

Stadt–Land

Ganz oben auf der Liste der Einflussfaktoren steht die Ortsgröße. Während im großstädtischen Raum der Anteil der Säkularen auf relativ hohem Niveau mit leicht rückläufiger Tendenz (von 55 auf 53%) stabil ist, breitete sich deren Anteil in den letzten Jahren im ländlichen Raum rasch aus. In den kleinen Ortschaften unter 2000 Einwohner(inne)n hat er sich von 16% auf 34% mehr als verdoppelt. Ob dies auch damit zu tun hat, dass die Kirchen wegen einer Mischung aus Geld- und Priestermangel ihre Präsenz gerade in kleinen Ortschaften ausdünnt, sei als mögliche Erklärung im Modus der Frage gestellt. Einer säkular gesättigten Großstadt steht eine rasche Ausbreitung solcher Säkularität im ländlichen Raum gegenüber.

Säkulare im ländlichen Raum			
	1990	1999	2008
unter 2000	16	23	34
2–5000	30	30	38
5–10.000	41	40	49
10–20.000	35	30	46
20–50.000	55	47	51
50–100.000	—	43	58
100–500.000	47	48	49
500.000 und mehr	55	54	53

Tabelle 24: Anstieg der Säkularen im ländlichen Raum 1990–2008. Angaben in Prozent, Quelle: EVS 1990–2008.

Einige Bundesländer Österreichs sind ländlich, Wien wiederum ist großstädtisch. Insofern wird ein Teil der Entwicklung in den Bundesländern über deren Raumstruktur erklärbar. Doch es scheint in den Bundesländern noch weitere Kräfte zu geben, welche die Entwicklung mitbestimmt haben und auch künftig mitformen werden.

Die Zunahme der *Säkularen* geschah vor allem in Tirol (+22%), im Burgenland (+20%), in Niederösterreich (+18%) sowie in Kärnten (+15%). Stabil blieb die Lage in Wien (–2%). Anders war die Entwicklung in Vorarlberg, hier hat der Anteil der *Säkularen* sogar deutlich abgenommen (–8%).

Säkulare nach Bundesländern				
	1990	1999	2008	Differenz 1990–2008
Kärnten	39	42	54	+15
Wien	55	54	53	–2
Niederösterreich	30	38	48	+18
Salzburg	32	34	45	+13
Steiermark	41	35	41	+/–0
Oberösterreich	31	32	41	+10
Tirol	17	21	39	+22
Burgenland	16	18	36	+20
Vorarlberg	26	34	18	–8

Tabelle 25: Anteil der Säkularen nach Bundesländern 1990–2008. Angaben in Prozent, Quelle: EVS 1990–2008.

Alter

Der zweitstärkste Faktor ist das Lebensalter. Die bis 1999 beobachtete relative Ähnlichkeit zwischen den einzelnen Lebensaltern unter 60 ist 2008 nicht mehr zu beobachten. Es gab einen starken Zuwachs von *Säkularen* bei den Personen zwischen 20 und 40: Der Anteil der *Säkularen* erreicht 60 Prozent. Dementsprechend ist der Anteil der *Christ(inn)en* mit acht bis zehn Prozent niedrig. Die unter 30-Jährigen hingegen aus dem Jahre 2008 ähneln jenen aus den Vorgängeruntersuchungen. Sie haben auch einen deutlich höheren Anteil an *Christ(inn)en.*

Politische Präferenz

Einflussstark ist in Österreich die politische Präferenz. Diese kommt in den Antworten von drei Items zum Vorschein: Wo befindet sich jemand auf einer virtuellen Links-rechts-Skala? Welche Partei wählt jemand? Welche ist sympathisch?

- Die Tendenz lautet: Je weiter links, desto mehr *Säkulare.* Allerdings gibt es 2008 von dieser Tendenz Abweichungen. Unter den ganz *Linken* sind deutlich weniger *Säkulare* als unter den *Rechten*: Bei ihnen ist der Anteil der *Säkularen* – und dies im Vergleich zu den beiden anderen Untersuchungswellen davor – deutlich höher. Es entwickelte sich also in Österreich eine „säkulare Rechte".
- Das zeigt sich auch bei der Aufschlüsselung der Daten nach Parteipräferenz. Der Anteil der *Säkularen* war 1999 am größten bei den Kommunist(inn)en, bei den Grünen und beim LIF. Die SPÖ lag im Mittelfeld. Mit 15 Prozent hatte die ÖVP die wenigsten *Säkularen.*

Zwischen 1999 und 2008 haben sich allerdings einige Verschiebungen ereignet. Vor allem die FPÖ-Klientel ist deutlich säkularer geworden: Dies hat auch damit zu tun, dass sich 2008 vor allem die säkularen Jungen der FPÖ zugewandt hatten. Auch unter den Anhänger(inne)n des Liberalen Forums haben sie zugenommen. Nicht geschah dies bei den SPÖ-Anhänger(inne)n, sehr wohl aber bei jenen der ÖVP. Dementsprechend war die ÖVP als traditionell christlichsoziale Partei vom Schrumpfen der Christ(inn)en in der

Gesamtbevölkerung betroffen: Deren Anteil in der ÖVP fiel geringfügig von 41 auf 38 Prozent.

Geschlecht und Alterskohorten

Der Einfluss des Geschlechts auf das Sozioreligiöse und seine Entwicklung ist moderat. Der Anteil der *Säkularen* ist bei beiden Geschlechtern gewachsen, mehr noch bei den Männern (+ 9 % zwischen 1990 und 2008) als bei den Frauen (+ 7 %).

Aufschlussreich ist die Aufgliederung der Entwicklungen zusätzlich nach Altersgruppen. Dabei werden die Daten für 1999 und 2008 so versetzt, dass man die einzelnen Alterskohorten aus 1991 über den gesamten Zeitraum hinweg in deren Entwicklung verfolgen kann. Auf diese Weise lassen sich folgende Beobachtungen machen: Der Anteil der *Säkularen* hat sich zwischen Männern und Frauen über die Jahre zu den Jungen hin angeglichen. Die jüngeren Frauen sind heute deutlich säkularer als die älteren. Bei den unter 40-jährigen Frauen hat der Anteil der *Säkularen* stark zugenommen. Die Entwicklung des Anteils der *Säkularen* ist dagegen zu den jüngeren Männern hin rückläufig. Sollte zutreffen, dass die Tradierung des Sozioreligiösen auch heute vorwiegend Frauensache ist, dann ist anzunehmen, dass der Kultur eine weitere Zunahme an *Säkularen* bevorsteht.

Säkulare nach Alterkohorten aus 1990	**Männer**			**Frauen**		
	1990	**1999**	**2008**	**1990**	**1999**	**2008**
bis 19-Jährige	49	50	63	23	40	51
20–29-Jährige	48	37	49	40	38	40
30–39-Jährige	47	45	55	31	32	31
40–49-Jährige	45	49	51	36	40	23
50–59-Jährige	39	41	32	31	25	15
60–69-Jährige	36	39		27	17	
60–69	36	39		27	17	
70+	33			17		

Tabelle 26: Entwicklung der Alterskohorten nach Geschlecht seit 1990. Angaben in Prozent, Quelle: EVS 1990–2008.

Unter den Mitgliedern der katholischen Kirche hat im Untersuchungszeitraum der Anteil der *Säkularen* zugenommen. Dieser stieg von 29 Prozent im Jahr 1991 über 31 Prozent (1999) auf 36 Prozent im Jahr 2008. Bei den Mitgliedern der evangelischen Kirche ist diese Entwicklung uneinheitlich. Nach einem Rückgang zwischen 1991 und 1999 zeigen die Daten neuerlich einen Anstieg auf 44 Prozent. Es kann hier nicht übersehen werden, dass im repräsentativen Sample der Anteil der evangelischen Kirchenmitglieder naturgemäß gering ist.

Im Vergleich der Konfessionen kam es in den letzten Jahren zu einer Annäherung der Daten für Katholik(inn)en und Protestant(inn)en hinsichtlich des Anteils der *Säkularen*. Allerdings blieb das Verhältnis im Anteil der *Christ(inn)en* in den beiden Konfessionen über die Jahre hinweg grundsätzlich gleich: Unter den Katholik(inn)en finden sich in etwa doppelt so viele *Christ(inn)en* wie unter den Protestant(inn)en. Das kann durch den unterschiedlichen Stellenwert des sonntäglichen Kirchgangs allein nicht erklärt werden. Ob der höhere Modernitätsgrad des im Protestantismus individuell gestalteten Christentums dazu beiträgt, dass dadurch auch die Säkularität mehr Chancen hat? Schützt eine stärkere Vernetzung von Kirchenmitgliedern vor der Angleichung an die säkulare Kultur – und um welchen Preis geschieht solches?

Der Anteil der *Christ(inn)en* ist im katholischen Feld in den letzten Jahren nach und nach gesunken. Lag dieser 1991 bei 28 Prozent, fiel dieser Anteil über 24 Prozent (1999) auf nunmehr 21 Prozent (2008). Es gibt also deutlich mehr Katholik(inn)en (und Protestant(inn)en) im Land als es *Christ(inn)en* gibt. Anders herum formuliert: Die Kirchenmitglieder sind eine bunte Ansammlung von Menschen, und zwar nicht nur in der katholischen Kirche, sondern auch in der protestantischen Kirche. Es scheint den christlichen Kirchen immer weniger zu gelingen, ihre eigenen Mitglieder zu einer konsistenten Annahme des christlichen Glaubens zu gewinnen. Unter den Kirchenmitgliedern gibt es Anteile von *Rituellreligiösen* und *Gottgläubigen*. Die Kirchenmitglieder praktizieren daher auch hinsichtlich ihrer eigenen Kirche das, was für die Kultur charakteristisch ist: Sie sind „wählerisch“. Was dabei „gewählt“

wird, entspricht nur partiell den Erwartungen der kirchlichen Gemeinschaft.

Es gibt unter solchen Bedingungen auch diesen Fall: Menschen richten Erwartungen an christliche Kirchen, ohne Mitglied zu sein. Solche können rituell sein – indem Rituale zu den Lebenswenden gewünscht werden. Oder sie sind politisch: indem etwa das von der Kirche gestützte Christentum als Instrument der europäischen Identität (und dies nicht selten in Abwehr des Islam) aufgefasst wird. Diese rituelle sowie die (kultur-)politische Gestalt sind neben den *Säkularen* ein Teil der Pluralität der weltanschaulichen Szene der österreichischen Kultur.

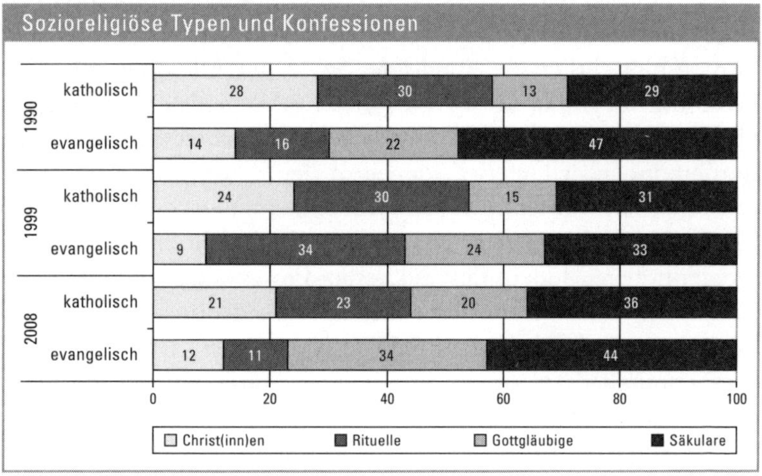

Grafik 13: Sozioreligiöse Typen in den Konfessionen 1990–2008. Angaben in Prozent, Quelle: EVS 1990–2008.

Es deutet sich hier an, dass diese „Verbuntung" der weltanschaulichen Szene nicht nur ein kultureller Reichtum ist. Es können zwischen den verschiedenen Feldern Spannungen entstehen, die zu gesellschaftspolitischen, religiös sich begründenden Auseinandersetzungen führen. Dies ist umso wahrscheinlicher, wenn sich herausstellen sollte, dass die „sozioreligiöse Ausstattung" Auswirkungen nicht nur auf den Entwurf des eigenen Lebens hat, sondern auch auf die Vorstellungen, wie das Zusammenleben in Kultur und Gesellschaft gestaltet werden soll. Die Frage lautet, welche „Lebensrelevanz" das Sozioreligiöse in unserer Kultur hat.

4 „Gelebte Religiosität“

Die Zustimmung zu einem religiösen Selbstverständnis, aber auch die errechnete Zugehörigkeit zu einem sozioreligiösen Typus lässt noch wenig darüber wissen, ob und wie sich Religiosität konkret-praktisch ausdrückt beziehungsweise wie intensiv jemand seine Religiosität lebt. In der religionssoziologischen Forschung gibt es daher Versuche, die Intensität von Religiosität zu messen (zum Beispiel das Zentralitätsmodell von Huber 2003, oder Bertelsmann Stiftung 2008). Dies geschieht, indem ein Religiositätsbegriff eingeführt wird („Konstrukt zweiter Ordnung“), mit dem die Daten nun interpretiert werden. Wir tun dies, indem wir auf den Begriff der „gelebten Religiosität“ (in Anlehnung an Failing/Heimbrock 1998) zurückgreifen. In unserem Verständnis weist solche „gelebte Religiosität“ drei verschiedene Dimensionen auf:

- Die *Praxisdimension:* Damit wird explizit religiöses Handeln bezeichnet, also Gottesdienstbesuch, Beten, Meditieren, mit dem Göttlichen in Verbindung treten.
- Die *kognitive Dimension:* Dies bezeichnet die inhaltlichen Deutungselemente, die „Weltanschauung“, also was man glaubt, woran man glaubt und wie sehr man glaubt.
- Die *Erlebnisdimension:* Dies bezeichnet Erlebnisse und Erfahrungen einer transzendenten Wirklichkeit (All-Einheitsgefühl, Gott greift ein etc.).

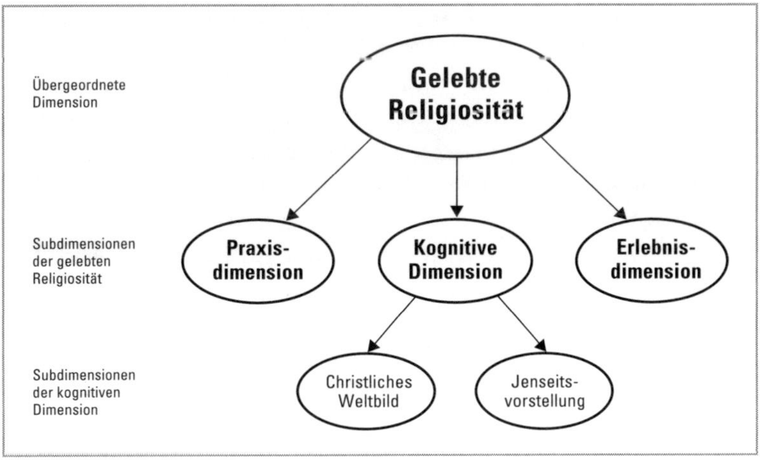

Grafik 14: Modell „Gelebte Religiosität“.

Um zu überprüfen, ob dieses theoretische Modell empirische Gültigkeit besitzt beziehungsweise welche Variablen überhaupt die latenten Dimensionen (Praxisdimension, kognitive Dimension, Erlebnisdimension) messen, wurde mittels Faktorenanalyse und ausgehend von einer Reihe theoretisch ausgewählter Variablen pro Dimension gemessen, welche Variablen zu welcher Dimension gehören. Anschließend wurden aus jenen Variablen, die die jeweilige latente Dimension ausmachen (das heißt hoch auf einen gemeinsamen Faktor laden) Summenindizes konstruiert. So erhält jede Dimension eine Messgröße. Hängen schließlich alle gefundenen Messgrößen (also gebildeten Indizes) miteinander zusammen, so bestätigt dies die Richtigkeit des theoretischen Modells („gelebte Religiosität"). Nach Überprüfung des theoretischen Modells durch die empirischen Daten bildet sich das analytische Modell wie folgt ab:

- Eine Dimension der gelebten Religiosität ist die *Praxisdimension*. Sie beinhaltet zwei Seiten praktischen religiösen Handelns: einerseits die Praxis des Glaubens in der Gemeinschaft, das heißt den Besuch von Gottesdiensten, andererseits aber auch die von der Gemeinschaft unabhängige Praxis, also das Praktizieren des Glaubens als Individuum (in diesem Fall das Beten außerhalb des Gottesdienstes). Beide Praxisformen hängen eng zusammen; gelebte Religiosität äußert sich im Miteinander von Gebet und Gottesdienstbesuch. Wer betet, geht auch in der Regel zum Gottesdienst und umgekehrt. Wenn eine der beiden Praxisformen aufhört, wird auch die andere schwächer.
- Die zweite Dimension ist die *kognitive Dimension*, die sich im vorliegenden Modell aus zwei Subdimensionen zusammensetzt, die relativ stark miteinander zusammenhängen. Eine dieser Subdimensionen ist die *Christliche Weltanschauung*, die andere beschäftigt sich mit dem Leben nach dem Tod und wurde deshalb „*Jenseitsvorstellung*" genannt (den größten Einfluss auf diese Dimension hat die Variable „Der Tod ist ein Übergang zu einer anderen Existenz").
- Aus der Faktorenanalyse zur kognitiven Dimension ergab sich zusätzlich zu Christlichem Weltbild und Reinkarnation eine dritte Dimension, die allerdings nicht direkt zum Modell gehört, da es sich um eine nichtreligiöse Weltanschauung handelt: die

naturalistische Weltanschauung. Diese Dimension kann jedoch zur zusätzlichen Validierung des Modells dienen: Es zeigt sich eine negative Korrelation mit allen Dimensionen der gelebten Religiosität. Das heißt: Gelebte Religiosität ist entweder christlich formatiert oder/und sie hat eine Jenseitsvorstellung. Wer hingegen ein naturalistisches Weltbild hat, zeigt auch keine Praxisformen und hat keine religiösen Erfahrungen.

- Die dritte Dimension des Modells ist die *Erlebnisdimension* und umfasst verschiedenste Situationen, in denen man im Alltag den Glauben bzw. Gott erlebt.

Diese drei Dimensionen des Modells hängen alle zusammen, wodurch die Richtigkeit des theoretischen Modells bestätigt wird, das heißt die latenten Dimension „gelebte Religiosität" setzt sich tatsächlich aus diesen Subdimensionen zusammen. Das bedeutet: Personen, die beten und den Gottesdienst besuchen, haben mit hoher Wahrscheinlichkeit eine religiöse Erfahrung und deuten ihre Erfahrung christlich oder/und mit Jenseitsvorstellungen. Diese Zusammenhänge gelten in alle Richtungen – und zeigen, welche zentrale Rolle Erfahren und Erleben sowie eine religiöse Praxis für eine gelebte Religiosität haben. Beide Dimensionen sind wichtiger als die kognitive Deutung. Das Vorliegen einer religiösen Weltanschauung allein sagt umgekehrt noch wenig über gelebte Religiosität aus.

Korrelationsanalysen zeigen nun folgende nähere Zusammenhänge für die Österreicher/-innen:

- Wer betet und den Gottesdienst besucht, hat mit hoher Wahrscheinlichkeit eine religiöse Erfahrung, kennt also das Gefühl des All-Einsseins und fühlt sich von Gott angesprochen. Er/sie ist vermutlich Christ/-in oder glaubt an ein Jenseits oder die Wiedergeburt. Er/sie versteht sich selbst als religiös.
- Wer ein christliches Weltbild oder eine Jenseitsvorstellung hat, praktiziert in aller Regel auch und hat eine religiöse Erfahrung. Er/sie versteht sich selbst als religiös, eher dann, wenn er/sie die Welt christlich deutet.
- Wer eine religiöse Erfahrung hat, deutet diese mit hoher Wahrscheinlichkeit christlich und praktiziert auch.

Das bedeutet: Gelebte Religiosität in Österreich – also eine Religiosität, die sich als Gottesglaube praktisch zum Ausdruck bringt und von Erfahrung getragen ist, ist in Österreich tendenziell christlich formatiert oder verbindet sich (weniger stark) mit Jenseitsvorstellungen[48]. Die Analysen zeigen dabei deutlich, dass die entscheidende Rolle, ob jemand eine solcherart ganzheitliche Religiosität lebt, nicht die kognitiven Deutungen spielen, sondern die Praxis von Gebet und Gottesdienstbesuch und vor alledem die religiöse Erfahrung. Die Daten ermöglichen nicht zu sagen, was denn hier jeweils zuerst ist. Aber die negativen Korrelationen bei jenen, die sich als „nicht religiös" oder „Atheist" bezeichnen – sie haben keine Erfahrung und keine Praxis – lassen vermuten, dass Erfahrung und Praxis Vorrang haben gegenüber einer kognitiven Weltanschauung. Ein Gottesglaube ohne Praxis und Erfahrung bleibt solcherart leer und blind. Wer ein naturalistisches Weltbild hat, findet schwer Zugang zu Erfahrungen und Praxis – oder umgekehrt tendiert jemand ohne Praxis und Erfahrung zum naturalistischen Weltbild.

Eine Zusammenschau der vorfindbaren „gelebten Religiosität" mit den sozioreligiösen Typen ergibt Folgendes:

- *Christ/-in*-sein bedeutet auch mit hoher Wahrscheinlichkeit, eine ganzheitliche Religiosität zu leben; alle drei Dimensionen – Praxis, Erfahrung, Weltbild – korrelieren hier stark. Die naturalistische Weltsicht wird stark abgelehnt. Der stärkste Zusammenhang ergibt sich mit der Praxis, gefolgt von der Erfahrung. Wer Christ ist, betet und besucht den Gottesdienst und hat auch einen erfahrenen Gottesbezug.
- Genau Gegenteiliges ist bei den *Säkularen* zu finden. Sie orientieren sich stark am naturalistischen Weltbild und erleben im Alltag auch nichts Göttliches. Praxis und ein christliches Weltbild werden hier ganz stark abgelehnt.
- Die *Rituellen* haben die höchsten Praxiswerte. Eine christliche Weltsicht und Glaubenserlebnisse im Alltag sind hier schwach zu finden.
- Die *Gottgläubigen* sind ambivalent. Bei ihnen findet sich tendenziell keine Praxis, aber sie orientieren sich häufiger als die Rituellen an einem christlichen Weltbild und haben auch mehr Gotteserfahrungen als die Rituellen. Am stärksten ist bei ihnen

[48] Damit ist nicht gesagt, dass Christ(inn)en ein Monopol auf religiöse Erfahrung haben; aber die anderen Religionsgemeinschaften sind in dieser Stichprobe nicht ausreichend repräsentativ vertreten, um hier Zusammenhänge feststellen zu können.

der Jenseitsglaube ausgeprägt, der bei den Rituellen gänzlich fehlt.

Weitere Zusammenhänge lassen sich mittels dieses Modells zeigen:

- Subjektive Religiosität und gelebte Religiosität hängen eng zusammen. Wer sich selbst als religiös bezeichnet, betet und den Gottesdienst besucht, erfährt Gott in seinem Leben und hat eine christliche Weltdeutung. Personen, die sich selbst als nicht religiös bezeichnen, orientieren sich stark an einem naturwissenschaftlichen Weltbild und erfahren im Alltag auch nichts Göttliches. Sie orientieren sich nicht an einem christlichen Weltbild. Die überzeugten Atheist(inn)en ähneln ihnen, aber weniger stark. Der Rückgang an subjektiver religiöser Selbsteinschätzung ist so gesehen auch ein Rückgang an Praxis und vor allem an Erfahrung eines Gottes, der einen anspricht oder ins Leben eingreift.
- Es zeigen sich keine starken, aber doch Geschlechtsunterschiede. Während Frauen ihre Religiosität in allen drei Dimensionen intensiv leben, tun dies die Männer eher nicht. Bei ihnen dominiert schwach, aber tendenziell der kognitive Zugang; Praxis und Erfahrung sind in ihrer Bedeutung geringer.
- Je älter, desto mehr Praxis und desto mehr Zustimmung zu einem christlichen Weltbild. Ältere erleben das Göttliche auch intensiver als Jüngere. Dieses Ergebnis lässt sich zum einen darauf zurückführen, dass Religion im Alter erfahrungsgesättigter und generell wichtiger wird; vor allem aber daran, dass die traditionellen Formen gelebter Religiosität grundsätzlich bei den Älteren zu finden sind und bei den Jüngeren erodieren. Junge Menschen in Österreich weisen zunehmend weniger traditionell-kirchlich formatierte Praxis auf (Polak 2008a); damit ist über ihre religiösen Erlebnisse und Erfahrungen noch wenig gesagt. Diese werden vermutlich nicht mit klassischem Vokabular (auch der Studie) zum Ausdruck gebracht.
- Wer in einem kleinen Ort in Österreich lebt, praktiziert auch eher und hat ein christliches Weltbild. Zwischen Erfahrung und Ortsgröße gibt es keine Zusammenhänge.
- Die Lebensform – Familie, Single, … – spielt bei der gelebten Religiosität keine Rolle. Ebenfalls ist es irrelevant, ob jemand Migrationshintergrund hat.

- Zusammenhänge gibt es mit der Bildung: Wer eine hohe Schulbildung hat, praktiziert seine gelebte Religiosität tendenziell christlich. Aber auch Personen ohne abgeschlossene Bildung zeigen in allen Dimensionen gelebter Religiosität höhere Werte. Maturant(inn)en und Hochschulabsolvent(inn)en hingegen weisen mit hoher Wahrscheinlichkeit eine schwächere gelebte Religiosität auf.

„Gelebte Religiosität" in Österreich ist also tendenziell christlich und/oder mit Jenseitsvorstellungen verbunden, sie ist eher weiblich als männlich, bildungsabhängig, altersgebunden und eher in kleinen Orten vorfindbar. In Zusammenschau mit den Pluralisierungstrends wird sie jedoch zum Minderheitenphänomen.

5 Lebensrelevanz

Menschliches Leben findet in unterschiedlichen „Feldern" statt. Wie diese Studie zeigt, sind Lieben und Arbeiten zentral, dazu kommt das breite Thema Lebenssinn. Aber auch politische Themen spielen eine wichtige Rolle. Die religionssoziologische Frage wird sein, ob, wie und wie stark das Sozioreligiöse das Denken und Tun der Menschen in diesen Lebensfeldern beeinflusst. Hier wird auch direkt gefragt werden, ob politische Akteure/Akteurinnen religiöse Qualitäten haben sollen.

Enger, weil kirchensoziologisch ausgerichtet, wird die Fragestellung sein, bei welchen Themen „die Kirche" mitgestalten soll. Schließlich gilt es herauszuarbeiten, ob das Sozioreligiöse mit bestimmten Persönlichkeitsmerkmalen wie Autoritarismus, Solidarität oder auch moralischen Positionen zusammenhängt.

Kirche kann antworten

Eine erste Orientierung über die „situative Valenz", also die Auswirkung des Sozioreligiösen auf das Leben, gibt die Frage, worauf nach Ansicht der Befragten die Kirche Antwort geben kann. Dass das Sozioreligiöse grundsätzlich eine Formkraft hat, erkennt man daran, dass die sozioreligiös stark „aufgeladenen" *Christ(inn)en* in Summe weit mehr Erwartungen haben als die *Säkularen*. Zudem zeigen die Daten eine Abstufung je nach Themen. Es gibt Fragen, die mehr, andere, die weniger mit der religiösen Institution einer Kirche (und dahinter mit Religion/Religiosität) in Verbindung gesetzt werden.

Bei den *Christ(inn)en* sind die Erwartungen – vor allem bei geistlichen und moralischen Fragen – relativ konstant und sehr hoch. Einzig die Erwartungen hinsichtlich sozialer Probleme sind ziemlich gesunken. Die *Rituellen* und vor allem die *Gottgläubigen* erwarten sich – wieder – hinsichtlich geistiger Fragen viel. Die Erwartungen der *Rituellen* und *Gottgläubigen* sind in sozialen, moralischen und vor allem Familienfragen 2008 wieder deutlich gestiegen. Die *Säkularen* haben ihre Erwartungen 2008 – ohnedies bereits auf niedrigem Niveau – nochmals deutlich gesenkt.

		geistige Bedürfnisse	moralische Probleme	Familienleben	soziale Probleme
1990	Christ(inn)en	89	80	66	63
	Rituelle	78	52	36	39
	Gottgläubige	75	46	29	37
	Säkulare	45	20	11	20
	alle	69	46	33	37
1999	Christ(inn)en	91	70	56	55
	Rituelle	66	43	31	34
	Gottgläubige	60	34	28	27
	Säkulare	39	17	13	15
	alle	60	37	29	29
2008	Christ(inn)en	86	79	67	57
	Rituelle	67	56	42	37
	Gottgläubige	70	52	44	40
	Säkulare	29	19	11	14
	alle	54	43	33	31

Tabelle 27: Worauf soll die Kirche Antworten geben? (1990–2008). Angaben in Prozent, Quelle: EVS 1990–2008.

Das Sozioreligiöse und das Familiale

Bei der Frage nach den Erwartungen an die Partnerschaft zeigen sich bei den vier Typen kaum größere Unterschiede. *Christ(inn)en* unterscheiden sich hinsichtlich der Merkmale „gemeinsame religiöse Überzeugung", Kinder, gleiche Nationalität, gemeinsame Zeit und Treue: Dies ist ihnen wichtiger als anderen. *Säkulare* wiederum betonen die glückliche sexuelle Beziehung und die Zeit für eigene Freunde/Freundinnen, wohingegen Kinder und Treue ihnen im Vergleich mit den Anderen am wenigsten wichtig sind. Christ(inn)en haben auch deutlich mehr Kinder als die Menschen der anderen Typen.

Kinderzahl nach Typen

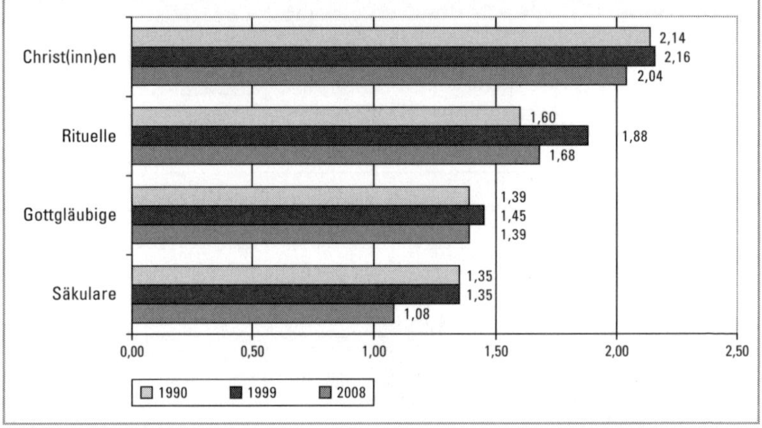

Grafik 15: Kinderzahl nach Typen. Durchschnittliche Anzahl der Kinder, Quelle: EVS 1990–2008.

Das Sozioreligiöse und die Welt von Wirtschaft und Arbeit sowie Lebenszufriedenheit

Generell zeigt die Suche nach Zusammenhängen zwischen den sozioreligiösen Typen und deren Einstellung zu Wirtschaft und Arbeit sowie Zufriedenheit mit Arbeit und Leben nur ganz wenige signifikante Ergebnisse. Auch dies ist ein Ergebnis: Der Lebenshorizont von Wirtschaft und Arbeit ist offenbar, was die Gesellschaft zusammenhält – und als Deuterahmen wesentlich gewichtiger als religiöse Einstellungen und Werte. Umgekehrt wird so deutlich, dass eine religiöse Einstellung, sogar gelebte Religiosität, in Österreich so gut wie keinen Einfluss auf Einstellungen in Bezug auf Wirtschaft und Arbeit hat. *Christ(inn)en* muss dies nachdenklich machen: Sie unterscheiden sich nicht vom Rest der Bevölkerung. Auch nicht in Bezug auf die Lebenszufriedenheit. Einige wenige – schwache – Differenzen seien genannt:

- *Rituelle* und *Säkulare* unterscheiden sich hinsichtlich ihrer Einstellung zu Einkommensunterschieden: Rituelle (eher im traditionellen, konservativen Milieu anzutreffen) meinen, diese seien als Leistungsanreiz nötig; Säkulare (links wie rechts) sprechen sich für einen Ausgleich aus.
- In Bezug auf Erwartungen an die Arbeit ist *Christ(inn)en* tendenziell ein sicherer Arbeitsplatz wichtig; die *Säkularen* schätzen eher die Möglichkeit, Eigeninitiative zu entfalten und eine interessante Tätigkeit.
- Die durch Faktorenanalyse gewonnenen Dimensionen für Erwartungen an die Arbeit – Selbstverwirklichungsmöglichkeit, günstige Rahmenbedingungen und materielle Erwartungen – lassen einige signifikante Details sichtbar werden. Selbstverwirklichung in der Arbeit ist den *Säkularen* am wichtigsten. Arbeit kommt ohne Jenseitshorizont als sinnstiftende Größe wahrscheinlich eher in den Blick. Günstige Rahmenbedingungen sind ebenfalls für die *Säkularen,* aber auch für die *Gottgläubigen* wichtig. Materielle Erwartungen sind den *Gottgläubigen* wichtig (eine Weltanschauung allein gibt zu wenig Sicherheit?). Den *Rituellen* sind alle Dimensionen unwichtig. Sind sie: bescheiden? traditionell? angepasst? *Christ(inn)en* liegen bei allen Faktoren im Mittelfeld, ähneln eher den Rituellen als den anderen beiden Gruppen. Ist Arbeit hier weniger wichtig – weil die Personen hier auch eher älter sind und aus weniger gebildeten Milieus kommen?
- Ein wesentlicher Unterschied ist die Einstellung zur Arbeitsmotivation. Hier unterscheiden sich *Christ(inn)en* und *Säkulare* bei der Einstellung zu den Fragen, ob Arbeit vor der Freizeit kommt beziehungsweise Arbeit eine Verpflichtung gegenüber der Gesellschaft ist. *Christ(inn)en* haben hier ein signifikant höheres Pflichtethos als *Säkulare,* die diese Aussagen signifikant häufiger ablehnen. Für sie ist Arbeit eher Selbstverwirklichung als gemeinwohlpflichtig, und Freizeit ist mindestens ebenso wichtig oder wichtiger als Arbeit.

Über die Hälfte (52 %) lehnt die Aussage ab, dass Politiker/-innen, die nicht an Gott glauben, ungeeignet sind für ein öffentliches Amt, 22 Prozent stimmen dem zu. Seit 1999 haben hier aber auffällige Verschiebungen stattgefunden: Da lehnten dies noch 66 Prozent ab, während nur 14 Prozent zustimmten. Ähnliches ergibt sich auch im Zeitvergleich bei der Frage, ob Kirchenoberhäupter Regierungsentscheidungen beeinflussen sollten: Dem stimmen 2008 13 Prozent zu, zwei Drittel (65 %) lehnen das ab; 1999 stimmen elf Prozent zu, 77 Prozent lehnten das ab. Blickt man religionssoziologisch auf diese Ergebnisse, zeigen sich interessante Details.

- Kirchenoberhäupter sollen Regierungsentscheidungen nicht beeinflussen: Dem stimmen erwartungsgemäß die *Säkularen* am meisten zu, die *Christ(inn)en* am wenigsten. Auffallend ist jedoch, dass die Zustimmungsraten seit 1999 abgenommen haben, sogar und am meisten bei den *Säkularen.*
- Ähnlich auch das Ergebnis, ob Politiker/-innen, die nicht an Gott glauben, ungeeignet sind: Auch hier gibt es in allen Gruppen deutlich mehr Zustimmung im Jahresvergleich. Spiegelt sich hier – angesichts der hohen Unzufriedenheit mit der Politik – der Wunsch nach moralischen Instanzen wider? Ist dies der Wunsch nach einer starken Institution, nach einer starken Hand, die in der Politik durchgreift? Oder drückt sich hier der – islamophobe – Wunsch nach einer starken – freilich kulturchristlichen – österreichischen Identität aus?

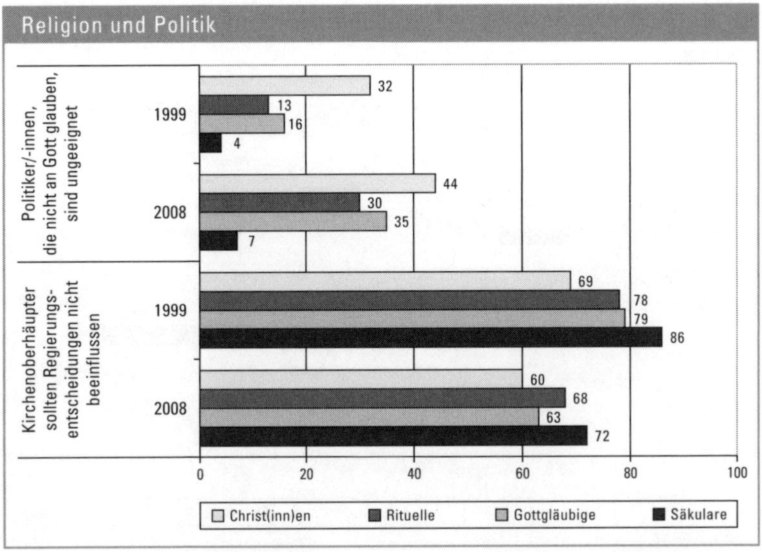

Grafik 16: Religion und Politik. „stimme sehr zu“ und „stimme eher zu“ (fünfstufige Skala), Angaben in Prozent, Quelle: EVS 1990–2008.

Das Sozioreligiöse und Lebenssinn

Wird das Leben von einem Gott bestimmt, der sich mit jedem persönlich befasst? Oder von Naturgesetzen? Oder hat es vielleicht gar keinen Sinn? Diese drei Fragen charakterisieren Grundeinstellungen zum Leben. 76 Prozent sind zumindest eher der Auffassung, dass das Leben seinen Sinn in sich selbst trägt und 82 Prozent meinen, dass man ihm selbst Sinn verleihen muss. 74 Prozent meinen zudem, dass der Sinn des Lebens darin besteht, das Beste dabei herauszuholen, das sind zehn Prozent mehr als 1999. Dies lehnen nur neun Prozent ab.

Diese Auffassung wird dann verschieden ausgefaltet. Acht Prozent meinen, das Leben habe wenig Sinn. 1999 war dies nur die Hälfte. Hier unterscheiden sich die sozioreligiösen Typen nicht wesentlich, die *Rituellen* meinen dies mit zehn Prozent am ehesten. Ein Drittel (30 %) meint, das Leben werde durch die Gesetze der Natur bestimmt. Dies meinen vor allem die *Säkularen*. 17 Prozent glauben an einen Gott, der sich mit jedem Menschen persönlich befasst. Dem stimmen die *Christ(inn)en* am häufigsten zu, die *Säkularen* am wenigsten. Sind wir konfrontiert mit einer angestrengten Suche nach Sinn?

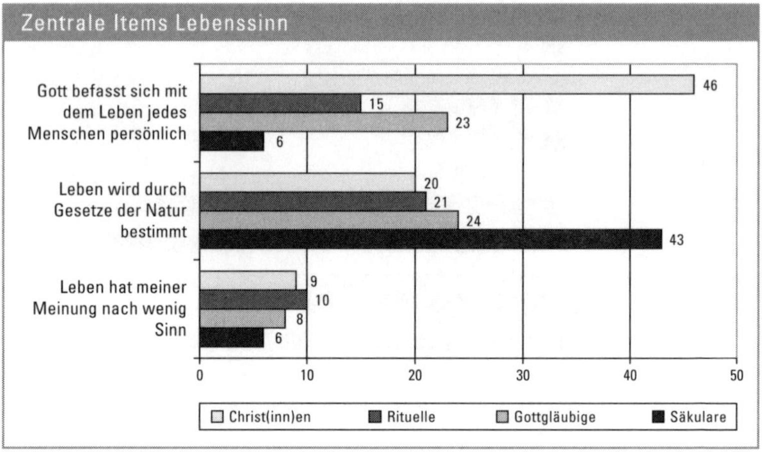

Grafik 17: Aussagen der zentralen[39] Items aus dem Bereich Lebenssinn. „stimme sehr zu“ und „stimme eher zu“ (vierstufige Skala), Angaben in Prozent, Quelle: EVS 2008.

Das Sozioreligiöse und Autoritarismus, Solidarität und Fremdenfeindlichkeit

Gibt es Zusammenhänge dieser wichtigen gesellschaftspolitischen Einstellungen mit „gelebter Religiosität“ und der jeweiligen sozioreligiösen Zugehörigkeit? Hier ist zuerst zu beobachten, dass die Zugehörigkeit zu einem bestimmten sozioreligiösen Typus so gut wie keinen Einfluss auf autoritäre, fremdenfeindliche und solidarische Einstellungen hat. *Christ(inn)en, Rituelle, Gottgläubige, Säkulare* – sie alle sind in dieser Hinsicht „typische Österreicher/-innen“, ihre Werte entsprechen dem Durchschnitt. Leichte Zusammenhänge gibt es in zwei Richtungen: Die *Säkularen* sind tendenziell leicht autoritärer und leicht individualistischer eingestellt. Bei ihnen und den *Christ(inn)en* ist auch die Mikrosolidarität leicht über dem österreichischen Durchschnitt. Der Blick auf die Fremdenfeindlichkeit ist ernüchternd: Bei einem österreichischen Durchschnittswert

49 Diese Items laden in den drei Faktoren jeweils am höchsten.

von 28 Prozent der Österreicher/-innen, die als sehr fremdenfeindlich zu bezeichnen sind, lassen sich innerhalb der *Christ(inn)en* 29 Prozent, innerhalb der *Rituellen* 22 Prozent, der *Gottgläubigen* 26 Prozent und in der Gruppe der *Säkularen* 32 Prozent finden. Sozioreligiose Zugehörigkeit in Bezug auf Gottesglauben und religiöse Praxis immunisieren also (empirisch) nicht gegen Fremdenfeindlichkeit. Verlust von Gottesglaube und reduzierter Kirchgang verschärft dann die Einstellung.

Auch die Zusammenschau auf der Ebene mit dem Index „gelebter Religiosität" zeigt keine starken Zusammenhänge. Autoritäre sind innerhalb der *Christ(inn)en* am ehesten unter jenen zu finden, die eine Gebets- und Gottesdienstbesuchpraxis aufweisen. Dies hängt aber wohl eher am Alter und an der Frage der regionalen Herkunft als an der christlichen Formatierung. Denn Kirchgänger/-innen sind tendenziell älter und leben am Land. Mit Gotteserfahrung und christlichem Weltbild gibt es keinerlei Zusammenhänge. Das bedeutet, Christ(inn)en und Kirchgänger/-innen sind nicht autoritärer als die übrige Bevölkerung, aber auch nicht weniger autoritär. Christ(inn)en, die nur praktizieren, ohne entsprechende religiöse Erfahrung und Interpretation, sind gefährdet. Das ist klar – denn Praxis ohne Erfahrung und Reflexion gibt Halt, aber noch keinen Sinn. In Bezug auf die Solidarität sind jene, die ein christliches Weltbild haben, mit leicht höherer Wahrscheinlichkeit auch mikrosolidarischer, aber auch weniger makrosolidarisch als die übrige Bevölkerung. Der Glaube der *Christ(inn)en* in Österreich ist familial, nahraumorientiert. Weder „gelebte Religiosität" noch sozioreligiöse Zugehörigkeit wirken sich also maßgeblich auf gesellschaftspolitisch relevante Haltungen aus.

Das Sozioreligiöse und Moralitäten

Betrachtet man die Unterschiede in Bezug auf konkrete Moralitäten zwischen den Typen, gibt es hinsichtlich der Eigentumsmoral kaum Unterschiede: Mit einem fremden Auto eine Spritztour machen, gestohlene Ware verkaufen, Steuern hinterziehen etc. lehnen alle weitgehend ähnlich ab. Die *Christ(inn)en* zeigen dabei bei allen Fragestellungen die schärfsten ablehnenden Positionen. Sie tendieren zu klarerem? eindeutigerem? rigiderem? Urteil. Große Unterschiede gibt es allerdings hinsichtlich der Frage rund um die Lebensmoral: In Bezug auf Einstellung zu Scheidung, Homosexualität, Euthanasie (so unvergleichbar diese Phänomene sind) unterscheiden sich die *Christ(inn)en* signifikant von den *Säkularen*. Scheidung wird wesentlich stärker abgelehnt, das heißt Ehe ist besser geschützt; Homosexualität wird schärfer abgelehnt, aber auch bei den *Christ(inn)en* wird hier die Ablehnung im Zeitvergleich schwächer. Euthanasie wird stärker abgelehnt, das heißt Menschenleben ist besser geschützt.

6 Trends: plural, bunt, fragil – Polarität und Polarisierung?

Die Wiederkehr der Religion hat sich nicht fortgesetzt, die diesbezüglichen Indikatoren sind seit 1999 wieder auf das Niveau von 1990 und teilweise auch darunter gefallen. Zugleich findet eine Pluralisierung statt, und die Säkularisierung ist voll im Gange. Es lassen sich zwei Pole erkennen: Die Verdichtung des christlichen Segmentes der Gesellschaft und die weite Verbreitung der *Säkularen* – zwei Gruppen, die sich stark voneinander unterscheiden. Der Glaube an Gott verdichtet sich zum einen, zum anderen scheint er aus der Kirche ausgewandert, denn unter den *Gottgläubigen* finden sich durchaus Hinweise auf eine vorfindbare Gottesfrage. Der Rückgang der *Rituellen* verweist darauf, dass die sozioreligiöse Normalität des Christlichen, seine kulturelle Verankerung locker wird, insbesondere die Entwicklungen am Land machen dies deutlich. Aus gesellschaftspolitischer Perspektive gibt vor allem die Entwicklung einer säkularen Rechten Anlass zur Sorge. Denn nicht zu übersehen ist, dass sich unsere modernen Gesellschaften weltanschaulich „verbunten"; dies ist ein Ausdruck wachsender Freiheit und schöpferischer Vielfalt. Neben dem ererbten christlich-kirchlichen Feld (das schrumpft) wächst zugleich ein atheisierendes Feld mit einem hohen Anteil „unbekümmerter Alltagspragmatiker" ohne religiösen Sinnanspruch (vgl. Identity-Foundation 2006). Darin finden sich Humanist(inn)en, aber auch ein reflektierter, aggressiver Neoatheismus, zum anderen ein ungebildeter Atheismus, der sich stereotyper religionskritischer Argumente bedient, ohne mit dem kritisierten

Gegenstand „Religion“ je konkreten Kontakt gehabt zu haben.[50] Dazwischen entfaltet sich ein diffuses spirituelles Feld. Zwischen allen Feldern gibt es – im günstigen Fall – einen kreativen Austausch zwischen den Polen bis hin zur Osmose; eine spannungsvolle Polarität kann entwicklungsförderlich wirken. Im ungünstigen Fall wachsen sich die Felder zu Polen aus, die zu einer aggressiven religionskämpferischen Polarisierung führen können. Es entstehen Lager und mit ihnen Belagerungen.

Weiters geben die unvermuteten hohen Erwartungen insbesondere der *Gottgläubigen* und *Rituellen* an die Kirche im Kontext zeitgleicher Erosion kirchlichen Lebens und Rückgang des christlichen Segmentes aus gesellschaftspolitischer Perspektive mit Blick auf die übrigen Ergebnisse der Studie eher Grund zur Annahme, dass es sich hier um eine restaurative Sehnsucht nach der „guten alten Zeit“ handelt – in der Österreich noch „katholisch“ war. Religiosität selbst ist zudem weitgehend abstrakte Weltanschauung. Dort, wo sie mit Leben – Erfahrung und Praxis – erfüllt ist, ist sie primär christlich und auch kirchlich formatiert. Über andere Religionen können keine signifikanten Aussagen getroffen werden; anzunehmen ist, dass religiöse Erfahrung und An-/Einbindung in eine religiöse Gemeinschaft auch für andere Religiositäten die entscheidenden Faktoren sind. Eine individualisierte Religiosität ohne sozialen Bezug, soziale Stütze und praktischen Ausdruck verdünnt mit der Zeit; sie wird zur das Leben kaum gestaltenden „Kopfgeburt“.

Die Ergebnisse der Wertestudie ähneln so jenen des Religionsmonitors 2008 (vgl. Zulehner 2007, 155). Auch diese Daten zeigen

[50] Vergleiche dazu die Ergebnisse einer die Studie begleitenden Focusgruppe mit „Säkularen“: Wichtig ist dieser Gruppe junger Studierender, die sich selbst als „säkular“ bezeichnet, ein kritisches Selbstverständnis, das heißt sie möchten die Welt ohne „Brille“ deuten. Religion gilt ihnen als solche. Getragen ist dieses Selbstverständnis von der Zukunftsvision einer freien Gesellschaft ohne Zwang zur Religion. Der Religion wird Trostfunktion zugeschrieben, aber diese würde sich in einer Gesellschaft, die die menschlichen Bedürfnisse nach Glück anders befriedigt, erübrigen. Religion wird als etwas erlebt, das aufgezwungen oder ausschließlich konventionsbedingt ist. Statt die sozialen Verhältnisse zu ändern, vertröstet sie auf ein Jenseits. Auffallend ist bei der klassisch marxistisch-freudianischen Argumentationsstruktur, dass die Befragten (bis auf Taufe und Konfirmation/Firmung) so gut wie keine konkrete oder gar kontinuierliche Erfahrung mit gelebter Religion haben (im Unterschied zu den Religionskritikern der ersten Stunde im 19. Jahrhundert). Trost und Unterstützung finden die Vertreter/-innen dieser Gruppe in ihren persönlichen Beziehungen. Rituale gelten ihnen als unreflektierter, soziale Ordnungen reproduzierender Konformismus.

die Entwicklung einer produktiven Polarität von jenen, die an Gott oder ein Göttliches glauben; jenen, die dies nicht, aber dafür anderes glauben: an die Natur, das Leben, den Menschen; jenen, die an ein Weiterleben nach dem Tod glauben. Diese drei Pole lassen sich auch hier feststellen. Mit einer kämpferischen Religionslosigkeit und einem Konflikt zwischen Religiösen und Säkularen ist vorläufig noch nicht zu rechnen, zumal Beweglichkeit in diesem Feld ein weiteres Merkmal ist. Die Menschen sind Fragende, Skeptische, Suchende (Berger 2004). Auch die Atheisierenden haben ihre Position nicht definitiv festgeschrieben. Die Kirchenmitglieder sind ebenfalls in Bewegung. Die einen entfernen sich, andere wählen nach biografischen Situationen aus, nicht wenige öffnen sich auch dem Reichtum anderer Religionen und kombinieren Christlichkeit und andere spirituelle Formen (zum Beispiel Zen). 15 Prozent bezeichnen sich dem Religionsmonitor in Österreich als zumindest „ziemlich spirituell". Diese „Spirituellen" finden sich unter jenen, die aus keiner Religionsgemeinschaft kommen (11 %); 16 Prozent der Katholik(inn)en, 14 Prozent der Protestant(inn)en ordnen sich hier zu. Diese Gruppe findet sich also sowohl inner- wie außerhalb der Kirche. So ist die sozioreligiöse Situation bunt, beweglich und auch instabil. Im Kontext der politischen Dimensionen kann aus dieser spannungsgeladenen Polarität freilich eine Polarisierung werden.

Die Österreicher/-innen und die Politik

Christian Friesl, Thomas Hofer, Renate Wieser

Politische Langzeitstudien sind wie alle empirischen Erhebungen Einschränkungen unterworfen: Sie messen Werthaltungen und Einstellungen der Bevölkerung an einem bestimmten Zeitpunkt. Sie sind also Momentaufnahmen und spiegeln die Gesellschaft zwar wider, mögen aber den einen oder anderen Faktor größer oder kleiner erscheinen lassen – eben je nach aktueller Stimmungslage.

Das Jahr 2008 war in Österreich ein innenpolitisch äußerst bewegtes: Nach knapp zwei Jahren löste sich der erst 2006 gewählte Nationalrat auf. Die Bundesregierung unter dem Überraschungssieger des Jahres 2006 – dem SPÖ-Vorsitzenden Alfred Gusenbauer – stürzte. Die 18 Monate unter Kanzler Gusenbauer und seinem ÖVP-Vize Wilhelm Molterer waren vor allem von gegenseitigem Misstrauen und Streit zwischen den Koalitionsparteien geprägt. Der permanente Wahlkampf und das unablässige Streben nach der eigenen Positionierung auf Kosten des Koalitionspartners hinterließen auch Spuren beim Wahlvolk: Die Zustimmungsraten zur Großen Koalition waren bald im freien Fall. Letztendlich war auch die Unzufriedenheit innerhalb der beiden Regierungsfraktionen mit entscheidend für das vorzeitige Ende des Kabinetts Gusenbauer.

Die folgenden empirischen Ergebnisse sind auch in diesem Lichte zu sehen. Es mag durchaus sein, dass die politischen Diskussionen des Jahres 2008 einen verstärkenden Einfluss auf die Einstellung der Österreicherinnen und Österreicher zum heimischen politischen System gehabt haben. Eines ist bei alldem aber klar: Auch wenn man mögliche aktuelle Faktoren abrechnet – die Befunde der Europäischen Wertestudie über die veränderten politischen Einstellungen der österreichischen Bevölkerung im Zeitlauf von fast 20 Jahren sind dramatisch.

Das folgende Kapitel kann grob in drei in ihrer Massivität erstaunlichen Generaltrends zusammengefasst werden:

- Die Österreicher/-innen verweigern sich zunehmend gegenüber der Politik[51]. Sie haben geringes politisches Interesse, das Vertrauen in politische Institutionen sinkt in teils beängstigendem Ausmaß. Und selbst die Demokratie ist nicht mehr unumstritten.
- Die Kritik am Wirtschafts- und Gesellschaftssystem wird spürbar lauter. Deutlich geäußertes Missfallen an der politischen Praxis ist zwar weder neu noch verwunderlich. Doch: Der von den Befragten geäußerte Unmut ist nicht mehr nur auf die geübte Praxis beschränkt – er bewegt sich bereits am Übergang zu echter und fundamentaler Systemkritik. Um es konkret zu machen: Dass im Kontext der aktuellen Wirtschaftskrise ökonomische und politische Handlungsweisen kritisiert werden, das war zu erwarten. Doch bei genauerer Analyse der Daten entsteht der nachhaltige Eindruck, dass die Kritik der Österreicher/-innen die Fundamente des Systems selbst zu erfassen beginnt.
- Die Einstellungen zu „Fremden", Fremdem und generell Internationalem sind distanziert bis „feindlich". Die Mikrosolidarität, etwa in der Kernfamilie, ist weiter hoch. Dagegen aber bricht die Mesosolidarität überraschend stark ein. Neidgeprägter Individualismus und Ausländer(innen)feindlichkeit sind große politische Themen.

Diese Trends sollen im Folgenden in ihren einzelnen Ausprägungen genauer unter die Lupe genommen werden. Deutlich wird bei der Gesamtschau der gesammelten Daten jedenfalls Eines: Die Einstellung der Österreicher/-innen zu lange unangetasteten, ökonomischen wie politischen Grundpfeilern ist in Bewegung.

[51] Für den Begriff „Politik" gibt es keine eindeutige Definition: Interesse, Macht, Konsens, Herrschaft, Willensbildung, System, Struktur, Organisation, Entscheidung(en), Bedürfnis, Partizipation, Konkurrenz, Einfluss, Legitimität, Ideologie(n), Prozess, Gruppe, Klasse, Staat, Verhandlungen, Wert(e), Demokratie, Institution(en), Legitimation – all das und vieles mehr kann gemeint sein, wenn von Politik gesprochen wird. Um die Vielfalt all dieser relevanten Aspekte systematisieren zu können, wird häufig auf die aus dem angloamerikanischen Sprachraum kommenden Begriffe *polity*, *politics* und *policy* zurückgegriffen (vgl. Dachs u. a. 2006b). Dabei bezieht sich „[d] er Begriff *polity* … auf die politische Ordnung und Form, also vor allem die Verfassung und die politischen Institutionen … Der Terminus *politics* umfasst den politischen Prozess, die Vertretung der Interessen, die Austragung von Konflikten und die Durchsetzung von Inhalten. … Der Begriff *policy* meint die Inhalte der Politik und die Instrumente, mit denen sie umgesetzt werden" (Dachs u. a. 2006a, 27).

1 Politische Kultur, Institutionen und Demokratie

Klar ist, dass die Österreicher/-innen den Bereich „Politik" für ihr Leben als nicht zentral einstufen: In den vergangenen 20 Jahren sahen nur zwischen sieben und zehn Prozent der Bevölkerung Politik als einen Faktor an, der im eigenen Leben „sehr wichtig" ist. Mit diesem Wert liegt das Feld Politik nicht nur abgeschlagen am Ende des vom Lebensbereich Familie (2008 „sehr wichtig": 79 %) angeführten Rankings, sondern auch noch deutlich hinter der Religion, die für ein Fünftel der Bevölkerung (2008: 19 %) sehr wichtig ist. Die geringe Lebensrelevanz von Politik findet sich in allen Bevölkerungsgruppen, allein Personen mit hoher Schulbildung sehen sie signifikant wichtiger als der Rest („sehr wichtig": 21 %).

1.1 Politisches Interesse und Engagement

Das Interesse und die Interessierten

Das allgemeine Interesse an Politik war in den vergangenen 20 Jahren einer Wellenbewegung unterworfen: Während sich 1990 etwa die Hälfte der Bevölkerung (54 %) an Politik interessiert zeigte, waren es 1999 zwei Drittel (67 %). Der Anstieg in diesem Zeitraum war auch auf das politisch extrem polarisierende Wahljahr 1999 zurückzuführen: Damals zeichnete sich schon im Wahlkampf das mögliche Ende der seit den Achtzigern regierenden Großen Koalition und mit der unter Jörg Haider immer stärker werdenden systemkritischen FPÖ ein Paradigmenwechsel in der österreichischen Innenpolitik ab. Zehn Jahre – und eine für das Dritte Lager enttäuschende Periode der Regierungsbeteiligung – später liegt das politische Interesse der Österreicher/-innen wieder auf dem Niveau der 80er Jahre: 18 Prozent interessieren sich „sehr", weitere 38 Prozent „etwas" für Politik. 27 Prozent antworten mit „kaum" und 17 Prozent mit „gar nicht". In Summe gehören 2008 also 56 Prozent zu den „Interessierten", 44 Prozent sind distanziert.[52]

[52] Die Österreicher/-innen liegen damit im Vergleich nicht so schlecht: In einer deutschen Befragung aus 2006 zeigen sich neun Prozent sehr stark, 33 Prozent stark, 46 Prozent nicht so stark und 13 Prozent überhaupt nicht an Politik interessiert (vgl. Statista 2009).

- Zu den besonders „Interessierten“ an Politik zählen Pensionist(inn)en („sehr“ und „etwas“: 78 %), Personen mit hohem Einkommen (72 %), Menschen, die sich politisch als „links“ verstehen (69 %), und eher Männer (63 %) als Frauen (49 %).
- Es ist seit Langem bekannt, dass das Interesse an Politik stark mit dem Bildungsgrad korreliert. Auch wenn der Zusammenhang im Zeitvergleich etwas abnimmt, ist der Bildungseinfluss nach wie vor beeindruckend: Während sich 2008 bei den Personen mit Hochschulabschluss 42 Prozent als „sehr interessiert“ und nur vier Prozent als „gar nicht interessiert“ zeigen, ist das Verhältnis bei Menschen ohne abgeschlossene Schulbildung genau umgekehrt: Nur drei Prozent sehen sich als „sehr“, aber 35 Prozent als „gar nicht“ interessiert.
- Mit dem Alter der Befragten nimmt das Interesse an Politik leicht zu, auffallend gering ist es bei den ganz Jungen, wie Ergebnisse der „Jugend-Wertestudie“ aus 2006 zeigen: Bei den 16- bis 24-Jährigen interessiert sich nur ein Drittel (4 % „sehr“, 29 % „etwas“) für Politik. Gleich 63 Prozent (32 % „kaum“, 31 % „gar nicht“) stehen der Politik distanziert gegenüber (vgl. Kromer / Hatwagner 2008, 62).

Das Verhältnis junger Menschen zur österreichischen Politik ist überhaupt ein kritisches: Laut einer vom Meinungsforschungsinstitut SORA durchgeführten vergleichenden Studie unter Jugendlichen aus acht verschiedenen europäischen Ländern (vgl. SORA 2005) zeichnen sich gerade österreichische Jugendliche durch einen besonderen Skeptizismus gegenüber dem „System“ Politik aus. Dass es allerdings noch Potenzial für das politische Interesse und Engagement der Jungen gibt, zeigen die Daten einer Nachwahlbefragung bei 16- bis 18-Jährigen, die ein überraschend hohes politisches Interesse bei den Erstwähler(inne)n diagnostizieren (vgl. SORA 2009).[53]

[53] Vgl. dazu in diesem Kapitel: Was ist mit den Jungen los? 280ff.

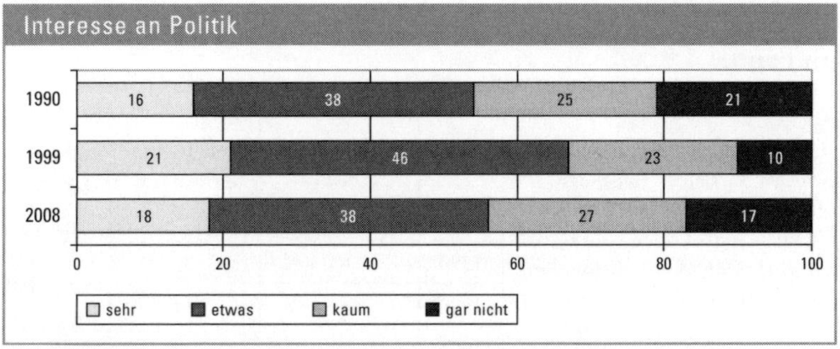

Grafik 18: Interesse an Politik. Angaben in Prozent, Quelle: EVS 1990–2008.

Die geringe Lebensrelevanz von Politik zeigt sich auch daran, dass nur 16 Prozent der Österreicher/-innen mit ihren Freunden/Freundinnen „öfter“ über Politik sprechen. Immerhin sechs von zehn (62 %) führen „gelegentlich“ politische Gespräche, ein Fünftel (22 %) „nie“. Für die Genese des politischen Interesses sind diese Gespräche wichtig: Beispielsweise verstehen sich heute mehr als die Hälfte (56 %) jener Personen, die häufig mit der Mutter über Politik diskutiert haben, als an Politik sehr interessiert, bei jenen, die diese Diskussionen nicht erlebt haben, sind es nur 15 Prozent. Politische Informiertheit, Anteilnahme und politisches Kompetenzbewusstsein können auch sehr viel zur Entwicklung von toleranten Einstellungen beitragen (vgl. Trüdinger 2006, 106f.). In der Folge lässt sich in der Wertestudie immer wieder die hohe Relevanz von politischem Interesse für Fragen der gesellschaftlichen Solidarität sowie für Offenheit gegenüber Fremdem wie Fremden feststellen.

Politische Partizipation und sozial-politisches Engagement

Das Verständnis für politische (Protest-)Aktionen und die Bereitschaft der Österreicher/-innen, sich an einer solchen zu beteiligen, ist gering ausgeprägt: Von allen angeführten Beteiligungsmöglichkeiten ist ausschließlich die Teilnahme an Unterschriftensammlungen für die Mehrheit der Österreicher/-innen vorstellbar. Angesichts dieser Daten – und dem schon länger beobachtbaren Phänomen, dass in Österreich die Dauer von Streiks über Jahre und Jahrzehnte bloß in Sekunden gemessen wird – stellt sich natürlich die Frage nach den Bedingungen für eine funktionierende Zivilgesellschaft[54] im Land.

Haben Sie sich schon oder würden Sie sich an folgenden politischen Aktionen beteiligen?	Jahr	schon einmal beteiligt	vielleicht einmal tun	niemals tun
An einer Unterschriftensammlung beteiligen	1990	45	29	22
	1999	56	24	19
	2008	46	29	21
Beteiligung an einem Boykott	1990	5	23	64
	1999	9	33	54
	2008	8	33	52
Teilnahme an einer genehmigten Demonstration	1990	10	32	52
	1999	16	35	47
	2008	14	33	48
Beteiligung an einem nicht genehmigten Streik	1990	1	9	48
	1999	2	17	77
	2008	4	21	68
Gebäude und Fabriken besetzen	1990	1	6	88
	1999	1	9	87
	2008	2	13	79

Tabelle 28: Beteiligung an politischen Aktionen. Angaben in Prozent, Quelle: EVS 1990–2008.

Anhand von zwei unterschiedlichen politischen Beteiligungsformen soll im Folgenden der Frage nachgegangen werden, welche Gruppen in Österreich zu zivilgesellschaftlichem Verhalten tendieren und sich politisch engagieren.

- Die Zahl jener, welche sich schon einmal an einer Unterschriftenaktion beteiligt haben oder sich dies zumindest vorstellen können, ist über die Jahre hinweg relativ konstant geblieben – für das Jahr 2008 trifft dies für Dreiviertel (75 %) aller Befragten zu. In hohem Ausmaß hängt diese Beteiligungsform mit dem allgemeinen Interesse für Politik zusammen und ob mit Freund(inn)

[54] Vgl. in diesem Kapitel: „Ich und Wir: Die Entwicklung der Solidarität", 237ff.

en über Politik gesprochen wird oder nicht. Menschen, welche sich an Unterschriftenaktionen beteiligen, sind eher ehrenamtlich in diversen Organisationen und Gruppen engagiert und ihr Interesse rührt vor allem von einem sozial-politischen Veränderungswunsch her. Auffällig ist hierbei auch, dass die Begründung „Pflichtgefühl, moralische Verantwortung" zunehmend an Bedeutung für das eigene Engagement gewinnt. Personen, die sich an Unterschriftenaktionen beteiligen, sind tendenziell weniger ausländer/-innenfeindlich und haben eine tolerantere Haltung in Migrationsfragen. Menschen mit höherer formaler Bildung tendieren eher zur politischen Beteiligung – wenn auch im Jahresvergleich die Korrelation abnimmt. Bemerkbar machen sich neue Zusammenhänge, welche sich erst für das Jahr 2008 feststellen lassen: Erstmals im Beobachtungszeitraum von 20 Jahren gibt es auch einen klaren Zusammenhang zwischen dem Grad der politischen Beteiligung einerseits und dem allgemeinen Vertrauen, welches die Befragten in ihre Mitmenschen haben, ihrer Lebenszufriedenheit, ihrem Vertrauen in EU, UNO und politische Parteien sowie ihrer generellen Zufriedenheit mit der österreichischen Demokratie.

- Die Gruppe jener, welche schon einmal Gebäude und Fabriken besetzt haben oder sich dies zumindest vorstellen könnten – 2008 sind das 15 Prozent der Befragten –, setzt sich aus eher jüngeren Bevölkerungsteilen zusammen. Diese spezielle Beteiligungsform korreliert negativ mit dem Index für Mikrosolidarität und dem Faktor „Teilen lernt man am besten in der Familie". Keinen Zusammenhang gibt es mit der Sorge um Familienmitglieder. Tendenziell ansteigend oder sich neu herausbildend sind die Korrelationen mit der gefühlten Zufriedenheit mit dem Beruf, mit dem politischen Interesse und der Wichtigkeit des Bereichs der Politik im eigenen Leben, mit der allgemeinen Lebenszufriedenheit und der verspürten Kontrolle und Möglichkeit der Einflussnahme auf das eigene Leben. Wie bei den Menschen, welche sich an Unterschriftenaktionen beteiligen, tendieren auch solche, die sich vorstellen können, Gebäude und Fabriken aus politischen Gründen zu besetzen, eher zur Toleranz bei Migrations- und Einwanderungsfragen.

Die Frage nach einer aktiven Zivilgesellschaft[55] schließt auch die Beachtung des ehrenamtlichen Engagements der Österreicher und Österreicherinnen mit ein: Diesbezüglich präsentiert sich Österreich nicht als Land, in dem man sich in hohem Ausmaß ehrenamtlich betätigt. 2008 geben dreiviertel der Österreicher/-innen (74 %) an, ehrenamtlich nicht engagiert zu sein. Hier fällt dann auch das politische Engagement der österreichischen Bevölkerung nicht sehr aus dem Rahmen: Nur zwei Prozent geben 2008 an, bei Parteien oder politischen Gruppen mitzuarbeiten, 1990 waren es noch vier Prozent. Die Mitarbeit bei Gewerkschaften liegt seit 1990 kontinuierlich bei zwei Prozent; die Mitarbeit bei allen anderen tendenziell als politisch einzustufenden Organisationen liegt unter der Ein-Prozent-Marke.

Unter den Gründen, etwas ehrenamtlich zu tun, rangiert die Motivation „um sozial und politisch etwas zu verändern" im Jahr 2008 an vorletzter Stelle.[56] 31 Prozent finden es (eher) wichtig, sich aus sozial-politischem Veränderungswillen heraus zu engagieren, seit 1999 (36 %) ist die Zustimmung zu diesem Grund leicht zurückgegangen. Gleichzeitig ist jedoch darauf hinzuweisen, dass die Begründung „Weil ich etwas für andere tun möchte" 2008 die am höchsten akzeptierte ist ([eher] wichtig: 54 %).

All das zeigt die relativ geringe Bereitschaft, sich politisch aktiv zu beteiligen, und deutet auf eine Stagnation der Zivilgesellschaft hin. Rechnet man nicht mehr damit, dass sich Politik und Gesellschaft verändern lassen? Fehlt der Glaube an die Gestaltungsmöglichkeiten? Mangelt es an Zeit, Ressourcen, Methoden? An der

---

[55] Bei einer „Zivilgesellschaft" handelt es sich um eine Gesellschaft, „die sich auf einen normativen Minimalkonsens geeinigt hat, zu dem vor allem Anerkennung und Toleranz, Fairness, der Ausschluss nichtlegitimierter physischer Gewalt und die Unterordnung unter vereinbarte Verfahrensregeln gehören. In dieser Gesellschaft soll es eine Vielfalt an Freiräumen und Bindungen geben, die auf Selbstorganisation beruhen. (…) Als ihre Merkmale gelten Autonomie, Netzwerke freiwilliger Vereinigungen, Pluralismus, Legalität, Öffentlichkeit und ein vielfältiger Vermittlungs- und Informationsfluss zwischen Gesellschaft und politischer Macht." (Brix / Kampits 2003, 12f.).

[56] Aus welchen Gründen engagieren Sie sich ehrenamtlich? (1 = unwichtig; 5 = sehr wichtig; M = Mittelwerte)

Weil ich etwas für andere tun möchte:	M = 3,59
Um Neues zu lernen und nützliche Erfahrungen zu machen:	M = 3,25
Pflichtgefühl/moralische Verantwortung:	M = 3,24
Um sozial oder politisch etwas zu verändern:	M = 2,90
Aus religiöser Überzeugung:	M = 2,52

Solidarität scheint es ja, wie die Daten zu den Motiven zeigen, nicht zu scheitern.

1.2 Das Vertrauen in gesellschaftliche Institutionen sinkt

Für die Einschätzung und die generelle Zufriedenheit mit politischer Lage und System ist das Vertrauen in gesellschaftliche Institutionen ein wesentlicher Indikator. Vertrauen in politische Institutionen deutet die Unterstützung derselben an und ist „eng verbunden mit dem Verhalten und den Kompetenzen der politischen Repräsentanten. (...) politisches Vertrauen [impliziert] eine Kontrolldimension, wobei der verantwortlichen Politik ein Handlungs- und Ressourcenpotenzial übertragen wird, über das verfügt werden kann" (Schweer / Bertow 2003, 113).

Das Vertrauen der Österreicher/-innen in verschiedene gesellschaftliche Institutionen ist äußerst unterschiedlich ausgeprägt: Während umfassende, aber eher anonyme Einrichtungen (wie das Gesundheitssystem, das Rechtssystem) hohes Vertrauen genießen, finden sich politische Einrichtungen (Parteien, Gewerkschaften, EU, Parlament) am Ende der Rangliste. Beiden Kategorien gemein ist 2008 allerdings, dass sie (fast) alle an Vertrauen einbüßen. Die Ergebnisse im Detail:

- Trotz Verlusten genießen 2008 Institutionen hohes Vertrauen, die Sicherheit vermitteln und dem/der Einzelnen vor allem persönlichen Nutzen und Schutz versprechen: Das Gesundheitswesen (72 %)[57] führt in dieser Kategorie der besonders vertrauenswürdigen Institutionen vor der Polizei (70 %), dem Bildungssystem (63 %), dem Rechtssystem (62 %) und dem Sozialsystem (54 %).
- Im Mittelfeld des Vertrauensindexes liegen das Bundesheer (41 %), allgemein die Verwaltung (39 %), die Kirche (36 %), die Presse (34 %) und mit Respektabstand das Parlament (28 %).
- Im untersten Drittel finden sich schließlich internationale wie nationale Organisationen: Der UNO (27 %) und der EU (26 %) wird dabei noch eher Vertrauen entgegen gebracht als der NATO (18 %). Große Wirtschaftsunternehmen und Gewerkschaften (beide 26 %) liegen noch vor der Regierung (16 %) und den

[57] „Sehr viel" und „ziemlich viel" Vertrauen (1 + 2 von 4).

politischen Parteien (14 %). Anlass zur Freude ist das für die Erstgenannten freilich nicht. Denn in Kategorie drei ist der Level an Vertrauen insgesamt erschreckend niedrig.

Vertrauen in Institutionen	1990	1999	2008
Gesundheitswesen	—	85	72
Polizei	67	74	70
Bildungssystem	64	85	63
Rechtssystem	58	66	62
Sozialversicherung	66	67	54
Bundesheer	28	38	41
Verwaltung	40	40	39
Kirche	49	38	36
Presse	17	31	34
Parlament/Nationalrat	40	39	28
UNO	—	38	27
Große Wirtschaftsunternehmen	41	39	26
EU	—	36	26
Gewerkschaften	34	30	26
NATO	—	26	18
Regierung	—	—	16
Politische Parteien	—	17	14

Tabelle 29: Vertrauen in Institutionen. „sehr viel" und „viel" Vertrauen (vierstufige Skala), Angaben in Prozent, Quelle: EVS 1990–2008.

Im Zeitvergleich zeigt sich zudem ein klarer Trend: Während zwischen 1990 und 1999 viele Institutionen an Vertrauen gewinnen konnten (vor allem Polizei, Bildungssystem, Bundesheer), sinken die Werte seit 1999 wieder – und das zum Teil dramatisch. In den vergangenen zehn Jahren verloren alle Institutionen an Vertrauen (mit Ausnahme der Presse und des Bundesheers).

- Die Presse (+17 %) und das Bundesheer (+13 %) sind auch die einzigen Systeme, die seit 1990 kontinuierlich an Vertrauen zugelegt haben. Zu den Gewinner(inne)n über die vergangenen 20 Jahre (auch wenn die Werte 1999 höher waren) zählen auch das Rechtssystem (+4 %) und die Polizei (+3 %).

- Einen deutlichen Vertrauensverlust gegenüber 1990 mussten eine Reihe von Institutionen hinnehmen: Große Wirtschaftsunternehmen (-15 %) verloren wohl auch aufgrund der wirtschaftlichen Wirren, die Kirche (-13 %) büßte ähnlich massiv ein wie das Parlament (-12 %), die Sozialversicherung (-12 %) und die Gewerkschaften (-8 %).
- Einen Sonderfall stellt das Bildungswesen dar: Ihm vertrauten 1990 64 Prozent und zehn Jahre später 85 Prozent – damals der deutlichste Zugewinn. 2008 vertrauen dem Bildungswesen noch immer hohe 63 Prozent, gegenüber 2000 allerdings bedeutet das den größten Vertrauensverlust aller genannten Institutionen (-22 %). Ein Grund dafür sind wohl die seit einigen Jahren auch in Österreich verstärkt rezipierten internationalen Bildungsrankings, in denen Österreich zuletzt selten gut abschnitt.

Wie sich das Vertrauen in Institutionen verändert hat, wird am Beispiel des Nationalrats deutlich: Während 1990 40 Prozent „sehr viel" oder „ziemlich viel" Vertrauen hatten und es zehn Jahre später noch immer 39 Prozent waren, so ist der Wert heute auf nur mehr 27 Prozent gefallen. Wie ist das zu erklären?

- Für 1990 fällt auf, dass das Vertrauen von 40 Prozent quer durch alle Bevölkerungsgruppen gegeben war: Weder nach Alter, Geschlecht oder Beruf zeigten sich große Besonderheiten. Auch nicht nach Parteipräferenz, sieht man von den Grün-Wähler(inne)n (20 %) ab, die damals am Beginn ihrer Geschichte als Partei sicherlich besonders viel kritisches Potenzial aufwiesen.
- Ähnlich hoch war das Vertrauen mit 39 Prozent auch 1999: Allerdings zeigen sich Unterschiede nach Parteisympathien, was nach den heftigen politischen Auseinandersetzungen dieses Wahljahres nicht verwundert. In der Reihenfolge der Stärke des Vertrauens: SPÖ (53 %), ÖVP (48 %), LIF (46 %), Grüne (34 %), FPÖ (24 %).
- Auf deutlich niedrigerem Niveau und ganz heterogen ist das Vertrauen in das Parlament 2008. Nach Parteipräferenz: Die Sympathisant(inn)en der (ehemaligen und neuen) Regierungsparteien sind mit einem deutlichen Mehr an Vertrauen (SP: 40 %, VP: 42 %) als jene der Opposition (G: 30 %, FP: 23 %) ausgestattet. Neben der Parteipräferenz zeigen sich aber nun auch andere Differenzen: Wer mehr Bildung aufzuweisen hat

(Hochschulabschluss: 44 %), hat mehr Vertrauen als jene mit weniger (Pflichtschulabschluss: 24 %). Besonders kritisch erweisen sich auch Menschen, die sich nicht für Politik interessieren (13 % Vertrauen) und jene, die eine restriktive Fremdenpolitik vertreten (der Vertrauenswert sinkt hier auf sechs Prozent).

Das Vertrauen in die Institutionen und vor allem in die politischen Einrichtungen ist also erschüttert und es ist dispers. Ähnliches muss aufgrund der vorliegenden Daten aus der Europäischen Wertestudie 2008 auch von der Demokratie gesagt werden.

1.3 Keine große Liebe der Österreicher/-innen: die Demokratie

2008 ist genau die Hälfte der Bevölkerung (50 %) mit der Art und Weise zufrieden, „wie die Demokratie in Österreich funktioniert“, unter ihnen finden sich allerdings nur vier Prozent, die „sehr zufrieden“ sind.[58] Dagegen zeigt sich 2008 etwas mehr als ein Drittel (35 %) „ziemlich“, elf Prozent sogar „sehr“ unzufrieden. Die Dramatik der Zahlen wird erst durch den historischen Datenvergleich augenscheinlich: Gegenüber 1999 (73 %) hat sich die Zahl der Zufriedenen um ein Drittel verringert, die Unzufriedenen sind heute doppelt so viele (46 %) wie noch 1999 (22 %):

- Zu den Zufriedenen im Jahr 2008 gehören Personen mit hoher Bildung (65 %) und hohem Einkommen (67 %), aber auch Personen, die nicht berufstätig sind (66 %), Personen mit viel Vertrauen in die EU (72 %), Moslems (64 %)[59], Politikinteressierte (58 %), Menschen, die anderen grundsätzlich vertrauen (63 %),

[58] An dieser Stelle sei erwähnt, dass sich unter den Österreicher(inne)n keineswegs ein einheitliches Verständnis von „Demokratie“ etabliert hat. Idealtypische demokratietheoretische Ansätze lassen sich empirisch jedenfalls nicht nachweisen, es handelt sich „bei dem, was unter Demokratie verstanden wird, um jeweils eigene, spezifisch zusammengestellte Grundsatz-, Werte- bzw. Einstellungskonstellationen“ (Delpos / Haller 2001, 112). Am weitesten verbreitet sind noch Vorstellungen von „sozialer Demokratie“ (23 %), ähnlich häufig findet sich der pluralistisch-repräsentative Typus mit 19 Prozent. Von Interesse ist, dass rechts-identitäre Demokratievorstellungen (15 %) am ehesten in „reiner“, von anderen Demokratiekonzepten unbeeindruckter Form existieren (genauer bei: Delpos / Haller 2001).

[59] Ein angesichts einer zu Beginn des Jahres 2009 in Auszügen veröffentlichten Dissertation von Mouhanad Khorchide (Titel: „Der islamische Religionsunterricht zwischen Integration und Parallelgesellschaft“) fast erstaunlich hoher Wert. Khorchide hatte empirisch schwere Demokratiedefizite bei muslimischen Religionslehrer(inne)n in Österreich nachgewiesen und damit eine breite Debatte über die Integrationsfähig-

eine liberale Zuwanderungspolitik vertreten („Zuwanderer und Zuwanderinnen sollen kommen, solange es Arbeit gibt": 63 %), und solche, die sich in ihrem Leben als „sehr glücklich" verstehen (55 %). Die positive Sicht der Demokratie scheint jedenfalls einiges mit dem persönlichen Wohlbefinden zu tun zu haben.

- Zu den Unzufriedenen des Jahres 2008 zählen Menschen ohne Religionsbekenntnis („zufrieden" sind hier nur 34 Prozent), „Unglückliche" (36 %), Menschen, die nicht an Gott glauben (38 %), an Politik Desinteressierte (38 %), FP-Sympathisant(inn)en (36 %), Menschen, die sich politisch als „rechts" einordnen (41 %), und – besonders auffällig mit dem extremen Wert von nur neun Prozent Zufriedenen – Personen, die der Zuwanderung gegenüber sehr restriktiv sind.

Wo die Zufriedenheit schwindet

Die Veränderungen in den vergangenen zehn Jahren sind markant: 1999 gaben noch 73 Prozent der Bevölkerung an, „sehr" (7 %) oder „ziemlich" (66 %) zufrieden mit der Art und Weise zu sein, wie die Demokratie in Österreich funktioniert. Nur eine Minderheit war damals „ziemlich" (19 %) oder „sehr" unzufrieden (3 %). Wie hat sich die Meinung der Zufriedenen und Unzufriedenen aus 1999 bis heute verändert? Die Daten ermöglichen einige Rückschlüsse auf die kritischen Zonen der Haltung zur Demokratie:

- Zu den besonders Zufriedenen gehörten damals ganz unterschiedliche Gruppen: Personen mit SPÖ- (88 %) oder ÖVP-Nähe (86 %), regelmäßige Kirchgänger/-innen (85 %), Menschen, die sich als politisch „rechts" verstanden (83 %), aus Tirol oder Vorarlberg kamen (81 %) oder die sich besonders „glücklich" fühlten (79 %).
- Im Vergleich wenig zufrieden waren 1999 Geschiedene (63 %), jene mit Parteinähe zur FPÖ (63 %), Menschen, die keiner Konfession angehörten (61 %), Zuwanderung verbieten wollten (60 %), Personen aus Orten zwischen 50- und 100.000 Einwohner(inne)n (57 %) und „Unglückliche" (56 %).

---

keit und -willigkeit von Muslim(inne)n in Österreich ausgelöst – Apfl Stefan: Die Islamlehrer. In Falter Nr. 5/09, 10–12.

Blickt man nun auf die Differenzen zwischen 1999 und 2008, erkennt man zweierlei:

- Am stärksten nachgelassen hat die Zufriedenheit bei Personen, die Zuwanderung verbieten möchten, und Menschen, die sich als politisch „rechts“ verstehen. Bei diesen Gruppen ging sie erdrutschartige 51 beziehungsweise 42 Prozentpunkte zurück.
- Große Differenzen zeigen sich auch bei Kirchgänger(inne)n (–31 Prozentpunkte), Oberösterreicher(inne)n und Salzburger(inne)n (–31 %) und Personen ohne abgeschlossene Schulbildung (–30 %). Was bei diesen Gruppen auffällt: Sie sind offenbar in ihren Erwartungen an die Demokratie enttäuscht, reihen sich 2008 aber noch um den Durchschnitt ein.
- Besonders auffällig und demokratiefern sind jene Gruppen, deren Zufriedenheit einen starken Rückgang und zugleich ein niedriges Niveau 2008 aufweist. Hier sind nochmals die Zuwanderungsgegner/-innen (Rückgang: –51/2008 zufrieden: 9 %) und die „Rechten“ zu nennen (–42/41 %), aber auch FP-Sympathisant(inn)en (–27/36 %), „Unglückliche“ (–20/36 %) und Konfessionslose (–27/34 %).

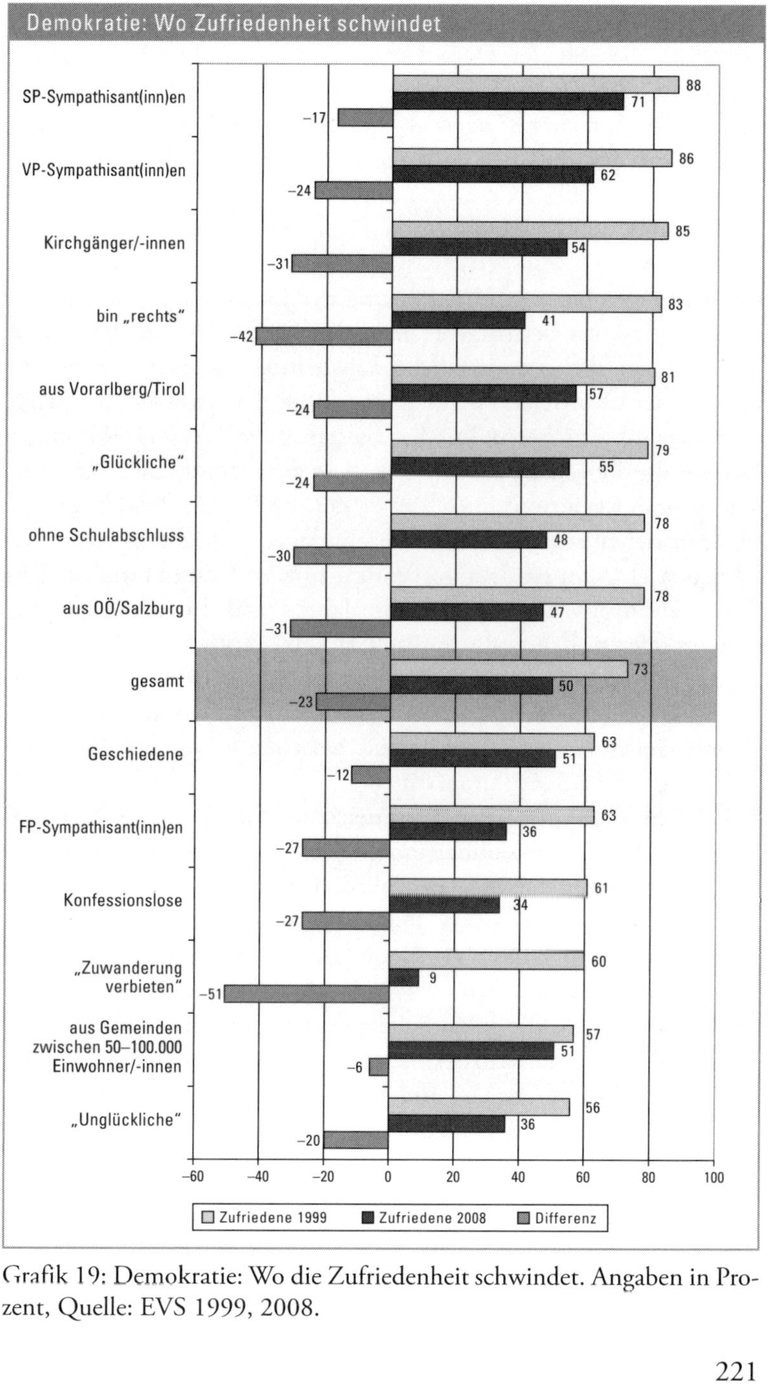

Grafik 19: Demokratie: Wo die Zufriedenheit schwindet. Angaben in Prozent, Quelle: EVS 1999, 2008.

Als Zwischenergebnis ist festzuhalten, dass es vor allem drei Gruppen sind, die mit der Demokratie am meisten Probleme haben: Menschen, die Zuwanderung verbieten wollen, Personen, die sich dem politisch rechten Lager zuordnen[60], und solche, die mit ihrer allgemeinen persönlichen Lebenssituation nicht zufrieden sind.

Alternativen zur Demokratie

Die sehr ernüchternde Einschätzung der Demokratie und des politischen Systems betrifft vor allem die österreichische Realpolitik und weniger die grundsätzliche Einstellung zur Demokratie: 83 Prozent der Österreicher/-innen sind 2008 der Ansicht, „man sollte ein demokratisches politisches System haben" (1999: 93 %), 88 Prozent der Befragten stimmen zu, dass die Demokratie „besser als jede andere Regierungsform" sei (1999: 94 %). Bei beiden Fragen sind nur sieben respektive drei Prozent dagegen. Mehr als vier Fünftel geben also ein eindeutiges Votum für die Demokratie ab. Das sind allerdings weniger als vor zehn Jahren und: Bei beiden Fragen können oder wollen fast zehn Prozent keine Antwort geben.

- Die Demokratie wird am deutlichsten von Personen mit Hochschulabschluss (92 %), Menschen aus Tirol/Vorarlberg (94 %) und Personen aus Gemeinden zwischen 100- und 500.000 Einwohner/-innen[61] unterstützt.
- Kritischer äußern sich Personen aus Städten zwischen 50- und 100.000 Einwohner(inne)n[62] (82 %), Steirer/-innen und Kärnter/-innen (79 %), an Politik Uninteressierte (63 %) und Personen mit restriktiver Haltung zur Zuwanderung. Letztere Gruppe unterstützt die Demokratie überhaupt nur mehr zu 40 Prozent.
- Wie sehen nun die inhaltlichen Einwände gegen das „System" Demokratie aus: Kritisiert wird allgemein, Demokratien seien „entscheidungsschwach, und es gibt zuviel Zank und Streit". Dieser Ansicht sind 2008 gut vier von zehn Österreicher/-innen

[60] Es ist naheliegend, dass sich diese Gruppen überschneiden, allerdings nur teilweise: Unter jenen, die Zuwanderung verbieten wollen (n = 101), verstehen sich 36 Prozent als „rechts". Unter denen, die sich als „rechts" verstehen (n = 174), sind es „nur" 21 Prozent, die Zuwanderung generell verbieten wollen.

[61] Graz, Linz, Salzburg, Innsbruck.

[62] Klagenfurt, Villach, St. Pölten, Wels.

(43 %) und damit mehr als 1999 (36 %). Die aktuellen Diskussionen um den Regierungs-Hader des Jahres 2008 mögen eine Rolle gespielt haben – die Zahlen sind dennoch alarmierend. Andere Kritikpunkte fallen schwächer aus: 15 Prozent denken, dass in Demokratien die Wirtschaft schlecht funktioniere (1999: 11 %), 19 Prozent sind der Ansicht, Demokratien wären „nicht gut, um die Ordnung aufrechtzuerhalten" (1999: 11 %).

Insgesamt entsteht ein relativ homogenes Bild: Mehr als vier Fünftel der Österreicher/-innen sind von der Demokratie überzeugt, auch wenn sie die aktuelle österreichische Politikkultur kritisieren. Zehn bis 20 Prozent der Bevölkerung haben Vorbehalte der Demokratie gegenüber, die über eine Begründung in der tagesaktuellen Politik hinausgehen. Nicht zu übersehen ist, dass auch Alternativen zur Demokratie an Zustimmung gewinnen:

- Ein Fünftel der Bevölkerung (21 %) kann sich sehr (5 %) oder ziemlich gut (16 %) vorstellen, eine/-n „starke/-n Führer/-in (zu) haben, der sich nicht um ein Parlament und um Wahlen kümmern muss". 1999 konnten sich das „nur" 15 Prozent vorstellen.
- Die Hälfte (51 %) der Befragten sieht es für gut an, wenn „Expert(inne)n und nicht die Regierung ... darüber entscheiden, was für das Land das Beste ist", 1999 meinten dies noch mehr (55 %).
- Nur wenige Menschen (6 %) halten es für erstrebenswert, dass „das Militär ... das Land regieren" sollte. 1999 war es noch ein Prozent. Insgesamt repräsentiert dieser Wert zwar nur einen geringen Anteil unter den Demokratie-Flüchtigen, immerhin weist er in der Zeitreihe aber eine deutliche Steigerung auf.

Diese Ergebnisse müssen jedenfalls als ernsthaftes Krisensignal für die österreichische Demokratie gewertet werden. Auch wenn das oben bereits diagnostizierte mangelnde politische Vertrauen in seiner Bedeutung für die Stabilität des politischen Systems nicht überschätzt werden sollte: Das Nachlassen dieses Vertrauens ist in Kombination mit der Kritik an der Demokratie und den immer stärker wahrgenommenen – wenn auch theoretischen – Alternativen eine durchaus explosive Mischung (vgl. Bednig / Bierhoff 2003, 74).

Meint die Hälfte der Bevölkerung, dass Expert(inn)en und nicht die Regierung entscheiden sollten, was für das Land das Beste sei, zeigt das massive Kritik am System Politik. Die Gründe für die evidente Frustration mögen mannigfaltig sein. Aber selbst wenn man eine populistische Form der Kritik konzediert, vielleicht einen gewissen Hang zum „Nörgeln", den man den Österreicher(inne)n gerne nachsagt, das Faktum wiegt doch schwer: 50 Prozent der Befragten meinen, es gäbe besser geeignete Personen als die regierenden Politiker/-innen, um über die Zukunft des Landes zu entscheiden. Das ist eine deutliche Kritik an der Kompetenz der Regierenden, auch wenn die handelnden Personen seit der Neubildung der rot-schwarzen Koalition Ende des Jahres 2008 großteils ausgetauscht wurden. Was bleibt, ist ein weitverbreitetes Misstrauen gegenüber Berufspolitiker(inne)n herkömmlicher Prägung.

An dieser Stelle interessiert aber weniger diese Form der Politikkritik, sondern die Frage nach der „autoritären Versuchung". Was bedeutet es, wenn sich ein Fünftel (21 %) der Bevölkerung eine/-n „starke/-n Mann/Frau" ohne Wahlen und Parlament vorstellen kann, noch dazu mit gegenüber 1999 wachsender Tendenz? Und wer sind jene, die so denken?

- Interessant ist, dass der Wunsch nach einem/einer „starke/-n Mann/Frau" ohne Wahlen und Parlament kaum mit der Kritik an der konkreten österreichischen Demokratie und Politik zusammenhängt; das lässt ein tiefer sitzendes Motiv für dies Option vermuten.
- Die politische Positionierung zwischen links und rechts hat kaum einen Einfluss auf den Wunsch nach einem/einer „starke/-n Mann/Frau". Wer etwa der FPÖ nahesteht (22 %), antwortet ähnlich wie der Durchschnitt (21 %).
- Deutlich stärker für die autoritäre Variante entscheiden sich ausländer/-innenfeindliche Menschen (31 %), jene, die „sich wie Fremde im Land fühlen" (34 %), und solche, die Zuwanderung generell verbieten möchten (57 %).
- Seit 1999 zugenommen hat der Zusammenhang zwischen dem Wunsch nach dem/der „starke/-n Mann/Frau" und einem negativen Lebensgefühl: Wer mit dem Leben unzufrieden ist (45 %)

oder das Gefühl hat, anderen Menschen nicht vertrauen zu können (30 %), ist deutlich stärker für die autoritäre Alternative.

- Besonders hoch ist die Neigung zum/zur „starke/-n Mann/Frau" bei Personen mit Tendenz zum Autoritarismus: Mehrheitlich dafür votiert, wer stark autoritär (60 %) ist, wer denkt, die Demokratie sei nicht gut, um die Ordnung aufrechtzuerhalten (55 %), wer meint, in der Demokratie funktioniere die Wirtschaft schlecht (59 %).

Mit den eben benannten Tendenzen steht Österreich nicht alleine da. In fast allen Demokratien westlicher Prägung lässt sich mittlerweile ein genereller Trend des Vertrauensverlustes – in Politik, politische Institutionen, politische Parteien, vor allem aber Politiker/-innen – beobachten, teilweise stärker als in Österreich (vgl. Eurobarometer 69:3., 65ff.). Einerseits avanciert die Demokratie zur weltweit führenden Staatsform, andererseits scheint das Interesse an demokratisch-politischen Prozessen ständig abzunehmen.

Negative Konsequenzen eines geringen politischen Vertrauens lassen sich überall dort vermuten, wo es auf die Solidarität der Bürger/-innen und ihre Kooperation mit dem Staat ankommt. Und so kann fehlendes Vertrauen in die Regierung zu einer reduzierten Effizienz der Regierungen und damit wiederum zu einem sinkenden Ansehen der Regierung und der Politiker/-innen führen. Damit jedoch nimmt dann auch die Bereitschaft, sich in den politischen Prozess, zum Beispiel als Mandatsträger/-in einzubringen, ab und „[a]m Ende eines solch kumulativen Prozesses könnte dann doch das Fazit stehen, dass die Demokratie letztlich Schaden nimmt und nicht mehr als weithin akzeptierte Regierungsform gilt." (Schemmann 2003, 17).

Oft werden in der politischen Theorie die Krisenerscheinungen der modernen Demokratien damit erklärt, dass in den real vorfindbaren demokratischen Systemen „den gesellschaftlichen Strukturen mehr Augenmerk geschenkt wird als dem Sozialkapital, das in der Motivation der Bürger für eigene und gemeinsame Anliegen vorhanden ist" (Brix / Kampits 2003, 13). Kombiniert man diesen Befund mit den obigen Erkenntnissen zum nur ungenügend ausgeprägten sozial-politischen Engagement, ergibt sich dringender Handlungsbedarf – für die institutionalisierte Politik wie für die Zivilgesellschaft.

1.4 Die Österreicher/-innen und ihre Ziele für ihr Land

Österreich soll sich verändern, meint ein großer Teil der Bevölkerung, allerdings ohne große Umstürze: Im Jahresvergleich relativ gleich geblieben ist hier die Anzahl derer, die die Gesellschaft Schritt für Schritt durch Reformen verbessern wollen (2008: 72 %). Auch der Prozentsatz der Personen, die die Gesellschaft gegen alle umstürzlerischen Kräfte verteidigen wollen, hat sich kaum verändert (2008: 17 %). Der Anteil derer, welche die Gesellschaft durch eine Revolution radikal ändern wollen, ist niedrig (5 %) aber gegenüber 1990 (2 %) gestiegen. Welche konkreten Ziele für Österreich sind nun den Bürger(inne)n für die nächsten zehn Jahre besonders wichtig?

2008 liegen drei von vier Zielen fast gleichauf, sie werden jeweils von rund der Hälfte der Bevölkerung als wichtigstes oder zweitwichtigstes genannt: An erster Stelle liegt der „Kampf gegen steigende Preise", den ein Drittel (34 %) als wichtigstes, ein Fünftel (20 %) als zweitwichtigstes Ziel nennt. Fast ebenso viele Menschen verlangen „mehr Einfluss der Bürger/-innen auf Entscheidungen der Regierung" (28 % beziehungsweise 24 %) und formulieren als Ziel, „Recht und Ordnung aufrechtzuerhalten" (25 % / 25 %). Gegenüber den drei genannten tritt das Ziel „Recht auf Meinungsfreiheit schützen" (11 % / 20 %) weit in den Hintergrund.

Untersucht man die einzelnen Ziele nun aber im Zeitverlauf, so ist eine eindeutige Themenkonjunktur erkennbar:

- Der „Kampf gegen die steigenden Preise" bedeutet 2008 den wichtigsten Wert (Summe: 54 %) und war in den Jahrzehnten zuvor vergleichsweise wenig wichtig. Hier wirkt sich mit Sicherheit der Umstand aus, dass die Befragung mitten in der intensiven Debatte um steigende Energie- und Nahrungsmittelpreise des Sommers 2008 stattfand. Auch der bis in den Herbst reichende Nationalratswahlkampf war fast ausschließlich vom Teuerungsthema bestimmt. Mit dem Aufflammen der globalen Wirtschaftskrise verlor das Thema allerdings wieder rasch an Bedeutung.
- Diese relativierenden Umstände eingerechnet, ist der eigentliche „Sieger" des Rankings der Wunsch nach „mehr Einfluss der Bürger/-innen auf Regierungsentscheidungen". Dieses ist zwar

seit 1990 konstant mehr als der Hälfte der Bevölkerung ein wichtiges Anliegen. Doch die Bedeutung des Verlangens nach mehr direkter Demokratie und Mitbestimmung wurde angesichts sinkender Zustimmung zu anderen Zielsetzungen zumindest relativ wichtiger.

- Nachlassende Tendenz weist jedenfalls das Ziel „Recht und Ordnung aufrechtzuerhalten" auf: War es 1990 noch für 61 Prozent wichtigstes oder zweitwichtigstes Ziel, sank seine Bedeutung 1999 auf 58 und 2008 auf 50 Prozent.
- Der „Schutz der Meinungsfreiheit" ist dramatischen Veränderungen unterworfen: 1990 wurde er von 59 Prozent genannt, 1999 rangierte er mit 63 Prozent besser als knapp zehn Jahre davor. Im Jahr 2008 allerdings stürzte sein Wert auf 31 Prozent ab und rutschte damit klar an die letzte Stelle des Rankings.

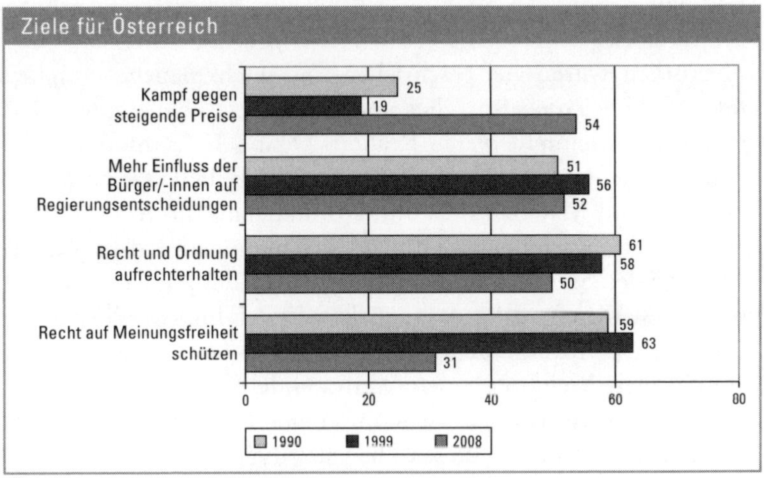

Grafik 20: Ziele für Österreich. Wichtigstes und zweitwichtigstes Ziel, Angaben in Prozent, Quelle: EVS 1990–2008.

Betrachtet man die Bündel, die zur jeweiligen Untersuchungswelle von größter Bedeutung waren, fällt auf:

- 1990 und 1999 dominierten für die Österreicher/-innen drei Ziele, wobei die Differenz in den beiden Wellen nie mehr als fünf Prozent war: Der Einfluss auf die Regierung, Recht und Ordnung sowie die Meinungsfreiheit sind der Hälfte bis zwei Drittel wichtig.

- 2008 verändert sich die Einschätzung. Klammert man den Kampf gegen die steigenden Preise sozusagen als „tagesaktuell" aus, zählen zwei Hauptziele mit annähernd gleichem Gewicht: mehr Einfluss auf Regierungsentscheidungen zu haben, und der Wunsch, Recht und Ordnung aufrechtzuerhalten.

1.5 Die Anfälligkeit für den Materialismus

2008 war ein politisch intensives Jahr: Das Ende der Regierung Gusenbauer/Molterer, das Steigen des Ölpreises und der Lebensmittelkosten, die Neuwahl des Parlaments, die Finanzmarktkrise und die beginnende Wirtschaftskrise. Die Österreicher/-innen reagierten in ihren Zielen für das Land vor allem in einem Punkt: Der „Kampf gegen die steigenden Preise" war 1990 25 Prozent ein Anliegen, 1999 einem Fünftel (19 %), aber 2008 war dieses Ziel gleich 54 Prozent das wichtigste, eine Verdreifachung.

Natürlich wurde viel geschrieben und auch manches gespürt: Die „Wachteleierdebatte" eher geschrieben, der Benzinpreis und die Lebensmittelpreise waren Realität. Dennoch verwundert diese hypersensible Reaktion in den Daten und wirft die Frage nach dem Verhältnis von Materialismus und Postmaterialismus in Österreich auf. Seit dem Werteforscher Ronald Inglehart zählen diese beiden Indizes zu den Standardindikatoren der Einstellungsforschung: Die Grundthese Ingleharts ist, dass vor allem in den Industriestaaten die Zunahme des Wohlstands in der Zeit des „Wiederaufbaus" nach dem Zweiten Weltkrieg einen Wertewandel mit sich bringt, der eine Abkehr von materialistischen und eine Hinwendung zu postmaterialistischen Einstellungen[63] bedeutet (vgl. Inglehart 1977).

Nach Ingleharts Instrumentarium gehören Aussagen wie „Recht und Ordnung in Österreich aufrechterhalten" und „Kampf gegen steigende Preise" zu den Indikatoren für Materialismus. Indikatoren für eine postmaterialistische Einstellung sind Items wie „mehr Einfluss der Bürger/-innen auf Entscheidungen der Regierung" oder „das Recht auf Meinungsfreiheit schützen". Analysiert man

[63] Solche materialistische Einstellungen sind nach Inglehart unter anderem Ordnungs-, Sicherheits- und Versorgungsbedürfnisse. Postmaterialistische Einstellungen zeigen sich etwa in ästhetischen und intellektuellen Bedürfnissen und in Selbstverwirklichungswünschen.

die Frage, wo denn die Österreicher/-innen zwischen Materialismus und Postmaterialismus stehen, ergibt sich folgendes Ergebnis: 2008 sind 28 Prozent der Österreicher/-innen „materialistisch", 33 Prozent haben eine Tendenz dazu. Zehn Prozent erweisen sich als postmaterialistisch, 29 Prozent tendieren dazu. Der Zeitvergleich macht deutlich:

- 1990 zeigte sich je genau die Hälfte der Bevölkerung als materialistisch beziehungsweise postmaterialistisch. Dabei überwog die Kraft des Postmaterialismus, weil unter den Materialist(inn)en sich nur 13 Prozent klar, bei den Postmaterialist(inn)en deutlich mehr (26 %) zur jeweiligen Einstellung bekannten.
- 1999 wurde diese Entwicklung noch deutlicher: Insgesamt gab es eine Mehrheit der Postmaterialist(inn)en (58 %), noch dazu sank unter den Materialist(inn)en (43 %) der Anteil der Intensivgruppe auf acht Prozent.
- 2008 zeigt sich ein völlig anderes Bild: Die klaren Materialist(inn)en haben sich verdreifacht (28 %), dazu kommt ein Drittel (33 %) „tendenziell Materialistische", sechs von zehn Österreicher(inne)n (61 %) sind materialistisch. Die klaren Postmaterialist(inn)en machen nur mehr zehn Prozent aus, die „Tendenziellen" sind gleich geblieben (29 %), insgesamt eine deutliche Minderheit (39 %).

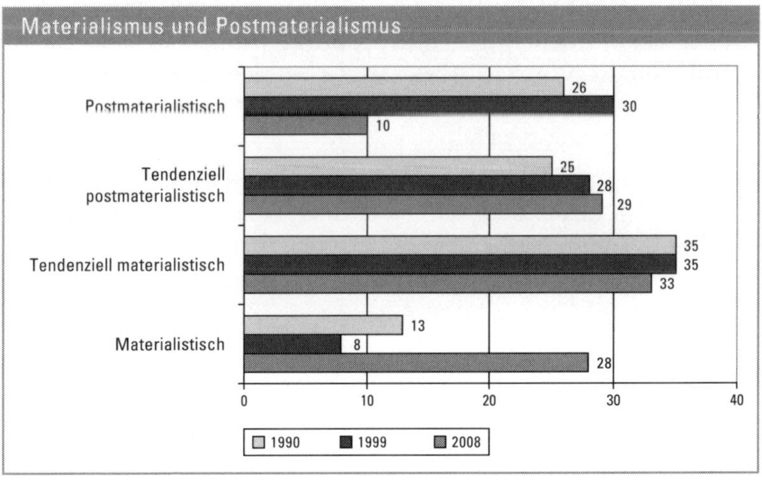

Grafik 21: Materialismus und Postmaterialismus. Angaben in Prozent, Quelle: EVS 1990–2008.

Dieses Ergebnis wurde im Wesentlichen nur durch zwei Detailantworten ausgelöst: Die Bedeutung des (materialistischen) Items „Kampf gegen steigende Preise“ hat sich von 1999 auf 2008 verdreifacht, die Bedeutung der (postmaterialistischen) Aussage „Recht auf Meinungsfreiheit schützen“ hat sich im selben Zeitraum halbiert.

- Die gute Nachricht dazu ist, dass das Ergebnis natürlich stark unter dem Einfluss der öffentlichen Debatte um die steigenden Lebensmittelpreise Mitte 2008 steht, ein Problem, von dem ein halbes Jahr später kaum noch jemand spricht.
- Die fragwürdige Nachricht ist, dass die Österreicher/-innen offenbar sehr leicht fundamentale Rechte wie die Meinungsfreiheit hintanstellen, wenn der Eindruck entsteht, die materielle Sicherheit sei in Gefahr.

Österreich liegt mit seinen Materialismus/Postmaterialismus-Werten exakt im europäischen Durchschnitt. Bei einer ebenfalls 2008 durchgeführten Eurobarometer-Studie sind 32 Prozent der Europäer/-innen „materialistisch“, neun Prozent „postmaterialistisch“ und 56 Prozent gehören der „gemischten Gruppe“[64] an (vgl. Eurobarometer 69:1, 69ff.). In dieser Untersuchung wurden für Österreich 32 Prozent Materialist(inn)en, neun Prozent Postmaterialist(inn)en und 58 Prozent „Gemischte“ ausgewiesen, was mit den Ergebnissen der Wertestudie durchaus übereinstimmt.

- Mehr Materialist(inn)en als in Österreich (32 %) gibt es unter anderem in Irland (48 %) und Spanien (45 %), zwei Ländern, die früh von der Wirtschaftskrise erfasst wurden, sowie in Bulgarien (47 %), Ungarn (46 %), Rumänien (45 %), der Slowakei (41 %), Estland (37 %) und Litauen (37 %).
- Mehr Postmaterialist(inn)en gibt es in der Tschechischen Republik (10 %), Luxemburg (10 %), Finnland (11 %), Großbritannien (12 %), Deutschland (15 %), Dänemark (16 %), Niederlande (20 %) und Schweden (23 %).

[64] Diese Gruppe summiert die „tendenziell materialistischen“ und „tendenziell postmaterialistischen“ Personen.

2 Politische Werte und Ziele in Österreich

Werte als soziale Deutungs- und Bewertungsmuster bringen die Auffassungen vom Wünschenswerten zum Ausdruck, beeinflussen unsere Wertungen und sind uns allgemeine Richtschnur für die Ziele und Mittel unseres Handelns. Die Bedeutung von Werten spiegelt sich heute unter anderem darin, dass die Frage nach dem gemeinschaftlichen Zusammenhalt in freiheitlich-pluralistischen Gesellschaften intensiv diskutiert wird. Im Prozess fortschreitender Pluralisierung durch forcierte Globalisierungs-, Modernisierungs- und Individualisierungsprozesse auf allen gesellschaftlichen Ebenen stellen sich auch auf der Ebene der Werte neue Fragen: Wie soll mit der vorfindbaren und zunehmenden Pluralität kultureller und religiöser Werte umgegangen werden? Wie beeinflussen die dispersen Werte und der Wertediskurs die Politik und wie reagiert sie? Bleiben Werte auf unverbindlicher Ebene individuelle Vorlieben oder entwickelt sich der Wertediskurs weiter zu Konsequenzen in einem Set zeitgemäßer sozialer Normen (vgl. Trotha 2008, 85–87)? Neben ihrer Bedeutung als Orientierung für Personen haben Werte also auch für Gesellschaft und Politik hohe Relevanz.

In der Europäischen Wertestudie und auch in mit ihr verbundenen Untersuchungen[65] werden „politische Werte" untersucht. Die Ergebnisse sind zumindest zum Teil überraschend: Aufgrund des gestiegenen Bedürfnisses nach „einem/einer starken Führer/-in" könnte man meinen, dass auch der Faktor „Autoritarismus" in Österreich gestiegen sei. Dem ist allerdings nicht unbedingt so: Nach einem Einbruch des Wertes im Befragungszeitraum 1994 bis 1999 ist der Autoritarismus bis 2008 zwar wieder markant angestiegen – im 15-Jahres-Vergleich allerdings gibt es kaum Veränderungen. Dem gegenüber steht, dass individualistische Einstellungen entgegen den Prognosen (vgl. Friesl / Polak 2001, 13) zugenommen haben, umgekehrt erfährt die Gleichheit gegenüber der Freiheit eine deutliche Aufwertung. Entgegen der Wahlergebnisse des Jahres 2008 rückt die Bevölkerung wertemäßig seit 1990 nach links. Dass das herkömmliche Links-Rechts-Schema der Parteienlandschaft hier aber wohl kein taugliches Erklärungsmuster mehr darstellt, das

[65] Religion im Leben der Österreicher/-innen, Solidaritätsstudie 1994, Österreichische Jugend-Wertestudie.

beweist seit Jahren die FPÖ: Unter Heinz-Christian Strache gab es zwar ein Wiedererstarken der nationalen Tendenzen – gerade in sozialpolitischer Hinsicht versuchen die Freiheitlichen aber mit teilweise klassisch „linker“ Programmatik im Wähler(innen)pool der Sozialdemokratie zu fischen. Was sind nun aber, jenseits der Parteien-Polarität, die Werte-Trends 2008?

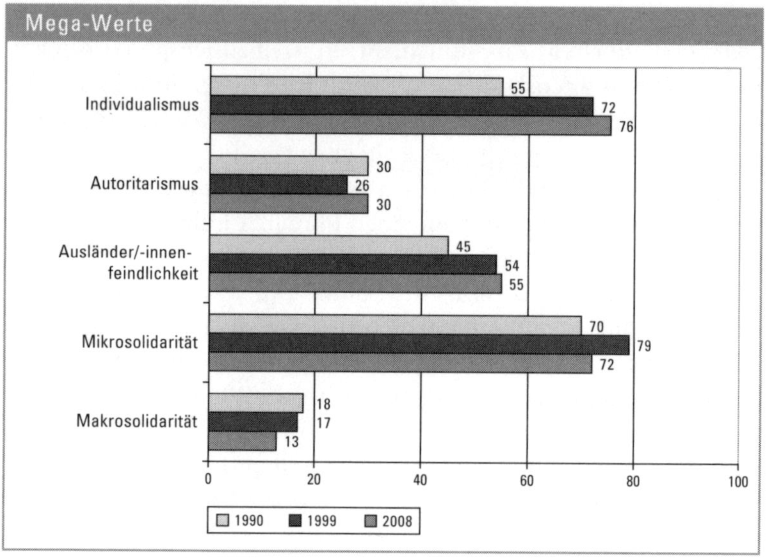

Grafik 22: Mega-Werte. Indizes. „stimme sehr zu“ und „stimme zu“ (fünfstufige Skala), Angaben in Prozent, Quelle: Solidaritätsstudie 1994, EVS 1999, 2008.

2.1 Ich und Ich: Der Individualismus steigt

Die Vorstellung, dass die Bedürfnisse des/der Einzelnen wichtiger sind als die der Institutionen, beginnt sich zu Beginn des 20. Jahrhunderts auszubreiten und hat sich bis heute quer durch alle Bevölkerungsschichten durchgesetzt. Die Freiheit des Individuums ist heute ein unhintergehbarer Grundwert unserer Gesellschaft. Mit der von Ulrich Beck zu Beginn der 80er Jahre des vergangenen Jahrhunderts entwickelten These von der „Individualisierung“ der Gesellschaft wird ein grundlegender Wandel im Verhältnis von Individuum und Gesellschaft konstatiert und die wachsende „Freisetzung“ des Menschen aus den Sozialformen der industriellen Gesellschaft beschrieben (vgl. Beck 1986; Beck 1994).

Doch für das „Ich im Zentrum" gibt es auch frühere Wurzeln: Es war die Epoche der italienischen Renaissance, welche das geschaffen hat, was wir heute ganz allgemein „Individualität" nennen: die innere und äußere Loslösung des/der Einzelnen aus den Gemeinschaftsformen des Mittelalters, aus Zunft, Geburtsstand, Kirche. Nun frei von nivellierenden gesellschaftlichen Bindungen will das Individuum beachtet werden, will auffallen. Es verbreitet sich ein „Individualismus der Auszeichnung" (vgl. Simmel 2008, 346). Demgegenüber ist die innerste Motivation des sich im 18. Jahrhunderts, in der Zeit der Aufklärung, entwickelnden Individualismus nicht die Auszeichnung, sondern die Freiheit: Wenn der Mensch von allem, was nicht ganz er selbst ist, befreit wird, kommt sein menschliches Grundwesen, welches er mit allen anderen Menschen teilt, zum Vorschein.

Der Index „Individualismus" in der Wertestudie gibt sich weniger idealistisch: Er beschreibt eine Facette der Personorientierung, die sich als etwas verkrampft ichbezogen, mit hedonistischen Zügen und ausgefahrenen Ellbogen präsentiert. Die Bedeutung dieser Variante ist in Österreich anhaltend hoch und zeigt sich in der klaren Zustimmung zu drei Aussagen, die empirisch eng zusammengehören: „Wichtig ist, dass der Mensch glücklich wird. Wie, das ist seine Sache" (76 %), „Der Sinn des Lebens ist, dass man versucht, dabei das Beste herauszuholen" (74 %) und „Man muss sich das Leben so angenehm wie nur möglich machen" (73 %). Im Zeitvergleich hat der Individualismus als Summe der Zustimmung zu diesen drei Items zugenommen: Von 1990 auf 1999 stark, seit damals nochmals, allerdings in abgeschwächter Form.

Individualismus	1994	1999	2008
Man muss sich das Leben so angenehm wie nur möglich machen.	56	69	73
Der Sinn des Lebens ist, dass man versucht, dabei das Beste herauszuholen.	81	63	74
Wichtig ist, dass der Mensch glücklich wird. Wie, das ist seine Sache.	53	74	76
Index Individualismus	55	72	76

Tabelle 30: Individualismus. „stimme sehr zu" und „stimme zu" (fünfstufige Skala), Angaben in Prozent, Quelle: Solidaritätsstudie 1994, EVS 1999, 2008.

Die Ausstattung mit Individualismus zieht sich durch alle Bevölkerungsgruppen. Außer mit dem Bildungsgrad lassen sich keine besonderen Zusammenhänge feststellen. Die Behauptung vom gewachsenen Individualismus lässt sich auch mit anderen Daten stützen:

- So kommt es beim Item „Jeder muss seine Probleme selbst lösen" im Zeitraum von 1999 bis 2008 zu einem Anstieg der Zustimmung von fünf Prozentpunkten auf nunmehr 72 Prozent. Des Weiteren stoßen auch Aussagen wie „Wer keinen Erfolg hat, ist selber schuld" (Zustimmung: 32 %; weder noch: 35 %; Ablehnung: 30 %), sowie „Jede/-r ist seines/ihres Glückes Schmied" (Zustimmung: 71 %; weder noch: 20 %; Ablehnung: 7 %) auf Zuspruch.
- In der Eurobarometerstudie 69 aus 2008 fiel beim Vergleich von Werten in den Mitgliedstaaten der EU auf, dass 45 Prozent der Österreicher/-innen den Wert „Freiheit des/der Einzelnen" nannten. Diese Bewertung war mehr als doppelt so hoch als der Durchschnitt der EU-27 (21 %) und deutlich höher als bei den in der Rangliste folgenden Ländern Lettland, Litauen und Tschechien mit je 31 Prozent (Eurobarometer 69:1, 16f.).

„Die Individualisierung hat ihren Höhepunkt erreicht …" (Friesl/Polak 2001, 13) war die Diagnose bei der Analyse der Wertestudie 2000, zumindest für den Individualismus gilt das nicht, er steigt weiter.

2.2 Ich und „Die da oben": Autoritarismus

Autoritarismus ist ein „psychologisches Grundmuster, eine Charakterstruktur" (Denz 2001, 187). Sozialpsychologisch beschreibt er eine mentale Grundhaltung, die sich anderen gegenüber als dominant und gegenüber Obrigkeiten als unterwürfig zeigen kann. Der Autoritarismus „verweist aber auch auf ein Gesellschaftsbild, das grob formuliert sagt: ‚Recht hat, wer oben ist.'" (ebd.)

In der Wertestudie zeigt sich dieses Muster unter anderem durch Aussagen wie „Wo strenge Autorität ist, dort ist auch Gerechtigkeit" (Zustimmung: 27 %), „Der Sinn des Lebens besteht darin, eine angesehene Position zu gewinnen" (30 %) oder „Das Wichtigste, was Kinder lernen müssen, ist Gehorsam" (40 %). Im Zeitvergleich ist der Autoritarismus 2008 genauso hoch wie 1990, ein Rückgang in der Untersuchungswelle 1999 wurde wieder egalisiert. Es ist also ein gewisser Fallback-Effekt auf das höhere Autoritarismus-Niveau des Jahres 1990 erkennbar.

Autoritarismus	**1994**	**1999**	**2008**
Wo strenge Autorität ist, dort ist auch Gerechtigkeit.	23	25	27
Sicherheit und Wohlstand sind wichtiger als Freiheit	17	23	28
Mitreden und mitentscheiden soll man erst, wenn man durch harte Arbeit eine Position erreicht hat.	29	25	29
Der Sinn des Lebens besteht darin, eine angesehene Position zu gewinnen.	29	24	30
Das Wichtigste, was Kinder lernen müssen, ist Gehorsam.	41	40	40
Index Autoritarismus	30	26	30

Tabelle 31: Autoritarismus. „stimme sehr zu" und „stimme zu" (fünfstufige Skala), Angaben in Prozent, Quelle: Solidaritätsstudie 1994, EVS 1999, 2008.

Auch wenn der statistische Zusammenhang mit Alter und Bildung gegenüber 1999 nachgelassen hat, zeigen sich heute über 60-Jährige (40 %) als autoritärer als unter 30-Jährige (25 %), besonders deutlich ist der Unterschied bemerkbar bei Menschen ohne Schulabschluss (54 %) gegenüber Akademiker(inne)n (11 %). Der Autoritarismus ist von den Parteisympathien her eher eine Sache der FPÖ- (40 %) und SPÖ-Anhänger/-innen (39 %), ÖVP- (29 %) und BZÖ-Anhänger/-innen (26 %) liegen am Durchschnitt, Grün- (12 %) und LIF-Sympathisant(inn)en (9 %) deutlich darunter.

Regional finden sich am meisten Autoritäre in Wien (39 %), Kärnten (37 %) und Oberösterreich (37 %), am wenigsten in Salzburg (18 %) und Tirol (14 %). Auffallend ist, dass sich der Autoritarismus regional völlig unterschiedlich entwickelt hat.

- Deutlich und konstant gesunken ist er vor allem im Burgenland, auf geringerem Niveau auch in der Steiermark und in Niederösterreich.

- In Kärnten und Salzburg fiel der Autoritarismus zwischen 1994 und 1999, um dann wieder deutlich anzusteigen, wenn auch nicht auf das Niveau von 1994.
- In Tirol und Vorarlberg verzeichnete der Wert von 1994 auf 1999 einen Anstieg und ging danach wieder zurück, in Tirol auf ein sehr niedriges Niveau.
- In Wien und Oberösterreich waren zunächst ein Rückgang und dann ein Anstieg auf ein höheres Niveau als 1994 zu verzeichnen.

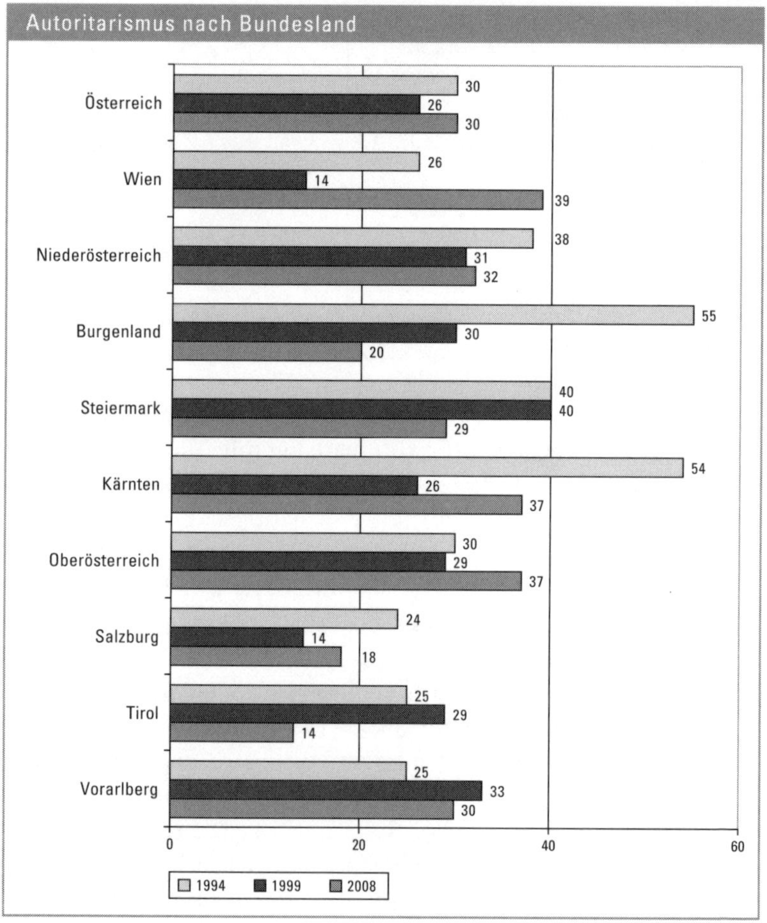

Grafik 23: Autoritarismus nach Bundesland. „stimme sehr zu“ und „stimme zu“ (fünfstufige Skala), Angaben in Prozent, Quelle: Solidaritätsstudie 1994, EVS 1999, 2008.

Die inhaltliche Orientierung der Autoritären vermag auch gut darzustellen, wie sich Autoritarismus in den politischen Einstellungen zeigt: 87 Prozent der Autoritären denken, dass man Menschen nicht vertrauen kann, und 86 Prozent stimmen dem Index „Individualismus“ zu. 81 Prozent meinen, dass zu viele Zuwanderer in Österreich leben, und Dreiviertel (74 %) stimmen beim Index „Ausländer(innen)feindlichkeit“ zu. 72 Prozent fühlen sich wie „Fremde im Land“ und fast die Hälfte (47 %) der Autoritären kann sich sehr gut oder gut eine/-n „starke/-n Führer/-in“ für Österreich vorstellen.

2.3 Ich und Wir: Die Entwicklung der Solidarität

„Solidarität ist die Fähigkeit (Kompetenz) eines Menschen, sich für das Gemeinwohl und darin für eine gerechtere Verteilung der Lebenschancen (wie bewohnbare Welt, Nahrung, Wohnen, Familiengründung, freie Erziehung, Bildung, Arbeit, gemeinsame öffentliche Religionsausübung) stark zu machen“ (Zulehner u. a. 1996, 54). Solidarität beschreibt nicht nur das Einanderhelfen und Teilen, sondern meint ein ideelles wie tatkräftiges Eintreten für andere Menschen auf individueller und gesellschaftlicher Ebene. Was in der Wertestudie besonders interessiert, sind drei Reichweiten von Solidarität, die bis 2000 unterschiedliche Entwicklungen genommen haben:

- Die Mikrosolidarität beschreibt die Sorge und den Einsatz für den engsten Beziehungskreis und war immer besonders hoch.
- Die Mesosolidarität hat eine Ausrichtung am Teilen und der Umverteilung und war etwa einem Drittel der Bevölkerung ein Anliegen.
- Die Makrosolidarität ist als die Ablehnung von Ausländer(innen)feindlichkeit[66] definiert und war bisher am schwächsten ausgeprägt.

[66] Revolutionär war und bleibt am Konzept der Solidarität die Vorstellung, dass – jenseits der gegenseitigen rein familialen Brüder- und Schwesterlichkeit – auch „Fremde durch ein universelles Band der Zivilität aneinander gebunden sind und in Beziehungen von Wechselseitigkeit gebracht werden können“ (Preuß, zit. nach: Brunkhorst, 2002, 12).

Typen der Solidarität	Reichweite	Inhalte
Mikrosolidarität	Familie	Teilen und Konfliktlösung in der Familie
Mesosolidarität	Nachbarschaft bis eigene Gesellschaft	Umverteilung, Verringerung von Einkommensunterschieden und Armut in der Gesellschaft
Makrosolidarität	Ausländer/-innen	Ausgrenzung, Anpassungsdruck bzw. Integration, Toleranz

Tabelle 32: Typen der Solidarität. Quelle: Solidaritätsstudie 1994.

Die Mikrosolidarität bleibt hoch

Die Mikrosolidarität hat 2008 nach wie vor die bei Weitem ausgeprägteste Reichweite: Auch wenn die Familie etwas an Bedeutung verloren hat, genießt sie bei den Österreicher(inne)n hohe Wertschätzung und nahezu uneingeschränkten Schutz.

Mikro-Solidarität	1994	1999	2008
Ohne Familie kann man nicht lernen, Konflikte zu lösen.	63	65	62
Das Wichtigste, was Kinder lernen müssen, ist das Teilen.	70	76	75
Teilen lernt man am besten in der Familie.	86	88	83
Index Mikrosolidarität	70	79	72

Tabelle 33: Mikro-Solidarität. „stimme sehr zu" und „stimme zu" (fünfstufige Skala), Angaben in Prozent, Quelle: Solidaritätsstudie 1994, EVS 1999, 2008.

Die Ausländer(innen)feindlichkeit steigt, die Makrosolidarität sinkt

Umgekehrt ist die Entwicklung der Makrosolidarität: Acht von zehn Österreicher(inne)n verlangen, dass „Ausländer/-innen … ihren Lebensstil ein bisschen besser an den der Inländer/-innen anpassen" sollten, die Hälfte (49 %) meint, dass man „Ausländer/-innen wieder in ihre Heimat zurückschicken" sollte, wenn Arbeitsplätze knapp werden. Beide Aussagen haben seit 1990 weiter an Zustimmung gewonnen. Misst man die Makrosolidarität an der „Ausländer/-innenfreundlichkeit", ist diese seit 15 Jahren deutlich gesunken: Von 18 Prozent (1994) über 17 Prozent (1999) auf 13 Prozent (2008).[67]

Ausländer(innen)feindlichkeit – Makrosolidarität	1994	1999	2008
Man sollte Ausländer(inne)n jede politische Betätigung im Inland untersagen.	40	44	43
Wenn Arbeitsplätze knapp werden, sollte man die Ausländer/-innen wieder in ihre Heimat zurückschicken.	41	46	49
Ausländer/-innen sollten ihren Lebensstil ein bisschen besser an den der Inländer/-innen anpassen.	68	72	80
Index Ausländer(innen)feindlichkeit	45	54	55

Tabelle 34: Ausländer(innen)feindlichkeit. „stimme sehr zu" und „stimme zu" (fünfstufige Skala), Angaben in Prozent, Quelle: Solidaritätsstudie 1994, EVS 1999, 2008.

Die Mesosolidarität löst sich auf

Eine neue Entwicklung nimmt die Mesosolidarität: Zum einen ist bemerkenswert, wie sehr einzelne Aussagen – wohl auch unter dem Eindruck der im Jahr 2008 einsetzenden Wirtschaftskrise – an Gewicht gewonnen haben:

- Dreiviertel (74 %) der Befragten meinen, dass Einkommensunterschiede verringert werden sollten, 1990 waren es 39 Prozent.
- 37 Prozent denken: „Man sollte denen, die mehr haben, etwas wegnehmen dürfen, um es an Bedürftige zu verteilen" (1999: 25 %).
- Auch die Aussage „Wenn wir alle ein bisschen verzichten würden, gäbe es bald keine Armut mehr" hat von 41 auf 53 Prozent zugelegt.

Der Unterschied zu den vergangenen Untersuchungswellen: Konnte 1990 und 1999 die Mesosolidarität als Einstellung interpretiert werden, bei der auch der eigene solidarische Beitrag zur Umverteilung außer Frage stand, zeigt sich 2008 ein anderes Bild: Zwar sollen noch deutlicher als bisher Einkommensunterschiede verringert werden, auch das Verzichten hat einen höheren Stellenwert,

[67] Der Index „Makrosolidarität" wird aus denselben Items wie die „Ausländer/-innenfeindlichkeit" berechnet. Die genannten Prozentzahlen sind die Summe der Werte 4 und 5, also die Ablehnung der genannten Items.

allerdings hängen die drei Aussagen nicht mehr zusammen. Das Item „Wenn wir alle ein bisschen verzichten würden, gäbe es bald keine Armut mehr“ wandert aus dem Faktor aus und ist dort statistisch nicht mehr relevant. Die Mesosolidarität löst sich sozusagen auf. Sie wird zur Umverteilungsforderung, die sich offenbar an andere richtet und den eigenen Beitrag dazu vernachlässigt.

Sinkende „ökologische Solidarität“

In diesem Zusammenhang ist von Interesse, dass dieses die Mesosolidarität messende Item („Wenn alle ein bisschen verzichten würden, gäbe es bald keine Armut mehr“) seit 1999 verstärkt mit einer der wenigen Fragen der Wertestudie korreliert, die einen Rückschluss auf die ökologische Orientierung der Österreicher/-innen zulässt: Die Aussage „Ich würde auf einen Teil meines Einkommens verzichten, wenn ich sicher sein könnte, dass dieses Geld dazu verwendet wird, Umweltverschmutzung zu verhindern“ will messen, ob jemand gewillt ist, seinen/ihren persönlichen Beitrag zu einem gelingenden ökosozialen Zusammenleben zu leisten.

Nun ist das allgemein feststellbare Problembewusstsein der Österreicher und Österreicherinnen in Bezug auf Umweltfragen prinzipiell hoch ausgeprägt. Dreiviertel der Bevölkerung wissen um die potenziell katastrophalen Folgen der menschlichen Eingriffe in die Natur, 77 Prozent stimmen der Aussage „Wenn es so weitergeht wie bisher, werden wir bald eine große ökologische Katastrophe erleben“ zu. Zudem gehen 61 Prozent nicht davon aus, dass man sich zur Lösung unserer Umweltprobleme auf das „Gleichgewicht der Natur“ verlassen könne, sondern denken eher, dass es der menschliche Erfindungsreichtum sein wird, der die Bewohnbarkeit der Erde sicherstellen könnte (49 %). Trotz dieses Wissens um die prekäre Situation der Umwelt sind 2008 nur vier von zehn Personen dazu bereit, auf einen Teil des eigenen Einkommens zugunsten der Verhinderung von Umweltverschmutzung zu verzichten – seit 1990 (54 %) ist diese Anzahl von „ökosolidarischen“ Menschen kontinuierlich und sehr stark zurückgegangen (1999: 47 %; 2008: 39 %).

Welche Personengruppe ist nun noch bereit, ökologisch solidarisch zu handeln? Es sind Menschen, die sich in erhöhtem Ausmaß sowohl für Politik als auch für Religion und Spiritualität interessieren und diesen beiden Bereichen einen hohen Stellenwert in ihrem Leben einräumen. Ihr Vertrauen in die österreichische Demokratie, in politische Parteien, die Regierung sowie in internationale Organisationen ist hoch ausgeprägt; in Bezug auf die österreichische Migrationspolitik nehmen sie einen tolerant-liberalen Standpunkt ein und sie sind weniger ausländer/-innenfeindlich als der Durchschnitt der österreichischen Bevölkerung.

Um wen sich die Österreicher/-innen sorgen

Der Stellenwert der Solidarität zeigt sich auch an der Frage, um wen sich die Menschen Sorgen machen: Generell hat sich der Trend dahingehend entwickelt, dass man sich 2008 weniger um bestimmte – tendenziell in prekären Lebenssituationen stehende – Gesellschaftsgruppen sorgt als noch im Jahr 1999. Gleich geblieben ist allerdings die Reihenfolge derer, um die man sich am ehesten Sorgen macht: An erster Stelle liegen ältere Menschen, gefolgt von kranken und behinderten Menschen, dann sorgt man sich um Arbeitslose und zum Schluss um Einwanderer und Einwanderinnen. Am meisten zurückgegangen ist dabei die Sorge für Arbeitslose, dann die Sorge um kranke und behinderte Menschen, schließlich um Einwanderer/Einwanderinnen und am wenigsten ist ein Rückgang bei der Sorge um die Lebensbedingungen von älteren Menschen zu beobachten.

Auch bei der Beantwortung der Frage, um welche „geografischen" Gruppen man sich am ehesten sorgt, hat sich dieselbe „Rangordnung" wie 1999 erhalten: An erster Stelle und mit großem Abstand von allen anderen sorgen sich Menschen stark oder zumindest in begrenztem Ausmaß um ihre Familienmitglieder, nämlich zu 87 Prozent; gefolgt von 67 Prozent der österreichischen Bevölkerung, welche sich um Menschen in der Nachbarschaft Sorgen machen; 55 Prozent sorgen sich um die Menschen in der Region; ebenfalls 55 Prozent um Landsleute; 47 Prozent um die Menschheit; letztendlich machen sich 41 Prozent Sorgen um die Europäer/-innen. Jenseits dieser gleich bleibenden „Rangfolge" gilt es im Blick auf den Jahresvergleich auch hier festzuhalten, dass man sich 2008 ganz generell weniger Sorgen um andere Menschen macht als das in den vorangegangenen Untersuchungswellen der Fall war. Am meisten abgenommen hat die Sorge um die Menschen in der Region und in der Nachbarschaft. Ebenfalls weniger Sorgen macht man sich um Familienmitglieder (hier vor allem auffallend die Abnahme von 13 Prozent bei der Antwortmöglichkeit „ich mache mir starke Sorgen"). Auch gegenüber den Landsleuten wird weniger an Sorge empfunden.

2.4 Mega-Werte und Werte-Typen

Was verbindet und trennt die Menschen, wenn man die hier genannten vier Grundwerte Individualismus, Autoritarismus, Makrosolidarität beziehungsweise Ausländer(innen)feindlichkeit[68] und Mikrosolidarität auf einen Blick betrachtet? Eine Clusteranalyse errechnet Gruppen von Befragten, die – gemessen an den vier Items – in sich möglichst homogen und untereinander möglichst unterschiedlich sind. Das Ergebnis stellt fünf Typen in ihrer inhaltlichen Qualität und Verteilung dar.

- „Ichbezogene Autoritäre" bilden die größte Gruppe (29 %) und weisen in allen vier Indizes extrem hohe Werte auf. Sie sind stark autoritär und stark individualistisch, dezidiert ausländer/-innenfeindlich und ihre Solidarität fokussiert auf die kleine Welt der Familie. Zu den Autoritären gehören viele junge und viele ältere Personen, die weniger gebildeten Gruppen sind stark überrepräsentiert. Regional dominieren Kärntner/-innen, Menschen mit Migrationshintergrund sind unterrepräsentiert. „Ichbezogene Autoritäre" denken, dass man Menschen eher nicht vertrauen kann, und sind mit dem eigenen Leben tendenziell unzufrieden. Die Hälfte der FPÖ-Sympathisant(inn)en findet sich in dieser Gruppe und es gibt dort kaum Grün-Wähler/-innen.
- Die „enttäuschten Pragmatiker/-innen" (18 %) ähneln den „Autoritären", allerdings auf niedrigerem Niveau und mit einem wesentlichen Unterschied: Die Mikrosolidarität ist den „Pragmatiker(inne)n" von allen fünf Gruppen am wenigsten wichtig. Sie liegen beim Autoritarismus im Mittelfeld, sind (wie vier von fünf Gruppen) hoch im Individualismus und zeigen

[68] Da bei „Ausländer/-innenfeindlichkeit" und „Makrosolidarität" derselbe Index aus unterschiedlicher Richtung betrachtet wird, wird in die Analyse nur die „Ausländer/-innenfeindlichkeit" einbezogen.

sich deutlich ausländer/-innenfeindlich. Junge sind in dieser Gruppe über-, Ältere sind unterrepräsentiert, vom Bildungsniveau her sind die „Pragmatiker/-innen“ eher eine Sache der mittleren Bildungsschichten. Menschen mit Migrationshintergrund sind hier wenige zu finden. „Pragmatiker/-innen“ glauben kaum an Gott, SPÖ-Sympathisant(inn)en sind etwas und BZÖ-Anhänger(inn)en deutlich überrepräsentiert.

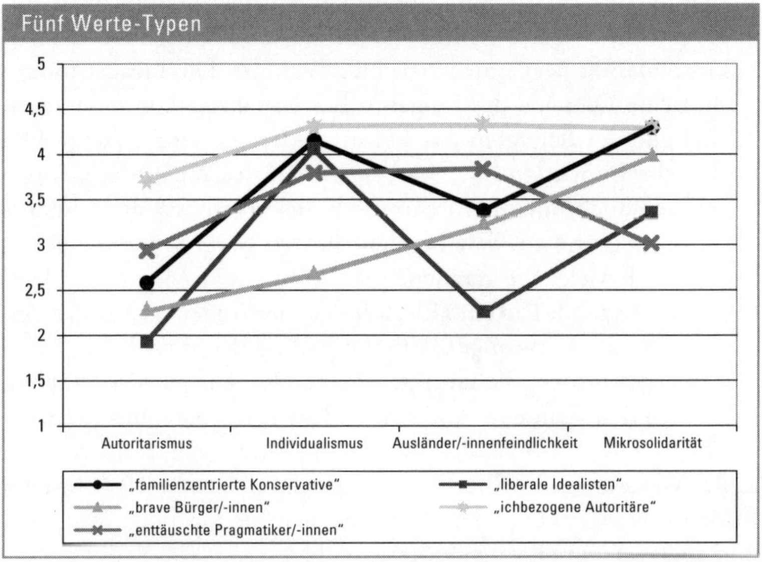

Grafik 24: Werte-Typen. Mittelwerte der Indizes, Quelle: EVS 2008.

- „Familienzentrierte Konservative“ (27 %) weisen die höchste Mikrosolidarität und den zweithöchsten Individualismuswert auf. Beim Autoritarismus und der Ausländer(innen)feindlichkeit liegen sie im Mittelfeld. Die „Konservativen“ sind eine Gruppe mit relativ geringer Bildung, regional sind Burgenländer(inn)en und Vorarlberger(inn)en typisch für die Gruppe. Personen mit Migrationshintergrund sind ebenso leicht überrepräsentiert wie ÖVP-Sympathisant(inn)en, FPÖ-Anhänger(inn)en finden sich weniger als im Durchschnitt.
- Die „braven Bürger/-innen“ (13 %) sind wenig autoritär, am wenigsten individualistisch von allen und liegen in der Ausländer(innen)feindlichkeit in der Mitte. Die Familie ist ihnen

wichtig, aber die Mikrosolidarität ist weniger ausgeprägt als bei „Autoritären" und „Konservativen". Bildungsmäßig sind die „Bürger/-innen" eher im qualifizierten Segment zu finden, der Gruppe gehören viele Tiroler/-innen an. „Bürger/-innen" denken, dass man den Menschen eher vertrauen kann, und auch hier gibt es mehr ÖVP-Sympathisant(inn)en als im Durchschnitt.

- Die „liberalen Idealist(inn)en" (13 %) sind am wenigsten autoritär und weisen die geringste Ausländer(innen)feindlichkeit auf. Sie sind individualistisch, aber dabei nicht im Spitzenfeld, die Mikrosolidarität liegt unter dem Durchschnitt. Die Idealist(inne)n sind eine Domäne der Jungen (über 60-Jährige kommen kaum vor) und der Befragten mit Matura- oder Studienabschluss. Das typische Bundesland der Idealist(inne)n ist Wien, der Gruppe gehören auch überdurchschnittlich viele Personen mit Migrationshintergrund an. Wie bei den „braven Bürger(inne)n" gibt es hier auch viele, die meinen, man könne den Menschen allgemein vertrauen. Parteipolitisch betrachtet finden sich unter den „Idealist(inne)n" wenige ÖVP-Sympathisant(inn)en, kaum FPÖ-Anhänger(inn)en, die Gruppe ist eine Domäne jener Menschen, die sich den Grünen – und früher dem LIF – nahe fühl(t)en.

Die fünf Werte-Typen lassen sich nicht nur 2008, sondern auch in der Wertestudie 1999 und in der Solidaritätsstudie 1994 finden. In den vergangenen 15 Jahren haben sich die Gruppen inhaltlich und auch zahlenmäßig verändert:

- Die „ichbezogenen Autoritären" haben sich in ihren Einstellungen kaum, in der Verteilung sehr wohl geändert: Seit 1994 (17 %; 1999: 20 %) ist die Gruppe der „Autoritären" stetig und deutlich gewachsen.
- Bei den „enttäuschten Pragmatiker(inne)n" sind über die Jahre hinweg Autoritarismus und Individualismus gleich geblieben, die Ausländer(innen)feindlichkeit gestiegen und die Mikrosolidarität gesunken. Zahlenmäßig hat sich kaum etwas geändert (2008: 18 %; 1999: 15 %; 1994: 17 %).
- Die Gruppe „familienzentrierte Konservative" ist seit 15 Jahren ähnlich groß (2008: 27 %; 1999: 25 %; 1994: 26 %). Inhaltlich hat ihre Ausländer(innen)feindlichkeit leicht nachgelassen.
- Die Gruppe „brave Bürger/-innen" ist jene, die im Zeitvergleich (2008: 13 %; 1999: 24 %; 1994: 22 %) am deutlichsten

geschrumpft ist. Gegenüber früheren Jahren haben alle vier Einstellungen an Zustimmung verloren, auch wenn die Ausländer(innen) feindlichkeit 1999 schon niedriger war als heute.

- Auch die „liberalen Idealist(inne)n" sind heute (2008: 13 %) weniger als früher (1999: 16 %; 1994: 17 %). Im Vergleichszeitraum ist bei ihnen die Mikrosolidarität etwas und der Individualismus deutlich weniger geworden.

3 Wohin sich Politik und Wirtschaft verändern

3.1 Erwünschte gesellschaftliche Entwicklungen

Familienleben, persönliche Entwicklung, einfacher und natürlicher leben: Das sind – seit 20 Jahren und mit großem Abstand zu den anderen Zielen – die drei am meisten gewünschten Entwicklungen in der Lebensweise der Österreicher/-innen.

- 87 Prozent identifizieren sich mit dem Wunsch nach mehr Familienleben; dieser Wunsch erlebte nur einen leichten Rückgang (4 %) im Vergleich zu 1990 und 1999.
- An zweiter Stelle steht für die befragten Österreicher/-innen die Förderung der persönlichen Entfaltung, welche von 81 Prozent angestrebt wird. Allerdings ist auch hier von 1999 auf 2008 ein Rückgang der Zustimmung von fünf Prozentpunkten zu verzeichnen.
- Dass „einfacher und natürlicher leben" eine begrüßenswerte Veränderung der Lebensweise sei, finden im Jahr 2008 noch 78 Prozent der Befragten. Wie bei den beiden obigen Items ist aber auch hier die Zustimmung zu diesem Wert seit 1990 kontinuierlich und im Ganzen um fünf Prozentpunkte zurückgegangen.

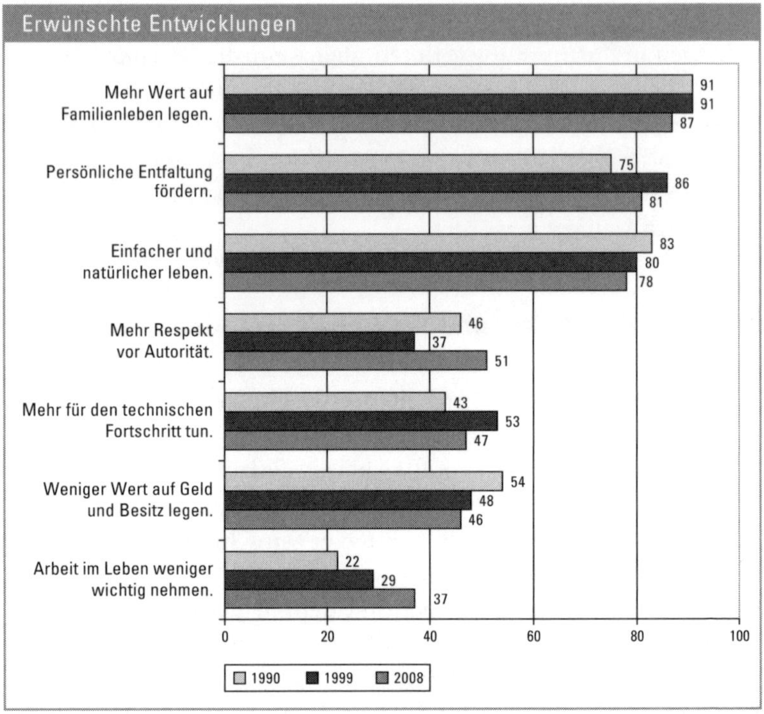

Grafik 25: Erwünschte Entwicklungen. Angaben in Prozent, Quelle: EVS 1990–2008.

Die weiteren befragten Ziele rangieren mit deutlichem Abstand hinter diesen dreien, allerdings haben sie sich stärker verändert:

- Knapp mehr als die Hälfte der österreichischen Bevölkerung (51 %) findet, dass man mehr Respekt vor Autorität haben sollte. Der Wert ist von 1990 auf 1999 um fast zehn Prozentpunkte gesunken, seither um 14 Prozentpunkte gestiegen, der deutlichste Zuwachs seit 1999.
- Dass mehr für den technischen Fortschritt getan werden sollte, meinen 2008 ebenfalls knapp die Hälfte aller Befragten (47 %), das sind zwar um sechs Prozent weniger als noch im Jahr 1999, aber auch um vier Prozent mehr als im Jahr 1990.
- Weniger Menschen als noch 1990 und 1999 sind der Ansicht, in Zukunft sollte weniger Wert auf Geld und Besitz gelegt werden.

Jedoch ist die Zustimmung zu dieser Aussage mit 46 Prozent immer noch als recht hoch einzuschätzen.

- Zunehmend mehr Österreicher und Österreicherinnen sind der Meinung, dass man die Arbeit im Leben weniger wichtig nehmen sollte. Die Zustimmung zu dieser Aussage befindet sich nach wie vor an letzter Stelle der gewünschten Veränderungen, hat aber seit 1990 um 15 Punkte auf 37 Prozent zugelegt.

Der Vergleich über die letzten 20 Jahre zeigt also einerseits Kontinuitäten, aber auch Verschiebungen in den Vorstellungen der Österreicher und Österreicherinnen bezüglich einer lebenswerten Zukunft. Der Wunsch nach mehr Familienleben und die Option für Selbstentfaltung rücken nochmals die hohe Bedeutung der kleinen Lebenswelt in Erinnerung. Dieser Trend korreliert mit der hohen – etwas biedermeierlich anmutenden – Mikrosolidarität und dem hohen Individualismus.

Dass sich Menschen in Österreich wieder mehr Respekt vor Autorität wünschen, muss nicht automatisch als Rückkehr zum „klassischen Autoritarismus" interpretiert werden (dessen Index nicht angestiegen ist). Erklärbar durch die für viele Menschen durch die spätmodern-flexible gesellschaftliche Lebensweise erhöhte Sehnsucht nach Sicherheit geht es dabei eventuell weniger um das Thema „Gehorsam" als um Lebenserleichterung durch freiwillige Orientierung an Autorität/en und die damit einhergehende Reduktion der – zumindest theoretisch vorhandenen – unzähligen Lebensoptionen.

Vor dem Hintergrund einer als schwierig bis prekär antizipierten Zukunft wird ebenfalls verständlich, dass „weniger Wert auf Geld und Besitz legen" an Bedeutung verloren hat – den „Luxus" dieses postmateriellen Wertes können oder wollen sich immer weniger Menschen leisten. Dass nun die Tendenz aber nicht prinzipiell zurück zu einer modernen, primär leistungsorientierten Gesellschaft geht, wird wiederum dadurch nahegelegt, dass das Item „Arbeit im Leben weniger wichtiger nehmen" am meisten an Zustimmung gewonnen hat.

3.2 Staat, Wirtschaft und Individuum

Durch eine Reihe von Gegensatzpaaren wird in der Europäischen Wertestudie versucht, der Einstellung der Österreicher/-innen zum Verhältnis von Staat, Wirtschaft und Individuum auf die Spur zu kommen. Die folgenden Vergleichszahlen machen einiges klar: Auch wenn das herrschende Wirtschaftssystem nicht allen Kredit bei der österreichischen Bevölkerung verspielt hat, kann man von einer tiefen Glaubwürdigkeits- und Vertrauenskrise sprechen. Das Ungerechtigkeitsgefühl der Bevölkerung ist nach den wirtschaftspolitischen Ereignissen der vergangenen Jahre massiv ausgeprägt. Der Staat feiert, wenn schon keine Renaissance als glaubwürdigerer Unternehmer, so doch eine Wiederauferstehung in der Rolle als kontrollierende und ausgleichende Instanz. Privatisierungen sind out und die Eigenverantwortung wird zugunsten einer sozial verträglicheren Form des Kapitalismus in den Hintergrund gedrängt. Das dominierende kompetitive Wirtschaftssystem hat jedenfalls deutlich an Zustimmung verloren. Hier die Gegensatzpaare im Detail:

Gegensatzpaar 1: „Jede/-r Bürger/-in sollte mehr Verantwortung übernehmen." versus „Der Staat sollte mehr Verantwortung dafür übernehmen, dass jede/-r Bürger/-in abgesichert ist."

Im Jahresvergleich ist festzustellen, dass der Wunsch nach einer erhöhten Eigenverantwortung der Bürger und Bürgerinnen in Bezug auf ihre Absicherung zurückgegangen ist: 61 Prozent sprachen sich noch im Jahr 1990 dafür aus, dass jede/-r Bürger/-in mehr Verantwortung übernehmen soll; im Jahr 1999 waren es nur mehr 50 Prozent, bis der Wert im Jahr 2008 dann seinen vorläufigen Tiefststand von 44 Prozent erreicht hat. Dieser deutlich gesunkene Prozentsatz stellt aber das prinzipielle Votum der Österreicher/-innen für die Eigenverantwortung des/der Einzelnen nicht grundsätzlich in Frage. Denn die Bürger/-innen sprechen sich im Gegenzug nicht vermehrt für eine primär staatliche Verantwortung aus (hier gibt es eher gleich bleibende Werte: 1990: 10 %; 1999: 13 %; 2008: 12 %). Stark angestiegen sind jedoch die mittleren Werte auf der Beantwortungsskala, was auf den erhöhten Wunsch nach einer gelungeneren Balance zwischen individueller und staatlicher Verantwortung für die Absicherung des Individuums schließen lässt. Der

Staat wird also zwar stärker in die Pflicht genommen, blind vertraut wird ihm deshalb aber noch lange nicht.

Gegensatzpaar 2: „Wettbewerb ist gut. Er bringt die Menschen dazu, hart zu arbeiten und neue Ideen zu entwickeln." versus „Wettbewerb ist schädlich. Er bringt das Schlechte im Menschen zum Vorschein."

Die Zustimmung zum Wettbewerb als positivem Faktor ist von 1990 bis 1999 gleich geblieben, im Jahr 2008 jedoch sehr stark zurückgegangen (1990: 61 %; 1999: 61 %; 2008: 42 %). Wie bei der obigen Frage zur Verantwortung von Staat oder Individuum ist aber auch der extreme Gegenwert („Wettbewerb ist schädlich") prozentuell nur leicht angestiegen (1990: 4 %; 1999: 4 %; 2008: 6 %). Starke Zuwächse sind jedoch wiederum im Mittelfeld zu verzeichnen (1990: 34 %; 1999: 32 %; 2008: 50 %): Das kann als ein weiteres Anzeichen für die Sehnsucht der Bevölkerung nach einem sozial verträglichen Kapitalismus gelesen werden.

Gegensatzpaar 3: „Der Staat sollte den Unternehmen mehr Freiheit lassen." versus „Der Staat sollte die Unternehmen besser kontrollieren."

Im Jahresvergleich zeigt sich ein ähnliches Muster wie bei den beiden oben genannten Fragen: Zu konstatieren ist ein Rückgang der Meinung, dass der Staat den Unternehmen mehr Freiheit lassen sollte, und zwar von 47 Prozent im Jahr 1999 auf 35 Prozent im Jahr 2008. Wie auch bei den ersten Gegensatzpaaren gibt es nur einen leichten Anstieg der Zustimmung für den Standpunkt, dass der Staat die Unternehmen besser kontrollieren sollte (1999: 13 %; 2008: 15 %). Stark angestiegen sind die mittleren Werte – und zwar von 36 Prozent auf 45 Prozent. Auch hier sprechen sich die Österreicher und Österreicherinnen also für eine Balance zwischen staatlicher Kontrolle und wirtschaftlicher Freiheit der Unternehmen aus.

Gegensatzpaar 4: „Einkommensunterschiede sollten einander stärker angeglichen werden." versus „Wir brauchen größere Einkommensunterschiede als Anreiz für individuelle Leistungen."

Zunehmend mehr Österreicher und Österreicherinnen sind der Ansicht, dass Einkommensunterschiede einander stärker angeglichen werden sollen (1990: 32 %; 1999: 38 %; 2008: 55 %). Im Gegensatz zum an den bisherigen Fragen zu diesem Themenkomplex festgestellten Muster ist hier allerdings festzuhalten, dass die Mittelwerte einigermaßen gleich geblieben sind (1990: 34 %; 1999:

42 %; 2008: 37 %). Enorm abgenommen hat jedoch die Anzahl derer, die in hohem Ausmaß glauben, dass Einkommensunterschiede als Anreiz für individuelle Leistungen erhalten bleiben sollen (1990: 33 %; 1999: 18 %; 2008: 5 %). Hier ist eine eindeutige Tendenz festzustellen, die sich gegen hohe Einkommensunterschiede richtet und auch mit vergleichbaren Items an anderer Stelle der Studie korreliert.[69]

Gegensatzpaar 5: „Mehr staatliche Unternehmen sollten privatisiert werden." versus „Mehr private Unternehmen sollten verstaatlicht werden."

Im Jahresvergleich wird klar, dass sich zunehmend weniger Bürger und Bürgerinnen dafür aussprechen, dass staatliche Unternehmen privatisiert werden sollen (1990: 57 %; 1999: 54 %; 2008: 29 %). Auch hier sind die Mittelwerte wieder stark ansteigend (1990: 37 %; 1999: 34 %; 2008: 51 %), jedoch ist auch – allerdings bei einer Minderheit – ein leichter Anstieg der Zustimmung zur „Verstaatlichung privater Unternehmen" festzustellen (1990: 4 %; 1999: 5 %; 2008: 9 %).

[69] So ist auch bei folgenden Items ein hoher Anstieg der Zustimmung zu verbuchen: „Einkommensunterschiede sollen verringert werden" (1999: 55 %; 2008: 74 %), „Wenn alle ein bisschen verzichten würden, gäbe es bald keine Armut mehr" (1999: 41 %; 2008: 53 %), „Man sollte denen, die mehr haben, etwas wegnehmen dürfen, um es an Bedürftige zu geben" (1999: 25 %; 2008: 37 %).

Jahr	Aussagen	1–3	4–6	7–10	Gegenaussagen
1990	Jede/-r Bürger/-in sollte mehr Verantwortung übernehmen.	61	28	10	Der Staat sollte mehr Verantwortung dafür übernehmen, dass jede/-r Bürger/-in abgesichert ist.
1999		50	35	13	
2008		44	42	12	
1990	Wettbewerb ist gut. Er bringt die Menschen dazu, hart zu arbeiten und neue Ideen zu entwickeln.	61	34	4	Wettbewerb ist schädlich. Er bringt das Schlechte im Menschen zum Vorschein.
1999		61	32	4	
2008		42	50	6	
1990	Der Staat sollte den Unternehmen mehr Freiheit lassen.	—	—	—	Der Staat sollte die Unternehmen besser kontrollieren.
1999		47	36	13	
2008		35	45	15	
1990	Einkommensunterschiede sollten einander stärker angeglichen werden.	32	34	33	Wir brauchen größere Einkommensunterschiede als Anreiz für individuelle Leistungen.
1999		38	42	18	
2008		55	37	5	
1990	Mehr staatliche Unternehmen sollten privatisiert werden.	57	37	4	Mehr private Unternehmen sollten verstaatlicht werden.
1999		54	34	5	
2008		29	51	9	

Tabelle 35: Staat, Wirtschaft und Individuum. Angaben in Prozent, Quelle: EVS 1990–2008.

All diese Daten decken sich auch mit einer im November 2008 von IMAS durchgeführten Studie zur Finanzkrise in Österreich (vgl. IMAS international Report 2008), welche zum Ergebnis kommt, dass lediglich 31 Prozent der Österreicher und Österreicherinnen die gegenwärtige Konjunkturkrise ausdrücklich als ein Versagen des marktwirtschaftlichen bzw. kapitalistischen Wirtschaftsprinzips deuten. In der Folge werden in Österreich weder eine „Überprivatisierung" noch eine Übersozialisierung oder zu starke Eingriffe des Staates in die Unternehmen als wirkungsrelevant für die schlechte Lage der Weltwirtschaft betrachtet. Daher lautet ein Kernbefund der Studie, dass sich nur 15 Prozent der Österreicher/-innen dafür aussprechen, die Marktwirtschaft durch ein anderes Wirtschaftssystem zu ersetzen (vgl. ebd., 1–3).

Resümierend ist festzuhalten, dass die Marktwirtschaft als solche in Österreich zwar nicht in toto zur Disposition steht. Sehr stark erkennbar ist allerdings der Wunsch, wahrgenommene „Schieflagen" auszugleichen. Interessant ist aber doch, dass die Österreicher und

Österreicherinnen einerseits eine sozial kompatible Wirtschaftsordnung fordern, andererseits für ihre persönliche Lebensrealität das individualistische Leistungsdenken einer liberalen Wirtschaftsordnung durchaus internalisiert haben. Zwei Stränge, die in diese Richtung weisen:

- Während einerseits ein Trend zur besseren Balance zwischen Eigenverantwortung und staatlicher Absicherung erkennbar ist, zeigt sich im individuellen Bereich der eigenen Lebensführung eher eine Tendenz in Richtung einer „liberal-individualisierten" und durchaus auch konkurrenzorientierten Einstellung: So kommt es beim Item „Jeder muss seine Probleme selbst lösen" im Zeitraum von 1999 bis 2008 zu einem Anstieg der Zustimmung von fünf Prozentpunkten (1999: 67 %; 2008: 72 %). Des Weiteren stoßen Aussagen wie „Wer keinen Erfolg hat, ist selber schuld" (32 % stimme (voll und ganz) zu; 35 % weder noch; 30 % lehne (voll und ganz) ab) sowie „Jede/-r ist seines/ihres Glückes Schmied" (71 % stimme (voll und ganz) zu; 20 % weder noch; 7 % lehne (voll und ganz) ab) eher auf Zu- denn auf Widerspruch.
- Trotz der zunehmenden Wettbewerbs-Skepsis der Österreicher/-innen gewinnen auf der individuellen Ebene inhaltlich durchaus wettbewerbsorientierte Positionen im Vergleichszeitraum von 1999 bis 2008 zunehmend an Akzeptanz: So steigt etwa die Zustimmung zu dem Item „Mitreden soll man erst, wenn man durch harte Arbeit eine Position erreicht hat" von 25 Prozent im Jahr 1999 auf aktuell 29 Prozent (weder noch: 25 % auf 23 %; Ablehnung: 47 % auf 43 %). Auch für die Aussage „Der Sinn des Lebens besteht darin, eine angesehene Position zu gewinnen" ist ein Anstieg der Zustimmung von 25 Prozent auf 30 Prozent zu verbuchen (weder noch von 30 % auf 31 %; Ablehnung von 43 % auf 36 %).

3.3 Freiheit und Gleichheit

„Freiheit" und „Gleichheit" sind wohl die zwei klassischen politischen Grundwerte. Das unaufhebbare Spannungsverhältnis zwischen den Prinzipien individueller Freiheit und der Gleichheit der Individuen sowie die Funktion des Staates beziehungsweise der einzelnen Bürger/-innen bei einem angemessenen Umgang mit diesem Gegensatz beschreiben *das* Grunddilemma des westlichen Demokratiemodells: Damit benannt ist die meist nicht konfliktfreie Beziehung zwischen der Eigenverantwortung des einzelnen Individuums für seine Lebensgestaltung und den Pflichten der Gemeinschaft – des Staates als Akteur der Gemeinschaft, aber auch des/der einzelnen Bürgers/Bürgerin als Teil der Gemeinschaft –, für soziale Gerechtigkeit zu sorgen. In dieser Grundpolarität plädieren Vertreter/-innen konservativer und wirtschaftsliberaler Positionen für eine Eindämmung oder gar Zurückdrängung staatlichen Einflusses und einen möglichst großen Spielraum für den individuellen Ehrgeiz des/der Einzelnen. Andere politische Kräfte meinen, dass staatliche Aktivitäten und Rahmenbedingungen sowie ein ausgeprägter Gemeinsinn der Bürger/-innen notwendig seien, um ein Auseinanderbrechen der demokratischen Gesellschaft zu verhindern (vgl. Forndran 2002, 13).

In der Wertestudie begegnet diese Grundoption zwischen einer eher „individualistischen" und einer eher „solidarischen" Einstellung in folgender Gegenüberstellung: „Ich finde Freiheit und Gleichheit eigentlich beide wichtig. Aber wenn ich mich für eines davon entscheiden müsste, wäre mir die persönliche Freiheit am wichtigsten, dass also jede/-r in Freiheit leben und sich ungehindert entfalten kann." – „Sicher sind Freiheit und Gleichheit wichtig. Aber wenn ich mich für eines davon entscheiden müsste, fände ich Gleichheit am wichtigsten, dass also niemand benachteiligt ist und die sozialen Unterschiede nicht so groß sind."

Die Entwicklung der Einstellung zu Freiheit und Gleichheit, wie sie die Wertestudie seit 1990 dokumentiert, ist bemerkenswert, weil sie eigentlich antizyklisch verläuft: Während der Individualismus seit 1990 kontinuierlich gewachsen ist, die Autonomie- und Selbstentfaltungswünsche enorm hoch sind und die (Makro-)Solidarität gesunken ist, hat die Bedeutung des politischen Werts der Gleichheit gegenüber der Freiheit stark aufgeholt:

- Während 1990 60 Prozent der Befragten betonten, dass ihnen die persönliche Freiheit wichtiger ist als die Gleichheit, denken dies 2008 nur mehr 48 Prozent.
- Während 1990 nur 28 Prozent meinten, dass für sie die Gleichheit wichtiger als die Freiheit wäre, betonen das heute 38 Prozent.

- Lag die Differenz zwischen beiden Grundwerten 1990 bei 32 Prozent, ist sie 1999 auf 19 und 2008 auf zehn Prozent geschmolzen.

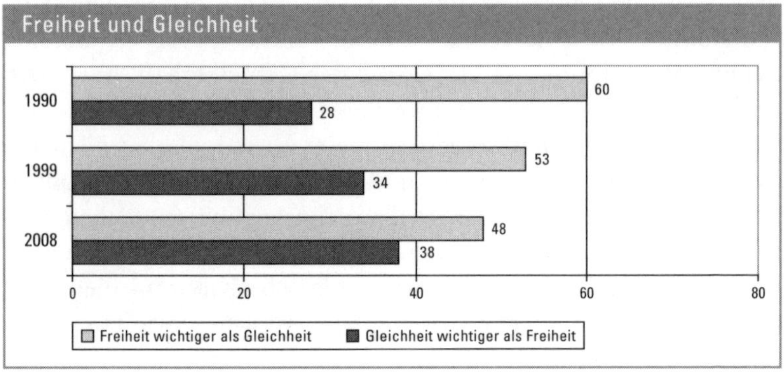

Grafik 26: Freiheit und Gleichheit. Angaben in Prozent, Quelle: EVS 1990–2008.

Mag sein, dass sich eine „Sättigung" des Freiheitswertes abzeichnet, die aus zwei unterschiedlichen Richtungen kommt: Zum einen sind es die „Vorreiter" der Gesellschaft, die ihre Freiheitswünsche revidieren, andererseits melden immer mehr Betroffene Ansprüche auf mehr Gleichheit in der Gesellschaft an.

- 1990 waren es vor allem Akademiker/-innen (68 %), Personen in selbstständigen und freien Berufen (74 %), Menschen aus Wien (68 %) und Grün-Sympathisant(inn)en (68 %), die sich deutlich stärker als der Durchschnitt für die Freiheit aussprachen.
- 20 Jahre danach ist die Freiheitseuphorie bei diesen Gruppen stark zurückgegangen, so votieren noch 51 % der Akademiker/-innen und 42 Prozent der Wiener/-innen für die Freiheit und liegen damit am oder unter dem Durchschnitt.
- Ergänzt wird diese Gruppe durch jene, die für die eigene Lage mehr Anspruch auf Gleichheit erheben, wie etwa Personen mit niedrigem Einkommen (43 %).
- Als „Freiheitsfetischist(inne)n" übrig geblieben ist nur mehr eine Gruppe, das sind jene Personen, die sich politisch klar als „rechts" deklarieren: Von ihnen geben 61 Prozent der Freiheit den Vorzug vor der Gleichheit (19 %).

- Personen, die sich politisch in der „Mitte" sehen, optieren übrigens völlig ausgewogen: Von ihnen bevorzugen 45 Prozent die Freiheit und 45 Prozent die Gleichheit.

Als Gegenreaktion zur Überbetonung des Freiheitsideals in den letzten Jahren neigt sich derzeit offenbar die Waage zugunsten einer stärkeren Berücksichtigung des Gleichheitsgrundsatzes. Allerdings birgt diese Rückwendung zur staatlich verantworteten Politik Gefahren in sich und zwar dann, wenn der/die Bürger/-in diese solidarisch ausgerichtete Politik in Bezug auf die Folgen für sich selbst nur halbherzig mit trägt und allein die Politik, nicht aber sich selbst für den Ausbau des Prinzips Solidarität verantwortlich macht (vgl. Forndran 2002, 15). Genau dies könnte aber derzeit in Österreich geschehen: Wenn die Solidarität nachlässt und sowohl Individualismus als auch der Wunsch nach Gleichheit steigen, liegt der Verdacht nahe, dass der Gleichheitsanspruch nicht nur ein Ausdruck von Gerechtigkeitsempfinden, sondern auch ein „Neidthema" ist.

3.4 Warum Menschen in Not geraten

Das Bewusstsein um die zunehmend schwierige und sich zum Teil der eigenen Kontrolle entziehende Situierung und Stellung in Arbeitmarkt und Wirtschaft kommt bei der Beantwortung der Frage, warum Menschen in Österreich in Not geraten, zum Vorschein.

Im Jahresvergleich fällt hier auf, dass der Faktor „Faulheit und Mangel an Willenskraft" als Erklärungsmuster für das In-Not-Geraten von Menschen deutlich an Überzeugungskraft verloren hat. Dahingegen werden die „Ungerechtigkeiten in unserer Gesellschaft" als erster Erklärungsgrund öfters genannt. Dass die Entstehung von Not als ein unvermeidbarer Bestandteil des modernen Fortschritts anzusehen sei, sehen jeweils rund ein Fünftel der Österreicher/-innen so – und das über die Jahre hinweg mehr oder weniger konstant. Als Erklärungsmuster für Not immer an letzter Stelle rangiert die Glücklosigkeit der Menschen: Nur zwölf bzw. 13 Prozent sahen und sehen das nicht vorhandene Glück von Menschen als ersten Grund dafür an, dass diese in Not geraten. Als zweiter Grund gewinnt dieses Argument jedoch 2008 wieder an Bedeutung.

Mit diesem Befund korreliert, dass sowohl 1990 als auch noch 1999 das Erklärungsmuster „Faulheit (als erster Grund) – Ungerechtigkeit (als zweiter Grund)“ am häufigsten vorkommt (1990: 12 %; 1999: 13 %). 2008 hingegen findet sich als mit 13 Prozent meistgenanntes Erklärungsmuster „Ungerechtigkeit – moderner Fortschritt“. Zunehmend weniger Österreicherinnen und Österreicher scheinen also die Not von Menschen auf deren „Faulheit und Mangel an Willenskraft“ zurückzuführen. Immer mehr machen äußere Einflüsse für die Not anderer verantwortlich.

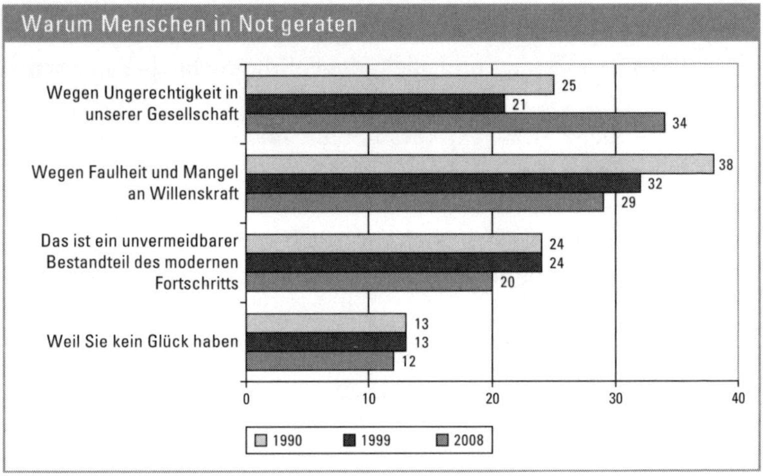

Grafik 27: Warum Menschen in Not geraten. Wichtigster Grund, Angaben in Prozent, Quelle: EVS 1990–2008.

Auffallend ist, dass je höher die formale Bildung einer Person, desto weniger wird Faulheit als Grund für die Bedürftigkeit von Menschen angenommen. In dieser Gruppe werden eher Ungerechtigkeiten, manchmal auch der moderne Fortschritt als Erklärung herangezogen. Dahingegen verorten Pflichtschulabgänger/-innen die Gründe für das In-Not-Geraten von Menschen verstärkt in deren Faulheit und Mangel an Willenskraft. Im Jahresvergleich zeigt sich besonders eine Verschiebung in der Gruppe der Berufstätigen, welche 30 Stunden oder mehr in der Woche beschäftigt sind. 1999 waren die meisten aus dieser Gruppe der Meinung, die Bedürftigkeit eines Menschen sei in den Gründen „moderner Fortschritt – Faulheit“ zu suchen, gefolgt von „Faulheit – Ungerechtigkeit“ sowie „Faulheit – moderner Fortschritt“. Dies hat sich im Jahr

2008 geändert: Nun denken die meisten aus dieser Gruppe, die Notsituation einer Person liege in den Gründen „Ungerechtigkeit – moderner Fortschritt", gefolgt von „Ungerechtigkeit – Faulheit" und „Ungerechtigkeit – kein Glück". Das Vertrauen in die individuelle Beeinflussbarkeit seiner finanziellen Lage durch Leistung scheint also deutlich zu schwinden. Gleichzeitig wird allerdings, wie schon beschrieben am Glauben an die individualistische Lösung von Problemen festgehalten.

4 „Wir Österreicher/-innen" und „die Anderen"

Im Zuge der Migrationsbewegungen der 80er und 90er Jahre ist Österreich wieder – nachdem es nach 1945 ein ethnisch nahezu[70] homogenes Land war – „multikulturell" geworden. Die Ausländer/-innenfrage wurde in der Folge zu einem politischen Thema, welches die Wähler und Wählerinnen zu mobilisieren imstande war und nach wie vor ist. Soziale und durchaus auch faktisch gegebene Probleme wurden „ethnisiert", das heißt häufig pauschal „den Ausländer(inne)n" angelastet. Diesem diffusen Ausländer/-innen-Image entsprach und entspricht jedoch keine real existierende Bevölkerungsgruppe – zu unterschiedlich sind Herkunft, Geschichte und Geschick dieser für politische Zwecke instrumentalisierten Menschen: Flüchtlinge, darunter „Wirtschaftsflüchtlinge" und Illegale, Asylwerber/-innen, kürzer oder auch schon länger in Österreich Arbeitende, mit und ohne österreichische Staatsbürgerschaft, Einwanderer und Einwanderinnen der ersten, zweiten und dritten Generation, Nicht-Europäer/-innen aus der westlichen oder nichtwestlichen Hemisphäre und andere mehr.

[70] Die sogenannten Volksgruppen der Slowen(inn)en, Kroat(inn)en, Ungar(inne)n und Tschech(inn)en – Nationalitäten aus den Resten des „altösterreichischen" Habsburger-Reichs – und spät auch die Roma und Sinti erhalten nach dem Zweiten Weltkrieg einen rechtlichen Minderheitenstatus, in dem bestimmte Ausgleichsrechte der Minderheit gegenüber der Mehrheit (Wahrung von Sprache und Kultur) festgelegt werden – nach wie vor stoßen sie jedoch bei der versuchten Einlösung ihrer Rechte auf teils hinhaltenden Widerstand.

4.1 Einstellungen zu Migrationspolitik und Zuwanderung

Was soll nun die österreichische Regierung mit zuwandernden Menschen tun? 2008 denken sechs Prozent der in der Wertestudie Befragten, dass man jede/-n nach Österreich kommen lassen sollte, der/die will. 42 Prozent meinen, die Zuwanderung sei gutzuheißen, solange es genug Arbeitsplätze gäbe. Ebenfalls 42 Prozent möchten die Anzahl an Ausländer/-innen prinzipiell beschränkt sehen, und sieben Prozent würden Zuwanderung generell verbieten. Der Jahresvergleich mit den Daten von 1999 lässt eine Tendenz zu restriktiveren Haltungen zuwandernden Menschen gegenüber erkennen. Dementsprechend sind auch die Werte für den Index „Ausländer(innen)feindlichkeit"[71] angestiegen. Nachdem innerhalb von 15 Jahren zunächst (in den Jahren von 1994 bis 1999) das Einverständnis mit xenophoben Behauptungen um neun Prozent zugenommen hat und in einem zweiten Schritt (1999 bis 2008) die Zurückweisung von ausländer/-innenfeindlichen Aussagen um vier Prozent gesunken ist, muss das aktuelle Klima in Österreich als fremdenfeindlich eingestuft werden.

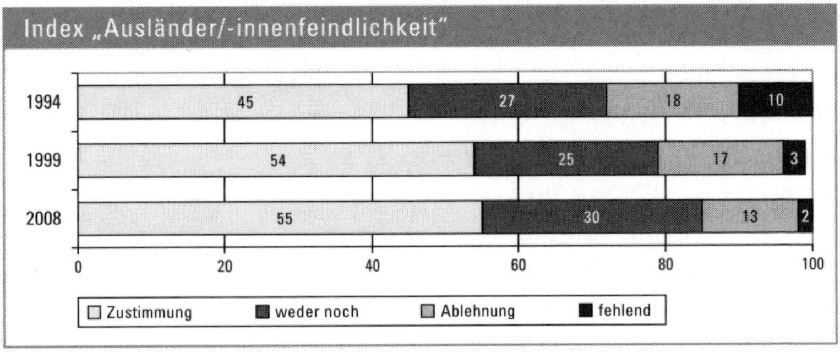

Grafik 28: Index „Ausländer(innen)feindlichkeit". Angaben in Prozent, Quelle: Solidaritätsstudie 1994 und EVS 1999–2008.

[71] Der Index „Ausländer/-innenfeindlichkeit" wird gebildet aus den Items „Wenn Arbeitsplätze knapp werden, sollte man die Ausländer/-innen wieder in ihre Heimat zurückschicken", „Man sollte Ausländer(inne)n jede politische Betätigung im Inland untersagen", „Ausländer/-innen sollten ihren Lebensstil ein bisschen besser an den der Inländer/-innen anpassen".

Bei allen drei Items, aus denen sich der Index „Ausländer(innen) feindlichkeit" zusammensetzt, lässt sich über die Jahre hinweg eine Steigerung der zustimmenden Antworten verzeichnen – mit Ausnahme des Items „politische Betätigung für Ausländer/-innen untersagen". Dieser Anstieg ist bei der Aussage „Ausländer/-innen sollten ihren Lebensstil ein bisschen besser an den der Inländer/-innen anpassen" besonders ausgeprägt (+ 8 %).

Ausländer/-innenfeindliche Aussagen		1999	2008
Ausländer/-innen sollten ihren Lebensstil ein bisschen besser an den der Inländer/-innen anpassen	Zustimmung	72	80
	weder noch	16	12
	Ablehnung	9	6
Wenn Arbeitsplätze knapp werden, sollte man Ausländer und Ausländerinnen zurückschicken.	Zustimmung	46	49
	weder noch	24	22
	Ablehnung	26	27
Man sollte Ausländer(inne)n jede politische Betätigung im Inland untersagen.	Zustimmung	44	43
	weder noch	20	20
	Ablehnung	30	33

Tabelle 36: Ausländer/-innenfeindliche Aussagen. Angaben in Prozent, Quelle: EVS 1999, 2008.

Xenophobie: politische, ökonomische und kulturelle Dimensionen

Diese unterschiedlich hohen Werte und die nicht einheitliche Entwicklung der einzelnen ausländer/-innenfeindlichen Aussagen lassen darauf schließen, dass sich eine xenophobe Haltung aus verschiedenen Quellen speisen kann. In der Wertestudie werden mit den Items, aus denen sich der Index zusammensetzt, eine kulturelle, eine ökonomische und eine politische Dimension der Ausländer(innen) feindlichkeit abgefragt. In Österreich war nun die ökonomische Toleranz gegenüber Ausländer/-innen stets höher als die kulturelle, und so lässt sich hierzulande auch – vor aller ökonomisch fundierten – eine kulturell motivierte Ausländer(innen)feindlichkeit feststellen (vgl. Weiss 2004, 69). Auch die obigen Daten zum Index „Ausländer(innen)feindlichkeit" weisen in diese Richtung, jedoch stellt sich der Befund für 2008 komplexer dar.

Auf ihre Meinung in Bezug auf zuwandernde Menschen befragt, geben die meisten, nämlich 69 Prozent, der Österreicher/-innen an, dass Migranten und Migrantinnen die Kriminalitätsprobleme im Land verschärfen würden. Damit ist die Dimension der nationalen und individuellen Sicherheit benannt, welche offenbar zunehmend an Bedeutung gewinnt. 66 Prozent sind weiters der Ansicht, Zuwanderer und Zuwanderinnen würden das Sozialsystem belasten, und 56 Prozent meinen, der Anteil an Zuwanderern/Zuwanderinnen werde zu einer Bedrohung für die Gesellschaft. 48 Prozent der Befragten sind der Meinung, dass es besser für das Wohl der Gesellschaft sei, wenn Zuwanderer und Zuwanderinnen ihre Traditionen und Bräuche nicht beibehielten; ebenfalls 48 Prozent sind der Überzeugung, dass Ausländer/-innen den Einheimischen ihre Arbeitsplätze wegnehmen. Dass das kulturelle Leben durch Zuwanderer und Zuwanderinnen unterwandert werde, bejaht genau die Hälfte der Interviewten. Der Aussage „Heutzutage gibt es in Österreich zu viele Zuwanderer und Zuwanderinnen" stimmen 65 Prozent der befragten Bevölkerung zu, und knapp mehr als die Hälfte, nämlich 52 Prozent, geben an, sich aufgrund der Anzahl der Zuwanderer in Österreich manchmal wie ein Fremder oder eine Fremde zu fühlen. Alles in allem bedenklich hohe Prozentwerte, wird doch die 50-Prozent-Marke in den meisten Ausprägungen deutlich überschritten.

Fragt man nach den Bevölkerungsgruppen, welche durch eine bestimmte Haltung gegenüber Migranten und Migrantinnen zu spezifizieren sind, so stößt man zuerst auf den Faktor der formalen *Bildung*: Je höher die formale Ausbildung des/der Interviewten, desto toleranter ist er/sie zuwandernden Menschen gegenüber. Im Zeitvergleich fällt jedoch auf, dass der Bildungsfaktor seinen Einfluss auf die Artikulation von toleranten Einstellungen zu verlieren beginnt. Darüber hinaus erweist sich auch die *Persönlichkeitsstruktur* eines Menschen für seine Einstellung zuwandernden Menschen gegenüber als relevant: Menschen, die zu größerem Vertrauen anderen Menschen gegenüber tendieren, sind Migrant(inn)en gegenüber toleranter als grundsätzlich misstrauische Personen.

Auf den ersten Blick lässt sich in Anbetracht dieser Datenlage nicht genau entscheiden, was die Österreicher/-innen in Bezug auf das Thema „Ausländer/-innen" eigentlich am meisten beunruhigt. Verantwortlich für die stark ausgeprägte ausländer/-innenfeindliche

Haltung der österreichischen Bevölkerung zeichnet ein ganzes Motivbündel, welches sich relativ undifferenziert aus der Sorge um die nationale und eigene Sicherheit sowie die ökonomisch-finanzielle Situation im Land, aus allgemeinen Fremdheitsgefühlen und anderen diffusen Befürchtungen speist.

Ursachen ausländer/-innenfeindlicher Haltungen

In der soziologischen Fachliteratur werden aktuell meist zwei Erklärungsansätze herangezogen, um die Entstehung von ausländer/-innenfeindlichen Haltungen zu erklären: ein sozio-ökonomischer und ein ideologischer Ansatz.

- Ersterer sieht in der neoliberalen Modernisierung, im Entstehen eines „autoritären" Kapitalismus und seinen Auswirkungen auf das Leben der Menschen (Kontrollverluste und Ohnmachtsgefühle, soziale Marginalisierung und materielle Verunsicherung/Verschlechterung, Pluralität und daraus resultierende Identitätsfragen) die ausschlaggebenden Gründe für die verstärkte Fremd(inn)enfeindlichkeit.
- Auf der anderen, „ideologischen", Seite wird das Wiederaufleben alter Vorurteile und eine Re-Ideologisierung der Gesellschaft in Richtung eines rechts-konservativen und/oder „neoliberalen" Weltbilds als Erklärungsmuster herangezogen (vgl. Weiss 2004, 94; Schiedel 2007, 14–15).

Ist nun die Ausländer(innen)feindlichkeit in Österreich Folge von objektiver oder subjektiv so empfundener materieller Deprivation und pessimistischen Zukunftserwartungen (sozio-ökonomische These; Erklärung durch Konkurrenz und Frustration) oder eines tief in der Gesellschaft eingeschriebenen, derzeit wieder reaktivierten „Traditionalismus" (Kontinuitäts- oder Tradierungsthese; Erklärung durch Ideologie)?

In Bezug auf das Konkurrenz- und Frustrationsmodell zeigen die Daten der Wertestudie, dass die Haltung gegenüber einwandernden Menschen (Was soll die Regierung mit zuwandernden Menschen tun?) keineswegs mit den finanziellen Lebensbedingungen des/der

Befragten, den ökonomischen „hard facts"[72] zusammenhängt. Auch für die Items „Zuwanderer und Zuwanderinnen nehmen Einheimischen in einem Land die Arbeitsplätze weg", „Das kulturelle Leben eines Landes wird von Zuwanderern und Zuwanderinnen unterwandert", „Zuwanderer/Zuwanderinnen verschärfen die Kriminalitätsprobleme" und „Man sollte Ausländer(inne)n jede politische Betätigung im Inland untersagen", welche für die oben benannten vier Dimensionen der Ausländer(innen)feindlichkeit stehen, ergibt sich ein ähnliches Bild. Keines der vier korreliert mit den benannten ökonomischen Daten.

Hinsichtlich des Ideologiemodells stellt sich die Lage differenzierter dar. Betrachtet man die Grundhaltungen, welche am meisten Einfluss auf die gewünschte Vorgangsweise der österreichischen Regierung in Bezug auf Migrant(inn)en haben, stößt man an erster Stelle auf ein Bündel von Items, welche alle um den Themenbereich „Politik" kreisen: So korreliert die Unzufriedenheit mit der Demokratie, rechte politische Ausrichtung, das Desinteresse an Politik sowie eine eher negative Beurteilung des österreichischen politischen Systems mit der Forderung nach einer stikteren Migrationspolitik. Im vergangenen Jahrzehnt hat sich also die politische Haltung der Österreicher/-innen als der Faktor herausgebildet, welcher am stärksten mit der Ausländer(innen)feindlichkeit zusammenhängt. Hier fällt nochmals besonders auf, dass man sich – und das ist eine neue Entwicklung seit 1999 – umso ausländer/-innenfeindlicher äußert, je unzufriedener man mit der österreichischen Demokratie und dem österreichischen politischen System ist. Dieser generelle Vertrauensverlust in die Politik und die Entfremdung von ihr, die „politische Anomie" (vgl. Weiss 2004, 100) und „Demokratieentleerung" (vgl. Schiedel 2007, 14–15), können damit als zwei der Hauptursachen für politischen Extremismus und Ausländer(innen) feindlichkeit angesehen werden.

Abgenommen in ihrer Bedeutung für die Ausländer(innen)-feindlichkeit haben dahingegen Aussagen, welche den „klassischen"

[72] Das sind: monatliches Haushaltsnettoeinkommen; Berufstätigkeit; Arbeitslosigkeit in den letzten fünf Jahren (länger als drei Monate am Stück); Bezug von Sozialhilfe wahlweise Notstandshilfe in den letzten fünf Jahren; finanziellen Situation im Elternhaus des/der Interviewten („Meine Eltern hatten Schwierigkeiten, mit ihrem Einkommen auszukommen"; „Meine Eltern hatten Probleme, kaputtgegangene Gegenstände zu ersetzen").

Autoritarismus messen, und in der Folge auch der Index „Autoritarismus" selbst. Damit stimmt überein, dass die Korrelation zwischen den beiden Indizes „Ausländer(innen)feindlichkeit" und „Autoritarismus" zwar nach wie vor sehr hoch, aber dennoch im Jahresvergleich zurückgegangen ist. Den Freiheiten der spätmodernen Gesellschaft hingegen stehen ausländer/-innenfeindliche Menschen sehr skeptisch gegenüber – die Aussage „Die viele Freiheit, die heute die jungen Menschen haben, ist sicher nicht gut" korreliert mit der zum Ausdruck gebrachten Ausländer(innen)feindlichkeit. Damit ist das Unvermögen, mit der Vielfalt unserer gegenwärtigen Gesellschaft gut umgehen zu können, und die daraus resultierende Pluralitätsverweigerung als wichtiger Faktor in der Entstehung von ausländer/-innenfeindlichen Haltungen evident (vgl. Ermarth 2007, 16). Ebenfalls identifizierbar ist bei ausländer/-innenfeindlich eingestellten Personen eine Tendenz zur individualistischen, egoistischen Durchsetzung eigener Interessen – auch auf Kosten des Wohlfahrtsstaats.

Betrachtet man nun die vier Items, welche für die vier verschiedenen Dimensionen der Ausländer(innen)feindlichkeit – also die politische, die ökonomische, die kulturelle wie auch die aus der Sorge um die eigene Sicherheit resultierende Xenophobie – stehen können, so ergeben sich ähnliche Resultate wie bei der obigen Analyse der Antworten zur Migrationspolitik: Abgesehen vom Autoritarismus korrelieren alle vier Items am stärksten mit der Aussage „Die viele Freiheit, die heute die jungen Menschen haben, ist sicher nicht gut". Die Unsicherheit, mit der das im Zuge der Individualisierung von vielen traditionellen Bindungen frei-gesetzte Individuum in einer „Multioptionsgesellschaft" konfrontiert ist, scheint eine dementsprechend große Rolle für die österreichische Ausländer(innen)feindlichkeit zu spielen. Klar dürfte auch sein, dass der „klassische" Autoritarismus – wenn auch in unterschiedlichem Ausmaß – an der österreichischen Ausländer(innen)feindlichkeit beteiligt ist. Dasselbe gilt für die Einschätzung und das Interesse an der heimischen Politik. Gleichzeitig steht die geäußerte Ausländer(innen)feindlichkeit in engem Zusammenhang mit einer „sozialdarwinistischen" Grundhaltung, die offenbar starke Entsolidarisierungstendenzen in sich birgt.

Die „Bedrohung" durch Ausländer/-innen als „traditionales" Interpretationsangebot

Resümierend lässt sich festhalten, dass die Daten der Wertestudie keineswegs die Annahme nahelegen, dass verschlechterte sozio-ökonomische Rahmenbedingungen in Österreich zur Erklärung der Ausländer/-innenablehnung herangezogen werden können. Obwohl sogenannte „Modernierungsverlierer/-innen", also Personen mit niedrigem Einkommen und in wenig qualifizierten, manuellen und prekären Berufen, häufig für Ausländer(innen)feindlichkeit und Rassismus verantwortlich gemacht werden, weil sie am stärksten in unmittelbarer Konkurrenz zu Ausländer/-innen gesehen werden, stützen die Ergebnisse der Wertestudie diese Annahmen nur sehr bedingt (vgl. dazu auch: Weiss 2004, 105; Schiedel 2007, 49). Durchaus feststellbar ist jedoch, dass Frustrationen und Ängste eine Rolle für die Entwicklung einer ausländer/-innenfeindlichen Grundhaltung spielen. Diese können jedoch nicht unmittelbar aus objektiven Gegebenheiten erklärt werden.

Problematisch an dieser Situation ist nun, dass sich in Österreich Ängste und rechts-konservative, „traditionale" Ideologie, dass sich die „Krise" der Gesellschaft und die „Bedrohung" durch die Ausländer/-innen zu einer kollektiven Interpretation in Bezug auf den Zustand der Gesellschaft verbinden. Solche Interpretationen werden in politisch-öffentlichen Diskursen angeboten und von der Bevölkerung übernommen – selbst wenn keine massenhaften individuellen Bedrohungen vorliegen. Die behauptete intensive Bedrohung durch Ausländer/-innen ist dabei Teil eines Interpretationsangebots, dass sich auf Wandel und Modernisierung bezieht, sich aber vehement gegen Phänomene des Wandels richtet. In diesem Angebot scheinen die Erfordernisse der Modernisierung nur durch die Verteidigung traditioneller Werte bewältigbar. Hinter den verschiedenen ausländer/-innenfeindlichen Reaktionen – Angst vor „Überfremdung", Vorwurf der „parasitären" Überforderung des Sozialstaats und Angst vor der Konkurrenz am Arbeitsmarkt, aber auch Rassismus – steht also ein gegen die rasanten Veränderungen der Gesellschaft gerichteter Traditionalismus (vgl. Weiss 2004, 106).

4.2 Gesellschaftliche Konfliktlinien: „ungeliebte" Nachbar(inne)n?

Die Analyse der Frage, wen die Österreicher und Österreicherinnen nicht gerne als Nachbar(inne)n hätten, ist aufschlussreich, wenn es um Konfliktlinien innerhalb der österreichischen Gesellschaft geht. 2008 wird die Reihenfolge der „unbeliebtesten" Nachbar(inne)n von Drogenabhängigen (65 %), Rechtsextremist(inn)en (61 %) und Menschen, die häufig betrunken sind (59 %), angeführt. Daran anschließend nennt rund die Hälfte der Bevölkerung Linksextremist(inn)en (48 %) und vorbestrafte Personen (45 %).

Menschen aus welcher der folgenden Personengruppen hätten Sie nicht gerne zum Nachbarn, zur Nachbarin?	1990	1999	2008	Veränderung 1990–2008
drogenabhängige Menschen	59	53	65	+6
Rechtsextremist(inn)en	42	60	61	+19
Leute, die oft betrunken sind	58	53	59	+1
Linksextremist(inn)en	43	50	48	+5
vorbestrafte Personen	31	27	45	+14
psychisch instabile Personen	20	18	36	+16
Roma und Sinti	—	25	32	—
Muslime/Musliminnen	15	15	31	+16
Leute, welche an AIDS erkrankt sind	32	17	27	−5
homosexuell orientierte Menschen	43	25	25	−18
Zuwanderer, Zuwanderinnen/Gastarbeiter/-innen	21	15	23	+2
Menschen anderer Hautfarbe	8	7	18	+10
Juden und Jüdinnen	11	8	18	+7
Menschen mit vielen Kindern	6	4	15	+9
weiß nicht	—	—	10	—
keine der genannten	10	10	8	−2

Tabelle 37: Wen hätten Sie nicht gerne zum/zur Nachbarn/Nachbarin? Angaben in Prozent, Quelle: EVS 1990–2008.

Im Jahresvergleich zeigt sich ganz allgemein der Trend zur erhöhten Abgrenzungstendenz der österreichischen Bevölkerung fast allen im Fragebogen angeführten Personengruppen gegenüber.

Einzig homosexuelle Menschen und Menschen, die an AIDS erkrankt sind, werden im Jahr 2008 eher als Nachbar(inne)n toleriert als im Jahr 1990. Aber auch hier gilt als Einschränkung, dass man Menschen mit AIDS im Jahr 1999 schon positiver gegenüber stand als dies dann 2008 wieder der Fall wurde. Rechts- wie Linksextremist(inn)en werden seit 1999 auf gleich bleibend hohem Niveau kritisch betrachtet. In Bezug auf alle anderen im Fragebogen angeführten Gesellschaftsgruppen kam es zu einem – großteils erschreckend hohen – Anstieg von Österreicher(inne)n, welche Personen aus der jeweiligen Gruppe nicht gerne als Nachbar(inne)n hätten.

Am ehesten toleriert werden noch Menschen mit vielen Kindern, Menschen anderer Hautfarbe sowie auch Juden und Jüdinnen. Gegenüber allen drei genannten Gruppen ist für 2008 dennoch eine stark zunehmende Intoleranz zu verzeichnen. Stark angestiegen sind auch die Vorbehalte gegenüber psychisch instabilen Personen und Muslim(inn)en.

Bei einer Faktorenanalyse[73] ergaben sich drei Bündelungen und damit gleichzeitig Indizien für konstant bleibende Konfliktlinien in der österreichischen Gesellschaft:

- Faktor 1: rassistisch-ethnische Dimension
- Faktor 2: politisch-extremistische Dimension
- Faktor 3: Menschen mit moralisch „anstößigen" Abweichungen

Zwei stark ausgeprägte und über die Jahre hinweg stabile Konfliktlinien innerhalb der österreichischen Gesellschaft sind also zwischen „den Österreicher(inne)n und den anderen Ethnien" einerseits und zwischen „politisch ‚moderaten' Menschen und politischen Extremist(inn)en" auszumachen. Menschen mit einer Suchterkrankung scheinen sich für 2008 als neue/alte Konfliktgruppe herauszubilden. „Psychisch instabile Personen" und „Personen, die vorbestraft sind" lassen sich in keinem Jahr trennscharf einem speziellen Faktor hinzurechnen.

[73] Bei dieser Faktorenanalyse konnten nur jene Items berücksichtigt werden, welche in allen drei Wellen der Befragung vorkommen, so dass die Gruppe der Roma und Sinti nicht inkludiert wurde. Die Faktorenanalysen wurden pro Jahr mittels Hauptachsenmethode und Obliminrotation mit ungewichteten Daten gerechnet.

Faktoren:	1990	1999	2008
rassistisch-ethnisch:	andersfarbige Menschen, Juden/Jüdinnen, Moslems, Zuwanderer/ Zuwanderinnen, Leute mit vielen Kindern	andersfarbige Menschen, Juden/Jüdinnen, Moslems, Zuwanderer/ Zuwanderinnen	andersfarbige Menschen, Juden/Jüdinnen, Moslems, Zuwanderer/ Zuwanderinnen, Homosexuelle
politisch-extremistisch:	Rechtsextremist(inn)en, Linksextremist(inn)en	Rechtsextremist(inn)en, Linksextremist(inn)en	Rechtsextremist(inn)en, Linksextremist(inn)en
moralisch-„anstößig“:	Drogenabhängige, Homosexuelle, Menschen mit AIDS	Drogenabhängige	Drogenabhängige, oft betrunkene Leute

Tabelle 38: Faktorenanalyse: Konfliktlinien. Quelle: EVS 2008.

Welche grundsätzlichen Einstellungen korrelieren nun am ehesten mit Abgrenzungstendenzen gegenüber Nachbar(inne)n? Zuallererst sind das Befragte, welche die Forderung „Ausländer/-innen sollten ihre Ehepartner/-innen unter ihren eigenen Landsleuten aussuchen“ befürworten. Diese tendieren gegenüber allen der rassistisch-ethnischen Dimension zugehörigen Personengruppen zu hoher Intoleranz – großteils sind die Korrelationswerte hier auch eklatant angestiegen. Interessant ist allerdings, dass die rassistischen Abgrenzungstendenzen gegenüber Menschen anderer Hautfarbe im Gegensatz zu denen Zuwanderern/Zuwanderinnen und Moslems gegenüber nicht so stark ausgeprägt sind. Da der Rekurs auf die „Hautfarbe“ in empirischen Untersuchungen als Indiz für das klassisch-biologistische Rassismus-Konzept dient (vgl. Weiss 2004, 71), liegt der Schluss nahe, dass wir es in Österreich zunehmend mit einer kulturell-religiös und weniger mit der „klassisch-biologistisch“ argumentierenden rassistischen Ideologie zu tun haben. Darüber hinaus steht auch der Index für „Ausländer(innen)feindlichkeit“ in starkem Zusammenhang mit Abgrenzungswünschen. Die Tendenz, muslimische Bürger und Bürgerinnen zunehmend auszugrenzen, zeigt sich besonders eindrucksvoll, betrachtet man die Korrelation zwischen den Items „generelles Vertrauen in Menschen“ und „Akzeptanz von Moslems als Nachbar(inne)n“: Noch 1999 gab es hier keine feststellbare Korrelation. Über die folgenden zehn Jahre hat sich jedoch gezeigt, dass grundsätzlich misstrauische Menschen auch zur Intoleranz gegenüber muslimischen Bürger(inne)n neigen. Auffällig sind auch die Zusammenhänge mit dem Autoritarismus-Index: Im gegenläufigen Trend zu allen anderen ist bei „autoritären" Personen die Neigung, sich von an AIDS erkrankten Menschen abzugrenzen, angestiegen. Das gilt auch gegenüber Zuwandernden und vorbestraften Personen.

5 Österreich im globalen Kontext

Laut der Eurobarometer-Studie vom Frühjahr 2008 werden die Österreicher und Österreicherinnen zunehmend globalisierungskritischer (vgl. Standard-Eurobarometer 69 2008). Auch die Daten der Wertestudie weisen in Richtung einer grundsätzlich skeptischen Haltung der österreichischen Bevölkerung gegenüber internationalen Kontexten.

5.1 Die Österreicher/-innen und Europa: Auch die EU ist „Ausland"

Von allen internationalen Organisationen hat man in Österreich am ehesten noch in die Vereinten Nationen Vertrauen: 1999 sagten 38 Prozent der Österreicher/-innen, dass sie sehr viel oder ziemlich viel Vertrauen in die UNO hätten (9 %: weiß nicht). Der Jahresvergleich bringt jedoch schnell zum Vorschein, dass dieses Vertrauen rapide zurückgegangen ist: 2008 bringen nur mehr 27 Prozent der österreichischen Befragten sehr viel oder ziemlich viel Vertrauen für diese Institution auf (10 %: weiß nicht).

An zweiter Stelle steht das Vertrauen der österreichischen Bevölkerung in die Europäische Union, welches aber seit 1999 ebenfalls stark zurückgegangen ist. Während im Jahr 1999 noch 36 Prozent der Befragten sehr viel oder ziemlich viel Vertrauen in die EU artikulierten (4 %: weiß nicht), sank dieser Wert im Jahr 2008 auf 26 Prozent (5 %: weiß nicht).

Am wenigsten Vertrauen von allen internationalen Organisationen haben die Österreicher/-innen in die NATO: Nur mehr 18 Prozent geben 2008 an, sehr viel oder ziemlich viel Vertrauen in diese überstaatlich agierende Institution zu haben (10 %: weiß nicht), ein Wert, der 1999 noch um acht Prozent höher lag (26 %; 8 %: weiß nicht).

Zu diesem Befund von sehr niedrigen Vertrauenswerten kommt weiters – das wird von der durchgehend hohen Prozentzahl von „Weiß nicht"-Antworten nahegelegt – eine ausgeprägte Beziehungslosigkeit und/oder Indifferenz der Österreicher und Österreicherinnen internationalen Organisationen gegenüber.

In Anbetracht dieser grundsätzlichen Skepsis gegenüber internationalen Kontexten verwundert es auch nicht sehr, dass für die Mehrheit der österreichischen Bevölkerung die Erweiterung der EU bereits viel zu weit fortgeschritten ist (vgl. dazu auch: Eurobarometer 70 2008). Durch die Finanzkrise beeinflusst hat sich zwar die Einstellung der Österreicher/-innen in Bezug auf die EU inzwischen leicht ins Positive gewendet, bleibt aber nach wie vor – teilweise sehr weit – unter dem EU-Durchschnitt. Positivere Ergebnisse hingegen liefert eine im November 2008 von der Österreichischen Gesellschaft für Europapolitik in Auftrag gegebene Studie (vgl. ÖGfE-Studie 2008), nach welcher sich 78 Prozent der österreichischen Bevölkerung für einen Verbleib in der EU aussprechen und nur 16 Prozent dagegen.

Interessant für die EU-Beziehung der Österreicher/-innen ist die ORF-Publikumsratsstudie 2008, nach welcher das Interesse an Informationen über die EU direkt proportional zu den EU-Kontakten der jeweiligen Person ansteigt – 61 Prozent der Menschen mit starken EU-Kontakten wollen mehr Informationen über die EU, wohingegen sich nur 18 Prozent der Personen ohne EU-Kontakte für EU-Informationen interessieren. In diesem Zusammenhang ist nun jedoch gerade problematisch, dass die Mehrheit der Österreicher und Österreicherinnen eben keine persönlichen Kontakte zu Menschen in den EU-Ländern hat (61 %), gleichfalls keine beruflichen oder wirtschaftlichen Beziehungen mit ihnen unterhält (86 %) und ebenso wenig in einem EU-Land studiert oder gearbeitet hat (89 %).

Diese Binnenorientierung der Österreicher und Österreicherinnen kommt auch in einem anderen Punkt zum Ausdruck: Darauf angesprochen, welche verschiedenen gesellschaftlichen und politischen Themen und Probleme auf Österreich- und welche auf EU-Ebene entschieden werden sollten, plädieren die Befragten zumeist für die „Österreich-Lösung". Zwar wird noch mehrheitlich dafür votiert, den Kampf gegen den Terrorismus (76 %), die wissenschaftliche und technologische Forschung (65 %), die Verteidigung und Außenpolitik (60 %), den Kampf gegen die Kriminalität (57 %) sowie den Umweltschutz und die Unterstützung von Regionen mit wirtschaftlichen Problemen (55 %) eher in Gemeinschaft mit der EU zu lösen. Bei der Bekämpfung der Inflation (52 %) sowie den Bereichen der Wirtschaft (51 %) und dem Wettbewerb (50 %) fällt die Entscheidung für eine gemeinschaftliche Lösung hingegen schon nicht mehr so klar aus. Alle anderen Themenbereiche[74] will die österreichische Bevölkerung lieber – und zumeist im Vergleich zu den Eurobarometer-Ergebnissen vom Frühjahr 2008 verstärkt – innerhalb von Österreich geklärt wissen. Auffällig ist hier wieder die Einstellung der Österreicher/-innen zu Einwanderungsfragen. Diese sollen laut 62 Prozent der Befragten innerhalb Österreichs einer Lösung zugeführt werden. Mit diesem Prozentwert kommt Österreich EU-weit (nach Finnland) an zweiter Stelle derjenigen Länder, welche sich für eine Lösung unter Ausschluss der EU aussprechen (vgl. Eurobarometer 70 2008, 34–53).

5.2 Die Vor- und Nachteile der EU

Welche Vor- und Nachteile sehen nun die österreichischen Bürger und Bürgerinnen in der EU-Mitgliedschaft ihres Landes? Die Finanzkrise, die Einsicht in deren nationale Grenzen überschreitende Zusammenhänge und die damit einhergehende Erkenntnis der Dringlichkeit internationaler Lösungsmöglichkeiten haben die Einstellung der Österreicher/-innen zur EU sicherlich beeinflusst. So gaben bei der jüngsten Eurobarometer Umfrage 45 Prozent der Befragten – das sind um 15 Prozentpunkte mehr als noch im Frühjahr 2008 – an, dass die EU dabei helfe, Österreich vor den negativen Auswirkungen der Globalisierung zu schützen. Auch bei der Aussage „Die EU ermöglicht, dass die europäischen Bürger und Bürgerinnen besser von den positiven Auswirkungen der Globalisierung profitieren“ gibt es nun einen leichten Vorsprung der Befürworter(inn)en (46 %) gegenüber denen, welche diese Behauptung ablehnen (44 %) (vgl. Eurobarometer 70 2008, 54–55).

---

[74] Steuern, Arbeitslosigkeit, Bildungssystem, Renten, Gesundheit, Sozialwesen, Landwirtschaft und Fischerei, Verbraucherschutz, Energie, Verkehr.

Positiv bewertet an der EU wird auch die durch sie ermöglichte problemlosere Mobilität (75 %) – paradoxerweise wird aber gerade diese von den Österreicher(inne)n nur sehr eingeschränkt in Anspruch genommen. Ebenso wird an der EU geschätzt, dass sie es kleinen Ländern wie Österreich leichter mache, sich gegenüber großen Wirtschaftsmächten wie der USA, China und Russland zu behaupten (68 %). Weiters ist man der Ansicht, dass vor allem junge Menschen von der EU profitieren würden (64 %) sowie dass die EU die wirtschaftliche Entwicklung und damit unseren Wohlstand fördere (56 %). Der Behauptung, dass die Einführung des EURO im Gesamten betrachtet mehr Vor- als Nachteile gebracht habe, wird von der Hälfte der Österreicher/-innen (49 %) zugestimmt (vgl. ORF-Publikumsratsstudie 2008).

In der Wertestudie 2008 auf ihre Ängste bezüglich der Europäischen Union hin befragt, rangiert bei den Österreicher(inne)n an erster Stelle die Angst vor einem Verlust von Arbeitsplätzen (54 %), gefolgt von der Sorge davor, dass Österreich überproportional viel an Mitgliedsbeitrag einzahlt (53 %). An dritter Stelle wird der Verlust sozialer Sicherheit gefürchtet (47 %). Eher weniger ängstigt man sich vor dem Verlust nationaler Identität/Kultur (37 %) und dem Verlust von Einfluss in der Welt (30 %).

Ergänzt man diese Ergebnisse mit der Studie des Publikumsrates des ORF 2008, so stehen dort an erster Stelle Ängste bezüglich der nicht in ausreichendem Ausmaß gegebenen Einflussmöglichkeiten von Österreich auf die Entscheidungen der EU und die fehlende Berücksichtigung der österreichischen Interessen. Weiters fürchtet man, dass es in Österreich durch die Öffnung der Grenzen zwischen den EU-Mitgliedsländern zu einem Anstieg der Kriminalität kommen werde (72 %) und dass es in der EU vor allem um die Interessen der großen Wirtschaftsunternehmen gehe, wodurch soziale Anliegen auf der Strecke blieben (83 %). Dass die Österreicher und Österreicherinnen das Gefühl haben, von der EU zu wenig gehört zu werden, zu diesem Schluss kommt auch die Eurobarometer 69 Umfrage: „Ein Problem haben die Österreicher/-innen offensichtlich auch dahingehend, dass überdurchschnittlich viele das Gefühl haben, Österreichs Stimme zähle nicht in der EU. Und das kann nicht an der Kleinheit des Landes liegen, sieht man sich zum Vergleich die Werte von ungefähr gleich großen oder von noch kleineren Mitgliedstaaten an" (Eurobarometer 69 2008, 20).

5.3 Wer sind die EU-Skeptiker/-innen?

Für diese konstant skeptische oder doch zumindest hochambivalente Haltung der Österreicher und Österreicherinnen gegenüber der EU sind ein komplexes Bündel historischer, aber auch politischer und ökonomischer[75] Gründe sowie einige österreichische „Spezialanliegen" (z. B. Alpentransit) verantwortlich zu machen (vgl. Luif 2006). Dass sich Österreich 1995 von einem „Nationalstaat" zu einem „Mitgliedstaat" der Europäischen Union wandelte, befürworten inzwischen zwar viele, das jedoch wohl eher prinzipiell und aus Verstandesgründen. Mit „dem Herzen" sind viele nach wie vor nicht wirklich dabei (vgl. Luif 2006, 881; Falkner 2006, 82).

Das zeigen auch die Daten der Wertestudie: Positiv auf die Einstellung zur EU machen sich die politische Sozialisation, das politische Interesse und die formale Bildung, also eher kognitive Faktoren, bemerkbar. Vor allem die „politische Sozialisation", etwa ob in der Kindheit und Jugendzeit mit Vater und/oder Mutter über Politik diskutiert wurde, sowie das aktuelle politische Interesse der jeweiligen Person hängen in Österreich mit dem vorhandenen oder nicht vorhandenen Vertrauen in die EU zusammen: So haben zum Beispiel von denjenigen, welche zu Hause viel mit ihrer Mutter über Politisches diskutiert haben, 55 Prozent sehr oder ziemlich viel Vertrauen in die EU. Umgekehrt äußern nur 22 Prozent derer, welche mit der Mutter nie über politische Fragen gesprochen haben, dieses Ausmaß an EU-Vertrauen. Auch die Bildung stellt einen großen Einflussfaktor für das in die EU geäußerte Vertrauen dar: Menschen mit höheren Bildungsabschlüssen stehen der EU positiver gegenüber als formal weniger gebildete Personen. Der Bildungsfaktor beginnt allerdings erst ab dem Maturaniveau zu greifen.

[75] Hier gilt generell, dass wohlhabende Länder in höherem Ausmaß binnenorientiert sind als weniger wohlhabende. Denn Menschen in weniger wohlhabenden Staaten orientieren sich im Zeitalter der Globalisierung in Bezug auf die Bewertung ihrer Lebenschancen zunehmend mehr an den Lebensbedingungen von Menschen, die in reicheren Ländern leben; ökonomisch schlechter gestellte Gruppen aus einem wohlhabenden Land orientieren sich hingegen eher an dem durch die Mittelschicht geprägten Lebensstil im eigenen Land (vgl. Schwinn 2007, 126–127).

Stimmungsmäßig gegen die EU wirkt die in Österreich hochemotional aufgeladene Haltung zur Frage der Migrations- und Einwanderungspolitik: Menschen, welche dazu tendieren, starke Abgrenzungswünsche gegenüber Ausländer(inne)n zu artikulieren, welche sich in Österreich aufgrund der Anzahl der Zuwandernden wie Fremde fühlen, äußern sich auch deutlich EU-skeptischer. Auch mit der Ansicht, dass generell zu viele Zuwanderer und Zuwanderinnen in Österreich sind, korreliert das zum Ausdruck gebrachte Vertrauen in die EU negativ. Emotional scheinen sich die Österreicher/-innen derzeit also lieber ab- und andere auszugrenzen.

5.4 Die nationale Bindung der Österreicher/-innen

Im Zusammenhang mit der Einstellung der österreichischen Bevölkerung zu globalen Kontexten und internationalen Institutionen ist auch die nationale Bindung der Österreicher und Österreicherinnen von Interesse.

Erstmals seit dem Bestehen des Nationalgedankens wird das „Prinzip Nation", also territoriale Souveränität und gesellschaftliche Steuerungskapazität, im Zuge der Globalisierung in großem Ausmaß außer Kraft gesetzt. Andererseits ist die nationale Identität für viele plötzlich wieder ein wichtiger Wert geworden. Es stellt sich die Frage, ob und wenn ja, wie diese Entwicklung die nationale Bindung der Österreicher/-innen verändert.

Stolz auf Österreich: Patriotismus oder Nationalismus?

Die Österreicher und Österreicherinnen sind voller Stolz auf ihr Land und von tiefem „Österreichpatriotismus" durchdrungen; auch im internationalen Vergleich legen sie stets ein höheres Ausmaß an Nationalstolz an den Tag als die meisten anderen westlichen Demokratien (vgl. Weiss 2004, 11; 24). Dies bestätigen auch die Ergebnisse der Wertestudien 1999 und 2008: Befragt, ob sie stolz auf ihre österreichische Staatsbürgerschaft seien, antworten im Jahr 2008 knapp die Hälfte (46 %) der Befragten mit „sehr stolz" und 38 Prozent mit „ziemlich stolz" – mehr als vier Fünftel der Befragten sind also stolz auf ihre österreichische Staatsbürgerschaft. Der Jahresvergleich bringt dabei kaum Veränderungen zum Vorschein.

Welche Charakteristika trägt nun dieser stark ausgeprägte „Österreichpatriotismus“: „Verbergen sich dahinter noch Traditionen der Zeit vor 1945, wie politischer Autoritarismus, Intoleranz, Antisemitismus? Oder ist es heute ein moderner Patriotismus, in dem sich die ‚Liebe zu Österreich‘ mit der – so spät entwickelten – Wertschätzung von Demokratie und Bürgerrechten verbindet?“ (Weiss 2004, 11).

Besonders einflussreich auf den „Österreichstolz“ erweist sich der um die Frage „Was gehört dazu, um wirklich österreichisch zu sein“ gruppierte Themenblock. Allgemein meinen im Jahr 2008 jeweils 94 Prozent der Befragten, dass „Deutsch sprechen“[76] und „Österreichs politische Institutionen und Gesetze respektieren“ als sehr oder ziemlich relevant für das „Österreicher/-innen-Sein“ anzusehen sind. Für 80 Prozent ist es ausschlaggebend, lange Zeit in Österreich gelebt zu haben. Ebenfalls sehr oder ziemlich wichtig ist es für 73 Prozent der Bevölkerung, in Österreich geboren worden zu sein. Österreichische Vorfahren zu haben, erscheint hingegen „nur“ mehr 52 Prozent der Bürger und Bürgerinnen für einen „echten“ Österreicher, eine „wahre“ Österreicherin grundlegend zu sein. Damit findet sich die österreichische nationale Identität im Spannungsfeld zwischen Staatsnation („Österreichs politische Institutionen und Gesetze respektieren“) und Kulturnation („Deutsch sprechen“) wieder. Am wenigsten relevant – und dennoch mit 52 Prozent sehr hoch – ist das ethnische Verständnis von nationaler Zugehörigkeit. Innerhalb dieses Themenblocks sind es nun vor allem die Items „In Österreich geboren sein“ und „österreichische

---

[76] Ein Spezifikum der österreichischen Identitätsvorstellung ist die zentrale Bedeutung, welche die „österreichische“ Sprache in diesem Zusammenhang einnimmt: Im halböffentlichen/privaten Bereich beziehen sich Österreicher/-innen immer wieder auf ihre „gemeinsame“ Sprache – als wichtiges Element der innerösterreichischen Abgrenzung (gegenüber alten und neuen sprachlichen Minderheiten) wie auch als Mittel der Abgrenzung gegenüber dem großen, in vielen Dingen so ähnlichen Nachbarn Deutschland (als „österreichisches“ Deutsch). Unter Aufnahme dieser rein symbolhaften Bedeutung von Sprache – realiter wird Österreich nicht durch eine gemeinsame Sprache geeint – wurde auch der politisch-öffentliche Diskurs im Verlauf der 1990er Jahre von diversen politischen Akteuren stark sprachnational(istisch) eingefärbt, das Konzept von Österreich als sprachlich definierte Kulturnation forciert: Anderssprachigkeit wurde zunehmend als gefährliche Bedrohung dargestellt und die Sprachpolitik bekommt (zum Beispiel im Kärntner Ortstafelstreit) eine deutschösterreichisch-nationalistische Prägung (vgl. Cillia/Wodak 2006, 72–84).

Vorfahr(inn)en haben", welche in intensivem Zusammenhang mit dem je eigenen Nationalstolz stehen. Hier liegt zumindest der Verdacht einer ethnisch-nationalistischen Einfärbung des Österreichpatriotismus nahe. Dies umso mehr, als die beiden Kriterien für ein Österreicher/-innen-Sein, die von allen Menschen erworben werden könnten („Deutsch sprechen"; „Österreichs politische Institutionen und Gesetze respektieren"), am wenigsten mit dem Stolz auf Österreich in Verbindung stehen.

Darüber hinaus korreliert der Stolz auf die österreichische Staatsbürger/-innenschaft mit der „Ausländer(innen)feindlichkeit", ein Faktum, welches intolerante Züge im österreichischen Patriotismus vermuten lässt. Auffällig ist auch, dass noch im Jahr 1999 „Autoritarismus" stark mit dem Stolz auf die eigene Staatsbürger/-innenschaft zusammenhing, während sich diese Korrelation für das Jahr 2008 überhaupt nicht mehr feststellen lässt. Der „klassische" Autoritarismus geht offenbar nicht mehr Hand in Hand mit einem ausgeprägten Österreichpatriotismus. Ebenfalls keine Korrelation mehr ist für 2008 mit den Items „Zufriedenheit mit der österreichischen Demokratie" und „Bewertung des politischen Systems in Österreich" festzustellen: Galt noch 1999 – in einem nicht sehr hohen, aber dennoch nachweisbaren Ausmaß – das Faktum „Je zufriedener mit der österreichischen Demokratie und dem österreichischen politischen System, desto stolzer auf die österreichische Staatsbürger/-innenschaft", so ist diese Verbindung für 2008 nicht mehr nachweisbar. Völlig aufgelöst oder zumindest stark abgenommen hat darüber hinaus der Zusammenhang mit der artikulierten Bereitschaft, sich an politischen Aktionen zu beteiligen. Den höchsten Anstieg seit 1999 gibt es bei der Korrelation mit der politischen Selbsteinschätzung: Je „rechter" die eigene Haltung, desto stolzer ist man 2008 auf die österreichische Staatsbürger/-innenschaft.

Welche Charakteristika trägt nun die „Liebe zu Österreich", um auf die eingangs gestellte Frage zurückzukommen: Sie hat in Österreich zunehmend weniger mit dem Stolz auf die Errungenschaften einer modernen, demokratischen Bürger/-innengesellschaft zu tun und so muss ihr wohl auch ein „zivilisatorisches Defizit" bescheinigt werden.

Im Verlauf der letzten zehn Jahre hat sich nun allerdings ein neuer Zusammenhang entwickelt: In vermehrten Ausmaß hängt der österreichische Nationalstolz am „Heimatgefühl" der Österreicher und Österreicherinnen. Personen, welche ein regional „engeres" Zugehörigkeitsgefühl zum Ausdruck bringen, sind eher stolz auf ihre österreichische Staatsbürger/-innenschaft als „Weltbürger/-innen".

Die „Heimat" der Österreicher/-innen

Nach wie vor fühlen sich die Österreicher und Österreicherinnen in hohem Ausmaß und in erster Linie der näheren geografischen Umgebung ihres Lebens- und Wohnortes zugehörig. Auffällig und im Zusammenhang mit der hohen nationalen Bindung der Österreicher/-innen durchaus nachvollziehbar ist dabei, dass die meisten der Befragten sich an zweiter Stelle „Österreich" zugehörig fühlen – Referenzrahmen des Zugehörigkeitsgefühls ist und bleibt also die eigene Nation. Im Jahresvergleich ist allerdings durchaus auch ein Rückgang der empfundenen Zugehörigkeit zum eigenen „Stadtteil/Ort" zu verzeichnen, während die Daten für das europäische und globale Zugehörigkeitsgefühl leicht ansteigen.

Zugehörigkeit zu (in erster Linie):	**1990**	**1999**	**2008**
Stadtteil/Ort, wo ich lebe	34	35	25
Gegend	32	34	36
Österreich	27	24	27
Europa	4	4	5
der ganzen Welt	3	3	5
Zugehörigkeit zu (in zweiter Linie):	**1990**	**1999**	**2008**
Stadtteil/Ort, wo ich lebe	16	16	19
Gegend	29	35	28
Österreich	41	37	38
Europa	9	8	10
der ganzen Welt	4	3	4

Tabelle 39: Welchen dieser geografischen Räume fühlen Sie sich in erster Linie/in zweiter Linie zugehörig? Angaben in Prozent, Quelle: EVS 1990–2008.

Das Zugehörigkeitsgefühl der Befragten ist nicht vom Alter und/oder der Kohorte abhängig – die Österreicher/-innen sind quer durch alle Altersschichten sehr regional orientiert. Ähnlich wie bei den Altersgruppen lassen sich auch in Bezug auf Bildung kaum Unterschiede in der Gewichtung des eigenen Zugehörigkeitsgefühls erkennen. Über den Jahresvergleich hinweg ordnen sich Menschen aller Bildungsstufen dominant dem Muster „Gegend – Österreich" zu. Die einzige Gruppe, bei der sich Veränderungen festmachen lassen, ist die Gruppe der Akademiker/-innen. 1990 war deren Primärorientierung hin zu „Stadtteil/Ort – Gegend", 1999 hin zu „Gegend – Österreich" und 2008 liegen „Gegend – Österreich" und „Österreich – Europa" bei dieser Gruppe gleich auf. Da diese Gruppe allerdings quantitativ in den Befragungswellen nur schwach vertreten war und ist, muss dieser Trend mit (statistischer) Vorsicht bewertet werden. Jedoch wäre es durchaus möglich, hier erste Anzeichen der Herausbildung einer bestimmten Bevölkerungsgruppe zu orten, welche von der örtlichen Flexibilisierung durch diverse Globalisierungstendenzen und den damit einhergehenden Folgen für das eigene „Raum- und Heimatempfinden" betroffen ist.

Was nun allerdings durchaus einen gravierenden Unterschied in Bezug auf das angegebene Zugehörigkeitsmuster macht, ist die Tatsache, ob die befragten Personen in Österreich geboren wurden oder nicht. Die in Österreich Geborenen wählen mit nur sieben Prozent und damit erst an letzter Stelle das Zugehörigkeitsmuster „Österreich – Europa", während eben dieses bei den nicht in Österreich geborenen Personen mit 23 Prozent die erste Wahl ist.

6 Herausforderungen für eine zukünftige Politik

Die Europäische Wertestudie 2008 hat für den österreichischen Kontext klare Ergebnisse zutage gefördert: Das Interesse an Politik ist im Sinken begriffen, das Vertrauen in die Demokratie ist teilweise erschüttert, lange etablierte und zentrale Institutionen der Republik sind mit einem teils massiven Vertrauensverlust konfrontiert und in Ansätzen ertönt sogar der Ruf nach einem/einer „starken Mann/Frau". Auch wenn Österreich im internationalen Vergleich mit diesem Befund kein Sonderfall ist: Welche Herausforderungen lassen sich gerade für die österreichische Politik formulieren?

6.1 Entgleitet uns die Demokratie?

Ein Grund für die kritische Lage liegt wohl darin, dass sich die Politik in Österreich in ihren Versuchen der Reform des Staates primär auf die Neugestaltung der staatlichen Strukturen konzentriert, und auch hier – nimmt man etwa die Beispiele Verwaltungs-, Bildungs- und Gesundheitsreform her – nur mäßig erfolgreich ist. Fragen der „governance", der Interaktion zwischen Staat und Bürger(inne)n und des Umgangs mit den bürgerlichen Erwartungen wird demgegenüber noch weniger Beachtung geschenkt (vgl. Wutscher 2008, 189). Weiters begrenzen makroökonomische und internationale Entwicklungen – Globalisierung, demografische Veränderungen, die Integration Österreichs in die Europäische Union – die Handlungsfähigkeit der österreichischen Politik (vgl. ebd., 189–190). Dies wiederum führt zu einem zunehmenden Vertrauensverlust der Menschen in ihr politisches System. Die Spannung zwischen hoher internationaler Interdependenz einerseits und nationalstaatlicher Verankerung der Demokratie andererseits führt zu einer Art „Globalisierungs-Demokratie-Dilemma" (vgl. Schmidt 2008, 498–499): „Der Staat verliert offensichtlich Handlungskompetenz und gleichzeitig wird ihm oder seinen Organen weiterhin und teilweise sogar vermehrt vorgeworfen, er verschulde die vielen Krisen und Gefahren, die die politische Realität kennzeichnen" (Forndran 2002, 10).

Sinkende Wahlbereitschaft, das Anwachsen des Anteils von „unzufriedenen Demokrat(inn)en", die Distanzierung vieler Wähler/-innen von den Parteien, die niedrige Reputation der meisten Politiker/-innen, aber auch von Parlamenten und Parteien – all das ist als Indikator für die demokratieimmanent immer gegebene, historisch mal mehr oder weniger virulente Problematik der „Nachfrage-Angebots-Diskrepanz" (vgl. Schmidt 2008, 500) zu werten: Auf der Angebotsseite der demokratischen Politik gibt es nur wenige begabte Führungsfachleute für die Politik und sie werden derzeit – angesichts der großen Risiken politischer Karrieren und attraktiverer Karriere- und Einkommensalternativen jenseits der Politik – zunehmend seltener. Darüber hinaus sind die Leistungen, welche die Politik dem „Volk" bietet, keineswegs immer überzeugend. Und auf der Nachfragerseite steht eine immer anspruchsvollere und urteils- wie verurteilungsfreudiger gewordene Wähler/-innenschaft, die sich in der Politik „für wenig Einsatz hochwertige politische Leistungen, ferner intelligente, lautere, vertrauenserweckende und für geringen Lohn tätige Politiker und ein möglichst unterhaltsames politisches Spektakel [erwartet]" (ebd.). Kommt es hier zu einer sich zunehmend verschärfenden „Nachfrage-Angebots-Diskrepanz", sind die Weichen in Richtung Destabilisierung der Demokratie gestellt.

Ansätze zur Überbrückung der Diskrepanz zwischen „Angebot" und „Nachfrage" sind auch ob der medial aufgeladenen Spannung zwischen Politikvermittler/-innen und Publikum wohl nur schwer zu finden. Dennoch: Es scheint gerade auch in Österreich an der Zeit, über Formen der Rekrutierung von politischem Personal und der daran anschließenden Personalentwicklung in Parteien und politischen Institutionen nachzudenken. Zu häufig haben sich die dominanten Parteien in der Vergangenheit auf klassische Parteikarrierist(inn)en verlassen, zuwenig bestand eine Durchlässigkeit zwischen Parteiapparat und Außenwelt. Ein Grund dafür mag der hohe Organisationsgrad der österreichischen Parteien sein: Auch wenn die Zahl der Parteimitglieder in den vergangenen Jahrzehnten massiv geschwunden ist – international sind die heimischen Parteien in dieser Kategorie noch immer führend. Andererseits hat diese extreme Geschlossenheit aber auch dazu geführt, dass die Abgrenzung gegenüber allen außerhalb der Partei Stehenden zu stark war. Auch große und erfolgreiche Parteiapparate wie etwa jener der Wiener SPÖ oder der niederösterreichischen Volkspartei sind erst in den vergangenen Jahren dazu übergegangen, ihre Arbeit und Ideenfindung für Nicht-Parteimitglieder zu öffnen.

Neben dem „Update" der traditionellen Parteien und ihrer „personalen Kompetenz" braucht es zur Belebung der Interaktion zwischen Politik und Bürger/-innen aber auch andere Wege, die hier nur angedeutet werden können:

- Regionale Kompetenz: Wenn sich die Menschen vor allem mit ihrer Region identifizieren, liegt es wohl auch nahe, einen wesentlichen Teil der politischen Inszenierung (im besten Sinn des Wortes) und Willensbildung dort zu lokalisieren: In den substaatlichen Gebietskörperschaften, in den kleinen Räumen intensiviert sich der Wille zur Selbstbestimmung (vgl. Pelinka / Rosenberger 2003).

- Prozessuale Kompetenz: Die Distanz zwischen dem politischen „Angebot“ und der „Nachfrage“ seitens der Bürger/-innen lässt sich sicher eher „ex ante“ denn „ex post“ überbrücken: Menschen, Projekte, regionale Ebenen sollen früher in politische Entscheidungsprozesse eingebunden werden (vgl. Wutscher 2008, 194).
- Methodische Kompetenz: Gefragt sind auch völlig neue Ideen und Methoden zur Verlebendigung der Demokratie, wie sie etwa das „Green Paper – The Future of Democracy in Europe“ für den Europarat bereithält: Hier findet sich eine Fülle von Vorschlägen, angefangen von Ideen rund um E-Democracy über Innovationen im Umgang mit Mandaten („shared mandates“) bis zu Vorschlägen zur Erziehung zu politischer Partizipation.

6.2 Was ist mit den Jungen los?

Die Krise der Jugend mit der Politik ist schon lange ein Thema und wurde rund um die vergangene Nationalratswahl 2008 wieder virulent, weil mehrere Wahltagsbefragungen festgestellt hatten, dass ein hoher Prozentssatz der Jungen „rechts“ – also FPÖ und BZÖ – gewählt hätten.[77] Mittlerweile wurde in weiteren Untersuchungen diese Tendenz wieder etwas relativiert: Das SORA-Institut erhob in einer Nachwahlbefragung, dass bei den 16- bis 18-Jährigen die ÖVP mit 22 % die Nase vorn gehabt hatte, gefolgt von FPÖ (18 %), Grünen (14 %), SPÖ (12 %) und BZÖ (6 %) (vgl. Schwarzer 2009, 42).

Unterschiedlich ist die Datenlage auch beim politischen Interesse der Jugendlichen: Das GfK-Institut beobachtet das politische Interesse der 14- bis 19-Jährigen seit 30 Jahren und weist eine kontinuierlich sinkende Tendenz nach (vgl. GfK Austria 2007, 16): Während sich 1980 noch 59 Prozent der Jugendlichen „(sehr) stark“ oder zumindest „eher wenig“ für Politik interessierten, waren es 1992 52 Prozent, 2000 47 Prozent und 2007 40 Prozent. In der Jugend-Wertestudie 2006 wurden für die 14- bis 24-Jährigen dramatische

[77] So kam das GfK-Institut bei den unter 29-Jährigen auf 33 Prozent für die FPÖ und zehn Prozent für das BZÖ. Bei den Erstwähler(inne)n wurden 44 Prozent für die FPÖ und drei Prozent für das BZÖ erhoben (vgl. Generation Angst 2009, 81). Das Institut für Jugendkulturforschung sah die Grünen mit 25 Prozent stärker als die FPÖ (21,6 %) (vgl. Pressedienst des Instituts für Jugendkulturforschung von 24. 11. 2008, 1).

33 Prozent Interessierte analysiert (vgl. Kromer / Hatwagner 2008, 62), fasst man die damals wahlberechtigten 18- bis 24-Jährigen ins Auge, kommt man auf 40 Prozent. In der aktuellen Wertestudie – relativ knapp vor der Nationalratswahl 2008 durchgeführt, was die Aufmerksamkeit für Politik sicher erhöhte – zeigten sich ähnlich viele unter 30-Jährige politisch interessiert (53 %) wie in der Gesamtbevölkerung (56 %). Nach der Wahl wiederum weist SORA 23 Prozent der 16- bis 18-Jährigen – 2008 erstmals bundesweit wahlberechtigt – aus, die „sehr" und weitere 34 Prozent, die „etwas" an Politik interessiert sind (vgl. Schwarzer 2009, 24).

Wie dramatisch auch immer man die Daten fasst, sie zeigen, dass das politische Interesse der Jungen unter dem der Erwachsenen liegt, je nach Altersgruppe und Erhebungszeitraum in unterschiedlicher Dimension. Die Daten belegen aber auch, dass es ausreichendes Potenzial für politische Beteiligung bei Jugendlichen gibt, „die Jugend" ist also keinesfalls unpolitisch. Dennoch kommt die Politik bei ihnen nicht an. Nach einer Phase der Kritik am politischen System und seiner Kultur in den 70er und 80er Jahren haben sich viele Jugendliche von heute offenbar desillusioniert verabschiedet und erwarten sich von der Politik wenig. Wenig beruhigend ist auch, dass das Interesse an Politik und die Bereitschaft sich zu engagieren mit zunehmendem Alter und dem Bildungsniveau steigen: In der Phase des Jungseins bleiben sie einfach weg. „Es gibt einfach subjektiv wichtigere Dinge und Herausforderungen im Leben von Heranwachsenenden" (Kromer / Hatwagner 2008, 68).

Jugendliche realisieren offenbar ihre hohe Solidarbereitschaft nicht im Lebensraum Politik. „Mitunter kommt der Verdacht auf, dass dies im Interesse der politischen Entscheidungsträger sein könnte – und man vielleicht gar kein wirkliches Interesse daran hat, dass Jugendliche nachfragen oder Kritik üben und mitgestalten" (Friesl / Kromer / Polak 2008, 298). Nimmt man etwa die öffentlichen Finanzmittel, die für Jugendpolitik zur Verfügung stehen als Hinweis, liegt diese Vermutung nicht so fern. Jugendpolitik findet in Österreich kaum statt.

Will sich die Politik bei den Jungen ins Spiel bringen, braucht es vor allem die Entwicklung einer authentischen, spannenden und inhaltsreichen politischen Kultur.

- Das bedeutet zunächst, inhaltlich eine Jugendperspektive einzunehmen und thematische Relevanzen der Jungen in Sachpolitik und Kommunikation ernst zu nehmen: Ausbildung, Arbeitsplatz, Gleichberechtigung sind nur drei solcher Themen (vgl. SORA 2009, 37).
- Es ist mittlerweile eine alte, aber noch immer gültige Weisheit, dass dort, wo Jugendlichen unmittelbare, konkrete Projekte angeboten werden, die Bereitschaft zur Mitgestaltung groß ist. Allein diese Projekte sind zumindest auf Österreichebene nicht erkennbar.
- Stärker noch als in der österreichischen Politik insgesamt fehlt im Jugendsegment ein geeignetes Angebot an Politiker(inne)n, die als Sympathie- und auch als Interessensträger/-innen wahrgenommen werden könnten. Dass Heinz-Christian Strache hier eine Ausnahme ist, erklärt einen Gutteil des FP-Erfolgs bei den Jungen.
- Verstärktes Augenmerk gilt hinkünftig auch einer qualifizierten politischen Bildung. „Diese ist in Österreich zwar Unterrichtsprinzip und Unterrichtsfach, aber didaktisch entwicklungsfähig" (Friesl / Kromer / Polak 2008, 298).
- Wichtiger als Parteipolitik ist (und das zeigen auch die jüngsten Beispiele aus der US-amerikanischen Politik[78]), das Sensorium für Partizipation zu wecken, Bewegung zu erzeugen und Verantwortung zuzulassen.

Damit kommt der Förderung politischer Partizipation von Jugendlichen gerade der Zivilgesellschaft eine wesentliche Aufgabe zu. Die jüngste SORA-Studie zeigt allerdings, dass zumindest aktuell auch die NGOs nicht in der Lage sind, die Lücke hinsichtlich des politischen Interesses der Jungen zu füllen: Beim Vertrauen in Institutionen schnitten NGOs (Vertrauen sehr stark und stark: 36 %) nicht viel besser ab als politische Parteien (34 %) (vgl. Schwarzer 2009, 34).

[78] Vgl. in diesem Abschnitt: „Vertrauen und Glaubwürdigkeit: Lernen von Obama?" 288ff.

6.3 Und wo bleibt die Zivilgesellschaft?

In den vergangenen Jahrzehnten wurden im Blick auf eine Aktivierung und Verlebendigung der demokratischen Praxis große Hoffnungen in die Zivilgesellschaft gesetzt. Auch diese Erwartungen wurden nur teilweise erfüllt.

Im Vergleich mit anderen europäischen Nationen handelt es sich in Österreich um eine „verspätete" Zivilgesellschaft, wie auch die Diskussionen um die Zivilgesellschaft in Österreich vergleichsweise spät begonnen haben. Die seit Ende des 18. Jahrhunderts Österreich prägenden politischen Traditionen – starke staatliche Regulierung, breite Akzeptanz staatlicher Maßnahmen, gesellschaftliche Dominanz politischer Parteien, Korporatismus – haben viel Stabilität, aber auch gesellschaftliche Immobilität und wenig Zivilgesellschaft gebracht. In dieser oft als „habsburgisch" bezeichneten Prägung vermischen sich „Untertanenmentalität" und die „Stabilitätssehnsucht" und so ist Österreich nach wie vor „auch als Kleinstaat und Republik eine heterogene Gesellschaft mit einer starken Tradition stabiler kultureller Gemeinschaften, die Konflikte aus dem politischen Verhandlungsprozess weitgehend ausschalten wollen und damit den Staat in eine ‚quasi-feudale' Position bringen" (Brix 2003, 221).

Damit entspricht es dann auch eher dem Typus einer ordnungsorientierten Bindungs- aber keiner freiheitsorientierten Beziehungsgesellschaft, wobei erster Typus durch hohe Akzeptanz staatlichen Handelns und gesellschaftlicher Kontrolle gekennzeichnet ist. „Unter diesen Voraussetzungen begannen Zivilgesellschaftsdiskussionen in den achtziger Jahren mit einer bürgerlichen – gegen den Staat und große Strukturen gerichteten – Kritik. ... In den neunziger Jahren übernahmen populistische und radikale Ansätze ... diese Funktion. Liberale Perspektiven, die auf individuellen Rechten und Pflichten aufbauen, gelang es nicht, mehrheitsfähige Reformangebote zu entwickeln" (ebd., 225). Dies führt für die politische Kultur in Österreich einerseits zu einem Fehlen von Orten für rationale Reformdiskurse und bietet andererseits gute Voraussetzungen für Populismus.

Mit der politischen Wende 2000 haben sich die Verhaltensformen der politischen Eliten geändert – man ist von Konkordanz auf Konflikt übergegangen. Dass diese Änderung im Verhalten der führenden Politiker/-innen auch eine entschiedene Verhaltensänderung der Bürger/-innen, größere politische Aktivität und eine stärkere Involvierung gebracht hätte, muss angesichts der vorgelegten empirischen Daten bezweifelt werden. Mit der Wahl 2008 und der folgenden Regierungsbildung scheint wieder – auch aufgeladen durch die Krise – eine konsensuale Kultur Einzug gehalten zu haben, verdeutlicht durch den sogenannten „Kuschelkurs" der Regierung und eine Wiederaufwertung der Sozialpartnerschaft. Auch diese Variante der politischen Interaktion wird kaum in der Lage sein, die Bürger/-innen zu mehr Engagement zu motivieren.

6.4 Die Ausländer(innen)feindlichkeit prägt die Politik

Die Einstellung gegenüber Fremden ist in Österreich äußerst kritisch. Das Thema „Ausländer(innen)feindlichkeit" bestimmt nicht nur die alltagspolitische Polemik, sondern auch die grundsätzliche politische Haltung der Menschen massiver und nachhaltiger als bisher vermutet. Die empirische Analyse hat ergeben, dass dafür ein diffuser Komplex aus unterschiedlichen Elementen hauptverantwortlich sein dürfte: Das Misstrauen gegenüber der handelnden Politik spielt ebenso eine Rolle wie ein persönliches Unbehagen gegenüber Fremdem, materialistische und autoritäre Haltungen sowie eine Abwehrhaltung gegenüber Veränderungen in der Gesellschaft, vor allem jenen, die Internationalisierung und Globalisierung mit sich brachten. Diese Entwicklungen scheinen gerade im Kontext einer für die einzelnen Menschen komplexen Welt bleibende xenophobe Haltungen zu prägen.

Möglicherweise konnte der Zugewinn an persönlicher und ökonomischer Freiheit in den vergangenen 30 Jahren in Österreich (vgl. Zulehner u. a. 1991) nicht ausreichend konstruktiv bewältigt werden. Statt der Förderung von Toleranz, Liberalität und Solidarität entwickelte sich ein ausgeprägtes Konkurrenz- und Abgrenzungsdenken, das sich vor allem in der Ausländer(innen)feindlichkeit manifestiert. „Das suggestive und zugleich diffuse Klischee ‚des Ausländers' eignet sich durch seine Undifferenziertheit und seine implizite, mitschwingende Semantik einer von ‚außen' kommenden Gefahr besonders dazu, mit Vorstellungen einer nationalen

Bedrohung und daher mit Aggressionen verknüpft zu werden. Bestimmte Gruppen in der Bevölkerung reagieren positiv auf eine suggestive und aggressive Ausdrucksweise, wie sie in die politische Sprache Eingang gefunden hat. So ist das Ausländerproblem ein eminent politisches Problem" (Weiss 2004, 123–124).

Natürlich steht Österreich mit dieser Entwicklung nicht alleine da, wohl aber dürfte es durch seine Geschichte eine besondere Disposition zur Fremdenfeindlichkeit haben. Auch die starke Korrelation zwischen dem Stolz, Österreicher/-in zu sein, und einer kulturell motivierten Ausländer(innen)feindlichkeit steht in einem größeren Zusammenhang: Scheinbar wächst derzeit wieder in vielen Menschen das Bedürfnis, die Einzigartigkeit der regionalen Kulturen zu bewahren, um sich von einer Vereinheitlichung der Weltkonsumkultur abzugrenzen. Im Zusammenhang mit diesem Bemühen um Identitätsfindung wurde der Begriff der „Heimat" auch wieder attraktiv. Diese Entwicklung erscheint angesichts des zunehmenden Verlusts nationaler Souveränität durch wachsende globale Vernetzung und daraus folgende verringerte territoriale Verankerung der Menschen paradox. Jedoch ist das Bedürfnis nach ethnischer, tribaler oder nationaler Eigenständigkeit angesichts des Verschwindens vieler anderer Identitätsstifter ein weltweit beobachtbarer Trend. Es scheint, dass die Zugehörigkeit zu einer ethnischen Gruppe, einem Volk, einer Nation oder einem Stamm einer der wenigen noch verbleibenden und daher umso mächtigeren Faktoren ist, der noch ein Gefühl von kollektiver Identität oder zumindest eine Illusion davon vermitteln kann (vgl. Weinzierl / Haerpfer 1995, 210f.).

Zu all dem kommt, dass ausländer/-innenfeindliche Inhalte und eine entsprechende Sprache in Österreich zunehmend toleriert werden. Weithin bleiben entsprechende Aussagen von Politiker(inne)n und Medien ohne Sanktion, das ist auch ein Manko und Defizit der gesellschaftlichen Multiplikator(inn)en. Gerade in den sensiblen Fragen um interkulturelle Dialoge und Konflikte ist es die Pflicht der Eliten der Gesellschaft, sich darüber zu verständigen, „dass es selbstverständlich ist, dass gewisse politische Normen eingehalten werden müssen" (Schmidt 2009, 10). Der Kommunikation von und über Themen wie Zuwanderung, Integration und Ausländer/-innenpolitik kommt in Österreich hohe und problematische Bedeutung zu.

So ist es auch nicht verwunderlich, dass sich hierzulande kaum jemand dazu bekennt, dass Österreich ein Zuwanderungsland ist – in weiten Phasen seiner Geschichte und auch heute. Gerade dieses Eingeständnis und die entsprechenden Konsequenzen – wie ein konzises und für möglichst alle Betroffenen klares und transparentes Zuwanderungs- und Integrationsmodell – haben in anderen Ländern (z. B. Kanada) zu einem deutlich rationaleren Umgang mit der Fremdenthematik geführt.

6.5 Gestaltung einer transnationalen demokratischen Politik

Wie die Daten der Europäischen Wertestudie zeigen, haben die Österreicher und Österreicherinnen eine ausgeprägt skeptische Haltung zu internationalen Kontexten. Dringend notwendig ist eine – vor allem „emotionale“ – Ent-Grenzung, welche die de facto bereits gelebte und geforderte Internationalisierung in ihren Chancen und Herausforderungen positiv zur Kenntnis zu nehmen imstande ist. Ein solches Ende der Autonomieillusion (vgl. Gerlich / Pfefferle 2006, 510–511) bedeutet aber keineswegs ein Aufgeben identitärer Politik, Inhalte und Strukturen, sondern einen gelassenen und realistischen Blick auf ein kleines, reiches und erfolgreiches Land mitten in Europa und den Blick aus diesem Land heraus auf die Anderen.

Eine solche Option bedarf aber der Aufarbeitung historischer, politischer und ökonomischer Österreich-spezifischer Hintergründe. Zu einem „entspannten“ nationalen Selbstbewusstsein mit einem offenen Blick für das Internationale kommen wir nur über den Weg der Wahrhaftigkeit hinsichtlich der eigenen Identität mit ihren Stärken und Brüchen. Gelingt dies nicht, kann Österreich seine Chancen in der Mitgestaltung einer transnationalen Politik nicht wahrnehmen. Gerade das ist aber wichtig, denn „(d)ie Politik der Zukunft verlangt nach einem transnationalen System der rationalen Austragung der bereits existierenden transnationalen Konflikte“ (Pelinka u. a. 2004, 39).

Einmal mehr kommt im Blick auf ein transnationales Bewusstsein der Politik und vor allem der politischen Kommunikation eine wesentliche Rolle zu.

- Solange politische Parteien – mit tatkräftiger Unterstützung österreichischer Medien – mehrheitlich populistisch-europakritisch agieren, ist nicht zu erwarten, dass sich Bürgerinnen und Bürger europapolitisch öffnen. Wenn umgekehrt – wie etwa in Zeiten der österreichischen EU-Präsidentschaft bemerkbar – Europa vermehrt ein positives Thema ist, bewegt sich auch die Zustimmung der Bevölkerung.
- Solange die Europäische Union für manche Politiker/-innen als geduldiger Sündenbock für das Scheitern nationaler Politik herhalten muss, wird man die Österreicher/-innen kaum für eine transnationale Politik begeistern können. Wenn allerdings – wie etwa im Zuge der aktuellen Wirtschaftskrise – die EU als gemeinsame Akteurin in Fragen der Krisenintervention kommuniziert wird, steigt sofort die Zustimmung zur EU.
- Wenn sich die Politik – wie an vielen Orten dieser Studie sichtbar – zunehmend von der Bevölkerung entfernt, ist sie eine schlechte Anwältin für eine offene und transnationale Politik. Kontrollverlust und Vertrauensverlust in politische Handlungsmöglichkeiten führen zu einem Rückzug in die eigene kleine Lebenswelt und behindern das Reifen eines grenzüberschreitenden politischen Denkens.
- Jedenfalls ist es als Erklärungsansatz zu wenig, das Stillen des Identifikationsbedürfnisses mit der Europäischen Union allein den Bürgerinnen und Bürgern zu überlassen. Die EU ist selbst gefordert, mehr für die gesellschaftliche Integrationsfähigkeit ihrer Institutionen zu tun. Positive Identifikationsmerkmale werden von der Brüsseler Bürokratie dabei zu selten geboten. Häufig negieren die Institutionen der EU auch die Funktionsweisen moderner Politikvermittlung. Durch eine unprofessionelle Art der Vermittlung wird so oft negativen Entwicklungen in der Einstellung gegenüber der EU Vorschub geleistet.

Wenn hier von der Verantwortung der Politik die Rede ist, ist allerdings nicht nur die in Form von Parteien oder transnationalen Strukturen institutionalisierte Politik gemeint. Herausgefordert in der Entwicklung und Gestaltung einer transnationalen Politik sind auch die Kommunalpolitik, Wirtschaft und Unternehmen, Kirchen und Religionsgemeinschaften, Schulen und Bildungseinrichtungen, Organisationen der Zivilgesellschaft. Will man Menschen von der

Plausibilität und Lebbarkeit internationalen Denkens überzeugen, reicht es wohl nicht aus, dann und wann eine Projekt zu starten, eine Broschüre zu publizieren oder eine Demonstration zu initiieren. Viel eher braucht es die Fähigkeit, Antworten auf die Fragen der Menschen zu finden und zu geben, sowie (Bewussteins-)Bildung, Bewegung und Begeisterung. Manches davon kann uns die Wahlbewegung des Barack Obama 2008 lehren.

6.6 Vertrauen und Glaubwürdigkeit: Lernen von Obama?

Wenig politisches Interesse, Kritik gegenüber der Demokratie, sinkendes Vertrauen gegenüber politischen Institutionen, mangelnde Bereitschaft zur sozial-politischen Partizipation, der verstärkte Ruf nach dem/der „starken Mann/Frau": Die Daten der Europäischen Wertestudie 2008 deuten an, dass sich die österreichische Politik immer mehr und immer stärker von der Bevölkerung entfernt. Neu ist die Intensität der Kritik an der Legitimität der derzeit herrschenden Wirtschaftsordnung und das teils massiv zunehmende Verlangen nach „Gleichheit". Verstärkt durch das mediale Brennglas wird das Fehlverhalten von Teilen der Wirtschaftselite – siehe etwa die Diskussion um Bonuszahlungen für Manager/-innen krisengebeutelter Unternehmen – zu einem bestimmenden Faktor der öffentlichen Agenda.

Patentrezepte für einen effizienten Rückbau dieses mannigfaltigen Vertrauensverlusts in weiten Teilen der Bevölkerung gibt es nicht. Dennoch hat das Jahr 2008 neben dem beschriebenen Erosionsprozess auch Ansätze geliefert, wie dem Vertrauensverlust in die Demokratie und das politische wie wirtschaftliche System begegnet werden kann. Am deutlichsten wurden diese in den USA. Auch im Mutterland der modernen Demokratie war es in den vergangenen Jahren zu einem teils noch viel dramatischeren Sinken der Zustimmung zu demokratischen Institutionen – etwa auch ablesbar an der erschreckend niedrigen Wahlbeteiligung selbst bei Präsidentschaftswahlen – gekommen.

In der Ära des seit Jänner 2001 amtierenden US-Präsidenten George W. Bush kam es zu einer davor kaum beobachteten Polarisierung der US-Wähler/-innenschaft. Die Folgen waren klar: Keiner der etablierten Parteien, nicht den regierenden Republikanern, aber auch nicht den oppositionellen Demokraten wurde Lösungskompetenz für die anstehenden Probleme zugetraut. 75 Prozent der Amerikaner/-innen glaubten am Ende der Ära Bush nicht mehr daran, dass der viel zitierte amerikanische Traum für sie selbst tatsächlich realisierbar sei (vgl. Schoen 2008, xxiii). Und: Das Vertrauen darauf, selbst Einfluss auf die Geschicke des Landes nehmen zu können, war auf einen historischen Tiefststand gesunken. Alles in allem waren das ähnliche Symptome wie sie im Befragungszeitraum zur Europäischen Wertestudie 2008 auch in Österreich herrschten.

Doch zurück zu den USA: Der Politikberater Doug Schoen kam am Ende der Bush-Ära für die Vereinigten Staaten zu folgendem Schluss: „Es gibt keinen Zweifel, dass das amerikanische politische System in einer Krise angelangt ist. [...] Diese Krise ist auf einen Mangel an Glaubwürdigkeit zurückzuführen. Der Zynismus gegenüber dem Kongress und dem Präsidenten hat in der Bevölkerung Rekordhöhen erreicht“ (Schoen 2008, 3). Die Kampagne des demokratischen Präsidentschaftskandidaten Barack Obama (er triumphierte bei den innerparteilichen Vorwahlen gegen favorisierte Kandidat(inn)en wie Hillary Clinton oder John Edwards und später auch gegen seinen republikanischen Widersacher John McCain) steuerte effektiv gegen diesen Trend. Eines seiner wirksamsten Rezepte war es, sich über die Parteien zu stellen und Glaubwürdigkeit in der Kommunikation wieder zu einer politischen Kategorie zu machen (vgl. Plehwe 2008, 48ff.).

Obama revolutionierte mit seiner Art, Wahlkampf zu machen nicht nur das Arsenal der amerikanischen Kampagnenmanager/-innen. Seine Einbeziehung etwa des Internets in die Wahlkampfführung brachte auch erste Anzeichen einer wirksamen Re-Demokratisierung der amerikanischen Gesellschaft.

Einige Fakten zu Obamas erfolgreicher Kampagne: Obama konnte nicht nur hunderttausende Menschen zu diversen Wahlkampfveranstaltungen locken, er schaffte es auch, über 700 Millionen Dollar an Wahlkampfspenden zu lukrieren (vgl. Hofer / Rief 2008, 242). Das Revolutionäre dabei: Die finanziellen Ressourcen kamen erstmals in der jüngeren Geschichte der USA nicht überwiegend von Großspender/-innen, sondern etwa zur Hälfte von nahezu drei Millionen Kleinspender/-innen, die jeweils weniger als 200 Dollar an Obamas Kampagne überwiesen. Das sich seit

Jahrzehnten aufbauende und in den USA immer stärker werdende Argument, wonach sich Konzerne und Wirtschaftszampanos die Kandidat/-innen der Parteien durch finanzielle Zuwendungen im Wahlkampf „kaufen“ könnten, wurde von Obama erstmals nachhaltig außer Kraft gesetzt. Wer knapp 50 Prozent seiner Mittel vom viel zitierten „kleinen Mann“ zur Verfügung gestellt bekam, der war wohl vor allem auch diesen Menschen verpflichtet.

Ein ähnlicher Effekt in Sachen Re-Demokratisierung zeigte sich bei der Wahlbeteiligung: Diese erreichte am Wahltag, dem 4. November 2008, mit 64 Prozent die höchste Marke bei US-Präsidentschaftswahlen seit exakt 100 Jahren. Besonders erstaunlich waren dabei die Details die Bevölkerungsgruppen betreffend, die sich laut empirischer Befunde bereits seit Jahren in großer Zahl aus dem demokratischen Prozess zurückgezogen hatten: Obama schaffte es, die Beteiligung von ethnischen Minderheiten um ganze 20 Prozent zu steigern. Statt 13 Millionen wie bei der Wahl 2004 schritten vier Jahre später etwa 16 Millionen Afroamerikaner/-innen zu den Wahlurnen. Diese Bevölkerungsgruppe hatten Wahlstrateg/-innen ob des herrschenden hohen Frustrationslevels bereits großteils als aktive Teilnehmer/-innen am demokratischen Meinungsbildungsprozess abgeschrieben. Ähnlich der Effekt bei den Jungen, einer dem althergebrachten politischen Prozess ebenfalls nicht sonderlich zugeneigten Gruppe: 1,8 Millionen mehr Jungwähler/-innen stimmten 2008 ab – auch das eine sehr konkrete Folge der erfolgreichen Mobilisierung durch Obamas Graswurzel-Kampagne.

Diese Zahlen sind teilweise natürlich auf die Einzigartigkeit des demokratischen Kandidaten zurückzuführen. Der Appeal für Minderheiten und Junge war sicher teilweise seiner Herkunft und seinem jugendlichen Charisma gedankt. Doch dieser Erklärungsansatz allein greift zu kurz. Obamas Kampagne entwickelte grundsätzlich Konzepte, wie sie auch in anderen Demokratien zu einem Abbau von Vorbehalten gegenüber Demokratie und politischem Prozess eingesetzt werden könnten.

Als Lösungsansätze für die laut Europäischer Wertestudie 2008 in Österreich klar feststellbare Glaubwürdigkeits- und Vertrauenskrise in zentrale politische Institutionen sind folgende Ansätze denkbar:

Stärkung von Partizipationsmodellen

Obamas Kampagnenteam schaffte nicht nur eine Identifikation der Anhänger/-innen mit dem Kandidaten. Durch eine zumindest teilweise Abgabe der Kampagnensteuerung wurde auch glaubhaft der Eindruck vermittelt, Kandidat und Kampagne würden tatsächlich zu einem großen Teil von den Wählerinnen und Wählern getragen. Entscheidend war dabei die Internet-Strategie: Die Kampagne überließ das Generieren von Wahlkampfspenden und tausender Unterstützergruppen der immer größeren Community an Obama-Aktivist(inn)en im Netz. So war es keine Seltenheit, dass einzelne Unterstützer/-innen mit selbst generierten Unterstützerplattformen zu zentralen Playern etwa in Sachen Fundraising wurden. Auch andere demokratische Wahlkampfplattformen wie www.MoveOn.org setzten auf eine demokratische Einbindung ihrer Unterstützerbasis: Welcher Spot für Obama (meist allerdings: welcher Spot *gegen* Bush und McCain) auf Sendung gehen sollte, das entschieden die Internet-User/-innen via Abstimmung (beziehungsweise Zustimmung, indem sie für ihren Favoriten spendeten, damit dieser Spot rasch auf Sendung gehen konnte).

Diese Art der Miteinbeziehung mag ein scheindemokratischer Prozess sein. Dennoch: In Ansätzen ist das von der Obama-Kampagne gepflegte Modell der Re-Demokratisierung des politischen Prozesses wohl auch für den österreichischen Kontext anzuwenden. Das weitgehende Brachliegen der vorhandenen Instrumente der direkten Demokratie (wie Volksbegehren, -befragung oder -abstimmung) ist nur ein Alarmzeichen in Richtung fehlender Legitimation politischer Entscheidungsprozesse im Land. Eine direkte Beteiligung an der politischen Entscheidungsfindung kann – in welcher konkreten Form auch immer – wohl mittelfristig wieder zu einem höheren Maß an Vertrauen führen.

Steigerung des Maßes an Verantwortlichkeit

Zum steigenden Ohnmachtsgefühl der Befragten hat wohl auch ein zunehmend festgestellter Mangel an Verantwortlichkeit für politische Entscheidungen geführt. In der politischen Kommunikation muss in Hinkunft diese Tangente wohl stärker betont werden, um wieder einen höheren Grad an Zutrauen in den demokratischen Prozess herzustellen. Auch wenn natürlich Wahlen die einzig echte Möglichkeit sind, ein wahrgenommenes Defizit an Verantwortlichkeit gegenüber einzelnen politischen Verantwortungsträger(inne)n auszudrücken, so kann durchaus auch die symbolische Ebene von Politik dazu beitragen. Ein Beispiel dafür lieferte Präsident Obama in seinen ersten Tagen im Amt: Nach einigen Fauxpas bei seinen Kabinettsbestellungen und dem vierten vorzeitigen Ministerrücktritt entschuldigte sich Obama in gleich mehreren Interviews bei der amerikanischen Bevölkerung und übernahm selbst die Verantwortung für die missglückten Entscheidungen.

Personalisierung statt Parteiidentifikation

Zugegeben: Die politischen Systeme der USA und großer Teile Westeuropas sind schwer miteinander zu vergleichen. Auch Österreich ist im Gegensatz zu den Vereinigten Staaten eine klare Parteiendemokratie. Dennoch, oder vielleicht gerade deswegen: Die Krise der Demokratie und der Mangel an Vertrauen in politische Institutionen des Landes kann sehr stark auch an der oftmals festgestellten Parteienverdrossenheit festgemacht werden. Das Überkommen der klassischen von ständigem Hickhack dominierten Parteienlogik kann auch ein erfolgreiches Wahlkampf-Prinzip sein. Dort, wo in den vergangenen Jahren in Österreich erfolgreiche politische Kampagnen lanciert wurden, setzten die Parteien meist auf Kandidatenimages, weniger auf klassische Parteiidentifikationsmerkmale. Als Beispiele seien etwa der Wiener und der Niederösterreichische Landtagswahlkampf genannt, in dem jeweils die Person des Kandidaten vor das Image der Partei gesetzt wurde.

Legitimation durch Nähe

Die Legitimation politischer Handlungen kann in Hinkunft durch zwei Formen der „Nähe" zur Bevölkerung wiederhergestellt werden. Einerseits setzen schon in der jüngeren Vergangenheit erfolgreiche Politiker/-innen wie eben Barack Obama längst nicht mehr nur auf massenmediale Vermittlung ihrer Inhalte. Gleich nach dem Schnüren seines ersten großen Konjunkturpakets machte sich etwa

Obama auf eine Tour durch Amerika und versuchte in zahlreichen Veranstaltungen mit reger Publikumsbeteiligung in den einzelnen Bundesstaaten Unterstützung für sein Hilfspaket zu erreichen. Natürlich: Auch die Townhall-Meetings des Präsidenten wurden medial verwertet. Doch allein die Tatsache, dass Obama nicht vom Oval Office aus dekretierte, sondern sich der Diskussion stellte und die Nähe der Bevölkerung suchte, war ein Zeichen für einen neuen politischen Stil. Dem auch in Österreich festzustellenden Kontrollverlust kann so sicher effektiver begegnet werden als mit herkömmlichen Mitteln der politischen Kommunikation.

Das zweite Merkmal der Nähe hängt eng mit dem ersten zusammen. Mit verschiedensten Formen des „Micro-Targetings" versuchen erfolgreiche Politiker/-innen und Parteien, näher an die Bedürfnisse einzelner, genau definierter Bevölkerungsgruppen zu gelangen. Auch so kann Nähe vermittelt werden – auch wenn dabei natürlich die Grenze zwischen problemorientierter Kommunikation und reinem Politikmarketing zu Showzwecken leicht überschritten wird.

Dass all diese Elemente nicht bloß auf die Mehrheitsbeschaffung während eines Wahlkampfs beschränkt sein dürfen, bewies Obama nach seiner Angelobung zum US-Präsidenten. An seinem ersten Amtstag – dem 20. Jänner 2009 – stellte der neue Mann an der Spitze der USA die Kommunikation des Weißen Hauses völlig auf den Kopf. Die neu gestaltete Website bietet seither ein Mehr an Interaktivität und den zumindest virtuell direkten Zugang einzelner US-Bürgerinnen und Bürger zu ihrem Präsidenten.

Werte-Wende in Österreich

Regina Polak, Christian Friesl, Ursula Hamachers-Zuba

Seit 1990 die Europäische Wertestudie in Österreich zum ersten Mal durchgeführt wurde, haben sich Gesellschaft und Kultur, Wirtschaft und Politik, Religion und Bildung gravierend verändert – und mit ihnen auch die Werte-Welten der Österreicher/-innen. Das folgende Kapitel dient der Zusammenfassung und Deutung der Studienergebnisse und entwirft einen ersten Ausblick auf anstehende Aufgaben.[79] Zunächst werden die wichtigsten Entwicklungen der vergangenen 20 Jahre kompakt zusammengefasst. In einem zweiten Teil formulieren wir Theorieelemente für Hintergründe dieser Entwicklungen. Wir schließen mit Stichworten zur Werte-Wende.

1 Die Entwicklungen der vergangenen 20 Jahre

1.1 Arbeitswelt: Unzufrieden auf hohem Niveau

Arbeit hat als Lebensbereich an Bedeutung verloren. Die Arbeit ist für 54 Prozent der Österreicher/-innen ein „sehr wichtiger" Lebensbereich, hat aber gegenüber 1990 (61 %) und 1999 (65 %) an Bedeutung verloren.[80] Berufstätigkeit wirkt sich positiv auf die Zufriedenheit mit dem Leben aus und hat also weiterhin eine Sinn stiftende und existenzerhaltende Funktion. Sie verliert aber aufgrund veränderter wirtschaftlicher Rahmenbedingungen an sozialer Integrationskraft. Mit der Entstandardisierung von Beschäftigungsverhältnissen treten kurzfristige Zweckbündnisse an die Stelle langfristiger Beziehungen. Zudem werden häufiger Wechsel des/der Arbeitsgebers/Arbeitgeberin und mehrmalige Berufswechsel zum „Normalfall" einer Berufsbiografie. Identität wird daher nicht mehr so leicht wie früher über den konkreten Beruf definiert, sondern

[79] Zu verweisen ist in diesem Zusammenhang auf jene Handlungsperspektiven und -optionen, die wir im Rahmen der Österreichischen Wertestudie 1999 formuliert haben (vgl. Denz u. a. 2001, 35–41). Vieles davon ist nach wie vor aktuell und nicht realisiert. Vertiefende Deutungen und konkrete Handlungsoptionen für Österreich sind als Nachfolgestudie in Planung.

[80] Vgl. das Kapitel „Die Österreicher/-innen und der Wandel in der Arbeitswelt", 37ff.

zunehmend über individuelle Schlüsselkompetenzen und Zugehörigkeit zu außerberuflichen Lebensbereichen.

Die wachsende Unzufriedenheit mit dem eigenen Arbeitsplatz. Auch wenn sechs von zehn Befragten (59 %) mit ihrer Arbeit zufrieden sind: Im Zeitvergleich lässt die Zufriedenheit nach (1990: 69 %; 1999: 62 %). Ähnliche Zahlen gelten für die Zufriedenheit mit der Sicherheit des Arbeitsplatzes. Da die Befragung noch vor dem Einbrechen der Wirtschaftskrise im Herbst 2008 durchgeführt wurde, könnte sich der Trend noch deutlich verstärken, denn beide Fragen hängen eng zusammen: Wer um seinen Job fürchtet, ist mit seiner Arbeitssituation unzufrieden. Wer hingegen seinen Arbeitplatz als sicher einschätzt, ist mit der Arbeit eher zufrieden.

Die materiellen Aspekte des Berufs werden bedeutsamer. Die Tatsache, dass es heute für immer weniger Familien möglich ist, mit dem Gehalt eines/einer Alleinverdieners/Alleinverdienerin auszukommen, ist im Bewusstsein und in der Realität der Österreicher/-innen angekommen. In den beruflichen Wertehierarchien am wichtigsten und mit wachsender Bedeutung versehen sind den Österreicher(inne)n ein sicherer Arbeitsplatz (1990: 66 %, 2008: 72 %) und gute Bezahlung (1990: 62 %, 2008 68 %). Und immer mehr Menschen in Österreich sind der Meinung, dass „der Beruf in erster Linie dazu dienen soll, ein gesichertes Einkommen zu garantieren". Dieser „Zweckmaterialismus" ist für sogenannte Risikogruppen natürlich am wichtigsten, auffällig viel Zustimmung findet er aber im Unterschied zu 1999 auch bei höher qualifizierten Arbeitnehmer(inne)n. Auch für sie wird die Luft offenbar dünner. Die Gefahr, in Armut zu geraten, hängt in Österreich eng mit dem Ausmaß und der Regelmäßigkeit einer Erwerbstätigkeit zusammen.

Die Erwartungen an den Beruf sind in den letzten Jahren gestiegen: sowohl an einen sicheren Arbeitsplatz und gute Bezahlung als auch an eine interessante Tätigkeit, an Anerkennung und Aufstiegsmöglichkeiten. Besonderes Gewicht erlangen materielle Rahmenbedingungen im Beruf: Günstige Arbeitszeiten, wenig Stress und großzügige Urlaubsregelung werden wichtiger. Solche Erwartungshaltungen waren in Österreich traditionell sehr hoch: Ein sicherer Job in einer „guten" Firma, einem staatsnahen Betrieb oder gar eine Pragmatisierung schienen erstrebenswert. Gerade in diesem Bereich hat es in den letzten Jahren durch politische Umstrukturierungsmaßnahmen (notwendige) Veränderungen gegeben. Sie bedeuten objektiv betrachtet eine Annäherung an Verhältnisse, die in anderen Regionen Europas üblich sind. Subjektiv erzeugen die Reformen bei den Österreicher(inne)n offenbar aber ein Gefühl von Unsicherheit.

Freizeit gewinnt gegenüber der Arbeit an Bedeutung. Beide Bereiche werden stärker ausbalanciert: Work-Life-Balance ist gefragt. Dies kann eine neue Bewertung subjektiver Lebensqualität sein (vgl. Zellmann / Opaschowski 2005): Zeit ist das einzige nicht vermehrbare Gut. Es wird heute ein verstärktes Anliegen, sorgsam damit umzugehen und ein neues Verhältnis von Arbeit und Freizeit zu entwickeln. Ob sich das als Trend angesichts der einsetzenden Wirtschaftskrise und steigender Arbeitslosigkeit durchhält, ist jedoch abzuwarten. Wichtigste Qualität der Freizeit ist Entspannung, dann folgen recht bald Sozialkontakte. Freunde/Freundinnen und Bekannte haben noch klarer an Bedeutung zugelegt (1990: 35 % sehr wichtig, 2008: 55 %). Offenbar verändern sich zwischen Arbeit, Freizeit und Familienleben die Mechanismen und die Schwerpunkte von sozialer Integration, möglicherweise weg von stabilen, verbindlichen Beziehungen zu flexiblerem „Networking".

Frauen in der Arbeitswelt – ein österreichischer Sonderfall: Frauen haben nach Ansicht der Österreicherinnen und Österreicher ebenso Recht auf einen Arbeitsplatz wie Männer. Hier hat sich seit 1990 ein bedeutender Wertewandel vollzogen: 1990 waren 46 Prozent der Meinung, Männer hätten Vorrang vor Frauen, 2008 nur noch 21 Prozent. Vor allem bei der jungen Generation spiegeln sich darin ein Wandel zu mehr Gleichstellung, aber auch wirtschaftliche Realitäten wider: Alleinverdiener können heute kaum noch eine Familie mit zwei Kindern ernähren. Es ist notwendig, dass die Frau dazu verdient. Dieses Zuverdienst-Modell ist für Österreich kennzeichnend. Männer sind vollzeiterwerbstätig und im europäischen Vergleich mit einer überdurchschnittlich hohen Wochenarbeitszeit von 44,3 Stunden stark beruflich engagiert. Österreichische Frauen sind hingegen mehr als im Durchschnitt der EU teilzeitbeschäftigt. In dieser Funktion arbeiten sie verhältnismäßig kurz, nämlich 20,5 Stunden. (vgl. Biffl / Leoni 2008, 15). Das gilt insbesondere auch für gut qualifizierte Frauen. In Österreich maximieren Frauen selten das eigene Erwerbseinkommen, sondern versuchen, Familienarbeit und Erwerbsarbeit so zu kombinieren, dass ein bestimmter

Lebensstandard des Haushalts gehalten wird. Damit verzichten Frauen oft auf eine berufliche Karriere, zeigen sich erwerbsorientiert, nicht aber karriereorientiert (vgl. Biffl 2008, 794). Österreich hat in der EU mit 25 Prozent den zweitgrößten „Gender Pay Gap" (vgl. Europäische Kommission 2008; Biffl 2008) und Frauen in Führungspositionen sind eher die Seltenheit (z. B. sind nur sechs Prozent der Vorstandsmitglieder großer Unternehmen weiblich). Die heute notwendige Absicherung für sich als Individuum können Frauen mit dem traditionellen Familien- und Erwerbsmuster nicht erreichen. Gerade deshalb ist es wichtig, Frauen auch im Familienzusammenhang eine stärkere Karriereorientierung zu ermöglichen.

1.2 Familie und Beziehung: Zwei Schritte vor, einer zurück

Die Einstellungen zu Geschlechterverhältnissen werden zunehmend partnerschaftlicher, traditionelle Rollenvorstellungen sind jedoch hartnäckig präsent: Die Familie ist in Österreich für beide Geschlechter der wichtigste Lebensbereich, für Frauen etwas wichtiger als für Männer.[81] Männer sehen Arbeit in engem Zusammenhang mit Familie, als Ergänzung und Beitrag zum Familienleben. Die Vorstellung, dass ein Kind für ein erfülltes Leben wichtig ist, hat sich bis 2008 bei Männern und Frauen zunehmend angeglichen. Vorstellungen über die familialen Rollen von Mann und Frau sind ambivalent geworden. Ein partnerschaftlich geteiltes Rollenbild konnte sich über die letzten Jahre kontinuierlich etablieren, gleichzeitig bleibt die traditionelle Vorstellung der weiblichen Geschlechtsrolle aufrecht.

Eine Wiederkehr der Hausfrauen- und Mutterrolle? 2008 steigt die Zustimmung zu zwei Aussagen, die Frauen eher in der klassischen Hausfrauen- und Mütterrolle definieren: „Was Frauen wirklich wollen, sind Heim und Kinder", hier stieg die Zustimmung zwischen 1999 und 2008 von 39 auf 45 Prozent. „Hausfrau sein ist genauso befriedigend wie Berufstätigkeit" stieg von 1999 bis 2008 von 43 auf 52 Prozent. Besonders stark ist die Zustimmung bei Frauen zwischen 46 und 60 Jahren angewachsen. Dies kann auch als pragmatisch-resignierte Reaktion auf eine ausweglose Situation

[81] Vgl. das Kapitel „Partnerschaft, Familie und Geschlechterverhältnisse in Österreich", 87ff.

gelesen werden: Nach einer langen Kinderpause wird es immer schwieriger, überhaupt wieder in den Arbeitsprozess einzusteigen, beziehungsweise den Anforderungen gewachsen zu sein. Angesichts solcher Perspektiven erscheint die Rolle als Hausfrau möglicherweise gar nicht so unattraktiv.

Beziehungen werden serieller und später in „geordnete Verhältnisse" übergeführt. Auffällig ist ein wachsender Anteil an Singles, vor allem bedingt durch steigende Scheidungs- und Trennungszahlen. Das Single-Dasein ist jedoch selten selbst gewählt, sondern eher eine Übergangsphase zwischen zwei Beziehungen, weil Beziehungen serieller werden, also kürzer und häufiger. Ausnahme sind ältere Frauen, die es schwerer haben, geeignete neue Partner zu finden. Die Art, wie Beziehungen gelebt werden und welche Regeln gelten, hat sich zunehmend in Richtung Enttabuisierung von „ungeordneten Verhältnissen" entwickelt. Nichteheliche Lebensgemeinschaften werden geläufiger, Verhaltensweisen wie Untreue und Scheidung weniger sanktioniert. Zwar wird die Ehe zunehmend als „überholte Institution" gesehen (1990: 11 %, 1999: 20 %, 2008: 28 %), doch auch 2008 stehen zwei Drittel der Befragten (66 %) zur Institution Ehe. Gerade im Zusammenhang mit der Familiengründung spielt sie nach wie vor eine bedeutsame Rolle: Wenn ein Kind kommt, dann wird geheiratet. „Unkonventionelle" Beziehungsformen (nichteheliche Lebensgemeinschaften, „Living apart together") erweisen sich so als Übergangsformen bis zur Eheschließung.

Beziehungen sind für das persönliche Glück wichtig, die Bedeutung der materiellen Sicherheit wächst: Dauerhafte Beziehungen sind weiterhin wichtig, um glücklich zu sein. Zugleich spielen aber auch andere Netzwerke wie der Freundeskreis seit 1990 für das persönliche Glück eine zunehmend wichtigere Rolle. Trotz leicht gesunkener Werte sind Treue, Respekt, gegenseitiges Verständnis, Bereitschaft zu Beziehungsarbeit die wichtigsten Erwartungen an eine Ehe. Insbesondere ist eine wachsende Bedeutung der materiellen Sicherheit zu verzeichnen, vor allem für sozial benachteiligte Gruppen. Weit weniger Bedeutung besitzt vergleichsweise der gemeinsame soziokulturelle Background.

„Pluralisierung in Grenzen" – die traditionelle Familie dominiert: Familie ist in Österreich immer noch der wichtigste Lebensbereich, nach einem leichten Anstieg von 1990 (85 % „sehr wichtig") auf

1999 (89 %), fällt der Wert 2008 auf 79 % zurück. Die Anerkennung unkonventioneller Generationenverbände ist seit 1990 gestiegen, doch bleibt für die Mehrheit der Österreicher/-innen das traditionelle Familienbild die zentrale Vorstellung. Einstellungen gegenüber nicht-traditionellen Familienformen sind entweder stärker polarisiert (z. B. allein erziehende Mütter: Akzeptanz und Ablehnung steigen) oder werden immer noch deutlich abgelehnt (wie z. B. homosexuelle Elternschaft). Solidaritäts- und Kooperationsleistungen gegenüber der eigenen Familie sind stark ausgeprägt, besonders die Solidarität der Eltern gegenüber den Kindern, auch wenn diese seit 1999 nachgelassen hat. Die Solidarität der Kinder gegenüber den Eltern ist etwas schwächer; speziell wenn es um die Langzeitpflege der Eltern geht, sinkt die Solidarität stark (auf rund ein Drittel). Bei den Erziehungswerten verlieren Pflichtwerte wie Gehorsam und Verantwortungsgefühl genauso an Bedeutung wie Selbstverwirklichungswerte, etwa durch Unabhängigkeit und Individualität ausgedrückt. Ordnungswerte wie gute Manieren sowie hartes Arbeiten sind kontinuierlich bedeutsam.

1.3 Kehrt die Religion doch nicht wieder?

Die Österreicher/-innen haben geringes politisches Interesse, das Vertrauen in politische Institutionen sinkt. So ist das Vertrauen in das Parlament zwischen 1999 und 2008 von 39 auf 28 Prozent und jenes in politische Parteien von 17 auf 14 Prozent gesunken.[82] Dies kann zum einen als Reaktion auf die politische Kultur im Land gelesen werden, auf politische Konflikte und mangelnde Partizipationsmöglichkeiten. Das politische Desinteresse – zwischen 1999 und 2008 von 67 Prozent auf 56 Prozent gesunken – kann aber auch Ausdruck einer obrigkeitlichen Haltung in Österreich sein, wo sich eine selbstbewusste und aktiv mitgestaltende Zivilgesellschaft nicht ausreichend etabliert hat, und viele Österreicher/-innen erwarten, dass „die da oben" politische Probleme lösen sollen.

Die Demokratie ist nicht unumstritten: So lässt sich vermutlich auch die große Unzufriedenheit der Österreicher/-innen mit der Demokratie erklären. 2008 ist nur die Hälfte der Bevölkerung

[82] Vgl. das Kapitel „Die Österreicher/-innen und die Politik", 207ff.

(50 %) mit der Demokratie in Österreich zufrieden. Gegenüber 1999 (73 %) hat sich die Zahl der Zufriedenen um ein Drittel verringert, die Unzufriedenen sind heute (46 %) doppelt so viele wie 1999. Dass diese Unzufriedenheit nicht nur in einer mangelhaften Performance politischer Parteien liegen kann, sondern auch im Mangel an politischer Bildung und demokratischem Selbstverständnis gründet, zeigt sich im alarmierenden Befund, dass sich ein Fünftel der Bevölkerung (21 %) vorstellen kann, einen „starke/-n Führer/-in (zu) haben, der sich nicht um ein Parlament und um Wahlen kümmern muss".

Die Kritik am Wirtschafts- und Gesellschaftssystem: Die Österreicher/-innen reagieren auf den gesellschaftlichen Transformationsdruck mit Kritik an Wirtschaft und Gesellschaft. Da die Befragung am Beginn der Finanzkrise 2008 stattgefunden hat, ist nicht auszuschließen, dass sich diese Kritik zukünftig noch verschärft. Die Soziale Marktwirtschaft als solche steht in Österreich allerdings nicht zur Disposition, sehr wohl erkennbar ist der Wunsch, kapitalistische „Schieflagen" abzufedern und einzudämmen: Die Österreicher und Österreicherinnen fordern eine sozial kompatible Wirtschaftsordnung. Dass diese Forderung freilich nicht nur egalitären und humanistischen Gerechtigkeitsvorstellungen entspringt, zeigt sich daran, dass die Bevölkerung für ihr persönliches Leben ein individualistisches Leistungsdenken durchaus internalisiert hat. Auch im internationalen Vergleich sind die Werte für Individualismus und Materialismus hoch. Dies ist auch bei der Interpretation jenes Ergebnisses zu berücksichtigen: Die Bedeutung des politischen Werts der Gleichheit hat gegenüber der Freiheit stark aufgeholt. Darin kann sich der gestiegene Wunsch nach Gerechtigkeit angesichts kapitalistischer Fehlentwicklungen zeigen, aber ebenso die Bereitschaft, auf Freiheit zugunsten von Sicherheit und möglichst geringer sozialer Unterschiede zu verzichten. Im Zusammenhang mit sinkender Solidarität und steigendem Individualismus kann der Wunsch nach mehr Gleichheit aber auch bedeuten, anderen den Erfolg nicht zu gönnen.

„Wir" und „die Anderen": Die Österreicher/-innen ziehen sich zurück. Zwischen 1990 und 2008 verstärken sich Rückzugstendenzen, Ausländer(innen)feindlichkeit und Einschränkung eines internationalen Horizonts: „Wir Österreicher/-innen bleiben unter uns und

sichern uns ab“. Die Reichweite der Solidarität ist eingeschränkt, insbesondere die Makrosolidarität ist gesunken. Fremdenfeindlichkeit prägt die Politik, von 1994 bis 2008 hat die Zustimmung zu xenophoben Behauptungen um zehn Prozentpunkte zugenommen (von 45 % auf 55 %). Die Einstellungen zu Mitbürger(inne)n aus anderen Ländern und Kulturen und zu internationalen Fragestellungen sind distanziert und „feindlich“. Die „Anderen“ im Land sind die „Fremden“, die die nicht zu „uns“ gehören, insbesondere Migrant(inn)en aus südosteuropäischen Ländern und der Türkei. Sie – und die realen Schwierigkeiten, die es gibt – dienen als Projektionsflächen und Sündenböcke, mittels derer man gesellschaftliche Probleme erklären oder verschleiern kann. Neid-geprägter Individualismus und Fremdenfeindlichkeit sind Elemente des politischen Klimas in Österreich und häufig politisch unwidersprochen. Aber auch die EU ist „Ausland“: Während im Jahr 1999 noch 36 Prozent der Befragten sehr oder ziemlich viel Vertrauen in die EU zum Ausdruck brachten, sank dieser Wert im Jahr 2008 auf 26 Prozent Damit korreliert, dass für die Mehrheit der österreichischen Bevölkerung die Erweiterung der EU bereits viel zu weit fortgeschritten erscheint.

1.4 Der Rückzug aus der Politik

Der Trend zur gestiegenen Bedeutung von Religion – eine wichtige Entwicklung zwischen 1990 und 2000 – ist gesamtösterreichisch zu Ende. Die zentralen Indikatoren Gottesglaube, Wichtigkeit von Gottesglaube und Religion sowie religiöse Selbsteinschätzung sind in ihren Zustimmungswerten signifikant zurückgegangen. Dies lässt sich auf mehrere Faktoren zurückführen: Während die subjektiven Religiositäten in Wien seit 1999 stabil blieben, kam es am Land und bei der jüngeren Bevölkerung zu gravierenden Erosionsprozessen, traditionell kirchlich-gebundene Formen von Religiosität gingen hier signifikant zurück. Allerdings bleibt Religion 2008 in Wien „zurückgekehrt“, die qualitativen Veränderungsprozesse der Religiositäten finden primär in der Großstadt statt. Die Österreicher/-innen in ihrer Gesamtheit ziehen sich aus den traditionellen sozioreligiösen Lebensformen zurück, verstehen sich daher in geringerem Ausmaß als „religiös“. Das Verhältnis zu den Kirchen wird damit aber keinesfalls völlig abgebrochen, es kommt zu einer Transformation des Kirchenbezugs: Die Österreicher/-innen erwarten von den Kirchen nach wie vor religiös-kulturelle „Serviceleistungen" (die Sakramente sind konstant wichtig) oder soziales beziehungsweise politisches Engagement, bestimmen ihr Naheverhältnis aber autonom und entlang ihrer Erwartungen nach Spiritualität, Sinn, Moral. Der Glaube an Gott ist gesunken, er dient vor allem dem individuellen Trost, der familialen Behausung und wird häufig in der Natur erfahren. Seine politische, gesellschaftskritische und -gestaltende Relevanz ist marginal.

Religiosität verändert sich vor allem qualitativ. Eine umfassende Pluralisierung – hinsichtlich der Gottesbilder, der Todesbilder, der Kirchenbezüge – wird 2008 noch deutlicher sichtbar als 1990 und 1999. Das „religiöse Feld" differenziert sich aus. Diese Pluralisierung führt schon seit 1990 zur „Verbuntung" der sozioreligiösen Landschaft. 2008 lassen sich aber innerhalb dieser Landschaft zwei Entwicklungen erkennen, die Pluralität wird polar und fragil. Auf der einen Seite verdichtet sich das christliche Segment der Gesellschaft: Wer in Österreich Christ/-in ist, ist dies weniger aus kulturell-rituellen Gründen, sondern verfügt über eine religiöse Erfahrung, betet und gehört einer religiösen Gemeinschaft an. Auf der anderen Seite weitet sich eine säkulare, stark naturalistisch orientierte Lebenskonzeption aus, mit und ohne Gottesglauben. Zwischen diesen beiden Polen gibt es einen schrumpfenden Anteil von mehr rituell beziehungsweise einen wachsenden Anteil von mehr kognitiv auf Gott ausgerichteten Personengruppen. Durch Clusteranalysen lassen sich so verschiedene sozioreligiöse Typen erkennen: Der Anteil der „Christ(inn)en" ist kontinuierlich rückläufig. Waren 1990 24 Prozent dieser Gruppe zuzurechnen, sind es 2008 21 Prozent. Die „Rituellen" wuchsen zwischen 1990 und 1999 von 25 auf 27 Prozent, 2008 sank ihr Anteil an der österreichischen Bevölkerung wieder (auf 24 %). Der Anteil der „Gottgläubigen" stieg im Untersuchungszeitraum leicht an, mittlerweile können 16 Prozent der Bevölkerung hier zugerechnet werden. Am stärksten ist die Gruppe der „Säkularen" gewachsen: Sie waren in allen drei Untersuchungsjahren die stärkste Gruppe, 2008 beträgt ihr Anteil 39 Prozent der Bevölkerung. Seit 1990 hat sich das Sozioreligiöse in Österreich also uneinheitlich entwickelt.

Eine „säkulare Rechte" bildet sich heraus. 2008 lässt sich erstmals ein weltanschaulicher Typus erkennen, dessen Werthaltungen Anlass zur Sorge geben. Ausgeprägter Individualismus und Hedonismus paaren sich mit der Ablehnung des Gottesglaubens und zugleich steigenden Erwartungen an die Kirche(n) und deren politisches Engagement. Hier dürfen ideologische Interessen vermutet werden: Kirche und Christentum werden von dieser Gruppe offenbar als Instrument nationaler und kultureller Identität verstanden, die dazu dienen sollen, „die Anderen" auszugrenzen.

Spannungsgeladene Bewegung im „religiösen Feld": Die Pluralisierung von religiösen und nicht-religiösen Einstellungen ist ein Ausdruck wachsender Freiheit und schöpferischer Vielfalt. Zwischen allen sozioreligiösen „Feldern" gibt es – im günstigen Fall – einen kreativen Austausch bis hin zur Osmose; eine spannungsvolle Polarität kann entwicklungsförderlich wirken. Im ungünstigen Fall wachsen sich die Felder zu Polen aus, die zu einer aggressiven religionskämpferischen Polarisierung führen können. Die Daten zeigen die Entwicklung einer potenziell produktiven Polarität, mit einer kämpferischen Religionslosigkeit und einem Konflikt zwischen Religiösen und Säkularen ist vorläufig noch nicht zu rechnen. Die Menschen sind Fragende, Skeptische, Suchende. Auch die Atheisierenden haben ihre Position nicht definitiv festgeschrieben. Die Kirchenmitglieder sind ebenfalls in Bewegung. So ist die sozioreligiöse Situation bunt, beweglich, aber auch instabil.

2 Bausteine zum Verständnis der Wertewelt

Veränderungen von Werthaltungen hängen untrennbar mit sozioökonomischen und soziopolitischen Entwicklungen zusammen. In der Soziologie gibt es dazu zahlreiche Zeitdiagnosen. Auch die Veränderungen im Wertgefüge der Österreicher/-innen lassen sich in einem ersten Zugang vor dem Hintergrund eines wichtigen soziologischen Theorems – der Modernisierung – besser verstehen.

2.1 Reflexive Modernisierung: Krise als Normalfall

Nach Giddens befinden sich moderne Gesellschaften in der Phase der „reflexiven Moderne" oder „Hochmoderne", also der Fortsetzung der Moderne (vgl. Giddens 1991): Die Risiken, mit denen Menschen immer schon konfrontiert waren, werden zu „manufactured risks", durch den Fortschritt in Wissenschaft und Technik, Wirtschaft und Politik selbst produzierten Risiken. Diese lassen sich nicht mehr auf die menschliche Intervention in die Umwelt zurückbeziehen und treten auch nicht mehr nur periodisch auf. Neue technische Erfindungen oder wissenschaftliche Erkenntnisse (z. B. in der Medizin) bringen neue Möglichkeiten, stellen aber auch vor neue ethische Fragen: Dürfen wir, was wir können und erkennen? Wir nutzen das wirtschaftliche Wachstum, es bringt mehr Wohlstand, aber was ist mit den ökologischen Risiken? Wie verteilen wir den Reichtum und wofür nützen wir ihn?

Eine solche gesellschaftliche Situation verlangt, denkt man Giddens weiter, sowohl vom Einzelnen als auch von der Gesellschaft ein verändertes Selbst- und Weltverhältnis (z. B. Verantwortung, Umgang mit Kontingenz) und neuartige Kompetenzen (z. B. sozialethische Urteilskraft, Umgang mit Ambivalenz). Es braucht gesellschaftliche und politische Strukturen, die stabilisierend und beweglich zugleich sind, aber auch Kommunikations- und Lernprozesse ermöglichen und Orientierung und Sicherheit bieten. Leben in der „reflexiven Moderne" bedeutet auch, Veränderungen und die damit verbundenen Krisen als „Normalfall" wahrnehmen und gestalten zu lernen. „Krise" bedeutet dann nicht nur Problem und Gefahr, sondern auch Möglichkeit zu Wachstum, Verwandlung, Entwicklung. „Krise" bezeichnet Situationen, in denen innegehalten, geprüft, unter- und entschieden werden kann und muss. In Österreich, das Ordnung, Ruhe, Stabilität und Sicherheit schätzt, ist das eine ungewohnte Perspektive, die des Umlernens bedarf. Risiko und Krise gelten eher als rasch zu beseitigender Störfall denn als Gestaltungs-, Lern- und Entwicklungsmöglichkeit.

Vom Umgang mit Freiheit: „Disembedding“

Giddens beschreibt in seiner Theorie der Modernisierung die Entkoppelung des Individuums aus seinen traditionellen sozialen Beziehungen, sogenannte „Entbettungsprozesse“ („Disembedding“). Die Globalisierung ermöglicht weiten Teilen der Bevölkerung Zugang zu Wissen, das ursprünglich nur Expert(inn)en vorbehalten war. Dadurch kann das Individuum seine traditionellen Ordnungen befragen, im Lichte neuer Informationen soziale Praxis reflektieren und sich, wenn nötig, befreien. Individualisierung in diesem Sinn ist also Emanzipation von Expert(inn)enmacht – aber auch ein Zwang zu ständiger Wahl und Entscheidung. Dies erzeugt Verunsicherung, weil traditionelle Ordnungen an Bedeutung verlieren, legitimationspflichtig und gar zerstört werden können. Umgekehrt können Individuen Freiheit und neue Lebensmöglichkeiten gewinnen.

In Österreich ist solche befreiende Individualisierung – gleichsam „mit Lust und Last der Freiheit leben zu lernen“ – nach wie vor ungewohnt. Ein Land, dessen politische Kultur jahrhundertelang von feudalen, autoritären, im Nationalsozialismus auch totalitären Strukturen geprägt war, muss seine obrigkeitlich orientierten Lebenmuster erst ent-lernen. Zugleich ist aber auch zu lernen, wie man mit Freiheit schöpferisch und verantwortet umgehen kann, will Freiheit nicht zu Beliebigkeit, Willkür und Egoismus entarten. Ein aggressiv-hedonistischer Umgang mit Freiheit ist keine Option, ebenso wenig die restaurative Freiheitsflucht in autoritäre Ordnungen. Der Verlust alter Ordnungen und Traditionen – „Entbettung“ – wird von vielen als bedrohlich und schmerzlich erlebt, das kann den hohen Wert des Autoritarismus in Österreich erklären.[83] Es gilt, die Stärken der alten Ordnung – die österreichische Fähigkeit zu

[83] Vgl. den Abschnitt „Mega-Werte und Werte-Typen“, 242ff.

Solidarität und Vergemeinschaftung zu bewahren – und sie zugleich zu weiten: Eine Gesellschaft gewinnt an Freiheit, wenn sie nicht nur gegenüber der eigenen Familie, Partei, Kirche oder Nation solidarisch ist, sondern ihre Solidarität universalisiert und Grenzen überschreitet – hin auf die „Anderen".

Zugehörigkeit durch Leistung?

Während traditionale Gesellschaften soziale Rollen und Zugehörigkeiten durch Festschreibung sicherten (aber auch einengten), werden heute Rollen- und Statuszuschreibungen durch Erarbeitung und Leistung zugemessen. Dies führt zu mehr Handlungsmöglichkeiten für den Einzelnen und größerer Chancengleichheit. Eine Kultur, in der wie in Österreich, soziale Hierarchien, Ordnungen und Stände, Zugehörigkeit zu bestimmten Schichten und Milieus besonders bedeutsam waren (man denke nur daran, wie wichtig in Österreich nach wie vor Titel sind), plagt sich mit einer solchen Logik. Eine „Erabeitungs- und Leistungslogik" verlangt die Zivilisierung von damit potenziell verbundenen Begleitphänomenen wie Konkurrenz, Neid, Egoismus, Perfektionismus. Wie können diese Kräfte in einer sich individualisierenden Gesellschaft gezähmt werden? Eine Kultur, die auf Erarbeitung und Leistung setzt, bedarf der Korrektur und Ergänzung durch Tugenden wie Mut und Zuversicht, Geduld und Vertrauen, Zufriedenheit und Gelassenheit, Bereitschaft zu Kooperation und Partizipation.

Globale Vernetzung und Abhängigkeit

Ein wesentlicher Aspekt des sozialen Wandels ist nach Giddens die Globalisierung. Für ihn bedeutet Globalisierung „the fact that we all increasingly live in ‚one world', so that individuals, groups and nations become more interdependent" (Giddens 2001, 52). Damit wird die globale und internationale Dimension der Modernisierung angesprochen. Lokales und nationales Handeln kann heute nur mehr in diesen Dimensionen geschehen. „Think global, act local" ist eine bekannte Devise. Die Österreicher/-innen haben aber derzeit, wie die Daten zeigen, einen begrenzten globalen und internationalen Horizont. Der mehrheitliche Trend geht in Österreich eher in Richtung Rückzug und Abschottung. Wie die wiederkehrenden Debatten um die Europäische Union und die entsprechende Meinungslage der Bevölkerung zeigen, hat wohl auch die Politik verabsäumt, den Blick international zu weiten.

2.2 Bewältigung von Individualisierung und Pluralisierung

Wie wirkt sich Modernisierung in Österreich auf die Menschen aus? Individualisierung und Pluralisierung haben mit ihren ganz konkreten Auswirkungen die heimischen Lebenswelten und deren Individuen erreicht. Konkret geht um den alltäglichen Umgang mit Freiheit und Vielfalt – in der Arbeit, in Beziehungen und Familie, in Gesellschaft und Politik. Die Daten lassen darauf schließen, dass viele Österreicher/-innen mit beiden Entwicklungen „kämpfen".

„Humaner" oder „materialistischer" Individualismus?

Ein „materialistischer Individualismus" schlägt sich etwa in der wachsenden Unzufriedenheit mit der Arbeit und dem gleichzeitigen Wachsen der materiellen Erwartungen an den Beruf nieder. Die Unzufriedenheit bewegt sich auf hohem Niveau. Wenn rund eine Million Menschen als armutsgefährdet gilt, ist diese Zahl für ein reiches Land wie Österreich in der Tat viel zu hoch. Umgekehrt gehen in Österreich 57 Prozent der Beschäftigten ganzjährig einer Vollbeschäftigung nach und relativ geringe 15 Prozent der Bevölkerung arbeiten in atypischen Arbeitsverhältnissen, das sind im europaweiten Vergleich stabile Verhältnisse. Typisch österreichisch ist vielleicht, dass sich hierzulande auch Wohlhabende und Abgesicherte schnell „arm" und benachteiligt fühlen. In einer solchen Blickverengung geraten aber die tatsächlich armutsgefährdeten Österreicher/-innen aus dem Blick und verlieren an solidarischer und politischer Unterstützung.

Charakteristisch für den derzeitigen österreichischen Umgang mit Individualisierung und Freiheit scheinen Freiheitsflucht und ängstliche Freiheitssicherung in einem zu sein, viele Österreicher/-innen kommen offenkundig mit den freiheitsimmanenten Ambivalenzen schlecht zurande. In diese Richtung weisen die Ergebnisse zu den Wertetypen und dabei vor allem die wachsende Zahl jener

Personen, bei denen sich Individualismus und Autoritarismus paaren: Die „ichbezogenen Autoritären" (29 %) und die „enttäuschten Pragmatiker/-innen" (18 %) machen gemeinsam fast die Hälfte der österreichischen Bevölkerung aus. Im Hintergrund scheint die Sorge zu plagen, wie man persönliche Freiheit und erreichten materiellen Wohlstand bewahren kann – notfalls gegen die „Anderen". Diesen Gruppen gegenüber stehen mit jeweils nur 13 Prozent die „liberalen Idealist(inne)n" und die „braven Bürger/-innen", die einen gemäßigten, humanen Individualismus entwickelt haben.

Fremdenfeindlichkeit oder Bewältigung der Pluralisierung?

Kulturelle, soziale und religiöse Vielfalt war und ist in Österreich immer schon Realität; der Umgang mit Vielfalt und Anderssein ließ und lässt allerdings zu wünschen übrig. Der Zwang zur Assimilation – zur Anpassung an die Mehrheitskultur unter Preisgabe wesentlicher Aspekte der kulturellen und/oder religiösen Identität – war und ist groß. Minderheiten durften hierzulande zwar existieren, sollten aber weitgehend unsichtbar bleiben. Historisch lässt sich das etwa am Umgang mit den Protestant(inn)en zeigen, deren Kirchen aussehen mussten wie Bürgerhäuser und abseits der Hauptstraße liegen mussten. Gegenwärtig erleben wir Vergleichbares in der Begegnung mit den muslimischen Mitbürger(inne)n. Österreich hat noch einen weiten Weg vor sich, um mit Pluralität leben zu lernen und einen qualifizierten, reflektierten Pluralismus zu entwickeln, der weder Konflikte verschleiert noch Differenz beseitigt.

Am deutlichsten wird die mangelnde Pluralitätskompetenz der Österreicher/-innen im gestiegenen fremdenfeindlichen Klima. Ausländer(innen)feindlichkeit hängt in Österreich dabei nicht primär mit der sozioökonomischen Lebenssituation zusammen, lässt sich also nicht durch Angst um den Arbeitsplatz oder Sorge um das eigene Wohlergehen erklären. Vielmehr zeigen die Daten aus 2008, dass die Fremdenfeindlichkeit eher ideologisch motiviert ist: Bei manchen leben alte Vorurteile wieder auf und eine Re-Ideologisierung in Richtung eines rechts-nationalen Weltbilds erklärt die Entwicklung eher. Ein enger Zusammenhang besteht zwischen Ausländer(innen)feindlichkeit einerseits und politischer Unzufriedenheit, Kritik an der Demokratie sowie dem Vertrauensverlust in die Politik andererseits. Die Ausländer(innen)feindlichkeit wurzelt offenbar weniger in objektiv oder subjektiv empfundener materieller Benachteiligung, als vielmehr in einem reaktivierten „Traditionalismus“ und dem Unbehagen, mit gesellschaftlichen Veränderungen und Pluralität nicht zurechtzukommen. Dabei spielt der Umgang mit den Anderen – mit Vielfalt und Differenz – eine Schlüsselrolle, die „Anderen“ werden zu „Fremden“, also zu „Nicht-Zugehörigen“. Reale soziale Schwierigkeiten mit Zuwandernden und Versäumnisse in der Integrationspolitik werden dann nicht offen ausgetragen und behoben, sondern lassen sich leicht politisch instrumentalisieren.

2.3 Verlustängste und Entstandardisierung

Österreich hat seit dem Zweiten Weltkrieg viel erreicht: Einen ausdifferenzierten Sozialstaat mit einem engmaschigen Sicherungsnetz, ein hochdotiertes Bildungssystem und ein hohes Bildungsniveau der Bevölkerung, stetiges ökonomisches Wachstum, gesellschaftspolitischen Frieden und soziale Sicherheit, gute Lebensqualität für große Teile der Bevölkerung. Es wundert also nicht, dass vier Fünftel der Österreicher/-innen (82 %) mit ihrem Leben zufrieden sind und damit über dem europäischen Durchschnitt (77 %) liegen (Eurobarometer 69, 12). Und dennoch zeigen die Ergebnisse der Wertestudie eine wachsende Unzufriedenheit mit dem Beruf, der Politik, der Demokratie, dem Wirtschaftssystem. Warum?

Ängste vor dem Verlust des Gewohnten

Auf dem hohen sozialen und politischen Standard Österreichs waren globalisierungsbedingte Transformationsprozesse lange Zeit nicht wahrnehmbar. In den vergangenen Jahren hat sich jedoch der Transformationsdruck sprunghaft erhöht. Mit Verspätung werden Folgen und Krisenphänomene der notwendigen gesellschaftlichen Transformation nun auch in Österreich deutlich. Der soziale Wandel betrifft nicht nur sozial Benachteiligte, sondern wird auch für die Mittel- und Oberschicht deutlich wahrnehmbar. Notwendige politische Reformen der vergangenen Jahre haben die österreichische Bevölkerung in Bewegung gebracht: Sparpakete, Beamten- und Pensionsreform irritierten offenbar die Zukunfts- und

Sicherheitsvorstellungen; die Ergebnisse der PISA-Studie stellten das Bildungssystem in Frage; ein „neues“ Familienbild und Maßnahmen zur Geschlechtergerechtigkeit stellen traditionelle Familien- und Rollenvorstellungen zur Disposition. Verunsicherung und Verlustängste angesichts des Wandels gewohnter sozialer Ordnungen, die Sorge, den erreichten Wohlstand zu verlieren, begleiten diese Entwicklungen. Veränderungen in Staat, Gesellschaft, Politik, Wissenschaft, Bildung erzeugen Druck – und sodann Abwehr und Widerstand.

Der Internationalisierung national ausgeliefert

Zeitgleich führte auch die Internationalisierung der Wirtschaft zu unübersehbaren Veränderungen: Die Arbeitswelten wurden dynamischer, Reallöhne orientieren sich nicht mehr am österreichischen Alleinverdiener-Familienmodell, sondern an Leistung und Qualifikation des/der Einzelnen. Arbeits- und Arbeitszeitmodelle, Märkte und Arbeitsmärkte, Qualifikationen pluralisieren sich, Beschäftigungsverhältnisse werden wechselhafter, die Verweildauer in einem Beruf kürzer. Jede/-r muss mehr Eigenverantwortung übernehmen, dies forciert Individualisierung. Die Internationalisierung von Unternehmen und Wirtschaft bringt niedrigere Preise und mehr Angebot mit sich, sorgt aber auch für Unsicherheit und neue Herausforderungen: Der Anspruch, lebenslang zu lernen und „jobfit“ zu bleiben, das Sozial- und Bildungssystem entsprechend umzugestalten, die Frage der Vereinbarkeit von Familie und Beruf zufriedenstellend zu lösen. Der österreichischen Gesellschaft ist es bisher offenbar nicht ausreichend gelungen, die mit den ökonomischen Veränderungen verbundenen Probleme strukturell zu lösen, Parteien und Gewerkschaften kommen mit dem Entwicklungstempo kaum nach. Nationalstaatliche Politik allein ist wohl nicht in der Lage, internationalen wirtschaftspolitischen Herausforderungen angemessen zu begegnen.

Demokratische Kultur und politische Partizipation

In Umbruchzeiten hilft oft Klarheit, wohin die Reise gehen soll. Weil Krisenzeiten die soziale Kohäsion bedrohen, bedarf es zudem einer transparenten und partizipatorisch gestalteten Kultur politischer Interessensabklärung und Entscheidungsfindung. Möglicherweise hat eine solche demokratische politische Kultur, in der Staat und Regierung, Parteien, Zivilgesellschaft und Bevölkerung gemeinsam Sorge tragen für die Gestaltung des Gemeinwohls, in Österreich wenig Tradition und auch zu wenig strukturelle Absicherung.

Dies hat auch historische Gründe. Nach dem Zweiten Weltkrieg war es in Österreich notwendig, sich in einer neuen nationalen Situation zurechtzufinden. Der „österreichische Weg“ war geprägt von Kooperation und Konsens, aber auch von der Kultur des Proporzes. Unterschiedliche politische Lager wurden zusammengeschweißt durch die Erfahrung, dass Auseinandersetzung in der Zwischenkriegszeit zu Bürgerkrieg geführt hatte, durch die Unterdrückung im Nationalsozialismus und durch die Überzeugung, dass „es nur gemeinsam aufwärtsgehen“ konnte. Dies forcierte eine hohe Kohäsion politischer Kräfte, führte aber nicht zur Einübung einer transparenten und selbstverantworteten demokratischen Kultur. Solange sich Demokratie an Parteien delegieren ließ und deren Politik ausreichend Akzeptanz fand, war das in Österreich auch kein Problem. Wenn aber die Unzufriedenheit mit der Politik wie in den vergangenen zehn Jahren wächst, wird der Mangel an politischer Selbststeuerung sichtbar. Schon 1999 zeigten die Ergebnisse der Wertestudie, dass die Ablösung einer Konsens- durch eine Konfliktdemokratie bevorsteht (vgl. Denz u. a. 2001). Doch Konflikte allein machen noch keine demokratische Politik, wenn diese nicht sach- und lösungsorientiert geführt und in politische Visionen und Ziele eingebettet ist.

Die Entstandardisierung trifft alle Lebensbereiche

Eines der wesentlichen Merkmale der beobachtbaren Veränderungen ist die Entstandardisierung der Lebensformen und damit verbunden der Werte. Entstandardisierung meint zum einen den Gewinn und die Ausdifferenzierung von neuen Lebensoptionen und Handlungsmöglichkeiten. Vordringlicher in der Erfahrung der Österreicher/-innen dürfte jedoch der Verlust der gewohnten sozialen Ordnungen sein. Dieser Prozess der Entstandardisierung ist nicht neu – auch nicht in Österreich. Aber die Entwicklungen 2008 zeigen, dass die damit verbundenen Veränderungen der Lebensordnungen und Werteinstellungen mittlerweile alle Lebensbereiche erfasst haben und miteinander verknüpft sind: Die Veränderungen in der Arbeitswelt wirken sich auf Familienwerte aus, familiäre Problemstellungen verändern politische Werte, Fremdenfeindlichkeit ist mit Demokratieunzufriedenheit verbunden, die Suche nach nationaler Identitätssicherung lässt Kirchen für Menschen interessant werden, die nicht an Gott glauben.

Typisch für Österreich ist weiters, dass die Auswirkungen dieser Entstandardisierung in ihrer vollen Tragweite erst spät zum Tragen kommen: Wirtschaftliche Veränderungen sind etwa schon lange in den USA und Großbritannien zu spüren, politische Entstandardisierung in Italien und Deutschland, Bildungs-, Sozial- und Familienthemen standen in Skandinavien schon vor Jahren auf der politischen Agenda. Auch im Bereich der Religion verändert sich der ländliche Raum erst jetzt. Verbunden mit dieser Verspätung der Phänomene ist das deutliche Widerstreben, diesen Wandel anzuerkennen und konstruktiv zu gestalten.

Von Krisen und Katastrophen

Woher dieser „typisch" österreichische Widerstand? Vielleicht ist es hier hilfreich, auf ein Modell aus der Ökonomie zurückzugreifen, die Theorie vom Grenznutzen. Diese Theorie geht von der Erkenntnis aus, dass mit zunehmendem Verbrauch der Nutzen eines Gutes für das konsumierende Individuum abnimmt. Grenznutzen bezeichnet den Nutzenzuwachs, der durch die jeweils letzte verbrauchte Einheit erzielt wurde (z. B.: Wie viel mehr an Genuss bringt das zehnte gegenüber dem neunten Glas Wein?). In dieser Phase werden die Anstrengungen, ökonomischen Nutzen (z. B. durch Marketing) überhaupt zu vermitteln, groß und teuer. Politisch ist dieses Modell auch deshalb interessant, weil es zu verstehen hilft, warum etwa engagierte Personen nach anfänglichen Erfolgen ihrer Aktivitäten (z. B. in einer Bürger/-inneninitiative) in ihrem Engagement nachlassen, so dass schließlich nur eine aktive Minderheit übrig bleibt. (vgl. Schubert/Klein 2006).

Überträgt man diese Theorie auf die Entwicklungen in Österreich, lässt sich sagen: Nach Jahrzehnten der materiellen

Wohlstandsmehrung und dem Erreichen eines hohen Lebensstandards wird es für die Mehrheit der Bevölkerung schwierig und auch fragwürdig, das erreichte Niveau zu halten oder gar zu steigern: Wo liegen eigentlich die nächsten Ziele? Gerade mitten in der Wirtschaftskrise tun sich viele Fragen auf: Was kommt nach der Krise? Wird es wieder aufwärtsgehen, immer aufwärts? Wie sieht die Marktwirtschaft der Zukunft aus? Wie gehen wir damit um, dass größeres Wachstum eher in China, Indien und Afrika stattfinden wird und muss, als in Europa und den USA? Und bringt Österreich so viel gelassene internationale Solidarität auf? Der Plafond scheint erreicht: Wie viel materiellen Wohlstand es tatsächlich braucht – und wie viel aus ökologischer und sozialer Verantwortung angesichts der Weltsituation anstrebenswert und verantwortbar ist – bleibt vorerst offen. Diskussionswürdig ebenso die Frage, nach welchen Kriterien der Reichtum des Landes gerecht verteilt werden kann – nach innen und nach außen, national und international. „Nachhaltige Entwicklung"[84] scheint eine brauchbare Zukunftsvision zu sein, auch Österreich wird eher mit mehr Qualität als Quantität von Wachstum rechnen müssen.

Zusammenfassend lässt sich feststellen: Österreich hat viel erreicht in den vergangenen Jahrzehnten, möglicherweise aber haben die Österreicher/-innen die gesellschaftlichen Transformationsprozesse nicht ausreichend produktiv bewältigt. Dies kann daran liegen, dass Qualität, Tempo und globales Ausmaß dieser Transformation historisch neuartig sind und die damit verbundenen Krisenerfahrungen „katastrophischen" Charakter (vgl. Rüsen 2001) haben. Mit „katastrophisch" ist hier nicht der Weltuntergang gemeint, sondern jene Art von Krise, in der die bewährten Deutungs- und Handlungsmuster nicht mehr greifen und neue Ziele erarbeitet werden müssen. Im Griechischen bedeutet „katastrepho" die bestehende Ordnung umkehren, umdrehen, wenden, enden, sterben. Krise bedeutet also auch Entscheidung für Ende, Umkehr und Wende.

---

[84] Vgl. das nächste Kapitel „Stichworte zur Werte-Wende", 315ff.

3 Stichworte zur Werte-Wende

Dieser Bericht versteht sich als empirisches Lesebuch und erhebt nicht den Anspruch, alle aufgezeigten Entwicklungen ausführlich deuten und für alle Probleme Lösungen anbieten zu können. Als Abschluss dennoch ein kurzes Kapitel, das sich Perspektiven, Ideen und Anregungen widmet, die erkennbaren Veränderungen in der Wertewelt der Österreicher/-innen positiv und kreativ zu bewältigen.

Werte klären und bilden

Schon in der Einleitung dieser Studie wurde der Mangel an Visionen und Zielen als ein Grund für die Verunsicherung der Gesellschaft genannt. Ein wesentlicher Beitrag zur Entwicklung neuer Visionen und Ziele sind Prozesse der Wertklärung und Wertbildung. Wir brauchen solche Prozesse in Wirtschaft, Politik, Wissenschaft, Bildung, Religion. Zu ermöglichen sind Klärungs- und Bildungsprozesse, die es dem/der Einzelnen und der Gesellschaft ermöglichen, sich der expliziten und impliziten Wertvorstellungen bewusst zu werden, diese kritisch zu reflektieren und entsprechend weiterzubilden. Wertklärung soll dazu verhelfen, dass Menschen mehr Klarheit darüber gewinnen, was sie wertschätzen, wonach sie handeln und wofür sie eintreten. Wertbildung bezeichnet ein reflexes Einholen der expliziten und impliziten handlungsleitenden Werte – auf der Ebene des Individuums, aber auch auf der Ebene von Strukturen, die Wertbildung ermöglichen oder behindern.

Werte erfahren

Werte kann man allerdings nicht übermitteln wie Pakete, Nachrichten oder Kontakte, sondern Werte werden zunächst erfahren. Zu lernen ist, wie man sich inmitten pluraler Wertvorstellungen kompetent und ethisch verantwortet bewegen und leben kann. Zu üben ist dies schließlich in konkreten Praxisfeldern der Gesellschaft, in den Schulen und an den Universitäten, in Unternehmen und politischen Parteien, in den Kirchen und Religionsgemeinschaften.

Ohne konkrete Wert-Erfahrung in konkreten Lebensräumen ist jede Wertdebatte konsequenzenlos.

Die großen Fragen stellen

Wertklärungsprozesse thematisieren und reflektieren Erfahrungen davon, was im Leben als Zweck, als Sinn, als Gut gesehen und empfunden wird oder werden soll. Ohne ergänzende ethische und philosophische Reflexion steht dieses Modell in Gefahr, wertrelativistisch und allzu subjektivistisch zu werden. Wertklärung bedarf der Ergänzung um ethische Reflexionen. Werterfahrungen – das erworbene und geübte Ethos – bedürfen der Prüfung und Begründung. Schließlich ist die Wertefrage eingebettet in Frage nach dem Wohin? Wozu? Worum willen? Dies ist die Frage nach den Zielen von Wert-Bildung. Den großen Horizont bilden dafür philosophische, religiöse und theologische Fragen: Was ist überhaupt guten Leben? Was sind Sinn, Grund, Bedeutung und Wahrheit von Mensch und Welt? Von den Antworten auf diese Fragen ergeben sich Ziele und ethische Beurteilungen.

Werte > Ethik > Politik

Jeder Wertediskurs bedarf zugleich der Reflexion und Gestaltung der politischen und ökonomischen Situation. Eine Politik, die Werte nur appellativ verordnet, macht sich verdächtig, mittels des Wertediskurses von politischen Ursachen für Werte- und Ethikkrisen abzulenken. Wertediskurse sind also zu begleiten durch politische Maßnahmen. Werte retten nicht die Welt, geben aber unverzichtbare Orientierung bei der Gestaltung der Gesellschaft. So gesehen braucht Österreich in der Wertorientierungskrise weniger Werteerziehung, vielleicht sogar auch weniger Wertedebatten, als vielmehr Erziehung zur Politik. Hartmut von Hentig sieht das zumindest so: „In Wirklichkeit muss die Moral der Mehrheit nicht weiter geweckt, erzogen, gebildet werden – die meisten Menschen haben eine Empfindung dafür, was sein sollte – ‚the way it should be'. Aber die einzelne Tat lindert die Not nur und beseitigt nicht ihre Ursachen; und wie man die kollektive Tat tut, weiß man normalerweise nicht.“ (Hentig 2001, 19)

Demokratische Kultur fördern

Sinn, Ziel und Zweck der Wertedebatte bemessen sich von den Aufgaben, die sich für uns Österreicher/-innen stellen. Wie die Daten hinsichtlich der Einstellung zur Demokratie zeigen, ist die Förderung und Stärkung einer demokratischen Kultur eine drängende Aufgabe. Demokratie ist keine Selbstverständlichkeit und will immer wieder neu gelernt, geübt, gesichert werden, damit Sorge um Gemeinwohl und Gemeinwesen eines Staates öffentliche Angelegenheit aller sein kann. Die Werte der Demokratie – Partizipation, Freiheit und Gleichheit aller Bürger/-innen, Gerechtigkeit, Pluralismus – bedürfen immer wieder inhaltlicher und praktischer Konkretion. Um nicht zu einer rein funktionalen Verfahrenstechnik zu verkommen, bedarf es eines Wertediskurses, an dem sich möglichst alle Gruppen einer pluralistischen Gesellschaft beteiligen können. Hier sind Schulen, Universitäten, Parteien, Regierung, Zivilgesellschaft, auch die Kirchen und Religionsgemeinschaften gefragt und gefordert.

Pluralismuspolitik: „Wir" und die „Fremden"

Österreich ist ein Einwanderungsland, mehr als 16 Prozent der österreichischen Bevölkerung haben derzeit Migrationshintergrund (vgl. Österreichischer Integrationsfonds 2009). Menschen aus verschiedenen Kulturen und Religionen können lernen, in Österreich friedlich miteinander zu leben und gemeinsam Gesellschaft zu gestalten. Dazu braucht es eine Politik, in der das Faktum Pluralität nicht nur toleriert, sondern Pluralismus zu einem gesellschaftlich gewollten Prinzip wird. Dies bedeutet Abschied nehmen vom Assimilationsparadigma und Entwicklung eines reflektierten Verhältnisses zur Vielfalt der Kulturen und Religionen und einer klugen Politik der Differenz: Sie geht davon aus, dass es „normal ist, verschieden zu sein" (vgl. Adam 1994). Segregation und Exklusion sind zu minimieren, zu fördern sind politische, soziale und ökonomische Partizipationsmöglichkeiten sowie das Recht auf kulturelle und religiöse Identität und Unterschiede. Spannungen und Konflikte, die dabei auftauchen, sind weder zu tabuisieren noch politisch zu instrumentalisieren, sondern anzusprechen und auszutragen. Dazu braucht es entsprechende Bildungsprozesse ebenso wie Orte des Dialogs und des Konflikts.

Integrationspolitik für sozialen Zusammenhalt

Integration ist ein wesentlicher Faktor für sozialen Zusammenhalt, wirtschaftliche Dynamik und demografische Entwicklung[85]. Ziele eines zeitgemäßen und wechselseitigen Integrationsprozesses werden Akzeptanz und Chancengleichheit sein. Nur wenn Personen zufriedenstellende berufliche, private und gesellschaftliche Perspektiven erlangen, ist mit gelingender Integration zu rechnen.

Die erfolgreiche Integration von Menschen mit Migrationshintergrund basiert auf vielen Säulen. Dazu gehören eine frühzeitige Bildungsförderung von Kindern, der Erwerb guter Sprachkenntnisse, differenzierte Qualifizierungsmaßnahmen, der Zugang zum Arbeitsmarkt. Die aktive gesellschaftliche Zugehörigkeit und Teilhabe seitens der Migranten und Migrantinnen sind weitere Indikatoren einer gelungenen Integration. Das fordert sowohl den Dialog „an der Basis" heraus, als auch den Gesetzgeber (Staatsbürger/-innenschaftsrecht, Wahlrecht).

Brenn-Punkte Pflege und Behinderung

Die Wertestudie zeigt: Die Familien- und Beziehungswelten in Österreich sind bei Weitem nicht so fragil und bedroht, wie es in der öffentlichen Debatte immer wieder nahegelegt wird.[86] Die Ergebnisse zeigen aber auch Bruchzonen auf, in denen Reformbedarf besteht.

Politisches Augenmerk ist der Frage zu widmen, wie die Österreicher/-innen zukünftig das Thema Pflegeleistung lösen werden. Die Generationensolidarität ist vorhanden, aber sie ist im Sinken. War die Pflege älterer Familienmitglieder bisher traditionell Frauenaufgabe, so sehen sich viele erwerbstätige Frauen nicht mehr in der Lage, dieser Aufgabe nachzukommen. Das Pflegegesetz allein wird auf Dauer diese Problemzone nicht lösen können. Langfristige

[85] Zu diesen beiden Absätzen vgl. Industriellenvereinigung 2008.

[86] Vgl. das Kapitel „Partnerschaft, Familie und Geschlechterverhältnisse in Österreich", 87ff.

politische Maßnahmen, vom transfamilial orientierten Wohnbau über die Stützung der Nachbarschaftshilfe bis zur Unterstützung sozialer Vereine werden notwendig.

Alarmierend in Österreich ist die hohe Bereitschaft, Kinder mit (vermuteter) Behinderung abtreiben zu lassen. Dieses tabuisierte Thema verweist auf ein eklatantes gesellschaftliches und politisches Versagen: Es gibt kaum noch Rollenvorbilder, wenig soziale und politische Unterstützung, Familien sind weitgehend alleingelassen. Dazu kommen medizinische „Selbstverständlichkeiten“, wenn Frauen bei vorgeburtlichen Untersuchungen diese Möglichkeit geradezu empfohlen wird. Hier bedarf es Aufklärung, Bewusstseinswandel und Unterstützungsmaßnahmen. Denn behindert ist eine Gesellschaft, in der solche Kinder nicht mehr leben dürfen.

Vereinbarkeit von Familie und Beruf

Die Lebenswünsche vieler Österreicher/-innen lassen sich in drei Punkten zusammenfassen: Erstens: stabile Beziehungen haben, die Sicherheit und Vertrauen ermöglichen. Zweitens: arbeiten auf eine Weise, die für ein ausreichendes Einkommen aber auch für Sinn sorgt. Und drittens: Wunsch eins und Wunsch zwei gut verbinden können. Für unsere wirtschaftliche Zukunft, aber auch für den sozialen Zusammenhalt ist entscheidend, dass die Menschen in unserem Land Beruf und Familie gut verbinden können. Eine gut gebaute Brücke zwischen Arbeits- und Privatleben („Work-Life-Balance“) trägt vieles: höhere Einkommen von Frauen etwa, eine höhere Fertilitätsrate und mehr Lebensqualität.

Was es dazu braucht, ist mittlerweile evident, aber offenbar nur schwer umzusetzen (auch wenn in den letzten Jahren einiges gelang): Flexible Arbeitszeitmodelle, Unterstützung von Wiedereinsteiger(inne)n, ein ausreichendes Angebot an Kinderbetreuungsplätzen, attraktive Transfers wie ein einkommensabhängiges Kinderbetreuungsgeld, Bewusstsein bildende Maßnahmen für Männer und Frauen.

Hinsichtlich der Geschlechterrollen zeigen die Ergebnisse der Wertestudie: Ein partnerschaftlich geteiltes Rollenbild konnte sich über die letzten Jahre kontinuierlich etablieren, gleichzeitig bleibt die traditionelle Vorstellung hinsichtlich der Geschlechterrollen aufrecht. Es bleibt also zäh: Für die Gleichstellung der Frauen ist in Gesellschaft und Wirtschaft noch viel zu tun, was eine Frage der Gerechtigkeit, aber auch der – unter anderem ökonomischen – Vernunft ist. Während Frauen in Maturaklassen und den Universitäten mittlerweile die Mehrheit der Absolvent(inn)en stellen, kommen die wenigsten davon in attraktiven Jobs an. Mangelnde Gleichstellung zeigt sich auch in der niedrigen Anzahl von Frauen in Führungspositionen, ungenügenden Rahmenbedingungen für eine gelingende Vereinbarkeit von Familie und Beruf oder der vielzitierten „Lohnschere“. In internationalen Benchmarks rangiert Österreich in Gleichstellungsfragen meist unter „ferner liefen“.

Das ist schade und hat viele Gründe, einer davon ist sicher eine mangelnde Bildungs-, Berufs- und Karriereberatung: Noch immer wählen viele Mädchen „klassische“, schlecht bezahlte „Frauenberufe“. Bildungsziel muss es in Zukunft sein, die geschlechtsspezifische Segmentierung bei der Ausbildungs- und Berufswahl zu verringern und die geschlechtsspezifischen Erwerbsmuster anzugleichen. Darüber hinaus geht es darum, Frauen und Unternehmen stärker für weibliche Führungskräfte zu motivieren, die Vereinbarkeit von Privatleben und Beruf zu verbessern und schließlich eine partnerschaftliche Aufteilung von Betreuungspflichten zu fördern. Zu vielem davon müssen sich auch die Männer bewegen.

Bildungspolitik – Option für beidseitiges Denken

Bildung dient dem Erwerb von Wissen, von Qualifikationen und Kompetenzen, Bildung meint immer auch Berufsvor- und -ausbildung. Immer stärker werden hinsichtlich der Berufsvorbildung Klagen laut: Unternehmer/-innen beschweren sich, dass Lehrlinge nachgebildet werden müssen, die Ergebnisse der PISA-Studie sind ein negativer Dauerbrenner, die schulische Bildung trage auch wenig dazu bei, die geschlechtsspezifische Segmentierung bei der

Berufswahl zu verringern. Reformen sind angesagt. Aber die Reduktion auf den berufsvorbildenden Aspekt allein ist riskant. Bildung ist zugleich auch ein Vorgang, in dem Menschen einander fördern, ermutigen und ermächtigen, autonom und gemeinsam an Wachstum und Entwicklung einer freien, gerechten und friedlichen Welt mitzuwirken. Bildung verhilft uns, die Welt kritisch zu verstehen, sie ermächtigt dazu, Gesellschaft und Gemeinwohl zu gestalten. In diesem Sinn geht es zukünftig auch wieder verstärkt um Allgemeinbildung. Schul- und Bildungssystem können und müssen von beiden Horizonten her reformiert werden, um die Zukunftsaufgaben zu bestehen.

Religionen ermöglichen Werterfahrungen

Die Pluralisierung und mögliche Polarisierung des „religiösen Feldes" in Österreich verlangt nach Aufmerksamkeit und bewusster Gestaltung – auf der Ebene der Kirchen und Religionsgemeinschaften, aber auch von Seiten der Gesellschaft und Politik. Religiosität ermöglicht Werterfahrungen, kann Werte und Sinn stiften. Religionen geht es vor dem um Heil und Erlösung durch die jeweils erkannte Wahrheit, deren Sinn, Bedeutung und Relevanz sich freilich in konkreten Erfahrungen und gelebter Praxis erschließen, konkretisieren und bewähren. Werte sind von daher sozusagen die zweitwichtigsten Anliegen der Religionen: In ihnen erschließt sich Wahrheit als Erfahrung von gutem Leben für Menschen, für jede/-n Einzelne/ n und alle gemeinsam. So können und müssen Religionsgemeinschaften und Kirchen ihren Beitrag zu Wertklärung und Wertbildung leisten – und auch leisten können und dürfen. Dieser Beitrag besteht in der Eröffnung von Werterfahrungen durch konkretes religiöses Leben (z. B. Gemeinschaften und Gemeinden) sowie in der Ausübung ihrer orientierend-kritischen Funktion durch Benennung dessen, was Religionen als wertvoll und wertzerstörend erkennen. Dazu gehört auch die ethische Kompetenz von Religionsgemeinschaften und Kirchen.

Die christlichen Kirchen und die Spiritualität

Um sich bei all diesen anstehenden Aufgaben bewähren zu können, bedarf es einer spirituellen Vertiefung im Evangelium Jesu Christi. Es gilt, den Glauben der Einzelnen und der Gemeinschaft in Gebet und Liturgie, Meditation und Kontemplation zu vertiefen und besser verstehen zu lernen. Auskunftsfähigkeit ist gefragt, dies bedarf theologischer Reflexion und Bildung. Nötig ist dazu die Bereitschaft zur Lebensveränderung – des/der Einzelnen und der Gemeinden. Auch die Kirchenleitungen sind zu solcher Reform angehalten. Sie sind verantwortlich, dass die Gläubigen in der Kirche Kommunikationsräume, Ressourcen und Strukturen sowie Personen vorfinden können, die solche Transformation ermöglichen und fördern. Dazu kann die Kirche lernen, sich selbst als Lebens- und Lerngemeinschaft zu verstehen, die angstfrei und fehlerfreundlich die Wahrheit des Evangeliums besser verstehen lernt im Kontext der Zeit. Theologisch formuliert geht es um die Wiederentdeckung des Evangelisierungsauftrags der Kirche: „die Frohbotschaft in alle Bereiche der Menschheit zu tragen und sie durch deren Einfluss von innen her umzuwandeln und die Menschheit selbst zu erneuern: ‚Seht ich mache alles neu!'(Offb 21,5)." (EN 18). Etwas polemischer formuliert: „Raus aus dem Sofa".

Kirchen: Veränderung im Dienst der Gesellschaft

Die christlichen Kirchen in Österreich erkennen, dass die „Volkskirche" – der man aus kulturellen Gründen zugehört – zu Ende geht. Es gilt, zeitgerechte Lebens- und Organisationsformen zu entwickeln, in denen Wahrheit und Werte des christlichen Glaubens konkret erfahrbar und inmitten einer veränderten Gesellschaft in ihrer Relevanz erkennbar werden können. Horizont und Maßstab dieser Transformation sind das Evangelium und die christliche Tradition. Insofern Kirche Lebensgemeinschaft aus dem Glauben im Dienst der Gesellschaft ist, sind Evangelium und Tradition im Kontext der angeführten lokalen, nationalen, globalen Aufgaben zu erschließen. Wichtiger als die jeweilige Organisationsform ist, was die Kirche durch das Evangelium bewirkt: Die Kirchen können mit ihren Glaubensverheißungen und -visionen Beiträge zur geistigen und praktischen Horizontweitung leisten; und sie können Orte politischer Bildung (z. B. ehrenamtliche Arbeit) sein. Sie können Lebensraum sein für und mit Migrant(inn)en und zeigen, wie Menschen aus verschiedenen Kulturen gemeinsam leben und glauben (z. B. Kooperationen zwischen christlichen und islamischen Gemeinden). Christ(inn)en können mit Menschen jeder Lebensform Leben teilen und gemeinsam Modelle entwickeln, wie Familie und Beruf vereinbart werden können. Sie können auch alternative ökonomische Lebensformen entwickeln und zeigen, wie man mit Reichtum und Geld verantwortlich umgeht. Unabdingbar sind die Kirchen in ihrem karitativen und politischen Einsatz für alle Ausgegrenzten, Minderheiten und schwächeren Menschen. Kirchen haben einen internationalen Horizont und können den österreichischen Blick global weiten (z. B. für Entwicklungspolitik, für internationalen Austausch und Lernen).

Religiösen Pluralismus leben und gestalten

Die Pluralität von Religionsgemeinschaften und Kirchen wird in Österreich intensiver, das Leben im Pluralismus wird zur Herausforderung. Für die Religionen bedeutet dies, im Dialog mit Differenzen und Konflikten leben zu lernen, ohne die je eigene Identität aufzugeben, diese aber weiterentwickeln zu können. Solcher Dialog steht unter dem Zeichen gemeinsamer Wahrheitserkenntnis und -praxis. Es braucht Lern-, Kommunikations- und Lebensräume, in denen man Leben teilt. Eine Versuchung und ein Risiko sind Konkurrenzkonflikte zwischen Religionsgemeinschaften und Kirchen – um Mitglieder, Ressourcen, politische Macht. Auch diesen Problemen begegnet man am besten durch strukturell institutionalisierte Kommunikation und Kooperation auf allen Ebenen.

Die Gestaltung des religiösen Pluralismus ist auch eine gesellschaftliche und politische Aufgabe. Zu klären und neu zu überdenken ist die Rolle von Religion im öffentlichen Raum. Angesichts der Ausdifferenzierung und hohen Beweglichkeit religiöser Menschen ist auch religiöse Bildung ein Gebot der Stunde. Sie ist in einer religiös pluralen Gesellschaft eine klärende Notwendigkeit für alle Bürger/-innen: Nur religiös gebildete Menschen können der eigenen Religiosität und Religion ebenso gerecht werden, wie ihrer Verantwortung als Bürger/-innen.

Zukunft für alle: „Sustainability"

Der Beitrag der Wertedebatte zur sozioökonomischen Zukunft fragt danach, wie sich ein ökonomisch, sozial und ökologisch verantwortungsbewusster Wirtschaftsstil entwickeln lässt. Einen Anstoß dazu kann das Konzept der „Sustainability", der „Nachhaltigen Entwicklung" geben. Die Vision der Nachhaltigen Entwicklung ist, dass Zukunft gelingt: Die aktuelle Gesellschaft soll ihre Bedürfnisse so befriedigen, dass sie die (sozialen, ökologischen, ökonomischen) Chancen künftiger Generationen nicht aufs Spiel setzt.

Das Spannende an der Idee der Nachhaltigen Entwicklung ist, dass ihre drei Dimensionen untrennbar miteinander verbunden sind (vgl. Friesl 2008, 18f.): Eine langfristig erfolgreiche wirtschaftliche Entwicklung braucht eine intakte Umwelt und sozialen Frieden. Sozialverträglichkeit und der Ausgleich zwischen Nord und Süd, Arm und Reich können erreicht werden, wenn die Weltwirtschaft gedeiht und die Lebensgrundlagen gesichert sind. Eine dauerhafte Lösung von Umweltproblemen gelingt, wenn die Wirtschaft ausreichend wächst und die globale Armut gelindert wird. Nachhaltige Entwicklung geht uns alle an: Politik, Wirtschaft, Zivilgesellschaft, Bürger und Bürgerinnen sind gleichermaßen herausgefordert.

Marktwirtschaft mit Verantwortung

Eine Stärke Österreichs liegt in seinem Konzept der Sozialen Marktwirtschaft und die Österreicher/-innen respektieren diesen Wirtschaftsstil: Die Kritik an den wahrgenommenen „Schieflagen" wie etwa im Finanzsystem ist deutlich, die Soziale Marktwirtschaft als solche steht aber nicht zur Disposition. Im Horizont der oben genannten „Nachhaltigen Entwicklung" lässt sich die Soziale Marktwirtschaft weiterentwickeln: Mehr Realismus hinsichtlich unserer ökonomischen Erwartungen, neue – auch ökologisch- und sozialkompatible – Dienstleistungen und Produkte, mehr Chancen für mehr Menschen, mehr Verantwortung (von den Wirtschaftssystemen wie dem Finanzmarkt, von den Manager(inne)n, von den Konsument(inn)en).

Diese Weiterentwicklung ist eine Herausforderung für den gesellschaftlichen Wertediskurs. Soziale Marktwirtschaft muss „aus der Mitte der Gesellschaft heraus initiiert und getragen werden. (…) Der Markt selbst ist nicht in der Lage, die notwendigen ethischen Grundlagen, ohne die er nicht funktionsfähig ist, selbst hervorzubringen“ (Industriellenvereinigung 2009, 15). Dabei gilt als Grundsatz: „Soziale Marktwirtschaft muss prinzipiell sachgerecht, menschengerecht, gesellschaftsgerecht und umweltgerecht sein“ (ebd., 14).

Literatur

Adam, Gottfried (Hg.): Normal ist, verschieden zu sein. 4. Würzburger Religionspädagogisches Symposium 1994. Münster 1994.

Anzenbacher, Arno: Einführung in die Ethik. Düsseldorf 1992.

Apfl Stefan: Die Islamlehrer. In: Falter 5/09, 10–12.

Armutskonferenz, die: Schande Armut. Stigmatisierung und Beschämung. Publikation zur 7. Armutskonferenz 2007. Wien 2007.

Aslan, Ednan (Hg.): Islamische Erziehung in Europa. Wien 2009.

Baier, Karl: Meditation und Moderne. Zur Genese eines Kernbereiches moderner Spiritualität in der Wechselwirkung zwischen Westeuropa, Nordamerika und Asien. Unveröff. Habilitationsschrift, Wien 2008.

Battke, Achim u. a. (Hg.): Schulentwicklung – Religion – Religionsunterricht. Freiburg/Breisgau und Wien 2002.

Bauman, Zygmunt: Flüchtige Moderne. Frankfurt/M. 2003.

Bauman, Zygmunt: Moderne und Ambivalenz. Das Ende der Eindeutigkeit. Frankfurt/M. 1996.

Beck, Ulrich: Was ist Globalisierung? Irrtümer des Globalismus – Antworten auf Globalisierung. Frankfurt/M. 2007.

Beck, Ulrich / Giddens, Anthony / Lash, Scott: Reflexive Modernisierung. Eine Kontroverse. Frankfurt/M. 1999.

Beck, Ulrich: Jenseits von Stand und Klasse. In: Beck / Beck-Gernsheim (Hg.) 1994, 43–60.

Beck, Ulrich / Beck-Gernsheim, Elisabeth (Hg.): Riskante Freiheiten. Frankfurt/M. 1994.

Beck, Ulrich: Risikogesellschaft: Auf dem Weg in eine andere Moderne. Frankfurt/M. 1986.

Beham, Martina / Haller, Roland: Work-Life-Balance – Wie bringen Österreichs Familien Beruf und Familie in Einklang? In: Schulz u. a. 2005, 401–430.

Beham, Martina / Wilk, Liselotte: Eltern-Kind-Beziehungen. In: Bundesministerium für soziale Sicherheit und Generationen (Hg.) 1999, 233–253.

Beham, Martina u. a.: Resümee. In: Bundesministerium für soziale Sicherheit und Generationen (Hg.) 1999, 304–311.

Beham, Martina / Gössweiner, Veronika: Zur gesellschaftlichen Bedeutung der Leistungen von Familien. In: Bundesministerium für soziale Sicherheit und Generationen (Hg.) 1999, 40–61.

Bendig, Chris / Bierhoff, Hans-Werner: Dimensionen und Ebenen von politischem Vertrauen. In: Schweer 2003, 65–77.

Berger, Peter L.: Questions of Faith. A Skeptical Affirmation of Christianity. Malden 2004.

Berger, Peter L.: Der Zwang zur Häresie. Religion in einer pluralistischen Gesellschaft. Frankfurt/M. 1980.

Bertelsmann Stiftung: Religionsmonitor 2008. Gütersloh 2007.

Biffl, Gudrun: Arbeitsmarktchancen für Jugendliche – Was ist in Österreich schief gelaufen? In: Poier / Konschegg / Spannring (Hg.) 2008, 243–262.

Biffl, Gudrun: Verteilung der Haushaltseinkommen aus einer Gender Perspektive. WIFO Monatsbericht 10 2008.

Biffl, Gudrun / Leoni, Thomas: Arbeitsbedingte Erkrankungen. Schätzung der gesamtwirtschaftlichen Kosten auf dem Schwerpunkt auf physische Belastungen. Studie des Österreichischen Instituts für Wirtschaftsforschung im Auftrag der Kammer für Arbeiter und Angestellte Wien. Wien 2008.

Biffl, Gudrun: Age management – a coping strategy for employers: the case of the automotive industry. In: Sinigoj u. a. (Hg.) 2007, 197–216.

Biffl, Gudrun: Arbeitsmarkt und Beschäftigungspolitik: Europäische Koordination als Antwort auf globalen wirtschaftlichen und gesellschaftlichen Umbruch. In: Neisser / Puntscher Riekmann (Hg.) 2002, 295–317.

Biffl, Gudrun: Der Arbeitsmarkt der Zukunft – Implikationen für die Sozialpartnerschaft. In: Tálos / Karlhofer (Hg.) 1999, 191–213.

Bock-Schappelwein, Julia / Mühlberger, Ulrike: Beschäftigungsformen in Österreich: Rechtliche und quantitative Aspekte. WIFO Monatsbericht 12 2008, 941–951.

Bock-Schappelwein, Julia / Huemer, Ulrike: Zukunft der Arbeit. Ein Literaturüberblick. Studie des Österreichischen Instituts für Wirtschaftsforschung. Wien 2005.

Bohnsack, Fritz: Schulkultur – Zeitkultur. In: Scheilke / Schreiner (Hg.) 1999, 221–242.

Bornschier, Volker: Weltgesellschaft. Grundlegende soziale Wandlungen. Zürich 2002.

Bourdieu, Pierre: Die feinen Unterschiede. Kritik der gesellschaftlichen Urteilskraft. Frankfurt/M. 2008.

Brinkmann, Ulrich / Dörre, Klaus / Röbenack, Silke: Prekäre Arbeit. Ursachen, Ausmaß, soziale Folgen und subjektive Verarbeitungsformen unsicherer Beschäftigungsverhältnisse. Friedrich-Ebert-Stiftung, Gesprächskreis Migration und Integration. Bonn 2006.

Brix, Emil u. a. (Hg.): State and Civil Society. Wien 2008.

Brix, Emil / Kampits, Peter: Vorwort. In: Dies. (Hg.) 2003, 11–14.

Brix, Emil: Liberales und Kommunitaristisches in der österreichischen Gesellschaft. In: Brix / Kampits 2003, 219–226.

Brix, Emil / Kampits, Peter (Hg.): Zivilgesellschaft zwischen Liberalismus und Kommunitarismus. Wien 2003.

Brunkhart, Hauke: Solidarität. Von der Bürgerfreundschaft zur globalen Rechtsgenossenschaft. Frankfurt / M. 2002.

Buchebner-Ferstl, Sabine: Warum ‚Halbe-Halbe' nicht funktionieren kann. Über die Verteilung von Hausarbeit und Kinderbetreuung in Partnerschaften. In: Cizek (Hg.) 2004, 131–164.

Bundesministerium für Arbeit, Soziales und Konsumentenschutz: Krise als Chance. Qualifizierungsoffensive für Beschäftigte und Arbeitslose. Wien 2009 (Unterlagen zur Pressekonferenz vom 2. 2. 2009).

Bundesministerium für Familie, Senioren, Frauen und Jugend (Hg.): Familie zwischen Flexibilität und Verlässlichkeit. Perspektiven für eine lebenslaufbezogene Familienpolitik. Siebter Familienbericht. Berlin 2006.

Bundesministerium für Soziales und Konsumentenschutz: Sozialbericht 2007–2008. Ressortaktivitäten und sozialpolitische Analyse. Wien 2009.

Bundesministerium für soziale Sicherheit und Generationen (Hg.): Österreichischer Familienbericht 1999. Familie – zwischen Anspruch und Alltag. Zur Situation von Familie und Familienpolitik in Österreich. Wien 1999.

Bundesministerium für Wirtschaft und Arbeit: Betriebswirtschaftliche Aspekte familienfreundlicher Maßnahmen in österreichischen Unternehmen. Wien 2008.

Casanova, José: Die religiöse Lage in Europa. In: Joas / Wiegandt 2007, 322–357.

Casanova, José: Public Religions in the Modern World. Chicago 1994.

Cillia, Rudolf de / Wodak, Ruth: Ist Österreich ein „deutsches" Land? Sprachenpolitik und Identität in der Zweiten Republik. Innsbruck u. a. 2006.

Cizek, Brigitte (Hg.): Familienforschung in Österreich. Markierungen – Ergebnisse – Perspektive. Wien 2004.

Dachs, Herbert u. a.: Einleitung. In: Dies. (Hg.): 2006a, 27–31.

Dachs, Herbert u. a. (Hg.): Politik in Österreich. Das Handbuch. Wien 2006b.

Dauber, Heinrich / Simpfendörfer, Werner: Eigener Haushalt und bewohnter Erdkreis. Ökologisches und ökumenisches Lernen. Wuppertal 1981.

Davie, Grace: Religion in Modern Europe. Oxford 2000.

Delpos, Manuela/Haller, Birgitt: Demokratietheorie und Demokratieverständnis in Österreich. Wien 2001.

Denz, Hermann (Hg.): Die europäische Seele. Leben und Glauben in Europa. Wien 2002.

Denz, Hermann u. a.: Die Konfliktgesellschaft. Wertewandel in Österreich 1990–2000. Wien 2001.

Ditfurth, Jutta: Entspannt in die Barbarei. Esoterik, (Öko-)faschismus und Biozentrismus. Hamburg 2003.

Ecarius, Jutta (Hg.): Handbuch Familie. Wiesbaden 2007.

Eckhard, Jan / Klein, Thomas: Männer, Kinderwunsch und generatives Verhalten. Eine Auswertung des Familiensurvey zu Geschlechterunterschieden in der Motivation zur Elternschaft. Wiesbaden 2006.

Eichmann, Hubert / Flecker, Jörg: Was haben die Arbeitnehmer/-innen davon? Auswirkungen der Internationalisierung auf Beschäftigungsbedingungen bei Top-300-Unternehmen in Österreich. FORBA-Studie. Wien 2008.

Elsenbast, Volker / Schweitzer, Friedrich / Ziener, Gerhard (Hg.): Werte Erziehung Religion. Beiträge von Religion und Religionspädagogik zu Werteerziehung und werteorientierter Bildung. Münster 2008.

Ermarth, Elizabeth Deeds: Democracy and Postmodernity. The Problem. In: Dies. (Hg.) 2007, 1–21.

Ermarth, Elizabeth Deeds (Hg.): Rewriting Democracy. Cultural Politics in Postmodernity. Hampshire 2007.

Eurobarometer 69: 1. Die Werte der Europäer. Hg. v. Europäische Kommission. o. O. 2008.

Eurobarometer 69: 3. Der Meinungszustand der Europäer. Hg. v. Europäische Kommission. o. O. 2008.

Europäische Kommission, Generaldirektion Beschäftigung, Soziales und Chancengleichheit: Gemeinsame Grundsätze für den Flexicurity-Ansatz herausarbeiten: Mehr und bessere Arbeitsplätze durch Flexibilität und Sicherheit. Brüssel 2007.

European Commission: Women and men in decision-making 2007. Analysis of the situation and trends. Brüssel 2008.

European Foundation for the Improvement of Living and Working Conditions, Fourth European Survey on Working Conditions 2005. Luxemburg 2007.

European Foundation for the Improvement of Living and Working Conditions, Third European Survey on Working Conditions 2000. Luxemburg 2001.

„Evangelii nuntiandi" (EN) Apostolisches Schreiben Seiner Heiligkeit Papst Pauls VI. an den Episkopat, den Klerus und alle Gläubigen der Katholischen Kirche über die Evangelisierung in der Welt von heute, 8. Dezember 1975.

Failing, Wolf-Eckart / Heimbrock, Hans-Günter: Gelebte Religion wahrnehmen. Lebenswelt – Alltagskultur – Religionspraxis. Stuttgart 1998.

Falkner, Gerda: Zur „Europäisierung" des österreichischen politischen Systems. In: Dachs u. a. (Hg.) 2006, 82–94.

Ferschl, Regina: Der Schmerzensmann. Religiöser Atheismus im zur Veröffentlichung bestimmten Denken Friedrich Nietzsches. Der Denkweg der Verlagerung der Ewigkeit in die Innerlichkeit als Erlösung vom Leiden. Ein Beitrag für Alle und Keinen. Unveröff. Diplomarbeit. Wien 1997.

Fink, Marcel / Riesenfelder, Andreas / Talos, Emmerich: Endbericht Atypische Arbeitsverhältnisse. Geringfügige Beschäftigung und Freie Dienstnehmer/-innen. Kooperation von L&R Sozialforschung und dem Institut für Staats- und Politikwissenschaft der Universität Wien. Wien 2001.

Forndran, Erhard: Demokratie und demokratischer Staat in der Krise. Eine Frage an Theorie und Praxis zu ihren Handlungsmöglichkeiten und Handlungsgrenzen. Baden-Baden 2002.

Friesl, Christian: Erfolg mit Verantwortung. Die strategische Kraft von Corporate Social Resonsibility. Wien 2008.

Friesl, Christian / Kromer, Ingrid / Polak, Regina: Lieben – Leisten – Hoffen. Die Wertewelt junger Menschen in Österreich. Wien 2008.

Friesl Christian / Polak Regina: Konflikte im Wertessystem. In: Denz u. a. 2001, 11–41.

Froese, Regine: Zwei Religionen – eine Familie. Das Gottesverständnis und die religiöse Praxis von Kindern in christlich-muslimischen Familien. Gütersloh 2005.

Furedi, Frank: Culture of fear: risk-taking and the morality of low expectation. London 2003.

Fux, Beate / Pfeiffer, Christiane: Ehe, Familie, Kinderzahl: Gesellschaftliche Einstellungen und individuelle Zielvorstellungen. In: Bundesministerium für soziale Sicherheit und Generationen (Hg.) 1999, 62–92.

Gabriel, Karl: Säkularisierung und Religiosität im 20. Jahrhundert. In: Rödder / Elz (Hg.) 2008, 97–106.

Generation Angst. In: profil v. 6. April 2009, 81–89.

Gensicke, Thomas / Picot, Sibylle / Geiss, Sabine: Freiwilliges Engagement in Deutschland 1999–2004. Ergebnisse der repräsentativen Trenderhebung zu Ehrenamt, Freiwilligenarbeit und bürgerschaftlichem Engagement. TNS Infratest Sozialforschung. Wiesbaden 2006.

Gerlich, Peter / Pfefferle, Roman: Tradition und Wandel. In: Dachs u. a. (Hg.) 2006, 501–511.

Gerlich, Peter: Veränderungen mit Hindernissen. Der Wandel der politischen Kultur in Österreich. In: Brix / Kampits (Hg.) 2003, 227–231.

GfK Austria: Jugend und politische Orientierungen. Wien 2007.

Giddens, Anthony: Konsequenzen der Moderne. Frankfurt/M. [3] 1999.

Giddens, Anthony: Wandel der Intimität. Sexualität, Liebe und Erotik in den modernen Gesellschaften. Frankfurt/M. 1993.

Giddens, Anthony: Modernity and self-identity. Self and society in the late modern age. Cambridge 1991.

Giesecke, Hermann: Wie lernt man Werte? Grundlagen der Sozialerziehung. München 2005.

Gräb, Wilhelm / Charbonnier, Lars (Hg.): Individualisierung – Spiritualität – Religion. Transformationsprozesse auf dem religiösen Feld in interdisziplinärer Perspektive. Münster 2008.

Gugenberger, Eduard / Schweidlenka, Roman: Missbrauchte Sehnsüchte? Esoterische Wege zum Heil. Kritik und Alternativen. Wien 1992.

Gugenberger, Eduard / Schweidlenka, Roman (Hg.): Mutter Erde, Magie und Politik: Zwischen Faschismus und neuer Gesellschaft. Wien 1987.

Heller, Andreas / Krobath, Thomas (Hg.): OrganisationsEthik. Organisationsentwicklung in Kirchen, Caritas und Diakonie. Freiburg im Breisgau 2003.

Hentig, Hartmut von: Ach, die Werte! Ein öffentliches Bewusstsein von zwiespältigen Aufgaben. Über eine Erziehung für das 21. Jahrhundert. Wienheim und Basel 2001.

Hervieu-Léger, Daniel: Religion und sozialer Zusammenhalt in Europa. In: Transit 26 04/2003, 101–119.

Hill, Paul B. / Kopp, Johannes: Familiensoziologie. Grundlagen und theoretische Perspektiven. Wiesbaden 2002.

Hillmann, Karl-Heinz: Zur Wertewandelforschung: Einführung, Übersicht und Ausblick. In: Oesterdiekhoff / Jegelka (Hg.) 2001, 15–39.

Hobsbawm, Eric: Globalisation, democracy and terrorism. London 2007.

Hofer, Thomas / Rief, Norbert: Obama. Der schwarze Visionär – Zeitenwende für die Weltpolitik? Wien 2008.

Hofer, Thomas: Die Kampagnen machten den Unterschied. In: Hofer / Toth (Hg.) 2008, 10–31.

Hofer, Thomas / Toth, Barbara (Hg.): Wahl 2008. Strategien, Sieger, Sensationen. Wien 2008.

Hofer, Thomas: Spin Doktoren in Österreich. Die Praxis amerikanischer Wahlkampfberater: Was sie können, wen sie beraten, wie sie arbeiten. Wien 2005.

Huber, Stefan: Zentralität und Inhalt. Ein neues multidimensionales Messmodell der Religiosität. Opladen 2003.

Imhof, Kurt: Die Diskontinuität der Moderne. Zur Theorie des sozialen Wandels. Frankfurt/M. 2006.

Industriellenvereinigung (Hg.): Gemeinsame Lebensräume schaffen. Die Zukunft von Migration und Integration. Wien 2008.

Industriellenvereinigung (Hg.): Wirtschaft und Werte. Was die Gesellschaft zusammenhält. Wien 2009.

Inglehart, Roland / Welzel, Christian: Modernization, cultural change and democracy. The human development sequence. Cambridge 2005.

Inglehart, Roland: Modernisierung, Postmodernisierung. Kultureller, wirtschaftlicher und politischer Wandel in 43 Gesellschaften. Frankfurt/M. und New York 1998.

Inglehart, Ronald: Wertwandel in westlichen Gesellschaften. Politische Konsequenzen von materialistischen und postmaterialistischen Prioritäten. In: Klages / Kmieciak (Hg.) 1994, 232–254.

Inglehart, Roland: Kultureller Umbruch. Wertwandel in der westlichen Welt. Frankfurt/M. und New York 1989.

Inglehart, Ronald: The Silent Revolution. Changing Values and Political Styles among Western Publics. Princeton 1977.

Jäggle, Martin: Europameister in Islamophobie. In: Die Furche, 6. Februar 2009.

Joas, Hans: Gesellschaft, Staat und Religion. Ihr Verhältnis in der Sicht der Weltreligionen. In: Joas / Wiegandt 2007, 9–43.

Joas, Hans / Wiegandt, Klaus (Hg.): Säkularisierung und die Weltreligionen. Frankfurt/M. 2007.

Joas, Hans (Hg.): Braucht Werterziehung Religion? Mit Beitr. von Hans G. Nutzinger. Göttingen 2007.

Joas, Hans / Wiegandt, Klaus (Hg.): Die kulturellen Werte Europas. Frankfurt/M. 2005.

Joas, Hans: Die Entstehung der Werte. Frankfurt/M. 1997.

Juul, Jesper: Vom Gehorsam zur Verantwortung. Für eine neue Erziehungskultur. Weinheim 2005.

Khorchide, Mouhanad: Der islamische Religionsunterricht zwischen Integration und Parallelgesellschaft. Einstellungen der islamischen Religionslehrer/innen an öffentlichen Schulen. Wiesbaden 2009.

Klafki, Wolfgang: Neue Studien zu Bildungstheorie und Didaktik. Weinheim und Basel 1985.

Klages, Helmut / Kmieciak, Peter (Hg.): Wertwandel und gesellschaftlicher Wandel. Frankfurt / M. und New York 1994.

Klages, Helmut / Hippler, Hans-Jürgen / Herbert, Willi: Werte und Wandel. Ergebnisse und Methoden einer Forschungstradition. Frankfurt/M. und New York 1992.

Klages, Helmut: Wertorientierung im Wandel. Rückblick, Gegenwartsanalyse, Prognosen. Frankfurt / M. ^{2}1985.

Knoblauch, Hubert: Soziologie der Spiritualität. In: Baier 2006, 91–111.

Körtner, Ulrich: Religion ohne Gott. In: Körtner 2006, 51–70.

Körtner, Ulrich: Wiederkehr der Religion? Das Christentum zwischen neuer Spiritualität und Gottvergessenheit. Gütersloh 2006.

Kromer, Ingrid / Hatwagner, Katharina: Lebensräume: Wo sich Jugendliche aufhalten. In: Friesl / Kromer / Polak 2008, 17–76.

Küstenmacher, Tiki: Interview: Dem Crash folgt die Wirtschaftsflaute, und der Flaute folgen neue Lebensformen. In: Kurier, 5. Oktober 2008

Kytir, Josef: Haushaltsführung, Kinderbetreuung, Pflege. Ergebnisse des Mikrozensus September 2002. Bundesministerium für Soziale Sicherheit, Generationen und Konsumentenschutz. Wien 2003.

Lessenich, Stephan / Nullmeier, Frank: Einleitung. In: Dies. (Hg.) 2006, 7–27.

Lessenich, Stephan / Nullmeier, Frank (Hg.): Deutschland – eine gespaltene Gesellschaft. Frankfurt/M. und New York 2006.

Lübbe, Hermann: Modernisierung und Folgelasten. Trends kultureller und politischer Evolution. Berlin und Heidelberg 1997.

Luif, Paul: Österreich und die Europäische Union. In: Dachs u. a. (Hg.) 2006, 863–883.

Lutz, Christian u. a.: Projektion des Arbeitskräftebedarfs bis 2015. Modellrechnungen auf Basis des IAB/INFORGE-Modells. In: Mitteilungen aus der Arbeitsmarkt- und Berufsforschung, Jg. 35, Heft 3 2002, 305–326.

Martin, Ariane: Sehnsucht – der Anfang von allem. Dimensionen zeitgenössischer Spiritualität. Ostfildern 2005.

Martin, David: Religionsmuster in Europa. In: Transit 26 04/2004, 101–119.120–143.

Mette, Norbert / Rickers, Folkert (Hg.): Lexikon der Religionspädagogik. Neukirchen 2001.

Mette, Norbert: Der Beitrag des Religionsunterrichts zum Bildungsauftrag der Schule. In: Ders.: Praktisch-Theologische Erkundungen. Münster 1998, 143–156.

Nave-Herz, Rosemarie: Familie heute. Wandel der Familienstrukturen und Folgen für die Erziehung. Darmstadt [2] 2002.

Neisser, Heinrich / Puntscher Riekmann, Sonja (Hg.): Europäisierung der österreichischen Politik. Konsequenzen der EU-Mitgliedschaft. Wien 2002.

OECD: Education at a Glance. Paris 2008.

OECD: Ageing and Employment Policies. Paris 2005.

Oesterdiekhoff, Georg / Jegelka, Norbert (Hg.): Werte und Wertewandel in westlichen Gesellschaften: Resultate und Perspektiven der Sozialwissenschaften. Opladen 2001.

Ökumenischer Rat der Kirchen in Österreich (ÖRK): Sozialwort des ökumenischen Rates der Kirchen in Österreich. Wien 2003.

Österreichische Gesellschaft für Politikberatung und Politikentwicklung (ÖGPP): 2. Armuts- und Reichtumsbericht für Österreich. Wien 2008.

Österreichischer Integrationsfond (Hg.): migration & integration. zahlen.daten. fakten 2009. Wien 2009.

Pelinka, Anton / Rosenberger, Sieglinde: Österreichische Politik. Grundlagen – Strukturen – Trends. Wien [2] 2003.

Pelinka, Anton / Woltron, Klaus / Faulhaber Theo: Szenarien für die Welt von morgen. Zukunftsentwicklungen in Wirtschaft, Politik und Gesellschaft. St. Pölten, Wien und Linz 2004.

Peukert, Rüdiger: Zur aktuellen Lage der Familie. In: Ecarius (Hg.) 2007, 36–56.

Plasser, Fritz / Ulram, Peter A. / Seeber, Gilg: Was Wähler(innen) bewegt: Parteien-, Themen- und Kandidatenorientierungen 2006. In: Plasser / Ulram (Hg.) 2007, 155–194.

Plasser, Fritz / Ulram, Peter A. (Hg.): Wechselwahlen. Analysen zur Nationalratswahl 2006. Wien 2007.

Plasser, Fritz u. a. (Hg.): Das österreichische Wahlverhalten. Wien 2000.

Plehwe, Kerstin / Bohne, Maik: Von der Botschaft zur Bewegung. Die 10 Erfolgsstrategien des Barack Obama. Hamburg 2008.

Poier, Klaus / Konschegg, Katharina / Spannring, Johannes (Hg.): Jugend und Soziale Gerechtigkeit, Schriftenreihe des Dr.-Karl-Kummer-Instituts Band 5. Graz 2008.

Pollack, Detlef/Müller, Olaf: Wie religiös ist Europa? In: Bertelsmann Stiftung 2007, 167–178.

Polak, Regina: Lebenshorizonte – Religion und Ethik. In: Friesl / Kromer / Polak 2008, 126–213.

Polak, Regina: Trends, Perspektiven und Handlungsoptionen. In: Friesl / Kromer / Polak 2008, 274–307.

Polak, Regina: Spiritualität – neuere Transformationen im „religiösen Feld." In: Gräb / Charbonnier (Hg.) 2008, 89–109.

Polak, Regina: Die Religion kehrt wieder. Handlungsoptionen in Kirche und Gesellschaft. Ostfildern 2005.

Pongratz, Ludwig: Art. Bildung. In: Mette / Rickers (Hg.) 2001, Sp. 192–198.

Pressedienst des Instituts für Jugendkulturforschung vom 24. 11. 2008.

Raths, Louis E. / Harmin, Merrill / Simon, Sydney B.: Werte und Ziele. Methoden zur Sinnfindung im Unterricht. München 1976.

Ribolits, Erich: Die Arbeit hoch? Berufspädagogische Streitschrift wider die Totalverzweckung des Menschen im Post-Fordismus. München und Wien 1995.

Riedel, Birgit: Dienstleistungen für pflegebedürftige Menschen und Pflegende. In: Bundesministerium für soziale Sicherheit und Generationen (Hg.) 1999, 102–115.

Rinderle, Peter: Werte im Widerstreit. Freiburg 2006.

Rödder, Andreas: Werte und Wertewandel. Historisch-politische Perspektiven. In: Rödder / Elz (Hg.) 2008, 9–25.

Rödder Andreas / Elz, Wolfgang (Hg.): Alte Werte – Neue Werte. Schlaglichter des Wertewandels. Göttingen 2008.

Rokeach, Milton: Understanding Human Values. Individual and Societal. New York 1979.

Rokeach, Milton: The Nature of Human Values. New York 1973.

Rokeach, Milton: Beliefs, Attitudes, and Values. A Theory of Organization and Change. San Francisco, Washington and London 1972 (1968).

Rommel, Herbert (Hg.): Religion und Werteerziehung: Beiträge zu einer kontroversen Debatte. Waltrop 2007.

Rüsen, Jörn: Zerbrechende Zeit. Köln, Weimar und Wien 2001.

Scheilke, Christoph Th. / Schreiner, Martin (Hg.): Handbuch Evangelische Schulen. Veröffentlichung des Comenius-Instituts. Gütersloh 1999.

Schemmann, Michael: Vertrauensverlust in politische Institutionen. Vertrauensbruchstellen im Widerschein von Globalisierung und reflexiver Modernisierung. In: Schweer 2003, 13–27.

Schiedel, Heribert: Der rechte Rand. Extremistische Gesinnungen in unserer Gesellschaft. Wien 2007.

Schmidt, Colette M.: „Man muss sagen, dass das pfui ist". Interview mit Wolfgang Benz. In: Der Standard (31. Jänner 2009), 10.

Schmidt, Gunter u. a.: Spätmoderne Beziehungswelten. Report über Partnerschaft und Sexualität in drei Generationen. Wiesbaden 2006.

Schmidt, Manfred G.: Demokratietheorien. Eine Einführung. Wiesbaden [4] 2008.

Schnack, Dieter / Gersterkamp, Thomas: Hauptsache Arbeit. Männer zwischen Familie und Beruf. Reinbek 1996.

Schoen, Douglas E.: Declaring Independence. The Beginning of the End of the Two-Party System. New York 2008.

Schönig, Wolfgang: Über eine „terminologische Nebelbombe" und das „Religiöse" im Schulkonzept. In: Battke (Hg.) 2002, 259–273.

Schreiber, Norbert: Zum Stichwort „Bündnis für Erziehung": Erziehungsziele von Eltern und Erzieherinnen in Kindertageseinrichtungen. In: ZSE Zeitschrift für Soziologie der Erziehung und Sozialisation 27 2007, 88–101.

Schubert, Klaus / Klein, Martina: Das Politiklexikon. Bonn [4] 2006.

Simpfendörfer, Werner: „Sich einleben in den größeren Haushalt der bewohnten Erde" – ökumenisches und ökologisches Lernen. In: Dauber / Simpfendörfer 1981.

Schulz, Wolfgang / Pichler, Florian: Lebensqualität in Österreich – ein 20-Jahres Vergleich. In: Schulz u. a. 2005, 75 – 113.

Schulz, Wolfgang / Haller, Max / Grausgruber, Alfred (Hg.): Österreich zur Jahrhundertwende. Gesellschaftliche Werthaltungen und Lebensqualität 1986–2004. Wiesbaden 2005.

Schwarzer, Steve u. a. (SORA 2009): „Wählen mit 16". Eine Post Election Study zur Nationalratswahl 2008. Wien 2009.

Schweer, Martin K. W. / Bertow, Andreas: Vertrauen im Spannungsfeld medialisierter Jugendlicher. In: Schweer 2003, 109–123.

Schweer, Martin K. W. (Hg.): Vertrauen im Spannungsfeld politischen Handelns. Herausforderungen und Perspektiven für eine Politische Psychologie. Frankfurt/M. 2003.

Schwinn, Thomas: Soziale Ungleichheit. Bielefeld 2007.

Simmel, Georg: Individualismus der modernen Zeit und andere soziologische Anhandlungen. Ausgewählt und mit einem Nachwort von Otthein Rammstedt. Frankfurt/M. 2008.

Sinigoj, Gabriele u. a. (Hg.): Impact of Ageing – A common challenge of Europe and Asia. Wien und Berlin 2007.

Solga, Heike / Powell, Justin: Gebildet – Ungebildet. In: Lessenich / Nullmeier (Hg.) 2006, 175–190.

Statistik Austria: Arbeitsmarktstatistik. Mikrozensus-Arbeitskräfteerhebung, Wien 2007a.

Statistik Austria: Struktur und Volumen der Freiwilligenarbeit in Österreich. Wien 2007b.

Statistik Austria: Vereinbarkeit von Beruf und Familie. Modul der Arbeitskräfteerhebung 2005. Wien 2006.

Statistik Austria: Arbeitsorganisation und Arbeitszeitgestaltung. Modul der Arbeitskräfteerhebung, 2. Quartal 2004. Wien 2005.

Stiglitz, Joseph P.: Die Schatten der Globalisierung. München [3] 2004.

Tálos, Emmerich / Karlhofer, Ferdinand (Hg.): Zukunft der Sozialpartnerschaft: Veränderungsdynamik und Reformbedarf. Wien 1999.

Trotha, Trutz von: Die bürgerliche Familie ist tot. In: Rödder / Elz (Hg.) 2008, 78–93.

Trüdinger, Eva-Maria: Vom Wert der Werte. Erklärungsmodelle für Einstellungen politischer Toleranz. Frankfurt/M. 2006.

Ullrich, Kerstin / Wenger, Christian: Vision 2017. Was Menschen morgen bewegt. München 2008.

Weinzierl, Rupert / Haerpfer, Christian: 30 Trends für Österreich zur Jahrtausendwende. Wien 1995.

Weiss, Hilde: Nation und Toleranz? Empirische Studien zu nationalen Identitäten in Österreich. Mit einem Beitrag von Christoph Reinprecht. Wien 2004.

Widl, Maria: Sehnsuchtsreligion. Neue religiöse Kulturformen als Herausforderung für die Praxis der Kirchen. Frankfurt/M. 1994.

World Bank: Where Is the Wealth of Nations? Measuring Capital for the 21st Century. Washington 2005.

Wroblewski, Angela: Leiharbeit in Österreich. Übergangslösung oder Sackgasse? Institut für Höhere Studien (IHS), Reihe Soziologie, Heft 48. Wien 2001.

Wutscher, Werner: New Forms of Governance in Austria. In: Brix u. a. (Hg.) 2008, 187–195.

Zartler, Ulrike / Wilk, Liselotte / Beham, Martina: Partner- und Familienbeziehungen. In: Bundesministerium für soziale Sicherheit und Generationen (Hg.) 1999, 207–263.

Zellmann, Peter / Opaschowski, Horst W.: Die Zukunftsgesellschaft … und wie wir in Österreich damit umgehen müssen. Wien 2005.

Zulehner, Paul M: Papst Benedikt XVI. in Österreich. 7.–9. 9. 2007. Eine Umfrage des ORF und des Instituts für Praktische Theologie an der Katholisch-Theologischen Fakultät der Universität Wien. Durchgeführt von der GfK Austria. Wien 2007.

Zulehner, Paul M.: Spirituelle Dynamik in säkularen Kulturen? Deutschland – Österreich – Schweiz. In: Bertelsmann Stiftung 2007, 143–156.

Zulehner, Paul M. (Hg.): MannsBilder. Ein Jahrzehnt Männerentwicklung. Im Auftrag des Bundesministeriums für soziale Sicherheit, Generationen und Konsumentenschutz. Ostfildern 2003.

Zulehner, Paul M: Wiederkehr der Religion? In: Denz 2002, 23–41.

Zulehner, Paul M. / Hager, Isa / Polak, Regina: Kehrt die Religion wieder? Religion im Leben der Menschen 1970–2000. Ostfildern 2001.

Zulehner, Paul M.: Wiederkehr der Institutionen. In: Stimmen der Zeit 123 1998, 17–24.

Zulehner Paul (Hg.): Solidarität: Option für die Modernisierungsverlierer. Wien 1996.

Zulehner, Paul M. / Slama, Andrea: Österreichs Männer unterwegs zum neuen Mann? Wie Österreichs Männer sich selber sehen und wie die Frauen sie einschätzen. Eine empirische Studie im Auftrag der Republik Österreich, vertreten durch das Bundesministerium für Umwelt, Jugend und Familie sowie der Katholischen Männerbewegung Österreichs. Wien 1994.

Zulehner, Paul u. a.: Vom Untertan zum Freiheitskünstler. Eine Kulturdiagnose anhand der Untersuchungen „Religion im Leben der Österreicher 1970 bis 1990" – „Europäische Wertestudie – Österreichteil 1990". Wien 1991.

Internetquellen

Arbeiterkammer Oberösterreich: Arbeitsklima-Index 2009. 25. 3. 2009, http://www.db.arbeitsklima.at/

Eurotopia: Leben in Gemeinschaft. Wien 2009, 14. 2. 2009, http://www.eurotopia.de

European Commission: Women and men in decision-making 2007. 25. 3. 2009, http://ec.europa.eu/employment_social/women_men_stats/measures_in4_en.htm

Council of Europe: Green Paper – The Future of Democracy in Europe, Warzaw 2005. 24. 4. 2009, http://www.coe.int/t/e/integrated_projects/democracy/05_key_texts/02_Green_Paper/

Greifenstein, Ralph (Hg.): Zukunft der Arbeitsgesellschaft, Zukunft der Sozialpolitik. Deutsch-Amerikanischer Transatlantischer Dialog, eine Veranstaltung der Friedrich-Ebert-Stiftung am 25. und 26. Mai 2000 in Berlin, Electronic ed. Bonn 2000. 25. 3. 2009, http://library.fes.de/fulltext/fo-wirtschaft/00886.html

Identity-Foundation 2006: Hohenheim-Studie: Forschungsprojekt „Spiritualität in Deutschland", Kooperation zwischen der Universität Hohenheim und der „Identity Foundation". 25.3.2009, http://www.identityfoundation.de/fileadmin/templates_identityfoundation/downloads/presse/frauen_spiritualitaet/PM_Kurz_Studie_Spiritualitaet.pdf.

IMAS international Report: Trotz Krise: Kein Verlangen nach Abkehr von der Marktwirtschaft (Nr. 18; November 2008). 14. 12. 2008, http://www.imas-international.com/IMAS-Report/2008.

Jung, Matthias: Die Geburt der Werte aus dem Geist der Kritik. Zur Ontogenese von Werthaltungen. Unveröff. Präsentation zum Vortrag im Rahmen des

4. Internationalen Symposiums des Österreichischen Instituts für Jugendforschung 2007. 27. 3. 2009, http://www.oeij.at/content/de/veranstaltungen/symposium/abstracts/article/247.html.

ORF-Publikumsratsstudie 2008: Europa und der ORF (2008). 10. 12. 2008, http://mediaresearch.orf.at/index2.htm?studien/studien_Europa.htm.

Österreichische Gesellschaft für Europapolitik (ÖGfE), SWS-Studie „Die Einstellung der Österreicher und Österreicherinnen zur Mitgliedschaft in der Europäischen Union, zum Euro und zur internationalen Finanzkrise (November 2008). 12. 1. 2009, http://cms.euro-info.net/received/_5429_Studie_Nov08.pdf.

SORA: EUYOUPART: Political Participation of Young People in Europe 2005. 24. 4. 2009, http://www.sora.at/de/start.asp?b=236.

Standard-Eurobarometer 69: Nationaler Bericht. Österreich (Frühjahr 2008). 18. 9. 2008, http://ec.europa.eu/public_opinion/archives/eb/eb69/eb69_at_nat.pdf.

Standard-Eurobarometer 70: Erste Ergebnisse (Oktober/November 2008). 3. 2. 2009,http://ec.europa.eu/public_opinion/archives/eb/eb70/eb70_first_de.pdf.

Standard-Eurobarometer 70: First Results. Table of Results (Oktober/November 2008). 3. 2. 2009, http://ec.europa.eu/public_opinion/archives/eb/eb70/eb70_annex.pdf.

Statista: Wie stark interessieren Sie sich für Politik? Ergebnisse des Sozio-oekonomisches Panels (SOEP), DIW Berlin, TNS Infratest Sozialforschung (2006). 14. 2. 2009, http://de.statista.com/statistik/diagramm/studie/458/umfrage/allgemeines-interesse-an-politik/.

Statistik Austria: Bevölkerungsstatistik Lebensformen und Geburten. 25. 3. 2009, http://www.statistik.at/web_de/statistiken/bevoelkerung/haushalte_familien_lebensformen/lebensformen/index.html

Statistik Austria: Bevölkerungsstatistik Lebensformen und Geburten. 25. 3. 2009, http://www.statistik.at/web_de/statistiken/bevoelkerung/geburten/index.html

UNECE: Statistical Database. 25. 3. 2009, http://w3.unece.org/pxweb/Dialog.

Verzeichnis der Grafiken und Tabellen

Herausgeber/-innen und Autor(inn)en

Gudrun Biffl, Univ.-Prof. Mag. Dr., geb. 1949; Studium der Handelswissenschaften an der WU-Wien, Postgraduate Ausbildung in Ökonomie am Institut für Höhere Studien (IHS), Wien, Ph. D. in Volkswirtschaftslehre an der University of Newcastle upon Tyne/ Vereinigtes Königreich; Habilitation in Arbeitsmarkttheorie und -politik an der WU-Wien. Derzeit Lehrstuhl für Migrationsforschung und Leiterin des Zentrums für Migration, Integration und Sicherheit an der Donau-Universität Krems. 1975–2009 Wirtschaftsforscherin am Österreichischen Institut für Wirtschaftsforschung (WIFO) mit Forschungsschwerpunkten im Bereich Arbeitsmarkt, Bildung, Migrationen, Gender, industrielle Arbeitsbeziehungen und Institutionenwandel sowie arbeitsbedingte Krankheiten. Gudrun Biffl ist Mitglied des wissenschaftlichen Beirats des Österreichischen Instituts für Jugendforschung, des frauenpolitischen Beirats im BMWF und des Universitätsrates der Johannes Kepler Universität Linz.

Christian Friesl, a. o. Univ.-Prof. Dr. MBA, geb. 1960; Studium der Theologie an der Universität Wien, Ausbildung in Sozialarbeit, Sozialforschung, Management, Habilitation im Fach Pastoraltheologie (2001). Ab 1992 am Institut für Praktische Theologie der Katholisch-Theologischen Fakultät der Universität Wien (Pastoraltheologie), ab 1997 Leiter der Arbeitsgruppe Pastoralsoziologie, seit 2001 a. o. Univ.-Prof. 1988–1997 Vorsitzender des österreichischen Instituts für Jugendforschung; 1997–2003 Präsident der Katholischen Aktion Österreich. Seit 2001 Bereichsleiter für Gesellschaftspolitik in der Vereinigung der österreichischen Industrie (Industriellenvereinigung). Forschungsarbeiten, Publikationen und Vorträge in den Bereichen CSR, Wirtschaft und Ethik, Pastoralsoziologie, Jugendforschung, Werteforschung. Mitarbeit bei einer Reihe sozialwissenschaftlicher Untersuchungen, u. a. „österreichische Jugend-Wertestudie“ (1991, 2000, 2006), „Europäische Wertestudie 1990–2000“ (1999–2001).

Ursula Hamachers-Zuba, Mag[a]. Dr[a]., geb. 1971; Studium der Theologie und Sozialwissenschaften an der Ruhruniversität Bochum und der Universität Wien, Doktorat im Fach Pastoraltheologie. Seit 1998 am Institut für Praktische Theologie der Katholisch-Theologischen

Fakultät der Universität Wien (Pastoraltheologie). 1997–2004 zudem wiss. Mitarbeiterin am Ludwig Boltzmann-Institut für Werteforschung und dem Pastoralen Forum e. V. Forschungsschwerpunkte im Bereich Lebensgemeinschaften zwischen Christen und Nichtreligiösen, Jugendkirche, Caritasarbeit. Mitarbeit bei der „Europäische Wertestudie 1990–2000“ (1999–2001), „Religion im Leben der Österreicher/-innen“ (2000).

Thomas Hofer, Dr. MA, geb. 1973; Politikberater und geschäftsführender Gesellschafter von *H&P Public Affairs* in Wien (www.hppa.at). Studium der Kommunikationswissenschaft und Anglistik in Wien, als Fulbright-Stipendiat Wahlkampfmanagement und Lobbying an der Graduate School of Political Management in Washington, D.C. Langjähriger Innenpolitik-Redakteur des Nachrichtenmagazins „profil“. Unterrichtet Kampagnenmanagement am Studiengang Journalismus an der FH Wien und dem Hochschullehrgang „public communication“ an der Universität Wien. Zahlreiche Buchveröffentlichungen und Artikel, vor allem zum Thema Wahlkampfmanagement und Politikvermittlung: „Obama. Der schwarze Visionär – Zeitenwende für die Weltpolitik?“ (gem. m. N. Rief; Wien 2008); „Wahl 2008. Sieger, Strategien, Sensationen“ (Hg. gem. m. B. Tóth; Wien 2008); „Spin Doktoren in Österreich“ (Wien 2005); u. a. Vorstandsmitglied und Treasurer der European Association of Political Consultants (EAPC).

Erich Lehner, Mag. Dr., geb. 1958; Studium der Theologie In Wien. Lehranalytiker im Wiener Kreis für Psychoanalyse und Selbstpsychologie; 1997–2005 Männer- und Geschlechterforschung im Rahmen des Ludwig Boltzmann-Instituts für Werteforschung, Projekt zur Erforschung der Geschlechterverhältnisse; Konsulent und Gastprofessor an der Fakultät IFF/Universität Klagenfurt, Abteilung Palliative Care und Organisationsethik; Forschungsschwerpunkte: Palliative Care und Gender; Gender Mainstreaming, Schulentwicklung und Gender; Männer in Gleichstellungprozessen; Geschlecht und Beziehung.

Justyna Okolowicz, Dipl.-Ing., geb. 1982 in Wien. 2001–2006 Studium an der Montanuniversität Leoben. Seit 2006 Studium der kath. Fachtheologie an der Universität Wien. Seit 2007 Studienassistentin an der kath.-theol. Fakultät, u. a. am Institut für praktische Theologie.

2008–2009 stv. Vorsitzende der Fakultätsvertretung. Forschungsprojekte: „Religion im Kontext von Migration“, „Religion im Leben der Österreicher/-innen 2009“ und „Europäische Wertestudie 2008“.

Regina Polak, Mag[a]. phil., Dra. theol., MAS (Spirituelle Theologie im interreligiösen Prozess), geb. 1967; Abschlussarbeiten zu „Religiösem Atheismus bei Friedrich Nietzsche“ (Philosophie) und „Religion kehrt wieder. Handlungsoptionen in Kirche und Gesellschaft“ (Theologie); erhielt den BA-CA-Anerkennungspreis der Universität Wien für innovative Forschung. Seit 2000 Univ.-Ass. am Institut für Praktische Theologie der Katholisch-Theologischen Fakultät der Universität Wien (Pastoraltheologie), 2004–2009 Institutsvorständin. 1997–2000 Wiss. Mitarbeiterin am Ludwig Boltzmann-Institut für Werteforschung. Zahlreiche Forschungsprojekte und Forschungsschwerpunkte: Wiederkehr der Religion in modernen Gesellschaften, Neue Spiritualitäten und Religiositäten, Religionspolitik, Werteforschung, Forschung zum Verhältnis von Jugend und Religion, Kirche und Gesellschaft, Theologie und Welt; Mission; Pastorale Erneuerung: Zukunftsvisionen und -strategien.

Katharina Renner, MMag[a], geb. 1979; Studium der Theologie und Soziologie an der Universität Wien. 2004–2005 Wissenschaftliche Mitarbeiterin am Ludwig Boltzmann-Institut für Werteforschung für das Forschungsprojekt „Religion als Beruf“, im Wintersemester 07/08 Studienassistentin am Institut für Praktische Theologie der Katholisch-Theologischen Fakultät der Universität Wien, Mitarbeit an der „Jugendwertestudie 2006“, danach Projektassistentin für die „Europäische Wertestudie 2008“. Daneben verschiedene kleinere sozialwissenschaftliche Projekte, Redakteurin der Jungen Kirche (Zeitschrift für Kinder- und Jugendpastoral der Katholischen Jugend). Forschungsschwerpunkt (und Dissertationsthema): die Theologie von Pastoralreferent/-innen zwischen kirchlicher/gemeindlicher Praxis und Lehramt.

Andreas Steinmayr, Mag.rer.soc.oec., Bakk.phil., geb. 1983; Studium der Volkswirtschaftslehre an der WU Wien und der Chulalongkorn University Bangkok, Studium der Soziologie an der Universität Wien. 2006–2008 wissenschaftlicher Assistent/Junior Fellow am Österreichischen Institut für Wirtschaftsforschung (WIFO). Seit 2008

Wissenschaftlicher Mitarbeiter am Zentrum für Migration, Integration und Sicherheit an der Donau-Universität Krems. Forschungsschwerpunkte in den Bereichen Migration, Bildung und soziale Mobilität, Migration und Arbeitsmarkt sowie Abwanderung und Rücküberweisungen.

Claudia Tschipan, Magª phil., Bakkª. phil., geb. 1979, Bakkalaureats- und Magisterstudium der Soziologie, geistes- und kulturwissenschaftlicher Studienzweig, an der Universität Wien. Am Institut für Praktische Theologie der Katholisch-Theologischen Fakultät der Universität Wien als Projektmitarbeiterin für die Europäische Wertestudie 2008 unter anderem verantwortlich für die quantitative Datenanalyse und als Ko-Autorin. Seit 2006 zudem freiberufliche Sozialforscherin, Mitarbeit an diversen Projekten der Sozialwissenschaftlichen Studiengesellschaft und der Paul Lazarsfeld Gesellschaft für Sozialforschung. Interessen und Forschungsschwerpunkte sind Bildungssoziologie, Aus- und Weiterbildung, Schnittstellen- und Entscheidungsproblematik, Hochschulforschung, Qualitätssicherung.

Renate Wieser, Magª, geb. 1975; Studium der Theologie in Graz und Atlanta/USA. Seit 2008 am Institut für Praktische Theologie der Katholisch-Theologischen Fakultät der Universität Wien. Forschungsschwerpunkte im Bereich der gender studies und der Pastoralgerontologie.

Paul M. Zulehner, DDr., em. Univ. Prof. für Pastoraltheologie an der Universität Wien, geb. 1939. Studien in Innsbruck, Konstanz, München. Forschungsschwerpunkte: Pastoraltheologie und Religions- wie Werteforschung.